INSTRUCTIONS

GÉNÉRALES

POUR MESSIEURS LES AGENTS PRINCIPAUX

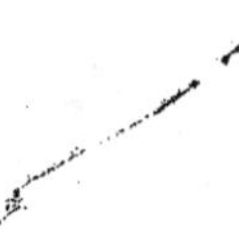

COMPAGNIE

D'ASSURANCES GÉNÉRALES CONTRE L'INCENDIE

Autorisée par Ordonnances des 14 Février 1819 et 6 Avril 1848

Établie à Paris, rue de Richelieu, nᵒ 87.

INSTRUCTIONS

GÉNÉRALES

POUR MESSIEURS LES AGENTS PRINCIPAUX

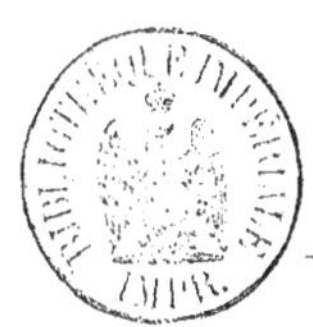

1856

PARIS

IMPRIMERIE ET LITHOGRAPHIE DE MAULDE ET RENOU,

Rue de Rivoli, 144, au coin de celle de l'Arbre-Sec.

COMPAGNIE D'ASSURANCES GÉNÉRALES

CONTRE L'INCENDIE

Établie à Paris, rue de Richelieu, 87.

INSTRUCTIONS GÉNÉRALES

Pour Messieurs les Agents Principaux

INTRODUCTION

1. — Les présentes Instructions générales abrogent et remplacent toutes les Instructions qui les ont précédées, savoir :

1° Les Instructions générales de 1838 ;

2° Les Résumés des décisions de la Compagnie de 1847 et de 1850 comprenant les circulaires de la première et de la deuxième série ;

3° Les circulaires de la troisième série, au nombre de trente-deux, depuis la première, du 15 juin 1850, jusques, et y compris, la trente-deuxième, du 15 août 1855.

2. — En conséquence, ces Instructions présentent, avec notre Tarif de 1855 et l'Annexe au Tarif de la même année, l'ensemble complet des dispositions que MM. les Agents principaux doivent connaître pour remplir convenablement leur mandat.

3. — Nous recommandons à MM. les Agents principaux de les consulter en toute occasion. Elles fixent l'étendue et la nature de leurs attributions, aussi bien que la limite de leurs pouvoirs, comme mandataires de la Compagnie. Ils y trouveront les notions les plus utiles pour la pratique de nos affaires, et ils devront les regarder comme la règle de leur conduite et comme celle de leurs rapports avec la Compagnie.

4. — Ces Instructions sont divisées en sept titres, dont chacun contient un certain nombre de chapitres, divisés eux-mêmes en articles numérotés.

5. — Afin de faciliter et abréger les recherches nous avons adopté une seule série de numéros pour tous les articles.

Les présentes Instructions abrogent et remplacent toutes les Instructions antérieures.

Elles présentent, avec le Tarif et l'Annexe au Tarif, l'ensemble complet des prescriptions de la Compagnie.

Recommandation aux Agents principaux.

Divisions en Titres, Chapitres et Numéros.

Une seule série de Numéros pour les articles.

1

Répartition des matières entre les sept Titres.

6. — La répartition des matières entre les sept Titres est faite de la manière suivante :

Le Titre Ier contient les principes généraux et fondamentaux de l'Assurance contre l'incendie, et traite de l'organisation de la Compagnie, des risques et des pleins ;

Le Titre II traite de la Police d'Assurance, de ses formes, de ses modifications diverses, du Tarif et des Plaques ;

Le Titre III passe en revue les Risques soumis à l'Assurance, donne les prescriptions particulières à chacun d'eux, et traite des personnes qui peuvent faire assurer ;

Le Titre IV comprend la Comptabilité ;

Le Titre V est relatif aux Sinistres ;

Le Titre VI traite du Contentieux ;

Le Titre VII enfin comprend les objets d'ordre et les pénalités.

Modèles placés à la suite des Instructions.

7. — Nous avons placé à la suite des Instructions une collection complète de modèles des actes que MM. les Agents principaux ont à rédiger, et des cadres qu'ils doivent remplir ; nous recommandons à toute leur attention cette seconde partie des Instructions, non moins importante que la première.

Trois Tables des matières.

8. — Enfin, MM. les Agents principaux trouveront à la fin du volume trois tables, la première par ordre de matières, la seconde par ordre alphabétique, et la troisième pour les modèles. Ces Tables contribueront à faciliter leurs recherches.

Les Instructions sont confidentielles.

9. — Ces Instructions sont confidentielles ; nous prions MM. les Agents principaux de les conserver soigneusement et de s'abstenir de les communiquer.

TITRE PREMIER

Principes généraux de l'Assurance contre l'Incendie. — Organisation de la Compagnie. — Risques et Pleins.

CHAPITRE Ier.

De l'Assurance en général et de l'Assurance contre l'incendie en particulier.

10. — L'*Assurance*, envisagée dans sa généralité, est la garantie d'une perte *éventuelle*, moyennant un prix convenu *avant le sinistre*.

11. — L'*Assurance contre l'incendie* est une convention par laquelle l'Assureur prend à sa charge, moyennant un prix convenu et à des conditions arrêtées entre lui et l'Assuré, les dommages matériels causés par le feu aux *risques* immobiliers ou mobiliers qui font l'objet du contrat.

De l'Assurance contre l'Incendie.

12. — L'Assurance contre l'incendie ayant pour *cause* la crainte d'une perte, et pour *objet* la réparation d'un dommage, il n'y a matière à *assurance* que jusqu'à concurrence de la valeur réelle de la chose garantie, puisque, au delà de cette valeur, l'intérêt *en risque* n'existe plus.

Ses principes généraux.

De là, deux conséquences qui sont les règles fondamentales du contrat d'Assurance contre l'incendie :

La première, que *l'on ne peut faire assurer que ce que l'on risque de perdre* ;

La seconde, que *l'Assurance ne doit procurer à l'Assuré qu'une indemnité, jamais un bénéfice.*

13. — Il est donc interdit :

Prohibitions qui en résultent.

1° De faire assurer une chose sans avoir un intérêt appréciable à sa conservation ;

2° De souscrire *deux* Assurances sur *une même* chose, en vue d'obtenir, après le sinistre, *deux* indemnités ;

3° De réclamer des personnes civilement responsables, telles que fermiers, locataires, voisins, le remboursement de la perte, après l'avoir reçu, pour le même objet, de l'Assureur, puisque, dans ce cas, l'indemnité perçue serait double ;

4° De stipuler et de recevoir, en aucun cas, une indemnité supérieure à la valeur réelle du dommage matériel *au moment du sinistre ;* car, autrement, l'Assurance ne serait plus une *réparation* de la perte subie, mais une occasion de *bénéfice.*

Ces principes généraux étant *d'ordre public*, toute convention qui leur serait contraire serait illicite et considérée comme non écrite. (Art. 6 et 1133 du Code Napoléon.)

Partage de la garantie entre l'Assureur et l'Assuré. — **14.** — Une des conditions essentielles du Contrat d'Assurance étant que l'*Assurance ne doit jamais procurer un bénéfice à l'Assuré*, il s'ensuit encore que, si l'Assuré ne fait garantir qu'une partie de la valeur de son risque, il reste son propre Assureur pour ce qu'il a laissé à découvert, et que, en cas de sinistre, il supporte la perte *au prorata de ce découvert.* (Voir n° 487 des présentes Instructions, au titre des Sinistres.)

La Prime, condition essentielle du Contrat. — **15.** — La Prime, ou le *prix* des chances courues par l'Assureur, étant aussi une des conditions nécessaires pour la validité de l'acte d'Assurance, et son paiement étant la principale obligation souscrite par l'Assuré, si celui-ci ne satisfait pas sur ce point à son engagement dans les délais fixés et aux conditions stipulées par le contrat, il perd tout droit d'exiger de son Assureur l'accomplissement du sien, et il ne peut par conséquent réclamer, en cas de sinistre, aucune indemnité.

Choses assurables. — **16.** — Tout ce qui est susceptible d'être détruit ou endommagé par le feu peut être l'objet d'un contrat d'Assurance contre l'incendie.

Ainsi peuvent être assurés :

1° Les biens immobiliers et mobiliers dits *corporels ;*

2° Les biens dits *incorporels* (tels qu'une hypothèque, un privilége, une servitude, un usufruit, etc.), pourvu que ces droits reposent sur des objets matériels assurables eux-mêmes contre l'incendie ;

3° Enfin toutes les responsabilités résultant (pour les faits d'incendie) des dispositions spéciales du Code Napoléon, et en particulier de celles des art. 1382 et suivants, 1721, 1733 et suivants de ce Code.

Personnes qui peuvent faire assurer. — **17.** — Toute personne capable de contracter peut faire assurer non-seulement les choses mobilières ou immobilières qui sont sa propriété, mais encore les pertes et dommages dont elle pourrait, par suite d'un sinistre, être déclarée responsable envers des tiers.

CHAPITRE II.

Des deux systèmes d'Assurance contre l'Incendie : la Prime fixe et la Mutualité. — Des Sociétés mutuelles.

18. — Il existe en France deux grands systèmes d'Assurances contre l'Incendie :

Les Assurances à *Primes fixes*,

Les Assurances *mutuelles*.

L'Assurance à *Prime fixe* est celle par laquelle une Compagnie d'Assurance prend à forfait les risques d'incendie, moyennant un prix annuel déterminé entre les parties au moment de l'engagement, invariable pendant toute la durée du contrat, et que, par cette raison, on a nommé *prime fixe*.

L'Assurance *mutuelle* consiste dans l'association d'un certain nombre d'individus qui s'obligent à supporter en commun, et au prorata des valeurs par eux mises *en risque*, les pertes que chacun d'eux pourra éprouver sur les objets engagés dans la Société.

19. — Les Assurances à Primes fixes sont exploitées à peu près exclusivement par des Compagnies *anonymes* établies conformément aux prescriptions des art. 37 et suiv. du Code de commerce.

Fondées sur un capital social considérable, lequel s'accroît encore chaque année d'un prélèvement sur les bénéfices, opérant en vertu de l'autorisation du gouvernement, nécessaire à leur existence, obligées de déposer tous les ans leurs états de situation entre les mains de l'autorité publique, ces compagnies réalisent toutes les conditions d'une forte et salutaire institution.

20. — Les Sociétés mutuelles, au contraire, opèrent sans capital social. Elles se constituent au moyen d'une première mise de fonds, fournie par une seule personne ou par un petit nombre d'associés, mise de fonds souvent insuffisante, et, en tout cas, bientôt épuisée par les premiers frais d'installation.

Sous le voile de l'association, elles déguisent une véritable spéculation organisée dans l'intérêt pécuniaire des membres fondateurs, et quelquefois d'un seul individu qui, absorbant à son profit les sommes prélevées sur les sociétaires à titre de frais, sous la dénomination de *cotisations fixes*, trouve le moyen de réaliser ainsi d'importants bénéfices personnels avec les fonds de l'association.

En outre, les Sociétés mutuelles ne peuvent exister et opérer légalement qu'en vertu d'une autorisation du gouvernement, exprimée dans la forme indiquée par l'art. 37 du Code de commerce pour les Sociétés anonymes, et cette autorisation ne leur est accordée que lorsqu'elles justifient de souscriptions obtenues d'avance pour un capital déterminé. Cependant il arrive quelquefois que des Sociétés mutuelles se produisent dans le public sans avoir été *autorisées*. Elles déguisent alors cette absence d'autorisation en indiquant au-dessous de leur titre qu'elles sont établies *conformément à la loi*, c'est-à-dire dans les conditions générales des diverses constitutions sociales dénommées aux titres IX du

Code Napoléon et III du Code de commerce. Or, dans l'espèce, ces conditions sont insuffisantes, s'il n'y a pas en outre ordonnance ou décret d'autorisation.

21. — Dans les Compagnies *d'assurances à primes fixes*, les primes, déterminées d'avance en raison des résultats appréciés par une longue expérience, sont proportionnées à l'importance des sinistres, de sorte que, généralement, elles suffisent, et au delà, au paiement des indemnités et à l'acquittement des frais et charges de l'entreprise. Toutefois, à l'aide de leur capital social et de leurs réserves accumulées, ces Compagnies seraient en position de payer *sans aucun retard* et *intégralement* leurs sinistres, alors même que, pendant une ou plusieurs années consécutives, leurs pertes dépasseraient, même de beaucoup, la proportion moyenne des sinistres.

En *mutualité*, au contraire, le Sociétaire est tenu d'abord de payer une redevance annuelle à titre de frais d'administration : c'est la *Cotisation fixe*; de plus, il contribue pour sa quote-part au remboursement des dommages d'incendie qui ont frappé ses co-sociétaires pendant l'exercice écoulé : c'est la *Contribution proportionnelle*. La somme que paie l'Assuré mutualiste est donc nécessairement variable : onéreuse, si les sinistres sont considérables; modique, quand les pertes ont été peu importantes; dans tous les cas, incertaine.

Pour obvier aux conséquences graves de cet engagement, on a limité, dans la plupart des Sociétés mutuelles, la contribution proportionnelle à un *maximum* au delà duquel les Sociétaires ne sont plus responsables.

Telles sont les principales conditions de la mutualité; il en résulte plusieurs conséquences :

1° Les Sociétés d'*Assurances mutuelles*, n'ayant à leur disposition pour le paiement *immédiat* de leurs sinistres qu'un fonds annuel dit *de prévoyance* ou *de garantie*, toujours très-restreint, dépourvues, pour la plupart, d'une *réserve*, ne peuvent, si les pertes excèdent les ressources du fonds de prévoyance, payer aux sinistrés qu'un à-compte provisoire, et ajournent nécessairement le paiement intégral du dommage à l'exercice suivant;

2° Dans un assez grand nombre de mutualités, la *solidarité* entre les exercices (c'est-à-dire la reversibilité sur les années postérieures des dettes d'une période annale qui n'a pas pu couvrir entièrement ses charges), n'existant pas, le cas survenant, après emploi fait des *maxima contributifs* de l'exercice en déficit, l'excédant du passif est supporté par les sinistrés au marc le franc.

Ainsi, dans la mutualité, les Assurés risquent de n'être indemnisés que tardivement et incomplétement ou même de ne pas l'être du tout, tandis que, dans les compagnies à primes fixes, le paiement immédiat et intégral des indemnités est garanti aux assurés par l'existence du capital social, et par la réserve, affectés entièrement l'un et l'autre, non seulement à la garantie d'un même exercice, mais encore à toutes les opérations de l'entreprise sans fractionnement ni privilége d'époque.

Au point de vue des moyens de coercition plus ou moins puissants que la constitution différente des compagnies à *primes fixes* et des Sociétés *mutuelles* garantit à leurs Assurés respectifs, l'avantage pour ceux-ci n'est pas moins grand du côté des premières.

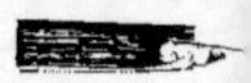

En effet, les Compagnies *à primes fixes* étant essentiellement commerciales, et, comme telles, sujettes à tous les devoirs et passibles de toutes les pénalités que le Code de commerce impose à ses justiciables, elles pourraient être mises en faillite, si elles retardaient *d'un seul jour* l'entier acquittement de leurs obligations exigibles. Au contraire, dans les *mutualités*, Sociétés purement civiles, eu égard à leurs rapports avec les Sociétaires-Assurés, le défaut de paiement intégral ne présente, à ce point de vue, aucune prise à ceux-ci, et les sinistrés sont obligés d'attendre, pendant de longues années quelquefois, le solde entier de leurs indemnités, sans que la Société, sauvegardée par son caractère *civil*, puisse être menacée dans son existence et activée dans la lenteur de ses recouvrements.

La question de la prime fixe et de la mutualité est donc jugée irrévocablement au profit de la première par tous les esprits éclairés.

CHAPITRE III.

De la Compagnie d'Assurances Générales contre l'incendie et de son organisation à Paris.

22. — Notre Compagnie est connue et autorisée sous la dénomination spéciale et unique de *Compagnie d'Assurances Générales contre l'incendie.*

Constitution de la Compagnie.

Elle est la première Compagnie anonyme qui ait introduit en France la connaissance et l'usage des assurances *à primes fixes* contre les risques du feu.

Son origine remonte à 1819.

Dès le principe, elle fut constituée en Société *anonyme* et autorisée pour trente ans par deux ordonnances royales, des 14 février et 20 octobre 1819.

Elle a été prorogée pour une nouvelle durée de cinquante ans par arrêté du gouvernement, en date du 6 avril 1848.

23. — D'autres Sociétés ajoutent quelquefois à leur titre distinctif la désignation d'*assurances générales*; mais c'est comme simple indication de la nature et du mode de leurs assurances, et non comme raison sociale; encore moins, par suite d'association ou de fusion avec notre Compagnie, qui a toujours opéré seule. Quelquefois aussi cette désignation est adoptée par la concurrence pour égarer le public et usurper la confiance des propriétaires. MM. les Agents principaux devront nous signaler ces manœuvres, quand ils en auront connaissance, et mettre le public en garde contre leurs effets.

La dénomination d'Assurances générales nous est personnelle.

24. — Notre Compagnie est administrée :

Administration

1° Par un conseil composé de huit Administrateurs choisis parmi les actionnaires et élus par eux en assemblée générale;

2° Par un Directeur nommé également par l'assemblée générale des actionnaires, sur la présentation du conseil d'administration.

Attributions du Directeur et du Conseil d'Administration.

25. — Le Directeur exerce seul toutes les actions judiciaires de la Compagnie ; mais la correspondance (à moins d'empêchement particulier), les assurances souscrites à Paris, les transferts de rentes sur l'État ou autres valeurs, doivent être signés de lui et d'un administrateur ; pour les procurations de la Compagnie, il faut, avec la signature du Directeur, celle de deux Administrateurs.

Réunions, hebdomadaire du Conseil d'Administration, et semestrielle de l'Assemblée générale.

26. — Le Conseil d'administration tient séance une fois par semaine.

Tous les six mois, l'Assemblée générale des Actionnaires se réunit au chef-lieu de la Compagnie pour entendre le rapport du Directeur sur les opérations du semestre écoulé.

Étendue de la circonscription de la Compagnie.
Ses opérations.

27. — Les opérations de la Compagnie s'étendent à toute la France et à l'étranger.

28. — La Compagnie assure contre l'incendie, lors même qu'il est causé par la foudre ou par le feu du ciel, les propriétés mobilières et immobilières, suivant les clauses d'un contrat sous seing privé, qui prend le nom de *Police*. Aux termes de ce contrat, l'Assuré s'engage au payement annuel d'une somme fixée d'avance et désignée par le mot de *Prime*, et peut recevoir, en cas d'incendie, l'indemnité du dommage réel qu'il a éprouvé jusqu'à concurrence de la somme assurée.

Elle répond aussi des dégâts occasionnés par l'explosion du gaz servant à l'éclairage.

Chances à la charge de la Compagnie.

29. — La Compagnie répond des incendies occasionnés par cas fortuit, par malveillance et même par imprudence ou négligence.

Elle ne répond pas de ceux occasionnés par guerre, invasion, émeute, force militaire quelconque, volcans et tremblements de terre. (Voir article 2 des conditions générales de la Police.)

Garanties offertes par la Compagnie à ses Assurés.

30. — Le taux extrêmement élevé des actions de la Compagnie donne quelquefois lieu à des comparaisons désobligeantes pour les autres Sociétés, comparaisons provoquant des polémiques qu'il est convenable d'éviter. Quelques-uns de MM. les Agents principaux croient devoir faire insérer dans les journaux les cours de la Bourse, en les faisant suivre ou précéder d'explications et de comparaisons. Nous désapprouvons ce procédé. La Compagnie est assez ancienne, assez honorablement connue, pour n'avoir besoin d'aucun de ces moyens qui sentent la *réclame*.

Quant aux garanties pécuniaires de notre Compagnie, la vérité, sans amplification, est suffisante pour rassurer les plus difficiles.

Notre capital, en effet, primitivement de 2,000,000, et entièrement réalisé, s'est successivement accru par les réserves capitalisées et élevé, jusqu'au 1er janvier 1855, au chiffre de... 5,757,000 fr.

En y ajoutant la réserve de prévoyance de.................... 1,700,000

Nous présentions, à cette date, une garantie réelle et liquide de. . 7,457,000 fr.

Chiffre qui s'augmentera annuellement du quart des bénéfices constamment porté à la réserve.

Cette situation est égale, sinon supérieure, à celles des Compagnies les plus favorisées. Il n'y a rien de plus à dire.

CHAPITRE IV.

Organisation de la Compagnie dans les départements. — Agents principaux. — Sous-Agents ou Agents particuliers.

31. — La Compagnie est représentée dans les départements par des mandataires auxquels elle assigne un territoire d'exploitation spécial et déterminé, et qui reçoivent d'elle le titre d'*Agents principaux*.

Organisation des Agences dans les départements.

32. — Les pouvoirs de MM. les Agents principaux leur sont conférés par une procuration en brevet; leurs fonctions et attributions sont réglées :

Pouvoirs, fonctions et attributions des Agents.

1° Par les présentes Instructions générales ;

2° Par les instructions particulières qu'ils reçoivent de l'Administration.

33. — Ils sont soumis au contrôle que les Inspecteurs ou les délégués de la Compagnie, munis de la procuration notariée de l'Administration ou porteurs d'une lettre spéciale, exercent en tous temps sur leurs opérations, leurs registres et leurs caisses.

Contrôle des Inspecteurs.

34. — La circonscription de chaque Agence principale est fixée par la Compagnie ; l'Agent ne peut souscrire aucune assurance en dehors de sa circonscription, sauf les cas exceptionnels et dans les limites que détermine le n° 48 des présentes Instructions.

Circonscription des Agences limitée.

35. — Les Agents principaux ont *seuls* qualité pour signer les engagements de la Compagnie et l'obliger. Cependant ils peuvent substituer à cet effet et après l'autorisation spéciale de la Compagnie. Dans tous les cas, cette substitution n'aura lieu que sous leur propre responsabilité.

Dans quel cas les Agents peuvent substituer les pouvoirs de la Compagnie. Responsabilité des Agents.

La Compagnie entend ne pas prendre la responsabilité vis-à-vis de ses Agents des engagements pris par eux envers les Assurés ou tous autres en dehors des pouvoirs et des instructions qu'elle a donnés. Elle appelle l'attention de ses mandataires sur cette déclaration formelle de sa part.

36. — Les fonctions et obligations de chaque Agent principal consistent :

Mandat et fonctions des Agents principaux.

1° A provoquer les Assurances dans sa circonscription;

2° A appliquer le taux des primes d'après le Tarif de la Compagnie;

3° A stipuler et à rédiger les conditions particulières et manuscrites des contrats d'assurance;

4° A signer les polices;

5° A percevoir les primes et autres redevances des Assurés et à en délivrer quittance;

6° A tenir la Comptabilité relative à ces opérations, conformément aux règles déterminées dans les présentes Instructions générales, et les instructions ultérieures qu'il pourrait recevoir de l'Administration;

7° A poursuivre, s'il y a lieu, les Assurés en retard pour le paiement de leurs primes;

8° A opérer le réglement des sinistres dans les limites et conformément aux disposi-tions indiquées dans les présentes Instructions ;

9° A soutenir toutes contestations, diriger toutes poursuites, etc., après en avoir, au préalable, reçu l'autorisation de la Compagnie ;

10° Enfin, à agir au nom de la Compagnie et pour elle, comme pour lui-même, en toute circonstance, dans les limites de sa procuration, des présentes Instructions géné-rales et des instructions particulières qu'il reçoit de l'Administration ou des Inspecteurs de la Compagnie.

Agents particuliers ou Sous-Agents. 37. — L'Agent principal doit s'adjoindre, dans chaque localité de quelque importance, et en particulier dans chaque chef-lieu de canton, un ou plusieurs *Agents particuliers* ou *Sous-Agents* pour le seconder dans la recherche des Assurances, dans ses rapports avec les Assurés et dans ceux qu'il doit chercher à établir et à conserver avec tous les pro-priétaires.

Ne peuvent être com-missionnés hors du territoire de l'Agence. 38. — En conformité des dispositions du n° 34 qui précède, il est interdit à tout Agent principal d'établir des *Sous-Agents* hors du territoire de sa circonscription.

Pouvoirs, constitution et rétributions des Agents particuliers. 39. — Les Agents particuliers sont nommés et commissionnés exclusivement par l'Agent principal et ne correspondent qu'avec lui.

Ils sont entièrement sous sa dépendance et sous sa responsabilité.

Ils sont rétribués par lui, à son gré et de ses deniers. La Compagnie laisse à MM. les Agents principaux le soin de déterminer le mode, la quotité et le taux de ces alloca-tions. Elle n'intervient qu'exceptionnellement, et sur la demande des Agents princi-paux, dans la rétribution des Agents particuliers, et, dans tous les cas, elle entend ne prendre sur elle aucune responsabilité de leurs actes.

L'initiative qui est laissée à MM. les Agents principaux au sujet de la rétribution de leurs auxiliaires leur permet d'encourager chacun selon son utilité et son dévouement. Nous ajouterons que nos représentants ne pourront arriver à obtenir des succès impor-tants qu'en faisant des sacrifices sur les premières années. Ainsi, dans toutes nos grandes Agences, nos Mandataires ont compris qu'il fallait intéresser fortement les Sous-Agents à rechercher les Assurances ; et, pour atteindre ce but, ils leur accordent sou-vent la première année de leur commission, se réservant ainsi les années postérieures seulement. Partout ces moyens ont réussi : les Sous-Agents, stimulés par l'appât d'une belle commission à toucher tout de suite, prennent la peine de faire les démarches et courses nécessaires pour obtenir des propositions, et l'Agent principal voit s'accroître le portefeuille de l'Agence dont les produits à venir compensent amplement ces premiers sacrifices.

Leurs fonctions. 40. — Les fonctions des Agents particuliers consistent :

1° A faire les démarches nécessaires pour l'obtention des assurances ;

2° A en transmettre les *propositions* à l'Agent principal ;

3° A remettre aux Assurés les contrats d'Assurance revêtus de la signature de l'A-gent principal, et à retourner à celui-ci, après la signature des Assurés, les deux tri-plicata destinés, l'un à la Compagnie, l'autre aux archives de l'Agence ;

4º A faire le recouvrement des primes au comptant et du prix des polices et des plaques contre la remise de la police signée par l'Assuré et par l'Agent principal, et à encaisser les primes annuelles contre quittances signées par l'Agent principal ;

5º A distribuer les prospectus et autres publications de la Compagnie, à faire apposer les affiches, etc., etc.; en un mot, à multiplier, autant que possible, pour ainsi dire, la présence de l'Agent principal sur tous les points de leur circonscription.

MM. les Agents principaux ont des Instructions spéciales pour les Agents particuliers ; elles définissent clairement leurs attributions; nous nous y référons.

41. — Les Sous-Agents ne peuvent, à quelque titre que ce soit, engager la Compagnie ; en conséquence, il est interdit à MM. les Agents principaux de leur conférer la faculté de signer les contrats d'Assurance, les quittances de primes, ou tout autre acte ayant pour objet un engagement quelconque au nom de la Compagnie, sauf les exceptions autorisées par le nº 35 des présentes Instructions, relatif aux substitutions. *Interdiction aux Agents principaux de déléguer la signature aux Sous-Agents.*

Pareillement il est interdit à MM. les Agents principaux de remettre à leurs Sous-Agents aucune police ni quittance signée en blanc.

42. — Les Agents principaux instituent leurs Agents particuliers ou Sous-Agents en vertu d'un mandat spécial, dont le *modèle* est à la fin des présentes Instructions, nº 1. *Formulaire de nomination des Sous-Agents.*

43. — Il est expressément recommandé à MM. les Agents principaux de stimuler fréquemment le zèle de leurs auxiliaires, et de leur transmettre toutes les instructions nécessaires pour que ceux-ci puissent agir avec intelligence, discernement et activité. *Importance des Agences particulières.*

Quand un Sous-Agent manque de zèle ou d'aptitude, l'Agent principal ne doit pas hésiter à le remplacer; et il faut qu'il renouvelle continuellement son choix jusqu'à ce qu'il ait lieu d'en être complètement satisfait.

Une Agence, dépourvue de ces collaborateurs indispensables, languit et elle restera toujours stérile sur tous les points où l'Agent principal ne peut étendre son activité personnelle.

44. — Indépendamment de ces Sous-Agents à résidence fixe, dont la circonscription est limitée, l'Agent principal pourra, si cela est nécessaire, s'attacher un ou plusieurs *Agents ambulants*, chargés de la recherche des Assurances et des autres fonctions des Sous-Agents, dans tout le territoire de l'Agence principale. Ces auxiliaires, choisis parmi les hommes actifs, entreprenants, habiles, et assez honorablement placés pour obtenir un accès favorable auprès des propriétaires, complètent heureusement l'organisation d'une Agence principale. *Sous-Agents ambulants.*

Les dispositions des nºˢ 37, 38, 39, 40, 41, 42 et 43, qui précèdent, s'appliquent aux Agents ambulants dont il est question dans le présent article.

45. — L'Agent principal adressera tous les ans à la Compagnie, avec ses pièces de comptabilité du dernier semestre, un état de ses Sous-Agents (sédentaires et ambulants), indiquant le nom, la profession et la résidence de chacun d'eux, le territoire qui lui est assigné, la date de sa nomination, le nombre de polices par lui procurées *État annuel des Sous-Agences à adresser à la Compagnie.*

dans l'année, avec le montant des capitaux assurés. Le modèle de ces états se trouve sous le n° 2, à la suite des présentes Instructions générales.

46. — Obtenir des Assurances, en faire un choix judicieux, et en multiplier le nombre avec discernement, tel est le premier but vers lequel doivent tendre tous les efforts de MM. les Agents principaux. Ils ne doivent pas attendre les affaires, qui ne viendraient pas les chercher; au contraire, c'est à eux à les provoquer par tous les moyens d'activité et d'influence personnelles, de relations de parenté, d'amitié ou d'intérêt qui sont à leur portée.

Il faut qu'ils se décident à faire des démarches actives, incessantes, auprès des autorités et des fonctionnaires publics, des riches propriétaires, des entrepreneurs, des manufacturiers, des commerçants, des chefs d'établissements religieux, d'éducation et de bienfaisance, des maires et des curés, des hommes d'affaires les mieux posés, etc.; il faut qu'ils portent et renouvellent partout leurs sollicitations; qu'ils parcourent et fassent parcourir, à cet effet, les villes et les campagnes de leur circonscription; qu'ils fassent apposer de temps en temps des affiches dans les localités les plus importantes, qu'ils distribuent de la main à la main les prospectus, et, au besoin, qu'ils recourent à la publicité de la presse périodique, en observant toutefois de ne jamais y faire aucune insertion, sans avoir auparavant consulté la Compagnie, et en avoir obtenu l'autorisation.

Enfin, il faut que MM. les Agents principaux se rappellent sans cesse que, de leur activité et de leur savoir-faire, dépendent essentiellement leurs succès, et que, jamais et nulle part, ces succès n'ont fait défaut aux Agents qui ont su les rechercher par de pareils moyens.

47. — Lorsqu'il survient un incendie, que l'objet atteint soit assuré ou non, il faut que l'Agent principal et ses auxiliaires redoublent d'efforts pour tirer parti de l'impression que produisent toujours dans le public ces malheureux événements, et empêcher la concurrence de les exploiter exclusivement.

Des recommandations dans ce sens doivent être fréquemment transmises par l'Agent principal à ses Sous-Agents.

48. — En exécution du mandat spécial qu'il reçoit de la Compagnie, et conformément aux dispositions des n°s 34 et 38 du présent chapitre, l'Agent principal ne peut ni souscrire directement des assurances, ni instituer des Sous-Agents, en dehors des limites de son Agence.

Cependant toute opération hors de sa circonscription ne lui est pas interdite lorsque des circonstances particulières ou des relations personnelles peuvent lui procurer des assurances qui seraient en vain sollicitées par un autre de ses collègues. Mais il doit s'abstenir, sur les Agences voisines, de démarches et de relations suivies qui tendraient à établir entre nos mandataires, et pour ainsi dire dans le sein même de la Compagnie, une concurrence nuisible à tous, et subversive du bon ordre.

Par suite de ces considérations, les seuls risques qu'un agent principal peut assurer sans autorisation, en dehors des limites de son agence, sont les risques ruraux isolés dont la valeur n'excède pas 20,000 francs, et seulement dans l'un des trois cas suivants :

1º Lorsque les propriétaires ont leur domicile sur le territoire de son agence ;

2° Quand des motifs particuliers, tels que des relations d'affaires, de famille ou de de société, ont *seuls* déterminé la préférence qu'il a obtenue ;

3° Et enfin pourvu que le risque à assurer ne soit pas situé dans une agence dont les risques simples ont été vérifiés par un Inspecteur de la Compagnie.

Hors de ces cas, et quand il s'agit de risques de quelque nature qu'ils soient, situés dans les villes ou situés dans les campagnes, mais dépassant le *maximum* fixé ci-dessus, l'autorisation préalable de la Compagnie est indispensable. L'Agent doit alors visiter le risque proposé ou se renseigner sur lui avec le plus grand soin, et rendre compte à la Compagnie des motifs particuliers qui le décident à en rechercher l'assurance.

49. — Quand l'assurance d'un risque situé dans le département de la Seine est demandée à MM. les Agents principaux, la *proposition* en doit être par eux transmise sans délai à la Compagnie, qui fera examiner et vérifier (à ses frais) le risque proposé. Si l'Assurance est admise, la Police sera dressée dans les bureaux de l'Administration, qui l'enverra toute rédigée à l'Agent principal, lequel encaissera les primes annuelles, et jouira de la commission sur cette affaire comme sur celles de son agence. Cette vérification a pour but d'éviter que le risque proposé n'engage notre garantie pour une somme trop forte sur tel ou tel point du département où notre bureau de Paris peut seul connaître notre situation. *[Assurance des risques situés dans le département de la Seine.]*

50. — MM. les Agents principaux ne peuvent assurer, dans aucun cas et pour quelque somme que ce soit, des risques situés hors du territoire continental français, sans l'autorisation préalable de la Compagnie. *[Interdiction d'assurer hors du territoire français sans une autorisation spéciale de la Compagnie.]*

51. — Il est alloué par la Compagnie à titre de rétributions à chaque Agent principal : *[Rétribution des Agents principaux.]*

1° Un QUANTUM *fixe pour cent*, qui varie suivant les circonstances, sur les recouvrements des assurances provenant de *sa propre gestion* ;

2º Une *commission pour cent* (*réduite*) sur les encaissements annuels provenant des assurances des *gestions antérieures à la sienne* ;

3º *Cinq pour cent* sur les encaissements de primes des assurances *étrangères à l'Agence*, que la Compagnie pourrait le charger d'effectuer directement ;

4º *Cinq pour cent* sur le montant des *recours* dont la rentrée aura été faite par ses soins ; (Voir nº 670 des présentes Instructions.)

5º *Un quart pour cent* sur le recouvrement des effets de commerce ou de banque qui pourraient lui être envoyés par la Compagnie pour qu'il en opère l'encaissement (1);

---

(1) **MM.** les Agents n'ont pas droit à cette commission d'*un quart pour cent* sur les envois de fonds que la Compagnie leur fait en mandats ou effets sur leurs villes pour paiement d'un sinistre ou toute autre dépense à effectuer par eux.

6° *Un franc* par chaque police définitivement souscrite par lui, quels qu'en soient le format, l'étendue et le nombre d'exemplaires;

7° *Vingt-cinq centimes* par chaque plaque de tout modèle et de toute dimension, par lui vendue aux assurés. Les plaques délivrées gratuitement ne donnent pas lieu à commission.

En outre, il est quelquefois alloué des traitements fixes à MM. les Agents principaux, à titre, soit de frais d'installation, soit de frais de bureau, ou pour les mettre à même de rétribuer un ou plusieurs Agents particuliers. Mais ces allocations tout accessoires ne sont jamais accordées que pour un temps limité, et sont soumises, quant à leur durée, aux conditions stipulées dans le compromis de nomination que l'Agent passe avec la Compagnie.

Commission des Agents sur les polices transférées d'une agence à une autre. 52. — En principe et aux termes du compromis de nomination passé entre la Compagnie et chacun de MM. les Agents principaux, quand ceux-ci cessent, pour une cause quelconque, d'exploiter tout ou partie de leur territoire, il n'ont droit à aucune commission sur les primes échues et non encaissées ou à échoir des polices en cours.

En conséquence, quand des polices sont transférées d'une Agence à une autre, si elles ont été souscrites indûment par l'Agent à qui on les reprend sur le territoire de celui à qui on les transfère, si même elles l'ont été par suite d'une certaine tolérance de la part de la Compagnie ou de l'Agent de la localité, il n'est dû à l'Agent qui a souscrit ces polices aucune commission sur les primes qui en proviennent; quant à l'Agent à qui ces polices sont transférées, il reçoit sur les encaissements de leurs primes la commission réglementaire à cinq pour 100.

Toutefois, quand la Compagnie juge à propos, par suite de convenances particulières, de distraire une partie du territoire d'une Agence pour la réunir à une Agence voisine, elle peut, par exception, accorder une commission escomptée à l'Agent souscripteur sur les polices transférées.

Frais à la charge de la Compagnie. 53. — Les ports de lettres et de paquets, les frais d'envoi de fonds, ceux d'apposition d'affiches, ceux de publicité quelconque autorisés par la Compagnie, ceux de déplacement et autres débours pour réglements de sinistres, litiges touchant les intérêts de la Compagnie ou autres missions spéciales données à l'Agent par l'Administration, ainsi que tous frais d'actes et de poursuites judiciaires *autorisés* sont à la charge de la Compagnie. (Voir n°s 419 et 578 des présentes Instructions.)

A l'occasion des réglements de sinistres que la Compagnie confie à ses Agents, elle alloue à ceux-ci, en outre de leurs frais et débours, une indemnité pour chaque jour de déplacement, mais seulement lorsque le sinistre a lieu en dehors du territoire de la ville, siége de l'Agence principale.

Tout le matériel nécessaire pour les opérations de l'Agent principal et de ses auxiliaires (Registres de souscriptions et de comptabilité, imprimés et cadres, plaques, affiches, prospectus, etc.), lui est fourni et envoyé gratuitement par la Compagnie.

Mais la Compagnie ne prend pas à sa charge les menus frais de bureau de l'Agent principal ou de ses sous-agents, ni ceux de cartons, casiers, portefeuilles et autres objets de matériel de bureau. Si ces dépenses et toutes autres non comprises dans l'énumération de l'alinéa qui précède étaient portées, *sans autorisation préalable*, dans le compte de l'Agent principal et à son crédit, elles en seraient rejetées par l'administration.

54. — La Compagnie n'est pas responsable vis-à-vis de l'Agent principal des frais personnels d'installation de celui-ci, de ses dépenses d'établissement et de rétribution des Agents particuliers, soit à résidence fixe, soit ambulants; elle peut seulement, par exception particulière, consentir à y concourir; mais en aucun cas elle ne prend à sa charge les frais de tournée de l'Agent principal pour la recherche des assurances.

55. — Dans le cas de décès, de démission ou de révocation de l'Agent principal, en quelque temps et pour quelque cause que ce soit, celui-ci (ou ses ayant-droit) sera tenu de remettre immédiatement à la Compagnie, contre récépissé détaillé, toutes les quittances de primes non encaissées dont il sera comptable, ainsi que le matériel, les archives, les plaques, la correspondance et les registres de l'Agence. Il n'aura droit à aucune commission, remise, ni indemnité quelconque sur le montant des quittances de primes échues ou à échoir qui ne seraient pas recouvrées lors de la cessation de ses fonctions, soit que ces quittances proviennent de gestions antérieures à la sienne, soit qu'elles aient été le résultat de sa propre gestion.

Dans lesdits cas de décès, démission ou révocation de l'Agent principal, il ne lui sera dû aucune indemnité, ni aucuns dommages-intérêts pour changement de position, frais d'installation, de loyer, paiements anticipés sur les commissions des Agents particuliers ou autres frais généralement quelconques. De son côté la Compagnie renonce à toute réclamation de dommages-intérêts pour le cas où l'Agent principal prendrait lui-même l'initiative de la cessation de ses fonctions, en quelque temps et pour quelque cause que ce soit.

56. — MM. nos Agents principaux ne peuvent être ou devenir les représentants d'une autre Compagnie ou Société d'assurances, à primes fixes ou mutuelles, contre l'incendie. Ils ne peuvent non plus accepter, *sans notre autorisation*, ou conserver le mandat d'aucune Compagnie d'assurance quelconque sur la vie humaine, contre la grêle, contre les risques de navigation ou toute autre Société particulière. Ils veilleront autant que possible à ce que leurs sous-agents n'acceptent non plus aucun mandat de ce genre.

57. — Il est arrivé fréquemment que des circulaires, datées de Paris, et entièrement étrangères au service de l'Administration, ont été adressées à MM. les Agents principaux pour solliciter, à ce titre, leur coopération en faveur d'une spéculation ou d'une œuvre de propagande quelconque. L'Administration, souvent sollicitée elle-même de servir d'intermédiaire et d'accorder sa recommandation à de semblables propositions, s'y est constamment refusée; elle persévérera invariablement dans cette ligne de conduite. Si des communications de ce genre étaient faites à MM. les Agents principaux, elles devraient être considérées par eux, quels qu'en fussent d'ailleurs la forme, l'objet et l'origine, comme tout à fait étrangères, sans distinction aucune, à l'initiative, au patronage et par conséquent à la responsabilité morale de la Compagnie.

Patente ; droit propor-
tionnel.

58. — Le conseil d'État ayant décidé (en 1850) que, indépendamment du droit fixe de patente payé par la Compagnie à Paris, les mandataires d'une Compagnie d'Assurance sont soumis à un droit de patente proportionnel, basé sur la location du bureau de l'Agence, MM. les Agents principaux ne devront pas résister à cette obligation, si l'Administration des contributions directes la leur impose.

Ce droit étant proportionnel à la valeur locative de la partie de l'appartement *consacrée spécialement aux travaux de l'Agence* (Art. 10 de la loi du 29 avril 1844 et 19 de la loi du 18 mai 1850), il se réduira presque toujours à une somme très-inférieure à celle de l'impôt mobilier.

La Compagnie ne prend pas à son compte ce droit proportionnel de patente ; il restera, comme toutes les autres impositions, à la charge de MM. les Agents principaux.

CHAPITRE V.

Des Risques en général.

Définition du mot Risque.

59. — On nomme *Risque* l'objet sur lequel porte l'Assurance.

Ce que l'on considère comme un même risque *ou* risque commun.

60. — On considère comme *un même risque* ou *risque commun* divers objets, meubles ou immeubles (quand bien même ils appartiendraient ou seraient assurés à diverses personnes) qui, par leur réunion ou leur agglomération, sont exposés à être détruits par un même incendie.

Objets ne formant qu'un seul et même risque ou un risque commun.

61. — Envisagés au point de vue de l'agglomération des risques, sont considérés comme ne formant qu'un seul et même risque ou un risque commun :

1° Tous les objets immobiliers ou mobiliers, de la première classe du tarif, autres que les usines et fabriques, qui ne sont pas séparés par un intervalle quelconque ou par des murs de maçonnerie pleine s'élevant au-dessus de la toiture, sans ouvertures ni communications intérieures ;

2° Tous les bâtiments couverts en chaume ou en bois (et leur contenu) qui ne sont pas séparés entre eux par un intervalle de trente mètres au moins ;

3° Tous les bâtiments des fabriques et usines (et leur contenu) qui ne sont pas séparés les uns des autres par un intervalle de :

Trois mètres pour les fabriques et usines de la première catégorie du tarif,

Dix mètres pour les fabriques et usines de la deuxième catégorie du tarif ;

4° Les meules de récoltes qui ne sont pas séparées entre elles par une distance de trente mètres au moins ;

5° Les massifs de bois sur pied qui ne sont pas séparés entre eux par une distance de trente mètres au moins.

La délimitation d'un risque est indépendante de la question de propriété.

62. — Par suite, toujours au point de vue de l'agglomération, les objets, ou les collections d'objets, agglomérés dans les limites spécifiées au n° 61 qui précède, forment autant de risques distincts les uns des autres , quel que soit le nombre des propriétaires desdits objets.

63. — Les objets assurables indiqués au n° 16 des présentes Instructions se divisent, quant à l'application de la garantie particulière de la Compagnie, en deux catégories principales :

Ceux qu'elle assure ,

Ceux dont elle s'interdit l'assurance.

Risques que la Compagnie assure et ceux qu'elle n'assure pas.

64. — La Compagnie répond de tous les incendies causés par cas fortuit, par malveillance *de la part de tiers*, et même par imprudence ou négligence de la part de l'Assuré et des personnes qu'il a sous son autorité.

Risques que la Compagnie assure.

A cet effet, elle prend sous sa garantie :

1° Les bâtiments de toute nature ;

2° Les objets mobiliers et les marchandises de toute espèce ;

3° Les récoltes coupées et leurs produits, ainsi que les fagots, bourrées et écorces en tas ou en meules;

4° Les bois et forêts;

5° La *responsabilité des locataires* envers le propriétaire de la maison qu'ils occupent (en tout ou en partie), ou *risque locatif* : Cette Assurance a pour objet de mettre le locataire à l'abri du recours que le propriétaire peut exercer contre lui dans les cas prévus par les art. 1733 et 1734 du Code Napoléon ;

6° Le *recours des voisins* ou *risque de voisinage* : Au moyen de cette Assurance, l'Assuré est garanti jusqu'à concurrence des sommes portées au contrat contre le recours que ses voisins pourraient exercer contre lui en vertu des articles 1382, 1383 et 1384 du Code Napoléon, pour tous dommages occasionnés par le feu, à la suite d'un incendie qui aurait pris naissance chez lui et se serait communiqué à des propriétés voisines;

7° Le *recours des locataires contre les propriétaires* : Cette Assurance a pour objet de garantir les propriétaires contre les effets du recours que les locataires , aux termes de de l'art. 1721 du Code Napoléon , peuvent exercer contre eux en cas de dommage survenu à leurs objets mobiliers par suite d'un incendie qui aurait eu pour cause un vice de construction ou un défaut quelconque de la chose louée;

8° Les *créances hypothécaires* : Cette Assurance garantit au créancier hypothécaire inscrit en ordre utile, et dans le cas où le gage serait insuffisant, le paiement de la somme dont il peut se trouver à découvert par suite de l'incendie total ou partiel qui a frappé l'immeuble servant de gage à sa créance ;

9° Les *nu-propriétaires, usufruitiers* et *usagers*, Assurances qui consistent dans la garantie des dommages résultant pour les nu-propriétaires, usufruitiers et usagers, de l'incendie qui a frappé les objets sur lesquels reposent leurs droits.

65. — La Compagnie répond également des dommages occasionnés par l'*explosion du gaz* servant à l'éclairage, mais seulement sur les objets déjà assurés par elle contre l'incendie, moyennant une prime spéciale, et lorsqu'il est fait une mention expresse et formelle de l'assurance de ce risque dans les conditions manuscrites de la police.

Assurance contre l'explosion du gaz.

66. — Les Risques que la Compagnie n'assure pas se divisent en deux catégories, comprenant :

1º Ceux dont l'interdiction, statutaire et immuable, résulte des conditions générales de la Police.

Ce sont les suivants :

Les dépôts, magasins et fabriques de poudre à tirer (sauf l'exception mentionnée dans l'annexe aux tarifs);

Les titres de toute nature (sauf la réserve indiquée à la même annexe);

Les pierreries et perles fines;

Les lingots et les monnaies d'or et d'argent (Art. 2 des conditions générales de la Police);

2º Ceux dont l'interdiction est variable et dont l'acceptation reste soumise aux progrès de l'agriculture et de l'industrie ; elle résulte alors des tarifs de la Compagnie, et y est indiquée par le mot *interdit*, venant à la suite des risques que la Compagnie entend ne pas prendre sous sa garantie.

67. — En outre, il est des risques particulièrement dangereux dont la Compagnie, sans se les interdire absolument, veut se réserver l'acceptation. Ils sont désignés au tarif par ces mots : *Réservé à l'administration*. MM. les Agents principaux ne peuvent les assurer sans consulter au préalable la Compagnie.

68. — La Compagnie ne répond en aucun cas des objets perdus ou volés. (Art. 2 de la Police.)

Elle ne répond pas non plus des incendies occasionnés par guerre civile ou étrangère, invasion, émeute, sédition, force militaire quelconque, volcan et tremblement de terre. (Art. 2 de la Police.)

En cas d'explosion ou de détonation quelconque, et dans tous les accidents causés par la foudre ou par le feu du ciel, les trombes ou les ouragans, elle ne répond pas de tous les dégâts matériels qui peuvent en résulter, mais seulement des dommages d'incendie qui en sont la suite. (Art. 2 de la Police.)

La Compagnie, ne prenant à sa charge que les dommages matériels causés par le feu, ne répond, en aucun cas, des pertes résultant, après l'incendie, du chômage, de la résiliation des baux, du défaut de location, du changement d'alignement, et de toutes autres dépréciations *non matérielles* de l'objet sinistré. (Art. 1er de la Police.)

69. — Tous les risques en général sont bons à prendre, moyennant une prime convenable, lorsqu'ils ne courent pas d'autres chances que celles qui résultent de leur nature et de leur état normal; mais il n'y a pas de prime possible contre la fraude et l'immoralité. Il faut donc repousser, quel que soit le risque matériel, tout individu qui, par son inconduite, par son improbité et même par le mauvais état de ses affaires, pourrait faire naître dans l'esprit de MM. les Agents principaux la moindre inquiétude. La première, la seule sécurité peut-être, que les Assureurs puissent avoir vis-à-vis de leurs Assurés, réside dans l'honneur et la bonne foi de ces derniers.

Quoique d'une moralité parfaite, certains individus peuvent avoir des ennemis et devenir l'objet de menaces ou de sourdes hostilités qui les déterminent à rechercher notre garantie et à l'acquérir à tout prix. Quand MM. les Agents principaux ont des raisons de croire qu'un propriétaire se trouve dans cette situation, ils doivent s'abstenir de contracter avec lui aucune assurance.

Ils devraient également refuser l'assurance qui leur serait proposée par un propriétaire dont les risques seraient voisins d'immeubles habités par des gens d'une probité douteuse. Dans ce cas et dans d'autres qui peuvent se présenter, un voisinage suspect présenterait des dangers qu'il sera toujours prudent d'éviter.

CHAPITRE VI.

Des Pleins de la Compagnie et des Autorisations spéciales.

70. — Le *maximum* des sommes que la Compagnie accepte sur un seul risque, selon la définition qui en a été faite au n° 61 des présentes Instructions, s'appelle *plein*.

(marge : Pleins de la compagnie.)

Les pleins sont fixés ainsi qu'il suit pour chaque espèce de risque :

Pour les risques simples, autres que ceux des fabriques et usines des première et deuxième catégories du Tarif, à............................ 1,000,000 fr.

Pour les fabriques et usines de la première catégorie du Tarif, à... 400,000

Pour les fabriques et usines de la deuxième catégorie du Tarif, *non vérifiées*, à... 200,000

Pour les fabriques et usines de la deuxième catégorie du Tarif, vérifiées par les Inspecteurs, savoir :

Celles de la première catégorie de vérification, à................. 400,000
— de la deuxième   d°   d°   à............... 300,000
— de la troisième   d°   d°   à............... 200,000

Pour les fabriques de garance ou de garancine, vérifiées ou non, à.. 200,000

Pour les théâtres, à..................................... 200,000

Telles sont les sommes dont la Compagnie consent à accepter la garantie sur un seul et même risque, et autant de fois qu'il y a de risques distincts et séparés suivant les limites fixées au n° 61 précité des présentes Instructions.

Si parfois une somme plus forte que celles indiquées ci-dessus était offerte à MM. les Agents principaux sur un seul et même risque, ils devraient, sans prendre aucun engagement avec le proposant, nous en référer.

71. — Les *pleins*, déterminés par le n° 70 qui précède, fixent les limites que la Compagnie s'impose à elle-même ; mais celles des pouvoirs de ses mandataires doivent nécessairement être plus restreintes.

(marge : Limite des sommes qui peuvent être assurées sur un seul risque sans l'autorisation de la Compagnie.)

Ainsi ne peut être acceptée, sans avoir été préalablement autorisée par la Compagnie, toute Assurance dépassant, sur un seul et même risque, les limites ci-après :

Sur risques simples de la première classe du Tarif................ 200,000 fr.

Sur fabriques et usines de la première et de la deuxième catégorie du Tarif, vérifiées ou non.. 30,000

Sur récoltes en meules, sur bois en fagots ou bourrées et écorces en plein air.. 20,000

Sur risques simples agglomérés de la deuxième classe du Tarif...... 20,000

Sur statues et tableaux.. 10,000

Sur bois et forêts, non résineux................................... 30,000

72. — L'autorisation de la Compagnie sera aussi réclamée préalablement pour :

1° Toute assurance supplémentaire ou cumulative qui porterait sur un risque déjà assuré ou voisin d'un risque assuré, dans les limites fixées au n° 61 des présentes Instructions, et aurait pour objet de faire dépasser à notre garantie le chiffre fixé par le n° 71 qui précède ou celui des autorisations spéciales précédemment reçues ;

2° Toute augmentation et tout changement quelconque concernant des Assurances déjà souscrites en vertu d'une autorisation spéciale de la Compagnie ;

3° Le renouvellement de ces mêmes Assurances.

73. — Ne peuvent être assurés pour quelque somme que ce soit par MM. les Agents principaux, sans l'autorisation de la Compagnie, les risques ci-après :

1° Les salles de spectacle et magasins de décors, matériel, etc. ;

2° Les bois et forêts d'essences mixtes (résineux et non résineux, autrement dits *à feuilles*) ;

3° Les bibliothèques et musées publics ;

4° Les monts-de-piété ;

5° Les bateaux, bacs et navires, en rivière, en chantier ou en flottaison.

Pour tous les risques énumérés à l'article précédent et au présent article, MM. les Agents principaux devront se borner à transmettre à la Compagnie des *propositions* aussi détaillées que possible sur la nature et les circonstances du risque, et ils attendront la décision de la Compagnie. (Voir le chapitre Iᵉʳ du titre II ci-après *des propositions*.)

74. — MM. les Agents principaux ne peuvent souscrire aucune assurance cumulative ou supplémentaire sur des Assurances faites par un de leurs collègues dans une autre agence sans une autorisation de la Compagnie.

75. — Nous appelons *autorisation spéciale* l'autorisation que nous donnons à MM. nos Agents principaux dans les cas prévus par les nᵒˢ 48, 71, 72, 73 et 74 qui précèdent. Nos autorisations spéciales sont numérotées ; elles ont une seule série de numéros pour toute l'administration ; le numéro d'autorisation spéciale doit être rappelé en tête de chaque police autorisée en regard du n° de série de l'Agence.

76. — Les autorisations de la Compagnie, dans tous les cas prévus par les numéros précités, ne sont valables que pendant deux mois ; passé ce délai, si l'assurance n'est pas réalisée, l'Agent devra demander une nouvelle autorisation.

En ce qui touche l'envoi immédiat à la Compagnie des polices souscrites en vertu d'une autorisation spéciale, MM. les Agents principaux devront se conformer aux prescriptions du n° 154 des présentes Instructions.

77. — Il peut arriver dans certains cas que, pour s'assurer une affaire, MM. les Agents principaux souscrivent, sauf ratification de la Compagnie et avant son autorisation, une assurance pour laquelle cette autorisation leur est nécessaire. Dans ce cas, la réserve de notre ratification doit être formellement exprimée dans la police, comme aussi la déclaration explicite que le contrat n'aura cours que du lendemain de l'arrivée de cette ratification de la Compagnie à midi. A cet effet, MM. les Agents auront soin de prendre et d'indiquer un délai suffisant pour l'envoi, l'examen et le retour de ladite Police. Ils nous l'adresseront immédiatement après sa souscription provisoire, avec tous les documents et détails nécessaires pour bien nous faire apprécier le risque.

Polices souscrites sauf ratification de la Compagnie.

Si la Compagnie approuve la police, mention de cette approbation sera faite sur le contrat, et la prime au comptant sera perçue. La police sera complète après cette régularisation. Si au contraire la Compagnie refuse son approbation, la police sera annulée sur le registre de souscriptions et portée en résiliement; en même temps l'Agent donnera par écrit connaissance au proposant du refus de la Compagnie en lui citant le passage de la lettre de celle-ci qui le mentionne, et il retirera de lui l'exemplaire qui était entre ses mains qu'il déchirera en sa présence.

78. — MM. les Agents principaux ne peuvent pas signer *comme agents* les polices concernant leurs propriétés personnelles ou celles de leurs proches (ascendants et descendants, frères et sœurs); ils doivent seulement en rédiger un exemplaire sur papier blanc, le numéroter, l'enregistrer, le signer comme assurés ou le faire signer par les intéressés et nous l'envoyer. La Compagnie, si elle approuve la police, dresse les deux autres exemplaires, l'un sur papier bleu, l'autre sur papier blanc, et les envoie à l'Agent principal, revêtus de la signature de l'Administration. Celui qui est sur papier bleu sert à l'Agent comme Assuré, et l'autre est classé dans les archives de l'Agence.

Assurances personnelles aux Agents ou à leurs proches.

TITRE DEUXIÈME

De la Proposition d'assurance, des Primes et du Tarif, de la Police dans ses formes diverses et ses modifications, des Plaques.

CHAPITRE Ier.

De la Proposition d'assurance.

79. — Tout contrat d'assurance doit être précédé d'une *proposition* écrite, soit provoquée par l'Agent, soit spontanée de la part de celui qui veut se faire assurer contre l'incendie; c'est le premier élément nécessaire pour préparer le contrat.

Les propositions d'Assurances doivent être rédigées sur les formulaires imprimés, destinés à cet usage et applicables aux différentes espèces d'assurances. (*Voir les modèles placés à la suite des présentes Instructions*, n°s 3, 4, 5, 6, 7 et 8.)

80. — Ces propositions doivent fournir des indications détaillées sur la nature, la disposition et la situation des objets à assurer, savoir :

Pour les bâtiments, sur le lieu, la construction, le nombre d'étages, la toiture, les contiguïtés, l'usage de chacun d'eux ;

Pour les mobiliers, les marchandises et les denrées, sur leur espèce, leur qualité, leur essence, le lieu où ces objets sont ou pourront être placés, la nature, la construction, la toiture, les contiguïtés et la destination des bâtiments qui les renferment.

Les propositions doivent encore énoncer les sommes proposées à l'Assurance. Quand il y a à faire assurer plusieurs objets d'espèces différentes ou formant des risques distincts, il est nécessaire de les indiquer séparément et d'affecter à chaque objet ou à chaque risque une somme spéciale.

Ces évaluations doivent, autant que possible, être établies en sommes rondes, sans unités ni dizaines.

Enfin les propositions indiquent le point de départ de l'Assurance et sa durée.

Signature des propositions.

81. — Il est à désirer que les proposants signent eux-mêmes leurs propositions.

Leur conservation et classement.

82. — Nous avons reconnu l'utilité des propositions qu'il est bon de consulter dans bien des circonstances, et surtout dans les réglements d'incendie ; elles peuvent éclaircir des points douteux et prévenir des contestations.

En conséquence, les propositions qui sont suivies d'effet, doivent être conservées avec soin, et annexées au duplicata de la police d'assurance déposé aux archives de l'Agence ; elles reçoivent alors les numéros des polices auxquelles elles ont donné lieu.

La proposition n'engage ni la Compagnie ni le proposant.

83. — La proposition d'Assurance et les circonstances dont elle peut être accompagnée ou suivie, n'engagent, ni la Compagnie, ni le proposant, l'assurance n'étant parfaite et réciproquement obligatoire que par le contrat d'assurance, après qu'il a été signé des deux parties et que la prime au comptant a été payée. (Voir art. 4 des Conditions générales de la Police.) ; jusque-là tout n'est que projet, mesure préparatoire.

En conséquence, lorsque MM. les Agents principaux ou particuliers reçoivent une proposition d'assurance, ils doivent s'abstenir de réclamer ou d'accepter par anticipation aucune somme destinée au paiement de la prime, et de remettre une plaque au proposant.

Elle est le fait de l'Assuré seul.

84. — Les renseignements et détails donnés par le proposant lui appartiennent, et la proposition est le fait de l'Assuré seul. Le rôle de l'Agent principal se borne à recommander au proposant une grande sincérité dans ses indications pour qu'il ne s'expose pas aux conséquences d'une fausse déclaration (voir art. 11 des Conditions générales de la Police), et aussi à vérifier l'exactitude des renseignements fournis et à les contrôler, autant que possible. Mais il ne doit, en aucun cas, les admettre comme chose reconnue et contradictoirement appréciée. (Voir les n°ˢ 95, 107 et 134 des présentes Instructions.)

Vérification des propositions.

85. — Ainsi toute proposition d'assurance doit être vérifiée.

Si la proposition est faite à l'Agent principal directement, c'est lui-même qui la vérifie ou en dirige la vérification ; si elle lui est envoyée par un Agent particulier, l'Agent principal doit s'assurer que les vérifications prescrites par les n°ˢ 86 et suivants ci-après, ont été accomplies.

Sur quoi porte cette vérification.

86. — La vérification des propositions d'assurances doit porter principalement sur les trois points suivants :

1° La moralité des proposants ;

2° La nature et les circonstances du risque ;

3° L'appréciation des valeurs assurables.

Vérification morale ; cas de rejet.

87. — La première condition d'une bonne assurance étant la moralité reconnue du proposant et la situation régulière de ses affaires, il y a lieu d'écarter les propositions faites par des propriétaires mal famés, d'une probité équivoque ou connus pour être obérés.

L'Agent doit également refuser les Assurances des établissements industriels mal administrés ou en décadence, ou qui sont présumés être onéreux à leurs propriétaires.

Il n'admettra pas non plus les propositions d'assurances qui sembleraient dictées par la crainte de haines particulières, par le voisinage de gens de mauvais renom ou par des menaces d'incendie.

Enfin, il n'acceptera qu'avec la plus grande circonspection les assurances qui auraient été refusées ou résiliées par d'autres Compagnies, et seulement après qu'il se sera renseigné exactement sur les causes et les circonstances de cette élimination.

Si l'Agent est informé qu'il a été fait par d'autres Sociétés des assurances pour une valeur exagérée à des personnes suspectes, propriétaires de risques contigus à ceux qui sont proposés, il refusera aussi la proposition en en donnant avis à la Compagnie.

88. — La vérification matérielle des risques consiste à reconnaître le genre de construction et de couverture des bâtiments, leur destination, la nature des objets qu'ils contiennent, le nombre de leurs étages, leurs contiguïtés avec ou sans communication, les distances qui les séparent, et généralement à apprécier toutes les circonstances qui peuvent multiplier ou aggraver les chances d'incendie. *Vérification matérielle.*

En effet, indépendamment des interdictions spécifiées aux n°s 66 et suiv. des présentes Instructions, il est certains risques qui, par suite de circonstances particulières, deviennent mauvais et dangereux. Nous nous expliquerons à ce sujet quand nous traiterons de chacun des risques en particulier. (Voir au titre III des présentes Instructions.)

89. — Après les vérifications qui se rattachent à la personne du proposant ou au risque lui-même, la meilleure sauvegarde pour la Compagnie est une juste évaluation des risques proposés à l'Assurance. *Vérification des sommes à garantir.*

90. — L'Agent doit donc tout d'abord donner avis au proposant que celui-ci a tout intérêt à ne faire garantir ses risques que pour leur valeur réelle, et qu'il y aurait préjudice pour lui si l'assurance en était stipulée pour une somme supérieure ou inférieure à cette valeur. Il lui expliquera que, dans le premier cas, il paierait sans utilité un excédant de prime, puisque d'après les conditions générales de la police (art. 3 et 18), l'assurance ne pouvant jamais être une cause de bénéfice, il n'aurait à recevoir après le sinistre que le montant réel de la perte, et que, dans le second cas, il s'exposerait, s'il survenait un incendie total ou partiel, à supporter une partie des dommages, la Compagnie n'étant responsable vis-à-vis de lui que dans la proportion de la somme assurée. (Voir art. 18 des conditions générales de la Police.) Ainsi, un propriétaire a un véritable intérêt à faire garantir une somme représentant la valeur exacte de sa chose. *Avis essentiel à donner aux proposants.*

91. — Il y a dans l'exagération d'une assurance un danger fort grave que MM. les Agents principaux doivent éviter par suite de hautes considérations de morale et d'ordre public. C'est donc à eux de ne rien négliger pour reconnaître eux-mêmes ou faire constater d'une manière précise la valeur du risque proposé. Les éléments de cette vérification sont dans la constatation de la *valeur assurable*. *Danger des évaluations exagérées.*

92. — En principe, la Compagnie n'assure pas sur les objets qu'elle prend sous sa garantie une valeur de convention, ni de convenance, ni d'affection ; il n'y a d'as- *Valeur assurable.*

surable que la valeur intrinsèque ou réelle. Or, quelle est la valeur réelle d'un objet? Pour les immeubles et les objets mobiliers, c'est généralement leur valeur réalisable.

Pour les marchandises du commerce, c'est le *prix du Cours.*

Pour les marchandises en fabrique, à quelque degré de fabrication qu'elles puissent se trouver, c'est le *prix du Cours des matières, plus la main-d'œuvre.*

93. — Telles doivent être les bases de la vérification de MM. les Agents principaux sur les sommes à assurer.

Qu'ils n'oublient pas toutefois que les évaluations des risques, quelle que soit leur nature, doivent se faire par le proposant qui fixe *lui-même* les sommes qu'il veut faire garantir sur chaque objet. Ce n'est que si elles paraissaient à l'Agent trop au-dessous ou au-dessus de la valeur réelle que celui-ci aurait à en faire l'observation et, suivant les cas, soit à refuser l'assurance, si l'exagération des sommes à garantir lui faisait concevoir des doutes sur la loyauté du proposant, soit à discuter de gré à gré avec lui les évaluations, si sa bonne foi lui paraissait certaine.

94. — On accuse trop souvent les Compagnies d'Assurances et leurs représentants d'être avides de primes, d'admettre sans examen, si non même de provoquer des évaluations exagérées et de présenter ainsi un piége à l'ignorance et un appât à la cupidité. Ces récriminations injustes se sont fait jour à diverses reprises dans la presse périodique et jusque devant les tribunaux; il importe de leur opposer d'avance une réfutation victorieuse en nous montrant partout et toujours fidèles observateurs des prescriptions qui précèdent. Nous prouverons ainsi aux bons esprits que nous ne séparons ni de l'équité, ni de la sécurité publique nos intérêts bien entendus.

95 — Quoi qu'il advienne des résultats de la vérification de MM. les Agents principaux sur les risques qui leur sont proposés à l'assurance, il leur est interdit de faire faire par experts, même aux frais de l'assuré, une estimation contradictoire du risque, qui aurait pour effet d'engager par avance la Compagnie. Cette stipulation, si elle était insérée dans le contrat, ne serait jamais admise par nous en cas de sinistre, car elle dérogerait à l'article 18 des conditions générales de la Police, d'après lequel la Compagnie ne garantit que la valeur intrinsèque des risques au moment de l'incendie.

96. — Lorsqu'il s'agit d'assurances qui ne peuvent être souscrites, pour tout ou partie, qu'en vertu d'une autorisation spéciale de la Compagnie, conformément aux nᵒˢ 48, 71, 72, 73 et 74 des présentes Instructions, l'Agent principal, après avoir examiné lui-même ou fait examiner les risques avec le plus grand soin, doit transmettre à la compagnie une proposition spéciale sur l'imprimé approprié à la nature du risque. Cette proposition indiquera :

1° La nature de chaque risque à assurer et la somme à couvrir sur chacun, divisée ainsi : *tant sur bâtiments, tant sur mobiliers, tant sur marchandises;*

2° La *situation* exacte de chaque risque, ses contiguïtés et ses communications ainsi que les distances qui séparent les bâtiments assurés ou à assurer; (voir au surplus les modèles nᵒˢ 3 et suivants).

97. — Indépendamment d'une proposition ainsi formulée et énonçant très-clairement en quelle qualité agit le proposant, l'Agent principal transmettra à la Compagnie la feuille de *Renseignements spéciaux* annexée aux propositions et une autre feuille de *Renseignements confidentiels* dont les modèles sont joints, pour chaque nature d'assurance, à ceux des diverses propositions; (voir à la fin des présentes Instructions les modèles nos 12, 13, 15, 16, 18 et 20). *[Feuilles de renseignements.]*

98. — Enfin un tracé des lieux, indiquant bien exactement la situation des risques à assurer, celle des risques voisins de ceux à assurer et la *distance par mètres* qui les sépare, devra être joint également à la proposition. MM. les Agents principaux en trouveront des modèles aux nos 5, 8, 12, 15, 18 et 20 indiqués ci-dessus. *[Tracé des lieux.]*

99. — Toute proposition d'assurance donnant lieu à autorisation spéciale qui arriverait à la Compagnie sans l'une des pièces ci-dessus indiquées, et notamment sans le plan ou tracé avec indication des distances, serait par elle refusée purement et simplement. Cette règle est absolue ; elle ne souffrira aucune exception. *[Conséquence de l'inobservation de ces règles.]*

Jusqu'à la décision de la Compagnie, l'Agent s'abstiendra scrupuleusement de prendre quelque engagement que ce soit, même verbal, envers le proposant.

100. — Il ne suffit pas de faire un choix scrupuleux et une appréciation judicieuse des risques ; il est encore nécessaire de les diviser de manière à ce que, en cas d'incendie, la Compagnie ne subisse pas des pertes par trop considérables. *[Division des risques.]*

A cet égard, MM. les Agents principaux devront se conformer exactement aux prescriptions spéciales que nous leur donnons ci-après aux nos 222, 223 et 247 des présentes Instructions.

101. — Quand MM. les Agents principaux recevront des propositions concernant des risques que, d'après nos instructions sur la délimitation des pleins, ils devraient refuser, (Voir nos 61, 70, 71, 222, 223 et 247 des présentes Instructions), ils pourront toutefois consulter la Compagnie et, dans ce cas, ils joindront à leurs propositions tous les renseignements nécessaires, y compris le tracé des lieux. *[Consulter la Compagnie dans les cas de rejet fixés par les Instructions.]*

102. — Les prescriptions des nos 61, 70, 71, 222, 223 et 247 précités sont rigoureusement obligatoires. La Compagnie pourrait, dans certaines circonstances, rendre MM. les Agents principaux, qui auraient opéré sans une autorisation expresse de sa part, responsables des assurances par eux souscrites en dehors et au delà des limites fixées. *[Pénalité en cas d'infractions à l'article précédent.]*

103. — Lorsque, par suite dès sinistres nombreux survenus dans une agence, la Compagnie en aura fait vérifier les risques simples par un Inspecteur, les Agents, pour se rendre compte du nombre et de l'importance des assurances souscrites dans chaque commune, devront tenir un répertoire, divisé par communes, et indiquant le numéro de chaque police ainsi que le capital assuré. *[État des assurances par commune.]*

Il diviseront, en outre, leurs sommes garanties en deux colonnes, indiquant la première, les risques de première classe, la deuxième, ceux de deuxième classe.

Ayant ainsi sous les yeux la répartition de leurs opérations dans chaque localité, ils pourront facilement voir quels sont les points où il peuvent sans inconvénient multiplier les assurances, et ceux au contraire où il faut les restreindre.

Il sera même à propos d'annoter en tête de chaque commune le nombre de bâtiments qu'elle contient, la nature des constructions et des couvertures, les moyens de secours et tous autres renseignements statistiques que les Agents auront pu se procurer sur la localité.

Assurances cumulatives sur des risques déjà assurés en partie par d'autres Compagnies.

104. — Lorsque, sur des objets dont l'assurance sera proposée à la Compagnie il existera déjà des assurances souscrites pour une partie du risque par d'autres Compagnies ou Sociétés d'Assurances, la marche à suivre sera celle-ci :

S'il s'agit de Compagnies à primes fixes notoirement solvables, l'Agent, auquel la proposition sera faite, pourra accepter la garantie proposée, mais seulement après vérification satisfaisante de la partie du risque à couvrir par la somme complémentaire, et en ayant soin de mentionner dans le contrat la déclaration prescrite par l'art. 8 des conditions générales de la police.

Si, au contraire, la proposition d'assurance complémentaire était faite sur des risques déjà garantis en partie par des sociétés mutuelles ou des compagnies à primes fixes mal famées, ou bien si la vérification du risque ne donnait pas de résultats satisfaisants, l'Agent principal devrait rejeter la proposition et en donner avis à la Compagnie.

Informations à transmettre à la Compagnie sur les vérifications nouvelles effectuées pendant le cours de l'Assurance.

105. — Si, pendant le cours d'une assurance, l'Agent principal reconnaît que les objets assurés, quel que soit le risque, mais particulièrement les fabriques et usines, offrent des dangers plus graves qu'il n'avait pu les prévoir, ou que ces objets n'avaient pas une valeur égale ou n'en ont plus qu'une inférieure au montant de l'assurance, il doit en instruire immédiatement la Compagnie et attendre ses instructions.

Avis à donner à la Compagnie en cas de refus d'un risque considérable.

106. — Quand MM. les Agents principaux auront été à même de refuser, par suite de leurs vérifications ou d'autres renseignements, un risque d'une valeur considérable, ils devront en informer sur-le-champ la Compagnie, afin que celle-ci refuse à son tour les Réassurances qui pourraient lui être offertes, sur le risque, par d'autres Assureurs.

Le résultat des vérifications ne doit pas être communiqué aux proposants.

107. — En aucun cas, et sous aucun prétexte, il ne doit être donné aux proposants communication écrite, ni même verbale, du résultat des vérifications de toute nature opérées à l'occasion de leurs risques, et ce, en exécution des n⁰ˢ 85 et suivants du présent chapitre.

Pareillement, aucune mention n'en doit être faite dans le contrat d'Assurance.

CHAPITRE II.

Des Primes et du Tarif.

Prime.

108. — La *prime* est le coût annuel de l'Assurance.

Sa quotité varie nécessairement suivant la nature des constructions, le danger des professions exercées, ou la *combustibilité* du risque.

Tarif.

109. — Ces distinctions ont donné lieu à un *Tarif* sur lequel tous les objets assurables sont, d'abord, divisés, selon les constructions et couvertures des bâtiments, en deux classes, subdivisées elles-mêmes, la première en trois et la deuxième en deux risques. Les objets à assurer y sont catégorisés ensuite, et tarifés selon leur nature plus ou moins inflammable ou fragile, selon leur usage et selon les professions et les industries dont ils sont ou les produits, ou les agents, ou le siége.

110. — Nous nous référons, pour plus amples détails, au Tarif de 1855, et à l'annexe au Tarif, de 1856. Des circonstances nouvelles peuvent multiplier à l'infini les modifications au Tarif; nous ne saurions donc entrer à cet égard que dans quelques explications générales et de principe. *Tarif de 1855 et Annexe de 1856.*

111. — La Compagnie a plusieurs Tarifs, désignés, les uns par des lettres, les autres par des numéros; chacun d'eux s'applique à un certain nombre de départements, en raison de considérations tirées, en général, de la fréquence ou de la rareté des sinistres. Il s'ensuit que souvent le même Tarif n'est pas applicable dans deux départements limitrophes. En conséquence, MM. les Agents principaux ne peuvent souscrire des assurances hors de leur territoire, et dans les cas prévus par le n⁰ 48 des présentes Instructions, avant que la Compagnie ne leur ait fait connaître, sur leur demande, le taux des primes à appliquer. *Tarifs par départements.*

112. — Dans les cas douteux, ou lorsqu'il s'agit de risques non compris dans le Tarif, MM. les Agents principaux doivent consulter préalablement la Compagnie. *Risques non tarifés.*

113. — Lorsque par une même police on assure différents objets qui forment chacun un risque distinct, suivant les limites fixées par le n⁰ 61 des présentes Instructions, il faut appliquer à chacun de ces objets la Prime qui lui est imputable d'après le Tarif, et ne jamais faire une Prime commune pour différentes espèces de risques garantis par un même contrat. *Risques séparés.*

114. — Quand des objets diversement tarifés forment *un seul et même risque*, suivant la définition donnée au n⁰ 61, en principe général, ils sont soumis à la Prime applicable à l'objet le plus dangereux, attendu que les autres subissent tous l'influence de ce risque plus dangereux. Il y a toutefois des exceptions à cette règle; ainsi, les bâtiments de première classe, par exemple, paient toujours une prime inférieure à celle des mobiliers qu'ils contiennent, à moins qu'il ne s'agisse d'une fabrique ou usine de la 2ᵉ catégorie du Tarif, auquel cas le contenant et le contenu paient la même prime. *Risques agglomérés.*

115. — Par application du principe énoncé ci-dessus une maison d'habitation, communiquant à une fabrique, doit la Prime de cette fabrique. Un bâtiment de la première classe du Tarif en communication avec un bâtiment de la deuxième, doit les 3/4 de la la deuxième classe. Une profession augmentant le risque, exercée dans un bâtiment, rend le bâtiment entier et les objets qu'il contient passibles des primes stipulées au Tarif pour cette profession, sauf l'exception mentionnée à l'annexe aux Tarifs. Enfin l'existence de marchandises hasardeuses ou doublement hasardeuses dans un bâtiment, fait appliquer à ce bâtiment et aux objets qu'il renferme les primes fixées par le Tarif, sauf les exceptions qui y sont mentionnées. *Applications du principe précédent.*

116. — Le Tarif, les dispositions qui y sont comprises et celles contenues dans l'annexe sont rigoureusement obligatoires. *Le Tarif est rigoureusement obligatoire.*

La Compagnie n'accepterait pas les polices qui contiendraient des contraventions quelconques aux taux fixés et aux règles prescrites, et elle en exigerait le redressement ; si la rectification des polices irrégulières était impossible, la Compagnie pourrait, suivant les circonstances, rendre MM. les Agents principaux responsables des Assurances souscrites contrairement à ses prescriptions.

Les remises aux assurés sont interdites.

117. — MM. les Agents principaux pourraient, tout en faisant une application exacte du Tarif, se laisser entraîner à offrir aux Assurés, pour obtenir d'eux la préférence, une remise sur leurs commissions. La Compagnie ne saurait approuver un tel sacrifice ; elle l'interdit formellement parce que ce serait, sous une autre forme, une concurrence au rabais qu'il importe de prévenir et de réprimer.

Le Tarif est commun entre plusieurs Compagnies.

118. — Le Tarif et les dispositions qui s'y rattachent sont les mêmes pour les principales Compagnies à primes fixes. MM. les Agents principaux n'ont donc pas à craindre, de la part de ces Compagnies, une concurrence au rabais qui pourrait entraver leurs opérations.

Signaler à la Compagnie les infractions commises au Tarif commun.

119. — Si une infraction au Tarif était commise par quelqu'une des Compagnies faisant partie des accords, MM. les Agents principaux devraient nous en donner avis en indiquant la nature de la dérogation. Cette indication devra contenir autant que possible le n° de la police irrégulière, et, à défaut, sa date et le nom de l'assuré ; nous ferons les diligences nécessaires pour obtenir la rectification de la police.

CHAPITRE III
De la Police.

Définition de la Police.

120. — La Police est l'acte qui constate les obligations réciproques de l'Assureur et de l'assuré.

Elle est rédigée *par écrit* et sous signatures privées.

Sa forme.

121. — Elle ne peut être libellée que sur les imprimés spéciaux et *timbrés* fournis par la Compagnie.

Ces imprimés sont de deux sortes : les uns sont sur papier bleu avec la vignette de la Compagnie, les autres sur papier blanc et sans vignette. Les premiers sont destinés aux Assurés, les autres servent pour la Compagnie et pour l'Agence.

Il y a en outre des feuilles intercalaires, également sur papier bleu et sur papier blanc, pour les Polices à la rédaction desquelles les imprimés simples ne pourraient pas suffire. Ces feuilles, pour qu'elles ne s'égarent pas, et en même temps pour qu'elles présentent l'ordre et la régularité désirables, doivent être collées aux imprimés des contrats, et cotées et paraphées avec les assurés.

Ses divisions.

122. — La Police se compose de deux parties, l'une imprimée, contenant les conditions générales, applicables à tous les contrats d'assurance souscrits par la Compagnie ;

l'autre manuscrite renfermant les désignations des risques assurés, leurs évaluations, les clauses particulières de l'Assurance et le décompte des primes.

123. — Le texte des conditions générales de notre Police a été successivement mo-   Conditions générales.
difié ; nous n'y avons inséré que les stipulations dont l'expérience nous a démontré la nécessité, et dont la jurisprudence a établi le droit et l'équité. Elles spécifient la nature de notre garantie ; elles en fixent l'étendue, elles règlent les obligations et les droits de chacun. En l'absence d'une législation spéciale sur les Assurances contre l'incendie, les conditions de la police sont la commune loi de l'Assureur et de l'Assuré. On a dû cher-cher à la rendre également protectrice des intérêts des deux parties ; toutes les clauses en sont précisées dans les vrais principes de la matière. Prises dans une application large et de bonne foi, elles doivent prévenir toute contestation plutôt que les faire naître. C'est du moins là le but que nous nous sommes proposé, et l'on reconnaîtra que nous l'avons atteint si l'on considère le petit nombre de contestations sérieuses que nous avons à sou-tenir en proportion de la quantité considérable de sinistres que nous réglons chaque année.

Nous n'entrerons pas ici dans la discussion approfondie des motifs et de l'esprit de chacune des clauses imprimées de la Police. Dans le cours de ces Instructions nous au-rons plus d'une fois l'occasion d'en faire reconnaître le but et d'en indiquer l'applica-tion. Nous nous bornons à inviter MM. les Agents principaux à lire attentivement la Police pour bien se pénétrer de l'esprit de ses dispositions, et à recourir à nos conseils toutes les fois qu'ils le croiront utile.

124. — Les Conditions générales de la Police ne sont pas moins obligatoires que le   Toute dérogation aux
Tarif. Il est donc interdit à MM. les Agents principaux de consentir dans le contrat au-   conditions générales est
cune dérogation à ces conditions à moins d'une autorisation expresse de la Compagnie.   interdite.
Il leur est également interdit d'introduire dans la Police aucune interprétation ou com-mentaire de ces conditions, ni d'en biffer ou modifier la moindre partie. Nous serions obligés de refuser toute Police qui dérogerait à ces prescriptions.

125. — La Police d'Assurance étant un acte sous seing privé, ainsi qu'il vient   Nombre d'exemplaires.
d'être dit au n° 120, est assujétie aux règles de l'article 1325 du Code Napoléon ainsi conçu :

« Les actes sous seing privé, qui contiennent des conventions synallagmatiques, ne
« sont valables qu'autant qu'ils ont été faits en autant d'originaux qu'il y a de parties
« ayant un intérêt distinct. Chaque original doit contenir la mention du nombre des
« originaux qui en ont été faits. »

Les Polices doivent donc être faites en autant d'exemplaires exactement semblables qu'il y a de parties contractantes, et chaque exemplaire doit exprimer la mention pres-crite par l'article précité du Code Napoléon.

En conséquence, quand il n'y a qu'un seul assuré, la Police se fait en deux exem-plaires, l'un pour l'Assuré, l'autre pour la Compagnie.

Toutefois, par suite d'une mesure administrative dont l'utilité a été reconnue, il en est établi une troisième expédition, exactement semblable aux deux premières, pour être déposée aux archives de l'Agence.

Quand il y a plusieurs intéressés, comme dans les Assurances d'usufruitiers et de nu-propriétaires, il est fait un exemplaire en outre pour chaque partie contractante.

N'employer que l'édition de la Police en vigueur au moment de la souscription de chaque contrat.

126. — Nous avons eu plusieurs éditions successives de notre Police d'Assurance, et les conditions générales ont été modifiées dans chacune d'elles. Nous recommandons formellement à MM. les Agents principaux de n'employer jamais que la dernière édition en vigueur au moment de la souscription de chaque contrat, et d'avoir soin de faire les trois expéditions de la Police sur des exemplaires de la même édition.

Numéros d'ordre des Polices.

127. — Les polices reçoivent un numéro d'ordre reproduit sur chaque exemplaire du contrat, et dont la série doit être continuée dans l'Agence.

Date de la Police.

128. — La Police est datée du siége de l'Agence (et non d'aucun autre lieu), et du jour où elle est souscrite.

Son point de départ.

129. — Elle n'a d'effet que du lendemain de sa date à midi et ne peut jamais avoir d'effet rétroactif; mais on peut stipuler qu'elle partira d'une date postérieure au jour de la souscription. Cela a lieu particulièrement pour le renouvellement des assurances de la Compagnie, quand le nouveau contrat se fait avant l'échéance de la police primitive; ces renouvellements constituent alors des assurances *à effet différé*.

Ce qu'on doit exprimer dans les conditions particulières.

130. — Les conditions particulières doivent toujours exprimer :

1° Les noms, prénoms, profession de l'Assuré et son domicile par arrondissement, canton et commune ;

2° Sa qualité de propriétaire, temporaire ou perpétuel, d'usufruitier, créancier, locataire, etc. ;

3° S'il agit pour son compte en totalité ou en partie, ou pour le compte d'autrui et de qui il appartiendra ;

4° La désignation, article par article, des objets à assurer, leur usage, leur situation, etc. ;

5° La couverture et la construction, les contiguïtés et communications des bâtiments assurés ou renfermant les objets assurés ;

6° Les professions exercées et les marchandises contenues dans les bâtiments mentionnés sur la Police ;

7° La somme garantie, article par article, sur chaque nature d'assurance et sur chaque objet ;

8° La prime applicable à chaque capital distinct assuré ;

9° Le point de départ et la durée de l'Assurance;

10° Le paiement de la prime de la première année, sauf dans le cas prévu par le n° 129 qui précède, quand la Police est à effet différé;

Pour de plus amples détails, MM. les Agents principaux consulteront les modèles des diverses Polices d'assurances qu'ils trouveront à la fin des présentes Instructions, n°ˢ 9, 10, 11, 14, 17, et 19.

Conditions et clauses particulières.

131. — Les conditions particulières doivent être claires et précises, écrites sans ratures ni surcharges, ni mots interlignés. Les rectifications doivent être faites au moyen de renvois qui seront paraphés avec la même exactitude et le même soin que dans un acte notarié.

Il y a en outre bon nombre de clauses spéciales à plusieurs espèces d'Assurances qui se trouvent dans l'annexe aux Tarifs ou dans les Chapitres spéciaux de nos présentes Instructions, et que MM. les Agents principaux doivent, suivant les circonstances, insérer dans les conditions particulières du contrat.

152. — Dans le texte ou le corps de la Police, les sommes et les dates doivent être écrites en toutes lettres.

153. — On ne doit laisser aucun blanc dans les polices ; quand les conditions particulières ne remplissent pas tout l'espace qui leur est destiné, il faut tirer des lignes ou des traits sur la partie vide afin qu'on n'y puisse rien intercaler.

154. — Il faut éviter de présenter les sommes assurées comme l'évaluation ou le résultat de l'estimation des objets sur lesquels elles portent, et, en conséquence, se garder d'employer les mots : *valant, estimé, évalué* ou tous autres qui pourraient donner prétexte de soutenir que la Compagnie, dérogeant au principe de l'art. 3 des conditions générales de la police, a reconnu et accepté la somme assurée comme base définitive de l'assurance et, en cas de sinistre, du réglement des dommages.

Il faut éviter aussi des désignations vagues ou trop générales, et surtout ne jamais terminer un détail par des etc., qui permettraient à l'Assuré d'étendre la garantie à son gré ou de la transporter d'un objet sur un autre, selon qu'il y trouverait son intérêt, après l'incendie.

On ne doit pas non plus faire usage de termes locaux qui pourraient empêcher la Compagnie de se faire une idée exacte de la nature du risque.

Enfin, s'il s'agit de l'assurance d'objets tels que *marchandises, récoltes, grains, bestiaux, etc.*, l'Agent ne doit en spécifier dans la police ni les quantités, ni les prix partiels, mais seulement la valeur totale par espèces.

155. — La même police peut assurer des objets divers, pourvu qu'ils soient suffisamment désignés, soit, par exemple, des bâtiments et leurs dépendances, ainsi que ce qu'ils renferment, les risques locatifs, les risques des propriétaires et ceux des voisins ; ou encore plusieurs propriétés appartenant à la même personne.

156. — La police doit énoncer distinctement les primes appliquées article par article et les totaliser. Il serait très irrégulier de faire une prime moyenne pour le tout. La Compagnie n'accepterait pas les polices qui contiendraient cette dérogation.

157. — Si des propriétaires proposent de ne leur assurer que les parties les plus combustibles, telles que croisées, planchers, charpentes, etc., etc., on se refusera à leur demande. Une pareille manière d'opérer détruirait les bases de notre tarification qui reposent aussi bien sur les chances de sauvetage que sur la *combustibilité* des risques.

158. — Lorsqu'on propose à MM. les Agents principaux l'assurance partielle d'un établissement qui doit être assuré pour le surplus par d'autres Compagnies, il est à désirer que notre police, de même que celles de nos Co-Assureurs, porte sur l'ensemble

du risque, c'est-à-dire que nous assurions chacun une somme de ....
sur la généralité de l'établissement, et non sur certaines parties spéciales des bâtiments,
du mobilier ou des marchandises ; car, dans ce dernier cas, s'il survient un sinistre, le
réglement en est fort compliqué, la répartition du sauvetage difficile et parfois impossible ; et il peut survenir entre les Compagnies des discussions également fâcheuses
pour elles et pour les assurés. En assurant au contraire une fraction du tout, les
divers Assureurs, quelle que soit la somme couverte par chacun d'eux, sont dans une
position identique, et le réglement peut se faire avec une régularité et un ensemble
favorables à tous les intérêts. Nous recommandons à MM. les Agents principaux ce
mode d'opération dont ils trouveront un modèle sous le n° 11 à la fin des présentes
Instructions.

139. — Chaque exemplaire de la police doit être signé par toutes les parties contractantes.

Si l'Assuré ne sait pas écrire, il apposera sa marque en présence de deux témoins
mâles, majeurs, domiciliés dans sa commune, qui, en mettant leur signature, certifie-
ront la marque de l'Assuré. Cette marque pourra aussi être certifiée par le maire de la
commune.

Nous ne nous dissimulons pas ce que cette marque de l'Assuré peut avoir d'irrégulier ;
mais elle est suffisante pour les cas ordinaires. S'il s'agissait d'une affaire importante
où l'Assuré, pour quelque cause que ce fût, ne pourrait signer, il n'aurait qu'à se faire
suppléer par un fondé de pouvoirs authentique dont la procuration, passée en brevet
par devant notaire et à ses frais, serait mentionnée dans l'acte.

140. — La Police peut être aussi signée valablement :

1° Par la femme pour son mari ;

2° Par les fils ou filles de l'Assuré pour leurs pères et mères, *et vice versâ* ;

3° Par les oncles ou tantes pour leurs neveux et nièces, *et vice versâ*,

A la condition pour les uns et les autres de se porter fort pour l'Assuré.

En dehors de ces cas spéciaux les tiers qui signeraient la police au lieu et place
de l'Assuré, devraient justifier de la procuration authentique ou en brevet de celui-ci,
en vertu de laquelle ils agissent, et mention devrait en être faite dans le contrat, auquel
la procuration en brevet serait annexée.

141. — Aucune police ne peut être souscrite pour une durée de plus de douze ans.

Nous admettons les assurances d'une durée moindre d'une année ; les primes et conditions en sont déterminées au tarif.

La même police peut contenir des assurances de durées diverses.

Les Assurances sont communément faites pour un terme de sept à dix ans. Ce dernier terme et celui de douze sont ceux qui nous conviennent le plus. Il sera facile aux
Agents de faire sentir aux Assurés que, en contractant à long terme, il y a pour eux
économie dans les frais de police, et avantage d'une garantie non interrompue d'un plus
grand nombre d'années. La moindre discontinuité dans l'assurance est quelquefois
funeste à l'Assuré, puisque l'incendie peut l'atteindre au moment où il est à découvert.

142. — On ne peut souscrire une police pour une durée illimitée ou contenant la clause de *tacite reconduction*, d'après laquelle, au bout d'une période déterminée, l'assurance recommencerait de plein droit, à moins de désistement préalable de l'une des parties, pour une période nouvelle égale à la première. Nous laissons cette clause aux Sociétés mutuelles et même à quelques Compagnies à primes fixes, qui l'emploient dans leurs contrats pour engager les propriétaires dans l'assurance au delà souvent de leurs prévisions et de leurs désirs. *(Exclusion de la clause de* tacite reconduction.*)*

143. — L'usage s'était introduit autrefois d'accorder à l'Assuré remise de la prime de la septième, huitième, neuvième ou dixième année, suivant la durée de la police. C'était pour l'Assureur une perte certaine et sans compensation pour toutes les assurances qui achevaient leur période. Nous n'accordons plus, en aucun cas, cette remise. *(Plus de remise de la 7ᵉ ou de la 10ᵉ année gratuite; remise de la 6ᵉ à titre d'escompte.)*

Mais, quand l'assurance est souscrite pour six ans, si l'Assuré veut payer *comptant et intégralement* les primes des cinq premières années, il lui est fait alors remise de la sixième à titre d'escompte. (Voir à ce sujet le tarif, l'annexe au tarif, la table d'escompte (modèle n° 21) et les exemples qui y sont joints.) Cet escompte est dans l'intérêt de tous. Nos Agents évitent ainsi les difficultés des recouvrements, et les assurés échappent au danger de tomber en *déchéance* par suite de retards dans le paiement de leurs primes.

144. — Pour la simplification des écritures il faut, autant que possible, porter les capitaux par nombres de centaines, c'est-à-dire sans unités, ni dizaines. *(Chiffres fractionnaires à éviter.)*

145. — Pour simplifier les calculs des primes, nous avons résolu d'arrondir les centimes en ne les comptant que par 5 et par 10; MM. les Agents principaux voudront bien suivre cette méthode. Ainsi pour 1 et 2 centimes, ils porteront 0; pour 3 ou pour 4, ils porteront 5; pour 6 ou pour 7, ils porteront 5; pour 8 ou pour 9, ils porteront 10. *(Arrondir les centimes.)*

Les centimes devront être ainsi arrondis au décompte de chaque prime, et cette opération s'appliquera également à la surtaxe de 03 centimes pour 1000 pour le timbre qui est totalisée à la fin de la Police avec la Prime.

146. — Quand la Police est à effet immédiat, la prime de la première année est payée comptant au moment même de la souscription, et la police en donne quittance à l'Assuré. Celui-ci prend dans le contrat l'obligation de payer les primes des années suivantes à leur échéance contre quittance de la Compagnie. *(Mode de paiement des Primes.)*

147. — La Police n'ayant d'effet qu'après le paiement de la Prime de première année (Art. 4 des conditions générales de la Police), elle ne doit être délivrée à l'Assuré que lorsqu'elle a été numérotée, signée par lui et par l'Agent principal, après le paiement de la Prime, du coût de la Police, ainsi que du prix de la Plaque, s'il y a lieu, et l'inscription au registre des souscriptions. *(Délivrance de la Police aux Assurés.)*

Il n'est fait exception à cette règle absolue qu'en faveur des établissements publics auxquels nous accordons pour le paiement des primes les délais qu'exige la formation des budgets. (Voir, à ce sujet, l'annexe au tarif.)

Quand l'Agent principal ne peut pas avoir affaire directement à l'Assuré, il envoie la Police toute prête, numérotée et enregistrée, à son Agent particulier pour la faire signer et régulariser par l'Assuré. L'Agent particulier encaisse la prime ainsi que le coût de la police et celui de la plaque, le tout sous la responsabilité de l'Agent principal, seul comptable envers la Compagnie.

148. — Il est formellement interdit à MM. les Agents principaux de remettre, soit aux Agents particuliers, soit aux Assurés, des Polices signées en blanc ou incomplètes.

149. — Lorsqu'une assurance formera risque commun avec d'autres assurances antérieures, suivant les définitions données aux nᵒˢ 60 et 61 des présentes Instructions, on l'indiquera en tête de la Police par ces mots : *Risque commun avec la Police nᵒ* .

150. — A l'égard des Assurances souscrites en vertu d'une autorisation spéciale de la Compagnie, on aura soin également de relater en tête de la Police le numéro de l'autorisation, suivant ce qui a été dit au nᵒ 75 des présentes Instructions.

151. — Les autres indications à mettre en tête ou à la fin des Polices ne présentant aucune difficulté, nous nous bornons, pour ce qui les concerne, à renvoyer MM. les Agents principaux aux modèles placés à la fin des présentes Instructions, nᵒˢ 9, 10, 11, 14, 17 et 19.

152. — Si le risque qui fait l'objet de l'Assurance, est déjà garanti pour une portion, ou s'il doit l'être simultanément, soit par nous, soit par d'autres Compagnies ou Sociétés d'Assurances, il en sera fait mention expresse dans les conditions particulières de la Police, conformément à l'art. 8 des conditions générales.

153. — Le coût de la Police est indiqué sur la Police même, au bas des conditions imprimées ; il est invariablement de 2 fr. Cette rétribution doit être exigée pour chaque Police, quelle qu'en soit l'importance ; il est interdit à MM. les Agents principaux d'en faire la remise aux Assurés, même à leur propre préjudice.

154. — Nous désirons que les Polices nous soient transmises à la fin du mois de leur souscription, ou au plus tard dans les deux mois. MM. les Agents principaux auront donc à prendre les mesures convenables pour faire rentrer entre leurs mains, dans les plus brefs délais, toutes les polices qui auraient été envoyées pour la signature à leurs sous-agents.

Toute Police d'Assurance, souscrite par autorisation spéciale de la Compagnie, doit nous être adressée immédiatement après sa souscription, afin que nous puissions l'examiner sans le moindre retard.

(*Pour toutes les questions concernant le timbre et l'enregistrement des Polices, voir le Chapitre III du Titre VII des présentes Instructions.*)

CHAPITRE IV.

Des Avenants.

155. — Les Assurances peuvent, pendant leur durée, éprouver des changements qui modifient la teneur et les effets du contrat. Toute espèce de modification doit être constatée par un acte additionnel au contrat primitif, et cet acte se nomme *Avenant*.

155. — Les Assurances peuvent, pendant leur durée, éprouver des changements qui modifient la teneur et les effets du contrat.

156. — Les changements les plus ordinaires qui nécessitent des Avenants sont les suivants :

1° L'augmentation ou la diminution du capital assuré ;

2° Les variations survenues dans la nature ou les chances des risques ;

3° Le transport des objets assurés d'un lieu dans un autre ;

4° Les mutations de propriétés par ventes, décès, cessations de commerce, dissolutions de sociétés, etc. ;

5° Les déclarations d'Assurances faites par d'autres Compagnies ;

6° Les rectifications à des Polices irrégulières ;

7° Les annulations ou résiliements d'Assurances ;

Telles sont les causes, et il en est bien d'autres encore dont l'énumération serait trop longue, qui rendent nécessaire la souscription du contrat supplémentaire désigné sous le nom d'Avenant.

157. — Ces diverses modifications donnent lieu à trois sortes d'Avenants :

1° Les Avenants d'augmentation ou de réduction qui modifient les capitaux assurés ou la prime stipulée par la Police ;

2° Les Avenants d'ordre qui ne constatent que des changements sans influence sur les capitaux ni sur la prime ;

3° Les Avenants ou actes de résiliement qui annulent la Police.

Tous les changements, quels qu'ils soient, rentrent nécessairement dans l'une de ces trois catégories.

158. — L'avenant est rédigé sur une feuille imprimée destinée à cet usage ; il y en a de trois sortes qui correspondent aux trois catégories énumérées à l'article précédent.

Chaque avenant est fait en autant d'expéditions que la police à laquelle il s'applique, soit, le plus ordinairement, en deux exemplaires, comme les polices, l'un pour l'assuré, l'autre pour la Compagnie, et en troisième expédition pour les archives de l'Agence. (Voir le n° 125 qui précède.)

Il a sa date particulière qui est celle du jour de sa souscription.

Les avenants ont une série spéciale de numéros par ordre de date, sans interruption, ni lacune, qui les comprend tous indistinctement de quelque nature qu'ils soient.

L'avenant indique en outre le numéro et la date de la police dont il fait partie et le nom de l'assuré.

Il énonce les motifs et les effets des changements ; il spécifie les modifications à opérer aux chiffres portés dans la police, s'il y a lieu, soit sur les valeurs assurées, soit sur les primes et, quant à toutes les autres conditions de sa rédaction, il est soumis aux règles des numéros corrélatifs 120 et suivants du chapitre précédent, concernant la police. (Voir au surplus les modèles d'avenants nos 22, 23, 24, 25, 26, 27 et 28, à la fin des présentes Instructions.)

Mutation de propriété. **159.** — Les changements les plus fréquents sont ceux qui arrivent par mutation de propriété et changement de domicile.

Si la propriété change de mains, l'assurance peut continuer après les déclarations prescrites par l'article 6 des conditions générales de la Police.

En cas de décès, l'Assurance est maintenue au nouveau propriétaire par un avenant dans lequel celui-ci s'engage à exécuter les obligations de la Police au lieu et place de l'assuré décédé.

En cas de vente, cession ou donation, il importe, pour éviter toute contestation ultérieure, de faire toujours intervenir le vendeur, le cédant ou le donateur et de lui faire signer l'avenant conjointement avec le nouveau propriétaire.

Changement de résidence des assurés et transfert des objets garantis. **160.** — En cas de changement de résidence d'un assuré et de transport d'objets mobiliers garantis d'un lieu dans un autre, l'Agent principal, lors de la déclaration prescrite par l'article 7 des conditions générales de la Police, se borne à dresser un avenant de mutation, si la nouvelle résidence de l'assuré se trouve dans sa circonscription. Dans le cas contraire, il consulte la Compagnie qui lui indique la marche à suivre. (Voir no 402 des présentes Instructions.)

Point d'avenant à une Police étrangère à l'Agence. **161.** — Il est de principe qu'un Agent principal ne peut pas faire un avenant à une police qui n'appartient pas à son agence. Toutefois, dans le cas prévu par le no 160 qui précède, il peut arriver que la Compagnie autorise un agent à déroger à ce principe. Mais, dans aucun cas, un Agent principal ne peut le faire sans autorisation.

Substitution de Police au lieu d'avenant. **162.** — Quand les changements sont par trop compliqués, au lieu d'un avenant, il vaut mieux faire une nouvelle police et annuler l'ancienne. C'est une mesure à prendre autant que possible dans tous les cas de changements sur polices dont les conditions générales ne sont pas conformes au texte en vigueur au moment du changement.

De même, quand le capital à assurer en augmentation à une police en cours atteint ou dépasse celui déjà garanti par cette police, au lieu d'assurer cette augmentation par un avenant, il faut, en maintenant la police en cours, en faire une nouvelle pour le nouveau capital à assurer.

Annexion de l'avenant à la Police ; mention nécessaire. **163.** — Aussitôt qu'un avenant a été signé, l'Agent doit, en l'annexant à la police à laquelle il se rapporte, en faire mention en tête de ladite police par l'inscription des mots suivants : avenant numéro — en date du —.

Cas où il y a plusieurs avenants à une Police. **164.** — Lorsqu'il est fait successivement plusieurs avenants à une même police, on les distingue par ces mots : *premier avenant, second avenant* etc.

Un même avenant ne peut se rapporter à plusieurs Polices. **165.** — On ne peut constater sur un même avenant les changements survenus à plusieurs polices différentes, quand bien même elles seraient souscrites au même assuré. Il faut faire autant d'avenants qu'il y a de polices à modifier.

166. — Aucune police ne peut être renouvelée par avenant. Dans quelques circonstances fort rares, la Compagnie peut autoriser la prorogation d'une police par avenant pour une durée d'une année ou de moins d'une année, moyennant le paiement de la prime annuelle entière. Cette prorogation par avenant ne peut se faire sans une autorisation spéciale.

Une Police ne peut être renouvelée par avenant ni prorogée sans autorisation.

167. — MM. les agents principaux doivent comprendre les avenants dans leurs envois mensuels des polices et nous les adresser dans les mêmes délais. (Voir n° 154 des présentes Instructions.)

Envoi des avenants à la Compagnie.

168. — Toute modification relative à une police souscrite en vertu d'une autorisation spéciale de la Compagnie (Voir les n°s 48, 71, 72, 73, 74, 75, 76, 77 et 78 des présentes Instructions) ne pourra être régularisée par avenant qu'après que l'Agent aura obtenu une nouvelle autorisation; dans ce cas, il fera préalablement connaître à la Compagnie la position de l'Assuré et la nature des changements à apporter à l'assurance primitive.

Avenants aux Polices souscrites en vertu d'une autorisation spéciale.

169. — La déclaration des changements survenus dans un risque, intéresse plus l'Assuré que la Compagnie, puisque, à défaut de cette déclaration, la Police est annulée et l'Assuré déchu de ses droits à une indemnité. (Voir les articles 6, 7, 8, 9 et 10 des conditions générales de la Police.) C'est donc à l'Assuré à se mettre en règle vis-à-vis de nous. Toutefois la Compagnie est aussi désireuse d'éviter les difficultés, en cas de sinistre, que jalouse de maintenir ses droits. En conséquence, lorsque des changements viendront à la connaissance de MM. les Agents principaux, sans que la déclaration leur en soit faite par l'Assuré, ils devront rappeler à celui-ci ses obligations et l'inviter à se mettre promptement en règle.

Avertissements à donner aux Assurés.

170. — Aux termes de l'art. 10 des conditions générales de la Police, la Compagnie a le droit d'exiger en tout temps la réduction de ses assurances sur marchandises, fabriques ou usines, mobilier industriel, récoltes, etc.

Cet article, qui a pour but de ramener toujours l'assurance à sa juste valeur sur les risques signalés, présente, dans son application, une très-grande utilité.

En conséquence, MM. les Agents principaux sont invités à exercer une surveillance assidue sur ceux de leurs risques qui pourraient rentrer dans le cas de l'application de l'article précité, afin de prendre d'eux-mêmes les mesures qu'ils jugeront nécessaires, ou, en cas de doute, de signaler ces assurances à la Compagnie.

Surveillance à exercer sur les assurances sujettes à réduction.

171. — Lorsque des augmentations, réductions ou annulations sont demandées par les Assurés, MM. les Agents principaux doivent, avant de les admettre, examiner si elles sont bien motivées. Dans cette vérification, ils prendront les mêmes précautions que pour l'assurance primitive. (Voir n°s 85 et suivants des présentes Instructions.)

Vérification à faire en cas de changements.

172. — Nous terminerons ce chapitre des avenants par l'examen des obligations résultant des principaux changements qui peuvent survenir pendant la durée d'une police dans la propriété des objets assurés.

Obligations résultant des changements survenus pendant la durée de la Police.

173. — Lorsque la propriété d'un bien est transmise d'une personne à une autre, il faut, en ce qui touche l'Assurance, rechercher si le nouveau propriétaire a succédé

Deux modes de transmission de la propriété.

par l'effet de la loi ou par suite d'une convention ou d'une disposition spéciale, à l'engagement personnel du propriétaire précédent.

174. — L'héritier qui a accepté purement et simplement la succession est personnellement tenu, aux termes de la loi, de ses dettes et charges; il est obligé par conséquent d'exécuter la police d'Assurance et notamment d'en payer les primes. (Art. 873 du Code Napoléon.) S'il y a plusieurs héritiers, chacun est tenu, pour sa part, et si, par le partage, on attribue à un héritier des biens assurés, on ne manquera pas de lui imposer l'obligation d'exécuter la police relative à ces mêmes biens. A défaut de disposition spéciale à cet égard, l'obligation incomberait à tous les héritiers, chacun pour sa part. Cette situation assez étrange provient de ce que l'engagement qui résulte d'une Police d'Assurance est considéré comme un engagement purement personnel. Peut-être vaudrait-il mieux qu'il fût considéré comme une charge réelle inhérente à la chose assurée ; mais la loi seule pourrait lui imprimer ce caractère.

175. — L'héritier bénéficiaire est tenu de l'Assurance jusqu'à concurrence de la valeur des biens qu'il a recueillis; il ne peut être poursuivi sur ses biens personnels.

176. — Le légataire universel qui accepte le legs est tenu des dettes et charges de la succession du testateur de la même manière qu'un héritier pur et simple ; il doit payer les primes et exécuter la police que le testateur a souscrite.

177. — Le légataire à titre universel est celui à qui le testateur lègue une quote-part des biens dont la loi lui permet de disposer, telles qu'une moitié, un tiers, ou tous les immeubles, ou tout le mobilier, ou une quotité fixe de tous ses immeubles, ou de tout son mobilier (art. 1010 du Code Nap.). Il est tenu des dettes et charges pour sa part et portion. Ici s'appliquerait ce qui a été dit à no 174 ci-dessus pour le cas où il y aurait plusieurs co-héritiers à titre universel.

178. — Le légataire à titre particulier n'est point tenu des dettes de la succession ; il ne paraît donc pas que, en cas de silence du testament à cet égard, il puisse être obligé d'exécuter la police d'assurance souscrite par le testateur, alors même que cette police concernerait des objets compris dans le legs particulier, parce que, ainsi qu'il a été dit plus haut, la police d'assurance contre l'incendie, dans l'état actuel de la législation, ne constitue pas une charge réelle inhérente à la chose assurée, mais seulement un engagement purement personnel. Pour que le légataire à titre particulier en fût tenu, il faudrait qu'il y eût à cet égard une disposition sinon expresse, au moins explicite dans le testament.

179. — Ce qui vient d'être dit pour le légataire à titre particulier, s'applique au donataire, et, à plus forte raison, à l'acquéreur. Ils ne sont tenus de continuer la police qu'autant que l'acte de donation ou le contrat de vente leur en fait une obligation.

180. — Lorsque le contrat de vente est muet à cet égard, l'assureur n'a aucune action contre l'acquéreur.

181. — En droit rigoureux, lorsque l'obligation d'exécuter la Police d'Assurance, dans le cas où cette obligation ne résulte pas de la loi, n'a pas été imposée au nouveau propriétaire par l'acte libéral ou par la convention, le propriétaire précédent ou ses héritiers pourraient être tenus de cette exécution dont le profit appartiendrait au nouveau propriétaire, en vertu des principes particuliers à l'Assurance. En effet, il ne serait nullement contraire à la nature de ce contrat qu'un individu souscrivît ou entretînt une Police au profit d'un tiers auquel appartiendraient les biens assurés.

182. — Mais la Compagnie n'a pas voulu qu'une Assurance demeurât ainsi à la charge d'une personne qui n'y aurait pas d'intérêt. En conséquence, elle stipule dans ses contrats (Art. 6 des conditions générales) que le vendeur ou le donateur sera tenu d'imposer au nouveau propriétaire l'obligation de continuer la Police ou de payer à la Compagnie, outre les primes échues, une indemnité égale à une année de prime, à titre de dommages-intérêts.

Le vendeur doit la prime d'une année quand il n'a pas obligé son acquéreur à continuer l'assurance.

Il a été jugé, même en l'absence de toute stipulation, que le vendeur, qui n'avait pas obligé son acquéreur à continuer l'Assurance, devait, à titre de dommages-intérêts, la prime d'une année. (Tribunal civil de la Seine, 11 août 1846 ; Tribunal de Commerce de la Seine, 18 décembre 1846, et 21 mars 1848.)

183. — Lorsque dans le contrat de vente, ou dans tout autre acte translatif de propriété, l'obligation a été imposée au nouveau propriétaire de continuer l'assurance, ce nouveau propriétaire peut être poursuivi directement par la Compagnie comme exerçant, à cet égard, les droits que son débiteur, l'assuré primitif, a stipulés pour elle. (Art. 1121 et 1166 du Code Napoléon ; Tribunal civil de la Seine, 27 août 1847.)

Poursuites de la Compagnie contre l'acquéreur ou le nouveau propriétaire.

CHAPITRE V.

Renouvellements, Réassurances et Reprises.

184. — Nous traiterons successivement des Renouvellements, des Réassurances et des Reprises d'assurances, qu'il faut éviter de confondre.

Ne pas confondre les Renouvellements, les Réassurances et les Reprises d'Assurances.

185. — Le *Renouvellement* est le contrat souscrit en remplacement d'une police de la Compagnie expirée, ou dont l'expiration est prochaine.

Renouvellements.

La sollicitude de MM. les Agents principaux doit se porter d'une manière toute particulière sur ces renouvellements ; ils doivent employer tous leurs efforts à empêcher que des polices de notre Compagnie passent à d'autres Compagnies ou Sociétés d'Assurances et, à cet effet, ils doivent ne pas perdre de vue celles qui approchent de leur expiration.

186. — Dans certains cas il sera prudent de renouveler un an ou plusieurs mois à l'avance les polices à expiration ; alors la nouvelle police pourra se faire de deux manières, soit *à effet immédiat* en tenant compte à l'assuré, au moyen d'une ristourne, de la portion de prime qu'il a payée d'avance pour le temps qui reste à courir jusqu'à l'expiration de la police, soit *à effet différé*, c'est-à-dire de façon à ce que la date de son effet coïncide exactement avec celle de l'expiration de la police en cours.

Renouvellements anticipés. Polices à effet immédiat ou différé.

Dans le premier cas la ristourne à opérer sur la portion de prime payée d'avance se constatera au moyen d'un bon établi sur imprimé spécial, (Voir n° 389 des présentes

Instructions) et la prime de la première année de la nouvelle police sera payée intégralement par l'assuré.

Dans le second cas, la police sera souscrite comme à l'ordinaire.

États de renouvellements envoyés par la Compagnie.

187. — La Compagnie veille de son côté aux renouvellements; elle en envoie les états toujours un an d'avance à MM. les Agents. C'est à ceux-ci à faire le nécessaire pour utiliser à propos ces indications. Il doivent en outre annoter avec soin des états de renouvellements en y inscrivant soit les numéros des polices nouvelles, soit les motifs qui ont empêché les renouvellements d'avoir lieu. Enfin ils doivent retourner ces états annotés à la Compagnie lorsqu'ils ne leur seront plus nécessaires.

Lettres de renouvellements.

188. — Pour obtenir les renouvellements des polices à expiration prochaine, MM. les Agents auront soin d'envoyer aux Assurés, en temps utile, les lettres imprimées, *Avis pour renouvellement d'Assurances* qu'ils ont dans leur matériel, et ils se conformeront pour ces envois aux dispositions du nº 685 des présentes Instructions, Titre des objets d'ordre.

Renouvellements soumis à une autorisation spéciale de la Compagnie.

189. — Aucun renouvellement, signalé ou non par la Compagnie, relatif à une Assurance qui aurait été souscrite en vertu d'une autorisation spéciale, ne peut être opéré par MM. les Agents principaux sans que ladite autorisation ne soit de nouveau demandée et obtenue, comme pour l'assurance primitive. (Voir les nºs 48, 71 et suivants des présentes Instructions.)

Renouvellements des Polices sur fabriques et usines.

190. — La Compagnie envoie tous les mois à MM. les Agents principaux la note des renouvellements à opérer des polices sur usines et fabriques, théâtres et autres risques importants. MM. les Agents devront veiller attentivement à réaliser ces renouvellements à l'échéance même des polices en cours.

Quand, après en avoir reçu l'autorisation, ils renouvelleront, avant leur échéance, des polices de fabriques ou d'usines, pour éviter de se les voir enlever par la concurrence, ils se conformeront à ce qui a été dit au nº 186 qui précède pour les polices à effet immédiat et celles à effet différé. Toutefois, quand ils souscriront une police à effet immédiat, avant l'expiration de la police en cours, ils auront soin de remarquer les changements qui auraient pu être faits au Tarif sur les risques compris dans la police à renouveler. Si la prime de ces risques avait été augmentée depuis la souscription de la police en cours, ils maintiendront l'ancienne prime dans la nouvelle police jusqu'à la date de l'expiration de la police primitive, mais seulement pour les mêmes capitaux assurés. Si, au contraire, la prime a été réduite, ils éviteront de renouveler à effet immédiat et renouvelleront à effet différé.

Les renouvellements doivent être faits par des Polices nouvelles.

191. — Les renouvellements ne peuvent être faits par voie de prolongation aux polices dont l'expiration est prochaine. (Voir nº 166 des présentes Instructions.) Il faut rédiger des polices nouvelles, aux primes et conditions en vigueur au moment de la souscription.

Prime de 1ʳᵉ année des Polices à effet différé.

192. — Quand une police est renouvelée avant son expiration et souscrite à effet différé, comme il a été dit aux articles 186 et 190 qui précèdent, la prime de la première année n'est payable qu'à l'époque où commence l'assurance renouvelée, mais l'Assuré paie comptant le coût de la police.

193. — La *Réassurance* est l'assurance contractée par un second Assureur au profit d'un premier et pour partager le risque avec lui. Cette opération se fait sans le concours de l'Assuré qui reste étranger à ce contrat, et ne connaît toujours que le premier Assureur, seul responsable vis-à-vis de lui.

194. — Le but et l'utilité de la Réassurance consistent pour les Compagnies qui y ont recours, à diviser leurs chances de perte, en limitant les chiffres de leurs garanties sur les risques les plus dangereux.

195. — Il est interdit à MM. les Agents principaux d'accepter des Réassurances ou de céder des excédants de pleins. C'est un droit que la Compagnie se réserve. L'intervention de MM. les Agents principaux à cet effet doit se borner à signaler à l'Administration les pleins qui seraient susceptibles d'être réassurés. (Voir n° 70 des présentes Instructions.)

196. — La *Reprise d'Assurance* est l'Assurance par une Compagnie d'un ou de plusieurs risques déjà garantis par une autre Compagnie pour les mêmes valeurs et pendant le temps que doit durer l'assurance primitive. C'est donc une opération par laquelle une Compagnie se met au lieu et place d'une autre Compagnie, en substituant sa garantie et sa solvabilité à celles de cette dernière.

Envisagée ainsi, cette opération n'est autre chose qu'une garantie de solvabilité et ne peut se faire qu'à l'égard d'une Compagnie notoirement insolvable. Autrement la reprise d'Assurance ne pourrait s'opérer que du consentement du premier Assureur et, dans ce cas, le nouvel Assureur ne serait que le fondé de pouvoir du premier.

197. — La Compagnie s'est interdit à elle-même depuis longtemps, et elle interdit formellement à ses Agents toute reprise d'Assurance sur les Sociétés mutuelles ou les Compagnies à Primes fixes, et cela à raison des difficultés que soulève presque toujours l'exécution de ces contrats. MM. les Agents principaux ne peuvent donc en souscrire aucun de cette nature.

198. — Il est pourtant certains cas où les opérations de la Compagnie peuvent s'étendre aux risques des autres Sociétés ou Compagnies d'Assurance. Il convient de distinguer, ces cas échéant, si la Compagnie ou la Société, sur les risques de laquelle nous voulons opérer, est en exercice, en liquidation ou en faillite.

199. — Pour étendre leur clientèle aux dépens de celle des Compagnies rivales qui sont en exercice, MM. les Agents principaux peuvent opérer de deux manières :

1° En souscrivant aux Assurés de ces Compagnies des polices anticipées, mais ne prenant effet que de l'expiration des contrats en cours.

Toutefois, aucune Assurance à effet ne doit être souscrite sur des objets garantis par des Compagnies à primes fixes de quelque valeur, plus de deux ans avant l'expiration des polices en cours. Cette règle est de rigueur quand il s'agit de l'une des Compagnies suivant les mêmes Tarifs que nous ;

2° En souscrivant aux Assurés des polices à effet immédiat ; mais ils n'opéreront ainsi qu'avec les Assurés des Compagnies qui n'inspirent pas une grande confiance.

Dans ce cas, et pour nous mettre à l'abri des réclamations qui pourraient être faites à la Compagnie, ces polices à effet immédiat devront contenir la clause ci-après :

« M. .... déclare que les objets garantis par la présente Police sont encore assurés
« jusqu'au .... par la Compagnie ....
« mais il déclare en même temps renoncer au bénéfice de cette Assurance, et s'engage
« à répondre à toutes les réclamations qui pourraient lui être faites, soit pour paiement
« de primes, soit pour tout autre objet de la part de la Compagnie sus-énoncée, ou à
« s'en défendre à ses risques et périls, et ce, sans aucune garantie de la Compagnie
« d'Assurances Générales. »

Compagnies en liquidation. — **200.** — Ce serait une erreur de croire que le fait seul de la mise en liquidation d'une Compagnie dégage les Assurés, et qu'ils peuvent immédiatement choisir un nouvel Assureur. Ce serait donc une faute de souscrire purement et simplement à ces assurés des contrats d'Assurance à notre Compagnie prenant cours immédiatement.

Nous ne pouvons traiter ainsi qu'avec deux catégories de personnes, parmi les Assurés des Compagnies en liquidation.

La première et la plus nombreuse se compose des Assurés qui sont au terme de leur contrat avec la Compagnie en liquidation. A ceux-là, MM. les Agents principaux peuvent souscrire des polices prenant cours du jour de l'expiration dudit contrat.

La deuxième catégorie comprendra les Assurés qui, n'ayant confiance ni dans la Compagnie en liquidation ni dans celle qui lui a succédé, se résoudront, tout en laissant subsister jusqu'à son expiration le contrat qui les engage, à souscrire une Police à notre Compagnie. MM. les Agents principaux pourront, dans ce cas, souscrire un contrat à effet immédiat, mais en y insérant la clause mentionnée à l'article précédent.

MM. les Agents ne devront jamais, et ceci sous leur responsabilité, omettre l'insertion de cette clause dans les contrats où elle est nécessaire.

Compagnies en faillite. — **201.** — Il faut distinguer le cas de *faillite* d'une Compagnie d'Assurance d'avec celui de *liquidation*.

Dans le second cas il se présente un second Assureur qui continue les engagements du premier. Nous avons, dans l'article précédent, indiqué la marche à suivre à l'égard des Compagnies en liquidation.

Dans le cas de faillite déclarée par les tribunaux, les Assurés, se trouvant dépourvus de tout Assureur, sont en position de chercher à se libérer des obligations qu'ils avaient contractées avec la Compagnie faillie, et, par suite, à même de multiplier leurs demandes auprès des autres Sociétés. Nous avons dû rechercher les moyens de faciliter à MM. nos Agents principaux l'acceptation des propositions qui peuvent leur être adressées par les Assurés des Compagnies faillies, sans toutefois engager notre responsabilité au delà des limites dont la prudence nous fait une loi.

Dans ce cas, tout exceptionnel, MM. les Agents devront, avant tout, nous consulter. Nous pourrons peut-être les autoriser à traiter aux primes de notre tarif (moyennant l'insertion dans les Polices d'une clause spéciale), avec les Assurés dont les valeurs mobilières ou immobilières se trouveront *dans de bonnes conditions*. Nous insistons sur ce dernier point, car on ne saurait apporter trop de soin dans le choix de ces valeurs, qui se composent d'éléments divers dont beaucoup seraient susceptibles de compromettre essentiellement notre garantie. Dans le nombre se trouve une grande quantité de risques couverts en chaume ou bardeaux que nous excluons tout d'abord, à moins qu'ils ne se trouvent réunis à d'autres risques de la première classe du tarif et qu'ils ne figurent dans l'ensemble des risques à garantir que pour une valeur du quart au plus de la valeur totale.

Voici la clause spéciale qui devra être insérée dans chacun de ces contrats :

« M...... déclare qu'il est assuré à la Compagnie .... par police n° .., en « date du .... pour .... années, mais que, vu l'état de faillite de cette Société, « il entend renoncer au bénéfice de cette assurance.

« De son côté, la Compagnie d'Assurances Générales déclare qu'en accordant sa ga- « rantie, elle n'entend pas se substituer au lieu et place de l'Assuré vis-à-vis de la Com- « pagnie ...... et se rendre responsable du paiement des primes échues ou à échoir, « qui pourraient lui être réclamées par cette dernière ou en son nom, à quelque titre « que ce soit.

« Il est, en outre, expressément convenu que, dans le cas où, à la suite de discus- « sions judiciaires provoquées, soit par des tiers, soit par les ayant-cause de la Com- « pagnie ......, il interviendrait des jugements définitifs ayant pour effet de maintenir « les contrats de cette Compagnie, les polices souscrites par la Compagnie d'Assurances « Générales à ses Assurés seront résiliées, *et la portion de la dernière prime payée sera* « *restituée à ces derniers, jusqu'à concurrence du temps à échoir de l'année en cours.* »

Quant aux règles générales pour la souscription de ces Assurances, elles seront les mêmes que celles prescrites par nos Instructions, et MM. les Agents auront soin de soumettre les propositions à notre approbation préalable, chaque fois que leur importance excédera les limites dans lesquelles ils sont autorisés à prendre l'initiative. (Voir n° 71 des présentes Instructions.)

202. — MM. les Agents principaux voient que les deux espèces d'opérations que nous les autorisons à réaliser sur des risques déjà garantis par d'autres Compagnies, qu'elles soient ou non en liquidation ou en faillite (Voir les n°ˢ 199, 200 et 201 qui précèdent), ne sont pas des reprises d'Assurances. Ces opérations ne sont pas des reprises

L'effet d'une reprise serait, comme nous l'avons déjà dit (Voir n° 196), de nous substituer aux Assurés vis-à-vis de la Compagnie dans tous les droits et charges du contrat existant avec cette dernière, de nous faire intervenir dans les débats auxquels les paiements et les répétitions de primes pourraient donner lieu, et enfin de nous autoriser à appeler celle-ci au partage des indemnités en cas de sinistres. L'insertion des deux clauses mentionnées aux articles qui précèdent a pour but d'éviter de nous placer dans cette position, et MM. les Agents principaux devront, de leur côté, s'abstenir complétement, dans la rédaction des polices, de toute expression qui pourrait impliquer une autre idée.

203. — Quelques Compagnies, peu scrupuleuses, nous avisent parfois de reprises d'Assurances qu'elles auraient opérées sur notre Compagnie et pour lesquelles elles se Reprises d'assurances sur notre Compagnie.

seraient substituées vis-à-vis de nous au lieu et place de nos Assurés. Nous avons eu occasion de nous expliquer avec lesdites Compagnies au sujet de ces reprises, que nous ne reconnaissons pas, n'entendant nullement qu'un tiers s'interpose, à quelque titre que ce soit, dans l'exécution de nos contrats. Ces Compagnies n'ayant pas tenu compte de nos réclamations à cet égard, nous avons intenté un procès à l'une d'elle et nous avons obtenu contre elle un jugement du Tribunal de commerce qui a déclaré nulles et non avenues les polices souscrites par cette Société sur les risques déjà garantis par nous.

De leur côté, MM. les Agents principaux, quand ils auront connaissance de reprises de cette nature, devront n'en pas moins continuer leurs rapports avec les Assurés pour la perception des primes qui continueront à leur être payées directement et sans intermédiaire par ces derniers. Nous désirons, en outre, que MM. les Agents s'enquerrent soigneusement, le cas échéant, des moyens qui ont pu être employés pour déterminer ainsi nos clients à passer à un autre Assureur et qu'ils nous en informent, afin que, dûment renseignés sur les causes de ces désertions, heureusement fort rares du reste, nous prenions au besoin telle mesure qu'il appartiendra.

204. — Dans un but qu'il est facile de s'expliquer, plusieurs Compagnies à primes fixes ont, à l'exemple des Sociétés mutuelles, introduit dans leurs contrats la clause dite de *tacite reconduction* (Voir nº 142 des présentes Instructions), d'après laquelle chaque Assuré, qui a souscrit une police pour un temps déterminé, est tenu, dans un délai qui varie, de notifier son intention avant l'expiration de la dernière année de l'Assurance, de ne pas la renouveler ; faute de quoi, il se trouve engagé, presque toujours à son insu, pour une nouvelle période. Dans ce cas, si un Assuré de ces Compagnies veut contracter avec la nôtre, il faut (avant de lui faire signer une police *à effet différé*, ainsi qu'il a été dit au nº 199 qui précède), veiller à ce qu'il notifie en temps utile son désistement à la Compagnie qui l'assure, et ce, par signification extra-judiciaire. Pour plus de sûreté et suivant les cas, il sera mieux d'obtenir du propriétaire qui se trouve dans cette position un pouvoir en blanc que MM. les Agents principaux adresseront avec la police, et en délai utile, à l'Administration de notre Compagnie, laquelle fera elle-même signifier le désistement au siège de la Compagnie assureur à Paris. Nous avons pour ces désistements des cadres spéciaux que MM. les Agents possèdent dans leur matériel ; ils n'auront qu'à les remplir.

La présentation de ces désistements continue à faire naître quelques difficultés. Nous les signifions nous-mêmes aux Compagnies par lettres chargées à la poste, mais le plus souvent elles se refusent à nous en accuser réception et quelquefois même elles continuent à faire percevoir leurs primes chez les Assurés après qu'ils se sont désistés en temps utile. MM. les Agents devront recommander aux Assurés qui se trouveront dans cette position et à qui des primes seront ainsi réclamées indûment de ne pas les payer, et ils nous en donneront avis immédiatement. Nous leur enverrons les bulletins de dépôt des lettres chargées que nous avons adressées aux Compagnies, au moyen desquels ils pourront prouver que le désistement a été signifié en temps utile.

205. — Ce que nous venons de dire des désistements à signifier aux Compagnies à primes fixes, qui ont adopté la clause de tacite reconduction, s'applique également à ceux à signifier aux Sociétés Mutuelles. La manière de procéder est la même. Le désistement doit être signifié au siége de la Société, soit par simple communication écrite ou verbale pour les Sociétés qui ne font pas de difficultés de les recevoir, soit par lettres chargées à la poste pour celles qui en font. En général, les Mutuelles des départements acceptent assez facilement les désistements qui leur sont présentés en temps utile. La marche à suivre vis-à-vis des Mutuelles varie d'ailleurs suivant la mutualité à laquelle on a affaire.

A ce sujet, MM. les Agents devront se référer aux instructions particulières et spéciales que nous leur donnons dans notre correspondance, et à celles qu'ils peuvent avoir d'avance entre les mains sur les mutualités qui opèrent dans leurs circonscriptions respectives.

CHAPITRE VI.

Plaques et Plaques enseignes.

206. — Les plaques sont la marque de l'Assurance.

Leur utilité.

Elles sont un préservatif contre la malveillance et contre les vengeances personnelles auxquelles l'Assuré serait en butte depuis son Assurance.

En cas d'incendie, elles excitent l'attention et provoquent les secours par l'appât des récompenses que la Compagnie pourrait accorder.

A tous ces points de vue les Assurés, comme la Compagnie, ont donc intérêt à faire apposer les plaques à l'endroit le plus apparent de chaque propriété.

207. — Néanmoins, en règle générale, les plaques ne sont pas obligatoires, et, si un Assuré insiste pour n'en pas prendre, il y a lieu de se rendre à cette manifestation de sa volonté.

Les plaques ne sont pas obligatoires.

208. — La plaque ne doit être délivrée à l'Assuré qu'après la signature de la police et le paiement de la prime.

Elles ne doivent être délivrées qu'après la Police signée.

209. — Les plaques sont d'un seul modèle. Leur prix est indiqué sur les polices, au bas des conditions imprimées du contrat. Les Assurés les font poser à leurs frais.

Prix des plaques.

210. — En règle générale, les plaques ne doivent pas être délivrées gratuitement. Cependant, quand MM. les Agents principaux ont lieu de croire qu'une assurance par eux souscrite serait d'un bon effet sur le public et qu'elle pourrait exercer une salutaire influence pour la propagation de nos affaires, ils pourraient, si l'Assuré se refusait à payer une plaque, la lui délivrer gratuitement. Notre tolérance peut s'étendre dans chaque Agence pour la délivrance des plaques gratuites à 5 pour 100 des plaques consommées. Dans tous les cas, elle ne doit pas excéder 10 pour 100. MM. les Agents principaux sont laissés juges de l'opportunité et des avantages de cette distribution.

Gratuité exceptionnelle des plaques.

211. — Il est certains risques importants sur lesquels l'apposition d'une plaque de la Compagnie nous paraît avoir une utilité particulière. Tels sont les bâtiments commu-

Utilité de l'apposition des plaques sur certains risques.

naux et les édifices départementaux, les fabriques et les manufactures importantes, les bâtiments des chemins de fer, les grands hôtels des villes et les propriétés immobilières des campagnes placées en évidence sur les routes. MM. les Agents, quand ils assurent de pareils risques, ne doivent donc pas négliger de faire prendre un certain nombre de plaques aux Assurés. Nous serions pour ces risques, plus que pour tous autres, disposés à accorder quelques plaques gratuites, mais à la condition que les Assurés en auraient déjà payé quelques-unes.

Usurpation d'une partie de nos plaques.

212. — Des Compagnies de formation toute récente, cherchant à exploiter, à leur profit, notre situation bien connue, ont adopté la partie la plus voyante de nos plaques, les lettres A^{ces} G^{les}, et l'ont employée dans les leurs. MM. les Agents principaux devront signaler à la Compagnie et aux propriétaires ces indications frauduleuses.

Soins matériels qu'exigent nos plaques.

213. — Les plaques exigent des soins matériels; le frottement enlève leur vernis, l'humidité les détériore. Nous recommandons à MM. les Agents principaux de les tenir en lieu sec et de les emballer avec précaution, quand ils ont à en envoyer soit à des Assurés, soit à des Agents particuliers.

Compte de plaques.

214. — Les plaques sont des valeurs dont MM. les Agents principaux sont comptables. Un compte spécial de matières leur est ouvert dans la comptabilité de la Compagnie. (Voir au titre de la comptabilité, n°s 422 et suivants des présentes Instructions.)

Plaques-enseignes.

215. — En outre des plaques ordinaires pour les Assurés, nous avons des plaques-enseignes d'un plus grand modèle pour les bureaux de MM. les Agents principaux. Ces plaques doivent toujours être apposées à l'extérieur et, le plus possible, en évidence. Nous en fournissons deux gratuitement à chacun de MM. les Agents principaux. Quant à ceux qui en désireraient un plus grand nombre, ils pourraient s'en procurer au prix de revient.

Tableaux-enseignes.

216. — Quelques-uns de MM. les Agents croient utile d'avoir sur la porte de leurs bureaux, au lieu ou en outre d'une plaque-enseigne, un tableau-enseigne qu'ils font établir sur de plus larges dimensions. Nous les prévenons que nous ne voulons pas prendre à notre charge les frais de ces tableaux-enseignes.

TITRE TROISIÈME

—❧—

Des Risques ; — De l'Assurance de chacun d'eux ; — Des règles particulières qui s'y rattachent et des personnes qui peuvent faire assurer.

———————❂———————

CHAPITRE Ier.

Immeubles.

217. — Les édifices et les bâtiments de toute nature sont assurés déduction faite de la valeur du sol, c'est-à-dire du terrain servant d'emplacement, car les fondations et les caves font nécessairement partie du bâtiment (Voir au Tarif).

La somme à garantir ne doit pas non plus comprendre la valeur que peut donner à ces bâtiments leur situation ou l'emploi avantageux auquel ils sont affectés.

218. — Quand des bâtiments sont destinés à être démolis pour une cause quelconque, quand ils sont assujétis à un changement d'alignement, quand ils se trouvent dans un état de vétusté ou de délabrement qui paraît devoir favoriser l'action du feu, ou bien lorsque, par des constructions vicieuses ou de mauvaises distributions, par un voisinage dangereux ou un amas de matières combustibles, ou par d'autres causes, ils paraissent présenter des chances trop graves d'incendie, MM. les Agents doivent ne pas en rechercher l'Assurance et, si elle leur est proposée, la refuser.

219. — La désignation des bâtiments dans la Police doit être sommaire; elle doit indiquer le genre de construction, de couverture, et le nombre d'étages sans détails d'intérieur. Il est important de mentionner, dans les villes, la rue et le numéro de chaque maison; dans les campagnes, les contiguïtés de droite et de gauche, s'il y en a, et le *lieu dit* de la situation.

Évaluations.

Cas de rejet.

Énonciations nécessaires.

7

Il ne faut pas omettre non plus de faire connaître par qui l'immeuble est occupé, si c'est par le propriétaire, ou bien par un ou plusieurs locataires. .

Si l'Assurance porte sur plusieurs bâtiments, on applique, autant que cela est possible, une somme spéciale à chacun d'eux, et l'on mentionne les séparations ou les contiguïtés qui existent entre eux.

220. — Nous distinguons les immeubles en trois catégories :

Les bâtiments de villes ;

Les bâtiments de campagne ;

Les bâtiments de fabriques et de théâtres.

221. — L'assurance des bâtiments dans les villes est principalement à rechercher, parce que les constructions y sont en général de première classe, les secours prompts et nombreux, la surveillance de l'autorité plus constante et plus active que dans les campagnes, les fraudes plus difficiles.

Par *ville,* nous entendons en général les chefs-lieux de département, d'arrondissement et de canton.

222. — Cependant, plusieurs chefs-lieux de canton et même d'arrondissement, dans certaines provinces, offrent encore, sinon sur tous les points, au moins dans quelques faubourgs et anciens quartiers, de très-mauvaises constructions, couvertes en bardeaux ou en chaume. Ces risques demandent à être assurés avec circonspection. Au lieu d'offrir, comme la tuile, l'ardoise, et généralement les couvertures en *dur*, une résistance à l'incendie, les toitures en bois, en paille, en roseaux, alimentent le feu, le propagent avec rapidité, même à de grandes distances et accélèrent la destruction.

Nous avons dit que les bâtiments couverts en chaume et bardeaux appartenant à la deuxième classe du Tarif qui ne sont pas séparés par un espace de 30 mètres au moins forment un seul et même risque. (N° 61).

Nous avons dit aussi que MM. les Agents peuvent assurer sans autorisation 20,000 francs sur un seul risque de cette classe. (N° 71.)

La conséquence de ces indications serait, pour MM. les Agents, la faculté d'assurer partout les agglomérations de chaumes et de bardeaux quand elles ne forment qu'un seul risque et que leur valeur ne dépasse pas 20,000 francs. Mais la prudence devra leur imposer parfois des règles plus sévères ; ainsi, dans certaines localités, aussi bien dans les villes que dans les campagnes, où les couvertures en chaume ou bardeaux sont particulièrement mauvaises et dangereuses et les sinistres fréquents sur ces bâtiments, il sera bien de s'abstenir absolument d'assurer les risques de la deuxième classe ou de ne prendre que ceux qui se trouveraient former un seul ensemble avec d'autres risques de la première classe.

223. — Les constructions en torchis et pans de bois ne présentent guère moins de dangers que les couvertures en chaumes et bardeaux ; pourtant elles sont tarifées à une prime beaucoup moindre quand elles sont couvertes en dur et notre plein sur ce risque est de 200,000 francs comme celui des constructions qui se trouvent dans les meilleures conditions. (Voir n°s 70 et 71 des présentes Instructions.)

C'est donc à MM. les Agents principaux qu'il appartient d'éviter les agglomérations dangereuses de maisons ainsi construites ; ils devront mettre une grande prudence dans l'assurance de ce risque qui est très-commun dans plusieurs parties de la France, où des villes presque entières sont construites de cette façon.

224. — Nous considérons comme risques de campagne tous les immeubles qui ne sont pas situés dans des chefs-lieux de département, d'arrondissement, de canton ou dans des localités classées par le tarif comme chefs-lieux de canton, quant à l'application des primes. Mais nous établissons des distinctions entre les maisons d'habitation simple et les bâtiments de ferme ou d'exploitation rurale. Le tarif fixe les primes applicables à chacun de ces risques, et l'annexe au tarif détermine dans quelles conditions elles doivent être appliquées.

Risques de campagne.

225. — Les meilleurs risques dans les campagnes sont les châteaux, lorsqu'ils sont bien entretenus et qu'ils appartiennent à de riches propriétaires ; leur assurance mérite une mention spéciale.

Châteaux.

Les sommes importantes qu'ils ont dû coûter à bâtir sont toujours bien supérieures à leur valeur propre. Il faut donc réduire à cette valeur le capital à assurer. Si le propriétaire élevait des objections, MM. les Agents auraient à en référer à la Compagnie en nous transmettant sur la position sociale du proposant, sur la situation des lieux, sur l'étendue et le degré de vétusté de l'édifice, sur son état d'entretien, etc., des renseignements propres à éclairer notre décision.

S'il s'agissait d'un château délabré, négligé, ou dont l'importance ne fût plus en rapport avec le peu d'étendue des terres qui en dépendraient, ce serait une assurance à refuser.

226. — Nous appelons l'attention de MM. les Agents sur les bâtiments d'exploitation rurale. Il existe souvent dans une ferme plusieurs bâtiments de constructions et couvertures différentes, contigus ou groupés. Si MM. les Agents ne connaissent pas par eux-mêmes leur situation relative, il est à désirer qu'ils se fassent remettre un tracé linéaire qui l'indique, ainsi que les distances. Ce tracé sera indispensable pour les assurances de quelque importance qui nécessiteront la délimitation des risques.

Fermes. Bâtiments d'exploitation rurale.

Si la moralité du fermier n'était pas bien établie, si on apprenait qu'il eût fait assurer ses récoltes pour des sommes exagérées, si lui ou le propriétaire était l'objet de haines ou de vengeances, MM. les Agents devraient refuser l'Assurance.

Ils la refuseraient également s'il s'agissait de bâtiments en mauvais état, ou dont le nombre et l'importance ne fussent pas en rapport avec le peu d'étendue des terres à exploiter ; car alors ils seraient sans valeur.

227. — Quelques propriétaires jouissent encore en France du droit d'*affouage* dans les forêts situées sur leur territoire et appartenant aux communes ou à l'État. Ce droit leur donne la faculté de couper le bois nécessaire à la construction ou à la réparation de leurs maisons. Toutefois il a été limité par un arrêt de la Cour de cassation du 6 mai 1850, aux termes duquel il ne doit plus s'appliquer qu'aux immeubles bâtis avant la loi du 4 août 1789, qui a aboli la féodalité, et ne peut être réclamé pour les maisons bâties depuis.

Communes usagères.

. Quoi qu'il en soit, quand MM. les Agents principaux seront appelés à assurer des immeubles situés dans une commune usagère et se trouvant dans les conditions voulues, ils stipuleront dans la police, à la suite des conditions particulières, la clause suivante :

« La somme assurée représente la valeur de l'immeuble déduction faite seulement de « la valeur du bois brut et sur pied, la Compagnie ne répondant pas des bois bruts, mais « seulement de leur transport et mise en œuvre. »

228. — Les bâtiments de fabriques et de théâtres sont des risques qui ont besoin d'un examen plus approfondi. — Nous en traiterons dans un chapitre spécial. (Voir ci-après, ch. 5me.)

Bâtiments de fabriques et de théâtres.

(Voir pour les Polices sur bâtiments les modèles 3, 4, 5 et 6).

CHAPITRE II.

Des valeurs mobilières en général et du mobilier personnel en particulier.

Diverses espèces de valeurs mobilières.

229. — Les valeurs mobilières comprennent :

1° Le mobilier personnel ;

2° Les récoltes, les bestiaux et les mobiliers d'exploitation rurale ;

3° Les marchandises ;

4° Les mobiliers industriels et de profession ou de commerce.

Nous traiterons séparément de chacune de ces espèces de valeurs.

Précautions à prendre.

230. — L'Assurance sur valeurs mobilières exige encore plus de précautions que celle sur immeubles. Ces valeurs, par la facilité de les déplacer et de les soustraire, par la variété de leurs prix et de leurs quantités, exposent, bien plus que les immeubles, l'assureur à la fraude. Nous ne saurions en conséquence trop recommander la prudence en cette matière à MM. les Agents principaux. Ils doivent éviter avec soin toute exagération dans les sommes à assurer, examiner toujours si celles qui sont proposées sont en rapport avec la position et la fortune du proposant, et tenir avant tout à une parfaite moralité.

Hors de ces conditions toute assurance doit être refusée.

Mobiliers personnels.

231. — Nous traiterons spécialement dans ce chapitre des mobiliers personnels et de ceux de profession et de commerce.

On peut assurer par un seul article et pour un seul capital, sous la simple dénomination de *mobilier personnel* les catégories d'objets ci-après :

1° Les meubles et ustensiles de ménage ;

2° Les glaces, pendules et ornements ;

3° Le linge, la literie et les effets d'habillement ;

4° Les bibliothèques ;

5° Les provisions de ménage.

En effet, on suppose toujours l'existence de pareils objets dans les mobiliers ordinaires.

232. — Si un propriétaire veut faire assurer des fourrages, chevaux, voitures et harnais, il faudra désigner nommément ces objets dans la police, sans toutefois qu'il soit nécessaire de leur appliquer un capital spécial, ce qui cependant peut se faire indifféremment, surtout si ces objets sont contenus dans une dépendance du bâtiment principal.

De même le linge et les effets d'habillement des domestiques ne pourront être considérés comme assurés qu'autant qu'ils seront spécialement désignés dans la police. MM. les Agents ne devront donc jamais omettre cette désignation quand elle leur sera demandée, et au besoin ils interrogeront les propriétaires sur leurs intentions à cet égard. La valeur de ces objets pourra néanmoins être comprise dans la valeur totale, sans évaluation spéciale.

233. — Mais il est des objets qui, aux termes de la Police, ne peuvent être compris dans l'Assurance qu'à la condition d'être, non-seulement spécialement désignés, mais encore assurés pour une somme distincte, prise sur l'ensemble du capital garanti, ce sont :

1° L'argenterie ;

2° Les tulles, dentelles et cachemires ;

3° Les bijoux d'or et d'argent ;

4° Les tableaux, statues, gravures, médailles, objets d'art.

A défaut de désignation et d'évaluation distincte dans la police, ces objets ne pourraient donner lieu, en cas de sinistre, à aucune indemnité. (Voir art. 2 des conditions générales de la Police.) En effet, ces objets représentent de grandes valeurs sous un petit volume, et il sont facilement détruits ou détournés ; il faut donc, particulièrement, en ce qui concerne les objets de luxe, être très-circonspect pour les admettre à l'Assurance et repousser toute proposition de ce genre qui ne proviendrait pas d'une personne placée dans une position honorable et aisée.

234. — Les livres précieux et les manuscrits, les médailles, les tableaux et les gravures, les statues, les objets d'art, les herbiers et les collections de toute espèce ne peuvent être assurés pour une somme au-delà de 10,000 francs, sans une proposition spéciale que MM. les Agents principaux devront nous envoyer avec un catalogue développé, donnant la description de chaque nature d'objet, et indiquant leur valeur et leur origine ; (Voir n° 71 des présentes Instructions.)

Nous examinerons ces propositions et MM. les Agents principaux attendront notre autorisation pour réaliser l'Assurance.

235. — Les mobiliers de profession ou de commerce comprennent les objets à usage d'un commerce ou d'une profession, tels que comptoirs, rayons, métiers, outils, ustensiles, etc.

La prime applicable à ces objets est indiquée au Tarif à chaque profession pour celles qui augmentent les risques. Quant aux professions qui n'y sont pas mentionnées, les mobiliers qui les concernent doivent être assurés à la prime des mobiliers ordinaires de ménage.

On sait toujours à peu près quelle est l'importance des ustensiles servant à une profession. Les renseignements ne manqueront pas à MM. les Agents pour se préserver de toute tromperie à l'égard de l'évaluation de ces objets dans la proposition d'Assurance.

Outils des ouvriers. — **256.** — Les outils des ouvriers pourront être assurés non-seulement chez eux par eux-mêmes, mais encore dans les fabriques ou les chantiers, chez les patrons et les entrepreneurs, enfin dans tous les ateliers où ils travaillent, à la condition toutefois que, dans ce cas, les fabriques, chantiers et ateliers seront eux-mêmes assurés à la Compagnie par les patrons et les entrepreneurs. Cette déclaration que les outils des ouvriers sont compris dans l'assurance devra être faite avec soin dans les polices des fabricants, des entrepreneurs et des patrons, et MM. les Agents, en assurant ces derniers, ne devront pas manquer de demander si leurs ouvriers laissent ou non leurs outils à l'atelier, à la fabrique ou au chantier, afin de pouvoir, en cas d'affirmative, insérer dans la police la déclaration sus-mentionnée.

Vérification des mobiliers et des bâtiments qui les contiennent. — **257.** — L'Assurance d'un mobilier de ménage peut être faite sur la simple déclaration du proposant lorsque la valeur déclarée paraît être en rapport avec sa fortune et son état de maison.

Dans le doute, il faut vérifier sommairement l'objet proposé à l'assurance, en s'abstenant d'ailleurs de toute recherche minutieuse ou importune.

Les bâtiments renfermant les objets à assurer doivent aussi être soumis aux vérifications prescrites par les n°s 87, 88 et 218 qui précèdent. L'Assurance des mobiliers serait refusée si les bâtiments se trouvaient dans les cas d'exclusion prévus par lesdits articles.

(Voir pour les Polices sur mobiliers personnels et de profession les modèles, n°s 3, 4, 5, 6, 7, 8 et 10 et l'Annexe au Tarif.)

CHAPITRE III.

Récoltes, bestiaux et mobiliers d'exploitation rurale.

Diverses espèces de récoltes et de bestiaux. — **258.** — L'Assurance peut être faite sur toute espèce de récoltes, en grains, en gerbes, fourrages, pailles, dans les greniers, dans les granges et en meules.

Mais la Compagnie n'assure pas les récoltes sur pied.

L'Assurance a lieu aussi sur toute espèce de bestiaux et animaux attachés à l'exploitation d'une ferme ou d'une propriété rurale, comme chevaux, bêtes à laine, bêtes à cornes, porcs, volailles, etc.

Division des sommes à assurer. — **259.** — Le Tarif indique les primes applicables à ces objets sans distinction ni de nature ni d'espèce, et seulement selon la construction des bâtiments où ils peuvent se trouver.

Quoi qu'il en soit, l'assurance des bestiaux, récoltes, instruments aratoires et tous autres objets mobiliers affectés à une exploitation rurale, doit spécifier la nature des récoltes, l'espèce des bestiaux et les objets ou instruments de culture, et les distinguer ou les grouper par articles en affectant à chaque article une somme spéciale.

Si les bâtiments dans lesquels existent les objets de l'Assurance sont distincts, il faut, autant que possible, diviser aussi les valeurs mobilières par bâtiment. En cas de difficultés on pourrait se borner à assurer une somme unique sur les récoltes contenues dans tous les bâtiments d'une même ferme, une autre sur tous les bestiaux, et une troisième sur le mobilier d'exploitation de ladite ferme.

240. — Les produits des récoltes, les bestiaux, les ustensiles aratoires et autres sont évalués d'après l'importance des fermes, des terres exploitées, du nombre et de l'espèce. *Évaluations.*

Il est facile de vérifier les évaluations de bestiaux par leur espèce et leur nombre ; mais il faut éviter de mentionner le nombre des têtes dans les conditions particulières de la police, et surtout de fixer la valeur par tête, afin de ne rien préjuger d'avance sur l'estimation et l'existence des objets en cas de sinistre.

241. — Quand l'Assurance des récoltes est faite pour plusieurs années, leur nature et leur quantité étant susceptibles de varier d'une année à l'autre, il est indispensable de faire chaque année un avenant soit de réduction, soit d'augmentation de la valeur assurée. (Voir au chapitre 4e du titre II.) *Assurance des récoltes pour plusieurs années.*

On se borne alors à désigner dans la police les espèces de récoltes sur lesquelles l'Assurance entière peut porter et la somme de la valeur en moyenne des récoltes depuis quatre ou cinq années. On y joint l'indication des emplacements dans lesquels les récoltes peuvent se trouver alternativement; dans ce cas, si les récoltes doivent être renfermées dans des bâtiments de risques différents, leur prime unique sera celle du risque le plus dangereux. L'avenant annuel précise seul chacun de ces points ; à son défaut, ou s'il est expiré sans qu'un nouvel avenant ait été souscrit, c'est la police qui fait loi.

242. — Nous faisons, dans les récoltes, distinction de celles en gerbes ou non battues, et de celles en grains, racines ou fruits. *Récoltes en grains, racines et fruits.*

Les grains, racines ou fruits ne sont pas passibles des primes fixées par le Tarif pour les récoltes en général ; ils peuvent être assurés au taux des mobiliers ordinaires, lorsqu'ils sont emmaganisés de manière à former risque distinct des grains en gerbes, des foins et pailles.

243. — L'Assurance suit les bestiaux, les charrettes et les instruments aratoires dans les dépendances de la ferme, sur les terres du domaine et sur les chemins qui y conduisent. Mais il est entendu que cette tolérance ne s'applique qu'aux dommages d'incendie causés, soit par la foudre, soit par une combustion quelconque, et ce, conformément à l'art. 2 des conditions générales de la Police. La Compagnie ne serait nullement responsable de la perte des bestiaux frappés de la foudre en quelque lieu que ce soit, si la décharge électrique n'avait pas été accompagnée ou suivie d'incendie. *L'Assurance suit les objets assurés sur les terres de la ferme.*

244. — Dans l'Assurance des meules de récoltes il est recommandé à MM. les Agents *Récoltes en meules.*

principaux de ne mettre autant que possible sous la garantie de la Compagnie que les meules situées à une certaine distance des bâtiments et des grands chemins de communication.

Ils devront aussi s'efforcer d'obtenir des propriétaires et des cultivateurs qu'ils espacent leurs meules de manière à ne pas les exposer à périr toutes dans un seul incendie. Nous leur rappelons d'ailleurs qu'ils ne peuvent pas assurer plus de 20,000 fr. sur un seul risque de meules sans recourir à notre autorisation spéciale, et que nous considérons comme formant un seul risque les meules qui ne sont pas éloignées de 30 mètres au moins les unes des autres, qu'elles appartiennent ou non à un seul propriétaire. (N° 60 des présentes Instructions.)

Nous désirons aussi que la plaque de la Compagnie soit, autant que possible, placée au sommet de chaque meule ou de chaque groupe de meules assurées, afin de désarmer la malveillance qui peut s'exercer si facilement contre un cultivateur par l'incendie de ses meules.

(Voir, pour les Assurances de récoltes, bestiaux et mobiliers aratoires, les modèles n°ˢ 6 et 8.)

CHAPITRE IV.

Marchandises.

Diverses espèces de marchandises.

245. — Par marchandises on doit entendre les objets qui sont le produit ou l'aliment d'une industrie, d'une fabrication, d'un commerce, et non les approvisionnements d'un ménage.

Nous divisons les marchandises, selon leur nature plus ou moins inflammable et endommageable, en quatre classes, savoir :

Les marchandises ordinaires ;
       —   faciles à endommager ;
       —   hasardeuses ;
       —   doublement hasardeuses.

Le tarif et l'annexe au tarif fixent les primes et donnent les règles applicables à chacun de ces risques.

Marchandises avec ou sans désignation.

246. — Les marchandises en général peuvent être assurées *avec* ou *sans désignation*.

L'Assurance *avec désignation* est celle qui porte sur marchandises dont la nature, le poids, les dimensions, la marque, les numéros des colis, etc., sont spécialement désignés dans les conditions particulières de la Police. Elle ne s'applique qu'à ces marchandises elles-mêmes, et ne peut être étendue à celles qui les remplaceraient.

L'assurance *sans désignation* s'applique aux marchandises dont l'Assuré fait habituellement le commerce, et qui, en raison des ventes journalières ou des achats faits en remplacement, ne peuvent être assurées qu'en masse, selon ce qu'elles sont ou pourront être. Les marchandises sans désignation devront être portées dans la Police avec la dénomination générale de *Marchandises de la profession du proposant.*

On doit cependant les désigner, autant que possible, par leur espèce.

Pour les unes comme pour les autres, il faut toujours spécifier exactement la situation et la construction des bâtiments qui servent de magasins ou d'entrepôts.

247. — Les sommes à assurer sur marchandises peuvent être acceptées telles qu'elles sont indiquées par le proposant, s'il paraît que ces sommes soient proportionnées à l'étendue de son commerce et de son crédit.

Évaluations. Cas de réduction ; cas de rejet.

L'Agent suppléera aux connaissances qui lui manqueront pour l'appréciation des marchandises, en prenant, avec toute la discrétion nécessaire, des informations chez des personnes exerçant un commerce analogue à celui du proposant. S'il s'agit de marchandises hasardeuses ou doublement hasardeuses et si le capital à assurer, tout en restant au-dessous de 20,000 francs qui est le plein de l'Agent sur ce genre de risque, a une certaine importance, celui-ci fera bien de consulter la Compagnie. (Voir nos 71 et 101 des présentes Instructions.)

Si la somme proposée à l'Assurance est exagérée, l'Agent la réduira dans les proportions convenables. Si l'exagération lui fait concevoir des doutes sur les intentions du proposant, il n'hésitera pas à refuser l'Assurance.

La moralité des proposants, leur crédit, l'ordre intérieur de leur maison, la bonne tenue de leurs écritures de commerce, sont autant de considérations qu'il ne faut pas négliger, et que MM. les Agents doivent peser comme motifs d'acceptation ou de rejet des propositions qui leur sont faites.

248. — Les bâtiments renfermant les marchandises à assurer doivent être soumis aux vérifications prescrites par les nos 87, 88 et 218 des présentes Instructions. L'Assurance des marchandises serait refusée si les bâtiments se trouvaient dans les cas d'exclusion prévus par lesdits articles.

Vérification des bâtiments.

249. — Quand une proposition portera sur marchandises précieuses, telles que bijoux, statues, tableaux, objets d'art et de curiosité pour une somme excédant 10,000 fr., elle devra nous être transmise avec un catalogue détaillé, et MM. les Agents attendront notre autorisation spéciale pour réaliser l'Assurance. (No 71 des présentes Instructions.)

Marchandises précieuses.

250. — La Compagnie n'assure pas les marchandises en route, autres que celles voyageant sur chemins de fer, qui sont toujours garanties directement aux Compagnies de chemins de fer.

Marchandises en route

(Voir, pour les Assurances de marchandises, les modèles nos 7 et 9).

CHAPITRE V.

Usines et Fabriques. — Mobilier industriel. — Théâtres.

Importance de l'Assurance des fabriques.

251. — Les fabriques, filatures et usines sont des risques d'une importance particulière sur lesquels notre garantie a pris une grande extension depuis plusieurs années. Nous les recherchons volontiers, mais, pour les assurer, nous prenons nous-mêmes et nous exigeons de la part de nos Agents des précautions spéciales. Le tarif énumère les établissements que nous comprenons dans cette espèce d'Assurances et les divise en deux catégories, selon les dangers qu'ils offrent.

Le contenant et le contenu payent la même prime dans les fabriques et usines de la 2ᵉ catégorie du Tarif.

252. — On peut assurer isolément les bâtiments, le mobilier et les marchandises d'une fabrique, comme aussi l'Assurance peut être faite sur tous ces objets à la fois. Mais le contenant et le contenu, dans les fabriques et usines de la deuxième catégorie du tarif, payent toujours la même prime.

Dépendances.

253. — Quant aux dépendances, leurs primes varient suivant qu'elles forment risque distinct de la fabrique ou bien risque commun avec elle, ou encore suivant qu'elles lui sont contigües avec ou sans communication. MM. les Agents principaux consulteront à cet égard les nᵒˢ 60 et 61 des présentes Instructions, qui donnent la délimitation des risques, et le tarif, ainsi que son annexe, à l'article des contiguïtés.

Vérifications. Cas de rejet.

254. — Lorsque MM. les Agents principaux reçoivent des propositions d'Assurances sur fabriques ou usines, ils doivent, autant que possible, visiter eux-mêmes les établissements. L'objet de cette visite sera de reconnaître les dispositions matérielles du risque, les soins pris pour prévenir toute cause présumable d'incendie, l'ordre et la bonne tenue de l'établissement, etc.

Si l'établissement est dans des conditions dangereuses, soit par la défectuosité des constructions, soit par la disposition des fours, étuves, machines, tuyaux de poêles, appareils d'éclairage et de chauffage, courants d'air, etc., etc., soit parce qu'il ne règne pas dans les ateliers l'ordre et la surveillance convenables, la proposition doit être refusée sans hésitation.

Indépendamment de cette vérification matérielle, les informations les plus exactes devront être prises sur la réputation commerciale des proposants, sur leur crédit, sur leur fortune, sur l'état de langueur ou de prospérité de leur industrie en général et de leur établissement en particulier. Si les renseignements sur tous ces points n'étaient pas satisfaisants, la proposition ne devrait pas non plus être acceptée.

Propositions sur usines et fabriques ; feuilles de renseignements ; tracés des lieux.

255. — Lorsque l'importance du risque excédera 30,000 fr., MM. les Agents principaux auront à nous envoyer des propositions spéciales indiquant :

1º La nature de chaque risque et l'usage de chaque bâtiment à assurer ;

2º La somme à garantir sur *chaque* bâtiment faisant partie de la fabrique, répartie comme suit :

Tant sur le bâtiment ;

Tant sur le mobilier industriel y contenu ;

Tant sur les marchandises qui peuvent y exister.

Cette répartition des valeurs à assurer sur chaque bâtiment de la fabrique facilite beaucoup l'expertise en cas de sinistre, en mettant à même de ne la faire porter que sur la partie de l'établissement qui a été atteinte ; aussi nous la recommandons spécialement. Si toutefois le proposant faisait quelques difficultés pour diviser ainsi par chaque bâtiment les valeurs de son établissement, on pourrait ne répartir les capitaux qu'en trois articles pour tout l'ensemble du risque. Alors on assurerait :

Tant sur les bâtiments de la fabrique formant un seul risque ;

Tant sur l'ensemble des mobiliers contenus dans tous les bâtiments ;

Tant sur l'ensemble des marchandises qui peuvent s'y trouver.

Mais du moins cette dernière répartition est de rigueur, et nous n'accepterions pas les propositions qui n'affecteraient pas un capital spécial à chacun des trois articles susmentionnés ;

3° La situation exacte de chaque bâtiment, ses contiguïtés et ses communications ;

4° La situation du mobilier industriel et des marchandises ;

5° La qualité en laquelle agit le proposant ;

6° Les autres renseignements industriels, tels que :

Le genre de chauffage et d'éclairage ;

Le moteur ;

La disposition des étuves, séchoirs, fours et autres locaux où le feu est employé comme agent de fabrication.

Les propositions ainsi formulées devront être accompagnées :

1° D'une feuille de renseignements spéciaux ;

2° De la feuille de renseignements confidentiels, dont les cadres sont entre les mains des Agents ;

3° Et enfin un tracé des lieux indiquant bien exactement la situation des bâtiments, leurs contiguïtés ou communications et les distances par mètres qui les séparent.

MM. les Agents trouveront des modèles de ces documents sous les nᵒˢ 12, 13, 15 et 16.

Toute proposition d'Assurance donnant lieu à autorisation spéciale qui parviendrait à la Compagnie sans l'une des pièces ci-dessus indiquées, et notamment sans le plan ou tracé des lieux avec indication des distances et des communications à l'appui, serait purement et simplement refusée par elle. Cette règle est absolue ; elle ne souffrira aucune exception.

256. — Quand l'Assurance d'une fabrique ou d'une usine n'excédera pas 30,000 fr. et que le tarif n'en indiquera pas l'interdiction, il sera inutile de nous envoyer une proposition. MM. les Agents principaux se borneront alors à rédiger la police, et ils nous la transmettront avec le bordereau mensuel. *Assurances de 30,000 francs et au-dessous.*

257. — Dans l'appréciation des mobiliers industriels, des machines, des métiers et des mécaniques, MM. les Agents devront, autant que possible, prendre en considération *Évaluation des mobiliers industriels.*

leur état d'*usure* et leur degré de mérite et d'utilité, eu égard aux progrès, aux innovations et aux perfectionnements successivement réalisés.

Désignations qui doivent être contenues dans les Polices.

258. — Les polices sur risques d'usines ou de fabriques devront être dressées conformément à ce qui a été dit au n° 255 qui précède sur les propositions. Elles contiendront, quant à la division des sommes, les répartitions que nous avons indiquées, et n'omettront aucun des renseignements nécessaires pour que le risque garanti y soit clairement désigné. (Voir au surplus, pour les Polices sur risques industriels, les modèles n°ˢ 11 12, 13, 14, 15 et 16).

Annotations spéciales. Vérification des Inspecteurs.

259. — Nous recommandons à MM. les Agents principaux d'annoter à part les Assurances sur fabriques et usines, et nous les prions de surveiller constamment ces établissements de manière à être à même de transmettre à la Compagnie les renseignements qui pourraient faire présumer, pour quelque cause que ce fût, la baisse ou l'accroissement des valeurs primitives, ou l'absence des garanties de sécurité qui auraient déterminé notre assurance.

Nous-mêmes nous avons adopté depuis longtemps l'usage de faire visiter par nos Inspecteurs les fabriques et les usines d'une certaine importance. Ces visites se renouvellent sans cesse dans toutes nos agences industrielles, de telle sorte que, par leurs rapports successifs, nos Inspecteurs nous tiennent toujours au courant de l'état de l'industrie en France et des développements à donner ou des modifications à apporter à nos garanties.

Variation du Tarif des fabriques et usines.

260. — Depuis que notre Compagnie est organisée, elle s'est constamment préoccupée de l'importante question de la tarification des établissements industriels en France.

L'industrie a subi, depuis une vingtaine d'années surtout, tant de transformations diverses, qu'il devient fort difficile de tarifer exactement et justement les risques qu'elle présente à l'Assurance.

Nous reconnaissons volontiers que, sur tous les points de notre pays, l'industrie en général est en grand progrès; pour certaines natures d'établissements le progrès industriel a réduit considérablement les chances d'incendie; pour certaines autres, au contraire, il les a aggravées, ou tout au moins maintenues.

De là il suit que notre tarif est soumis à de certaines variations sur les risques industriels; nous les constatons soit par des circulaires, soit par de nouvelles et successives éditions de nos tarifs. Nous y apportons la plus grande précision possible, de façon à ce que jamais nos Agents n'aient le moindre doute sur les primes applicables à chaque risque au moment de la souscription des contrats.

Théâtres.

261. — L'assurance des salles de spectacle est réservée exclusivement à l'examen et à l'autorisation préalable de la Compagnie. (N°. 73.) En conséquence, MM. les Agents principaux voudront bien, quand ils auront une assurance de ce genre à réaliser, se borner à envoyer à l'Administration une proposition spéciale indiquant :

1° La situation et la nature des constructions;

2° Le genre de spectacle;

3° Le nombre ordinaire et annuel des représentations, bals ou concerts;

4° Les précautions et les mesures de sûreté prises contre l'incendie.

Comme pour les fabriques, nous avons pour les théâtres une feuille de questions imprimée. Cette feuille devra être jointe à la proposition, ainsi qu'un tracé exact des lieux.

Sur le vu de ces propositions, la Compagnie accepte ou refuse l'assurance.

Quant aux primes à fixer et aux conditions particulières de l'assurance des théâtres, MM. les Agents principaux les trouveront dans le Tarif et l'annexe au Tarif; nous les prions de s'y reporter. (Voir modèles n°s 17 et 18.)

CHAPITRE VI.

Bois et Forêts.

262. — Les bois se distinguent, par leur âge, en *taillis* et *hautes futaies*, et, par leur essence, en *résineux* et *non résineux*.

Diverses espèces de bois.

263. — L'assurance des bois taillis comprend quatre risques particuliers, savoir :

Quatre risques à assurer.

1° Les *taillis* proprement dits ;

2° Les *baliveaux ;*

3° Le *repeuplement des souches ;*

4° Le *trouble dans l'aménagement*.

264. — Le capital à assurer sur les taillis aménagés en coupes réglées doit être basé sur la moyenne de leur prix au jour de l'exploitation et porté dans la Police à la moitié de cette moyenne. En conséquence, si la vente ou l'exploitation des coupes donne, au moment de l'exploitation, un revenu moyen de 400 francs par hectare de taillis, aménagés à dix ans, le capital à assurer sera de 200 francs par hectare.

Évaluation des taillis.

Il faut constater avec soin l'âge de l'aménagement complet et comprendre dans le même article de la Police tous les *triages* qui le composent.

Pour les bois qui ne sont pas aménagés en coupe réglée, on estime les taillis d'après l'âge usuel de la coupe.

265. — Il y a plusieurs usages pour l'exploitation des baliveaux; voici ce qui se pratique le plus ordinairement, dans les grandes exploitations surtout :

Évaluation des baliveaux.

Dans les taillis aménagés à dix ans, les baliveaux sont coupés à soixante ans; dans les taillis aménagés à quinze ans, ils sont coupés à cent vingt; dans ceux aménagés à vingt ans, ils sont coupés à deux cents ans.

Par suite, le capital à assurer sur baliveaux peut s'évaluer comme suit :

Sur taillis aménagés à dix ans, quand il y a un nombre de baliveaux suffisant de dix, vingt, trente, quarante, cinquante et soixante ans, à la moitié de la valeur assurée sur le taillis, soit donc à 100 francs par hectare, si, comme dans l'exemple ci-dessus, le taillis est assuré pour 200 francs;

Sur taillis aménagés à quinze ans, quand il y a des baliveaux de tous les âges, depuis quinze ans jusqu'à cent vingt ans, aux trois quarts de la valeur du taillis;

Et sur taillis aménagés à vingt ans, quand il y a aussi des baliveaux de tous les âges, depuis vingt ans jusqu'à deux cents, au même capital que le taillis.

Quand il se présentera une assurance de bois dont les baliveaux ne seront pas soumis aux usages ci-dessus indiqués, MM. les Agents consulteront la Compagnie.

Distinction entre l'Assurance du repeuplement des souches et celle de l'ensouchement.

266. — Pendant longtemps la Compagnie a compris dans l'assurance des bois, lorsque l'Assuré le demandait, le risque dit *d'ensouchement;* l'assurance de ce risque n'avait pour objet que de garantir la perte matérielle des souches.

Or, les souches sont très-rarement atteintes dans un incendie de bois, et, quand elles le sont, la perte n'est jamais bien considérable, puisqu'elle ne représente que le dégât matériel éprouvé par la souche. Mais l'assurance de l'ensouchement pouvait avoir une autre signification, et nous entraîner au contraire beaucoup trop loin, si elle devait nous amener à couvrir la perte de *reproduction* de ladite souche.

De récents incendies ont fait mieux sentir encore toute l'importance de la question, et la Compagnie a renoncé à l'assurance du risque dit *d'ensouchement*, qui veut dire trop ou trop peu. Il devra donc continuer à être formellement exclu des Polices. Mais, pour donner aux propriétaires des bois une garantie aussi complète que possible, nous assurons, sur leur demande :

1° Le repeuplement des souches détruites par l'incendie;

2° Le trouble dans l'aménagement.

Ainsi quand le risque du *repeuplement des souches* aura été compris dans l'Assurance, s'il est bien constaté qu'une ou plusieurs souches ont péri par l'action du feu, nous payerons les frais de leur repeuplement, c'est-à-dire de quoi mettre deux plants nouveaux, suivant l'usage, l'un à droite, l'autre à gauche de la souche éteinte, mais sans déracinement de ladite souche, le tout conformément à la clause n° 3 des conditions particulières de l'Assurance des bois qui se trouvent dans l'annexe au tarif.

En conséquence, dans toutes les Assurances de bois sans exception, il sera d'abord stipulé que *l'ensouchement* est exclu de l'Assurance. Puis il sera déclaré si le *repeuplement des souches* y est ou non compris. Quand il y sera compris, comme les frais de ce repeuplement, en cas de perte, sont représentés par une somme quelconque, il faudra, dans l'Assurance, non pas affecter à ce risque un capital distinct, mais augmenter, en raison de ce risque, le capital assuré sur l'ensemble des bois. MM. les Agents comprendront la nécessité de cette plus-value du capital des bois, en cas d'Assurance du repeuplement des souches, puisque, un sinistre survenant, si les souches ont été préservées, le prix qu'aurait coûté, en cas de perte, le repeuplement, devrait nécessairement être porté en sauvetage.

MM. les Agents n'omettront donc jamais, dans les Assurances de bois, cette double condition d'exclure l'ensouchement et de déclarer si le repeuplement des souches est ou non garanti, et, quand il le sera, ils veilleront à ce que les propriétaires augmentent, dans une proportion assez restreinte d'ailleurs, le capital à assurer sur leurs bois.

Quant au taux de la Prime, il restera le même, que le repeuplement des souches soit assuré ou non.

267. — Le *trouble dans l'aménagement* représente un risque entièrement à part et une perte parfaitement distincte du risque et de la perte du taillis lui-même. C'est la perte que le propriétaire éprouve par suite du trouble qu'une coupe prématurée apporte dans l'aménagement de son bois.

Ce risque doit donc donner lieu à un capital distinct qui sera égal à celui garanti sur l'ensemble du bois taillis, y compris les baliveaux. Ainsi, en supposant, comme dans l'exemple précédent, que le bois taillis soit assuré dans son ensemble, taillis et baliveaux compris, pour 300 francs, le trouble dans l'aménagement devra être garanti pour une somme égale de 300 francs. Le capital garantissant le risque du trouble dans l'aménagement sera toujours assuré à une prime inférieure à celle du bois. (Voir au Tarif.)

Le trouble dans l'aménagement pourra être ou n'être pas assuré. Dans les deux cas déclaration devra en être faite dans la Police.

268. — MM. les Agents remarqueront que cette Assurance du trouble dans l'aménagement des bois semble constituer une sorte de dérogation au principe essentiel et fondamental de nos garanties, qui est de n'indemniser jamais que de la perte matérielle. (Voir art. 1er des conditions générales de la Police, et no 68 des présentes Instructions.) Toutefois cette dérogation n'est qu'apparente, car la perte résultant du trouble dans l'aménagement peut s'apprécier exactement et, par suite, a bien un caractère de réalité qui la fait différer essentiellement de toute perte indéterminée provenant du chômage ou de toute autre cause purement morale. MM. les Agents comprendront les motifs qui nous ont décidés, dans l'intérêt des propriétaires de bois, à leur garantir une perte qui est la conséquence nécessaire et irrémédiable de l'incendie.

269. — Les propositions et les Polices d'Assurances sur bois devront énoncer :

1° Leur étendue en hectares;

2° Leurs essences en chêne, charme, etc., tant celles des taillis que celles des baliveaux;

3° Leur âge moyen et leur aménagement.

Si ces bois peuvent être divisés par lots, par pièces, par quartiers faciles à désigner et à reconnaître, il sera bien de répartir la somme à assurer selon la même division.

270. — Il est d'autres clauses spéciales à l'Assurance des bois taillis et qui devront être insérées dans toutes les polices de l'espèce. MM. les Agents principaux les trouveront dans l'annexe au tarif.

271. — L'Assurance des bois résineux et celle des chênes-liéges est réservée à l'administration. MM. les Agents principaux ne pourront donc en souscrire aucune sans consulter la Compagnie. Nous refusons le plus souvent ces Assurances, surtout dans le Midi, à cause des chances d'incendie qu'elles présentent. Toutefois lorsque des essences résineuses et non résineuses se trouvent mêlées, il nous est possible d'admettre l'Assurance de l'ensemble. En nous consultant, MM. les Agents auront soin de nous indiquer d'une manière bien précise la nature de l'essence résineuse, son âge et sa quantité dans la totalité du bois. Nous fixerons la Prime d'après ces renseignements.

272. — Les taillis, non résineux, quand ils sont mal soignés, entassés les uns sur les autres, sans être coupés par de larges voies de communication, présentent des dangers sur lesquels nous appelons l'attention de MM. les Agents principaux. Ces dangers sont plus grands encore quand ces taillis sont encombrés de bruyères et de hautes herbes qui sèchent et fournissent au feu un aliment facile, et surtout quand ils sont situés dans des localités où les ouvriers et les pâtres sont dans l'habitude d'allumer du feu avec les bruyères, les broussailles ou les herbes parasites.

273. — Dans la plupart des bois sont établies des charbonnières; lorsqu'elles se trouvent disposées sur une place spacieuse et organisées avec précaution, leur présence n'aggrave pas le risque. MM. les Agents devront donc veiller à ce que, dans les bois qu'ils assureront, les *fauldes* ou fossés à charbon soient placées au centre d'une clairière de 40 mètres de diamètre au moins.

Les bois où il existe des loges de sabotiers présentent aussi des dangers particuliers que nous croyons utile de signaler.

274. — Enfin, dans plusieurs provinces de France, les bois et forêts, qui appartenaient autrefois à l'État ou à d'anciennes familles, ont passé en d'autres mains. Les anciens propriétaires fermaient les yeux sur l'approvisionnement plus ou moins grand du bois nécessaire à la consommation personnelle des familles peu aisées. Les nouveaux acquéreurs, au contraire se sont montrés généralement sévères contre cette espèce de droit acquis; de là est né un esprit d'hostilité et de vengeance qui se manifeste par de fréquents incendies. Nous invitons MM. les Agents principaux à refuser toute Assurance de bois qui serait dans de telles conditions.

275. — Les bois non résineux de haute-futaie, sans sous-taillis, sont d'excellents risques. Nous engageons MM. les Agents principaux à faire tout ce qui dépendra d'eux pour obtenir l'Assurance de ceux qui se trouvent dans leurs Agences; ils remarqueront au Tarif combien la prime en est modérée.

Pour les évaluations de ces bois, ils pourront, le plus souvent, s'en rapporter aux propriétaires; il sera toujours facile d'ailleurs de contrôler ces évaluations en les comparant avec la valeur actuelle, toujours appréciable, de la futaie à assurer.

Il n'y aura aucune condition particulière à insérer dans les Polices de cette nature.

276. — Indépendamment des Assurances de bois résineux pour lesquelles l'autorisation de la Compagnie devra toujours être demandée, MM. les Agents principaux devront consulter la Compagnie pour toute assurance de bois dépassant 30,000 francs sur un seul risque, suivant la définition donnée au n° 61 des présentes Instructions.

La proposition qu'ils nous enverront dans ce cas, devra contenir les énonciations prescrites au n° 269 qui précède et être accompagnée d'un plan des bois à assurer.

277. — Les prescriptions relatives à l'Assurance directe des bois, faisant l'objet du présent chapitre, sont également applicables aux bois et forêts dont nous assurons le risque de voisinage, et les mêmes déclarations doivent être faites dans les Polices.

(Voir pour les polices sur bois et forêts les modèles n°ˢ 22 et 23.)

CHAPITRE VII.

Risque de l'explosion du Gaz.

278. — Indépendamment des dommages causés par l'incendie, notre Compagnie assure depuis longues années ceux qui sont occasionnés par l'explosion du gaz servant à l'éclairage. *(Explosion du gaz.)*

279. — Les primes de cette Assurance sont indiquées sur notre Tarif, et les clauses particulières à insérer dans les Polices se trouvent à l'annexe. *(Primes et clauses.)*

280. — Le risque d'explosion du gaz ne peut être assuré seul. Ainsi, nous accordons seulement un supplément de garantie pour ce risque sur les bâtiments ou objets mobiliers que nous assurons déjà, ou que nous assurerions en même temps, contre l'incendie, et jusqu'à concurrence des mêmes sommes. Mais on ne pourrait pas assurer contre l'explosion du gaz des objets qui ne seraient pas déjà garantis *par notre Compagnie*, ou qu'elle ne garantirait pas en même temps contre l'incendie. Toutefois, quand des objets sont déjà assurés par une police contre l'incendie, rien ne s'oppose à ce qu'ils le soient, par un avenant ou même par une autre police, contre l'explosion du gaz. (Voir modèles n°ˢ 7 et 29.) *(Ce risque ne peut faire l'objet d'une assurance distincte.)*

CHAPITRE VIII.

Recours des propriétaires contre les locataires ou risque locatif.

281. — L'Assurance du recours des propriétaires contre les locataires, en d'autres termes, du *risque locatif*, a pour but de mettre les locataires à l'abri du recours auquel ils sont soumis aux termes des articles 1733 et 1734 du Code Napoléon, ainsi conçus : *(Objet de l'Assurance du risque locatif.)*

Art. 1733. « Le locataire répond de l'incendie, à moins qu'il ne prouve que l'incendie « est arrivé par cas fortuit ou force majeure, ou par vice de construction, ou que le feu « a été communiqué par une maison voisine. »

Art. 1734. « S'il y a plusieurs locataires, tous sont solidairement responsables de « l'incendie, à moins qu'il ne prouvent que l'incendie a commencé dans l'habitation de « l'un d'eux, auquel cas celui-là seul en est tenu ; ou que quelques-uns ne prouvent que « l'incendie n'a pu commencer chez eux, auquel cas ceux-là n'en sont pas tenus. »

En vertu de ces articles, le propriétaire d'une maison incendiée a le droit d'actionner les locataires chez lesquels le feu a commencé, en paiement des dommages qu'il a éprouvés, et il devient presque toujours impossible aux locataires de se soustraire aux effets de cette action, à l'appui de laquelle le propriétaire n'a besoin que d'apporter un fait, sans être soumis à la production d'aucune preuve sur la cause de ce fait toujours présumé à la charge des locataires.

Telle est la responsabilité que la Compagnie prend à sa charge ; mais nous ne devons aux locataires que tout autant que ceux-ci doivent à leur propriétaire, dans le sens et les limites de ces articles.

282. — L'Assurance du risque locatif peut s'appliquer aussi bien aux objets mobiliers qu'aux immeubles, les uns et les autres étant également susceptibles de location.

283. — Elle comprend deux risques bien distincts :

1° Les risques des maisons et mobiliers qui sont assurés par la Compagnie au propriétaire ;

2° Les risques des maisons et mobiliers qui ne sont pas assurés par la Compagnie.

Dans le premier cas, la Compagnie, qui, par une stipulation de la police, est subrogée aux droits du propriétaire, renonce, jusqu'à concurrence de la somme assurée par le locataire, au recours qu'elle serait en droit d'exercer contre ce dernier responsable de l'incendie ;

Dans le second cas, la Compagnie s'engage à indemniser le propriétaire au lieu et place du locataire, si celui-ci est reconnu responsable de l'incendie, et ce, jusqu'à concurrence de la somme par lui assurée.

284. — La prime du risque locatif varie suivant que l'immeuble, dont on veut faire assurer les risques locatifs, est ou n'est pas assuré par notre Compagnie.

1° Si l'immeuble n'est point assuré par la Compagnie, la prime du risque locatif est la *prime entière* portée au tarif, quand il s'agit d'une fabrique ou d'une usine de la première ou de la deuxième catégorie ; elle est des trois quarts de la prime portée au tarif, quand il s'agit d'un risque autre qu'une fabrique ou usine, sans que cette prime puisse être au-dessous d'un minimum fixé par le Tarif.

2° Si l'immeuble est assuré par la Compagnie, qu'il s'agisse d'un risque simple ou d'une fabrique ou usine, la prime du risque locatif est, pendant la durée de cette assurance, du *quart* de la prime de l'immeuble, sans qu'elle puisse descendre au-dessous d'un minimum également fixé par le Tarif, sauf, bien entendu, si cette assurance venait à cesser à reporter immédiatement ladite prime au taux de la prime entière ou aux trois quarts de la prime de l'immeuble, suivant le cas.

Quant aux autres clauses relatives à l'Assurance de ce risque, MM. les Agents les trouveront dans l'annexe au Tarif.

285. — L'Assurance du risque locatif se fait de deux manières : le locataire fait assurer ou la valeur totale de la chose louée, ou seulement une valeur représentant l'importance de sa location, valeur que, dans la pratique, nous avons fixée à quinze fois celle du loyer.

De ces deux manières d'opérer, la première est la plus sûre ; seule elle met le locataire à l'abri de toute chance de perte (pourvu, bien entendu, qu'il ait fait garantir une somme suffisante sur l'immeuble) ; elle doit être surtout conseillée dans le cas où il n'y a qu'un seul locataire.

La seconde est applicable au cas où il y a plusieurs co-locataires d'une même chose. En l'employant, le locataire court risque de n'être assuré qu'incomplètement puisqu'il n'est garanti que jusqu'à concurrence de la somme stipulée dans sa Police et qui ne représente que l'importance de sa location dans l'immeuble, tandis qu'il est responsable de la perte qui peut s'étendre à la totalité de cet immeuble.

Toutefois, en assurant quinze fois la valeur de son loyer, cette proportion étant acceptée par la Compagnie, le locataire n'encourt pas la règle proportionnelle. (art. 20 des conditions générales de la Police.)

286. — S'il y a plusieurs locations distinctes, la somme assurée sur risques locatifs sera divisée sur chaque location, et ne devra pas être collective et afférente à toutes les locations indistinctement. *Division des sommes.*

287. — Un propriétaire, qui assure son immeuble, peut affranchir lui-même ses locataires ou fermiers de tout recours de la part de la Compagnie, en payant *le quart en sus* de sa prime comme les locataires le paieraient eux-mêmes. *Un propriétaire peut affranchir ses locataires du recours.*

288. — Lorsqu'un même contrat d'assurance garantit des immeubles à un propriétaire et relève en même temps le locataire du risque locatif, les capitaux ne doivent figurer qu'une fois sur le contrat, c'est-à-dire que l'on ne doit porter qu'un seul capital pour l'assurance du propriétaire et pour la garantie stipulée au profit du locataire. *Un seul capital pour les deux assurances.*

Mais si l'Assurance du risque locatif se fait sur une police séparée de celle du propriétaire, il va sans dire qu'elle devra y figurer pour son capital propre.

289. — L'Assurance des risques locatifs et celle du recours des voisins ne peuvent être faites cumulativement. La somme assurée sur chacun de ces risques doit être distincte et assujétie à la Prime déterminée par le Tarif. *Ne pas faire cumulativement l'assurance des risques locatifs et de voisinage.*

290. — Nous considérons généralement comme de bonnes assurances, dans les villes surtout, les assurances des risques locatifs. Nous engageons donc MM. les Agents principaux à les rechercher particulièrement. Ils devront ne pas manquer, quand ils auront à faire l'assurance d'un mobilier chez un locataire, de rappeler l'utilité et l'importance de la garantie du risque locatif et de s'efforcer de joindre cette seconde assurance à la première. *Recommandation à MM. les Agents principaux.*

(Voir les modèles nᵒˢ 5, 7 et 8.)

CHAPITRE IX.

Recours des Voisins ou Risque de voisinage.

291. — L'Assurance du recours des voisins ou risque de voisinage a pour but de soustraire l'Assuré, jusqu'à concurrence d'une somme déterminée, aux recours qu'on pourrait être fondé à exercer contre lui, en vertu des articles 1382, 1383 et suivants du Code Napoléon, pour toutes pertes résultant d'un incendie commencé chez lui et qui se serait communiqué à des propriétés voisines ou dans des appartements voisins. *Objet de l'assurance du recours des voisins.*

Ces articles sont les suivants :

Art. 1382. « Tout fait quelconque de l'homme qui cause à autrui un dommage « oblige celui par la faute de qui il est arrivé à le réparer. »

Art. 1383. « Chacun est responsable du dommage qu'il a causé, non-seulement par « son fait, mais encore par sa négligence ou par son imprudence. »

Ces articles, et ceux 1384, 1385 et 1386 qui en développent la pensée et en précisent l'application, disposent d'une manière générale à l'égard de tout dommage causé à autrui; mais il va sans dire que nous ne garantissons que les recours provenant de dommages d'incendie, et que nous ne pouvons devoir à notre Assuré qu'autant qu'il doit lui-même à ses voisins et seulement dans les limites de notre contrat.

292. — Une distinction essentielle à préciser entre le recours des propriétaires contre les locataires et celui des voisins entre eux, c'est que, dans le premier cas, la responsabilité du locataire se présume; il est responsable par cela seul qu'il est locataire, à moins qu'il ne prouve qu'il est dans les cas d'exception prévus par la loi, et de toute façon c'est à lui à faire la preuve. Au contraire, dans le recours que des voisins peuvent exercer les uns contre les autres par suite de préjudice éprouvé ou de dommages subis, c'est au voisin lésé à prouver qu'il lui a été porté préjudice par une faute imputable à autrui, dans les limites fixées par les articles du Code précité. En effet, il n'y a de responsabilité pour le voisin délinquant que si sa faute a été prouvée contre lui, tandis que celle du locataire se présume, à moins qu'il ne fasse lui-même une preuve contraire.

Les conséquences de cette distinction, en ce qui nous concerne, sont faciles à tirer. S'il en résulte, d'une part, que MM. nos Agents principaux feront plus aisément les Assurances de risques locatifs que celles de risques des voisins, d'une autre part, la responsabilité de la Compagnie, en matière de risques de voisinage, sera bien plus rarement et plus difficilement établie et engagée que par suite des Assurances de risques locatifs.

293. — Quoi qu'il en soit, la modicité de notre prime pour le risque de voisinage qui, généralement, n'excède pas 20 centimes pour 1000 fr., devra être pour les Assurés une raison déterminante de rechercher cette garantie qui, à bien peu de frais, pourra les mettre à couvert des conséquences souvent fort étendues d'une grave responsabilité.

Nous engageons MM. les Agents principaux à ne rien négliger à l'effet d'obtenir des Assurances de cette nature, et nous les prions de se reporter au Tarif et à l'annexe au Tarif, pour les primes du risque et les conditions particulières de l'Assurance.

294. — Dans la fixation de la prime de ce risque, il faut considérer à la fois et la maison du proposant, dont la mauvaise construction peut rendre la communication du feu plus probable, et les maisons des voisins dont la *combustibilité* aggraverait le préjudice de la communication. La prime se calculera en raison de la prime la plus grave à appliquer tant à la maison du proposant qu'aux maisons voisines.

295. — Par suite, l'appréciation des risques de voisinage se détermine non-seulement par la vérification de la maison habitée par le proposant, mais encore par l'examen des chances de communication du feu en raison du genre de couverture, de la destination, de la construction des maisons voisines et de la nature des objets qui y sont contenus.

Si ces circonstances rendaient trop probable la communication du feu de la maison ou de l'appartement du proposant aux maisons ou aux appartements des voisins, l'Assurance devrait être refusée.

296. — L'assurance du recours des voisins se fait pour la somme indiquée par le proposant; c'est à lui de calculer jusqu'à quelle limite probable pourraient s'étendre les ravages d'un incendie qui prendrait naissance chez lui.

Pour nous, l'Assurance de ce risque n'a pas d'autre limite que celle de notre plein le plus élevé.

Une seule somme suffit pour une maison ou un bâtiment dont on veut faire garantir la communication du feu à une ou plusieurs maisons voisines. Mais, s'il y a plusieurs maisons séparées pouvant communiquer l'incendie, il faudra assurer une somme spéciale pour chacune de ces maisons.

Il est entendu que l'Assurance du risque des voisins s'applique aussi bien aux mobiliers qu'aux bâtiments. Ainsi, dans l'appréciation du capital à garantir, il faut, autant que possible, tenir compte de la valeur des mobiliers contenus dans les maisons sur lesquelles repose l'Assurance.

297. — Quand la Compagnie assure plusieurs maisons contiguës les unes aux autres, celles qui sont intermédiaires, c'est-à-dire flanquées à droite et à gauche de maisons assurées par [la Compagnie, sont en outre garanties gratuitement, pour l'immeuble seulement, contre le risque de voisinage, la Compagnie renonçant, sans supplément de prime, au recours qu'elle aurait à exercer comme subrogée aux droits des propriétaires. MM. les Agents ne manqueront pas de faire valoir cette concession de notre part pour encourager les voisins de nos Assurés à recourir à notre garantie. (Article 21 des conditions générales de la police.)

(Voir les modèles nᵒˢ 3 et 7.)

Sommes à assurer.

Assurance gratuite du recours des voisins pour les assurés dont les maisons se touchent.

CHAPITRE X.

Recours des Locataires contre les Propriétaires, ou Risque des Propriétaires.

298. — L'assurance du recours des locataires contre les propriétaires (ou du risque des propriétaires) a pour objet de mettre les propriétaires à l'abri du recours que leurs locataires, aux termes de l'article 1721 du Code Napoléon, peuvent exercer contre eux en cas de dommage survenu à leurs mobiliers par suite d'un incendie qui aurait eu pour cause un vice de construction ou un défaut quelconque de la chose louée.

Cet article est ainsi conçu :

Art. 1721. « Il est dû garantie au preneur pour tous les vices ou défauts de la chose « louée qui en empêchent l'usage, quand même le bailleur ne les aurait pas connus

Objet de l'assurance du recours des locataires contre les propriétaires.

« lors du bail. — S'il résulte de ces vices ou défauts quelque perte pour le preneur, le
« bailleur est tenu de l'indemniser. »

299. — Ce risque, introduit récemment dans nos garanties, est parfaitement distinct du risque locatif et du risque des voisins. Il n'a aucun rapport avec le premier,
puisqu'il repose sur une responsabilité qui est précisément le contraire de celle représentée par celui-ci, la responsabilité du propriétaire vis-à-vis de son locataire, et il se
sépare également du second en ce qu'il est basé sur des rapports infiniment plus étroits
et précis, à savoir ceux qui existent entre un propriétaire et ses locataires, que ne le
sont les rapports existant entre voisins.

En effet, pour qu'un voisin puisse prétendre à un recours contre celui dans l'appartement ou dans la propriété duquel un incendie aura pris naissance, il faudra, comme
nous l'avons dit, qu'il prouve que cet incendie est le résultat direct d'un fait répréhen-
sible ou d'une faute.

La situation est bien différente quand il s'agit du recours d'un locataire contre un
propriétaire en cas d'incendie par suite d'un vice ou défaut de la chose louée. Entre le
propriétaire et le locataire il y a des devoirs et des obligations qui naissent du contrat
qui les lie. Ainsi le bailleur est obligé de procurer au preneur la jouissance paisible de
la chose louée ; il est garant vis-à-vis de lui de tous les vices ou défauts qui tendent à
troubler cette jouissance, et si, par suite d'un de ces vices ou défauts, une perte quelconque survient au preneur, le bailleur doit l'en indemniser, alors même qu'aucune
faute ne lui serait imputable, alors même, dit la loi, qu'il n'aurait pas connu le vice.
(Articles 1719, 1720 et 1721 du Code Napoléon.)

La responsabilité du propriétaire vis-à-vis du locataire est donc toute contractuelle,
et, par suite, basée sur des principes tout différents de ceux réglant les rapports des
hommes qui ne sont liés entre eux par aucun contrat.

300. — La Compagnie en prenant à sa charge cette responsabilité des propriétaires
vis-à-vis de leurs locataires dans les limites fixées par l'article 1721 précité et, bien
entendu, pour les seuls dommages résultant de l'incendie, fait un acte notoirement
utile à la propriété qui, dans bien des cas, a eu à souffrir des graves conséquences de
la responsabilité résultant de la loi.

Cette utilité a déjà été appréciée dans des circonstances auxquelles la publicité des
tribunaux a donné un certain retentissement (1). Nous ne doutons pas qu'elle ne le soit
davantage de jour en jour et nous invitons MM. les Agents principaux à la faire comprendre et apprécier par les propriétaires. Nous sommes convaincus qu'avec quelques
explications ils les détermineront aisément à recourir à ce complément de garantie.

301. — L'Assurance du recours des locataires contre les propriétaires doit être basée

---

(1) Voir au *Journal des Assurances*, tome VI, IVe livraison, page 126, le jugement du Tribunal civil
de la Seine du 14 février 1855 et dans la *Gazette des Tribunaux* du 8 avril 1855.

sur la valeur des objets mobiliers dont le propriétaire peut avoir à répondre dans les cas indiqués par l'article 1721 qui précède.

502. — Toutefois, MM. les Agents principaux devront mettre une très-grande pru - *Précautions à prendre.*
dence dans le choix de ces assurances. Ils devront s'enquérir des vices connus des bâtiments du propriétaire et s'assurer autant que possible que ces bâtiments sont dans un
bon état de conservation et d'entretien. Ils s'abtiendront de consentir aucune assurance de ce genre à des propriétaires qui seraient notoirement connus pour être obérés
ou négligents, ou pour laisser dépérir, sans entretien et réparations, leurs immeubles.

503. — MM. les Agents trouveront au tarif la prime à appliquer à ce risque. Toute- *En cas de difficulté, consulter la Compagnie.*
fois, s'ils éprouvaient quelque hésitation ou quelque embarras pour conclure une assu -
rance de ce genre, ils voudraient bien consulter la Compagnie.

(Voir le modèle n° 3).

CHAPITRE XI.
Usufruitiers et nu-propriétaires.

504. — L'usufruitier et le nu-propriétaire ont tous les deux intérêt à la conservation *Intérêt de l'usufruitier et du nu-propriétaire.*
du bâtiment sur lequel reposent leurs droits. En conséquence ils peuvent tous les
deux le faire assurer. Nous faisons les assurances de ce genre ; mais, comme elles
sortent de la ligne ordinaire de nos opérations, elles exigent des précautions spéciales
et l'insertion dans les polices de conditions particulières.

505. — On comprend que l'usufruitier et le nu-propriétaire n'ayant chacun qu'un *La propriété entière ne peut pas être assurée à l'un ou à l'autre.*
démembrement de la propriété, on ne saurait assurer la propriété entière en faveur
de l'un ou de l'autre séparément, car alors celui des deux qui serait ainsi assuré, dans
la pensée que l'incendie réaliserait un bénéfice pour lui, pourrait se croire intéressé à la
destruction du bâtiment garanti. Par suite, nous ne consentons à assurer l'immeuble
qu'au profit tout à la fois de l'usufruitier et du nu-propriétaire.

506. — D'un autre côté, il y aurait un inconvénient grave à ne pouvoir assurer l'u- *Possibilité d'assurer isolément l'usufruitier et le nu-propriétaire.*
sufruitier qu'avec le concours du nu-propriétaire dans l'acte et réciproquement. Cette
intervention forcée de l'un dans les affaires de l'autre eût nécessairement retardé et
souvent même aurait pu empêcher la réalisation du contrat.

Nous avons dû chercher le moyen d'éviter d'assurer la propriété entière au profit
de l'un ou de l'autre, tout en permettant à chacun d'opérer isolément. C'est le résultat
que nous obtenons par l'insertion dans les polices des deux clauses ci-après.

507. — Dans le cas où l'usufruitier se présenterait seul pour faire assurer l'immeuble, *Assurance par un usufruitier, agissant sans le concours du nu-propriétaire.*
la Police devra contenir, aux conditions particulières, la clause suivante :

« L'Assuré déclare qu'il est usufruitier seulement du bâtiment ou des bâtiments ci-
« dessus désignés, dont la nu-propriété appartient à M.......

« L'Assurance porte néanmoins sur la toute propriété dudit ou desdits bâtiments et

« pourra ainsi profiter au nu-propriétaire sus-désigné. Mais le paiement des primes ne
« concerne que l'usufruitier, souscripteur de la police, qui s'engage personnellement
« envers la Compagnie à les acquitter à leur échéance.

 « En cas de sinistre pendant la durée de l'usufruit, il est formellement convenu que
« le montant du dommage à la charge de la Compagnie ne sera payé par elle que sur
« la quittance collective de l'usufruitier et du nu-propriétaire, qui s'entendront entre
« eux pour la part que chacun aura à prendre dans l'indemnité. A défaut d'accord, la
« Compagnie serait bien et valablement libérée envers l'un et l'autre par le simple dé-
« pôt, à leurs frais, du montant de l'indemnité à la caisse des dépôts et consignations,
« le nu-propriétaire et l'usufruitier présents ou dûment appelés par acte extra-judiciaire,
« et sans qu'il soit besoin d'autre procédure.

 « Si l'usufruit vient à finir, par une autre cause que celle résultant d'un incendie,
« avant l'expiration du temps fixé pour la durée de la présente Police, l'Assurance sera
« par cela même résiliée et éteinte de plein droit. Toutefois, si dans le cours de l'année
« de la dernière prime payée par l'usufruitier, le nu-propriétaire veut souscrire une
« nouvelle Police, la Compagnie pourra, sur le montant de la prime au comptant, lui
« tenir compte de la portion de prime payée par l'usufruitier pour le temps restant à
« courir sur ladite année. »

508. — Au contraire, dans le cas où c'est le nu-propriétaire qui souscrit la Police,
la clause à insérer sera la suivante :

Assurance par un nu-propriétaire agissant sans le concours de l'usufruitier.

 « L'Assuré déclare qu'il est seulement nu-propriétaire du bâtiment *ou* des bâtiments
« sus-désignés, dont l'usufruit appartient à M.....

 « L'Assurance porte néanmoins sur la toute propriété dudit ou desdits bâtiments et
« pourra ainsi profiter à l'usufruitier sus-désigné. Mais le paiement des primes ne con-
« cerne que le nu-propriétaire, souscripteur de la Police, qui s'engage personnellement
« envers la Compagnie à les acquitter à leur échéance.

 « En cas de sinistre pendant la durée de l'usufruit, il est formellement convenu que le
« montant du dommage, à la charge de la Compagnie, ne sera payé par elle que sur la
« quittance collective de l'usufruitier et du nu-propriétaire, qui s'entendront entre eux
« pour la part que chacun aura à prendre dans l'indemnité. A défaut d'accord, la Com-
« pagnie sera bien et valablement libérée envers l'un et l'autre par le simple dépôt, à
« leurs frais, du montant de l'indemnité à la caisse des dépôts et consignations, le nu-
« propriétaire et l'usufruitier présents ou dûment appelés par acte extra-judiciaire, et
« sans qu'il soit besoin d'autre procédure.

 « L'extinction de l'usufruit ne mettra pas fin à la présente Assurance, laquelle conti-
« nuera au profit de l'Assuré qui se trouvera avoir désormais la pleine propriété du *ou*
« des bâtiments présentement assurés, par suite de la confusion en sa personne de
« l'usufruit et de la nu-propriété. »

Ne pas omettre ces deux clauses.

509. — MM. les Agents principaux devront ne jamais omettre l'insertion de ces
clauses dans les Polices des usufruitiers et des nu-propriétaires. Nous les prévenons que
nous refuserions les contrats qui ne les contiendraient pas.

CHAPITRE XII.

Créances hypothécaires.

310. — Selon la définition que nous avons donnée au numéro 64 des présentes Instructions, l'Assurance d'une créance hypothécaire a pour but de garantir au créancier, s'il vient en ordre utile, le paiement de la somme dont il peut se trouver à découvert par suite de l'incendie, total ou partiel, du bâtiment servant de gage à sa créance.

Nous admettons les propositions d'Assurances de cette nature ; mais, afin d'éviter que l'incendie ne devienne une cause de profit pour l'Assuré, nous exigeons l'insertion dans les Polices d'une clause particulière établissant d'une manière claire et précise la position des Assurés vis-à-vis de nous. Cette clause varie suivant les circonstances.

311. — Cette Assurance peut être souscrite de trois manières différentes :

1° Par le créancier seul ;

2° Par le débiteur seul ;

3° Par le créancier et le débiteur agissant conjointement.

312. — Le premier cas, qui jusqu'ici a été le plus fréquent, celui où le créancier hypothécaire agit seul, se présente lorsqu'un créancier hypothécaire, mû par le seul désir de sauvegarder ses intérêts, demande à faire assurer le ou les bâtiments servant de gage à sa créance.

Dans ce cas, il est évident que si, après l'incendie, il reste encore au créancier une garantie suffisante, la Compagnie ne lui devra rien. Si, au contraire, sa garantie a péri en totalité ou en partie, le créancier sera indemnisé par la Compagnie de la perte qu'il aura subie. Il sera donc essentiel alors qu'il subroge la Compagnie, jusqu'à concurrence de l'indemnité payée, dans sa créance contre le débiteur ; sans quoi il pourrait être remboursé deux fois de sa créance, ce qui serait contraire à tous les principes.

Pour régulariser ce genre de contrat il faut y insérer la clause manuscrite suivante :

« Il est expressément convenu que, en cas d'incendie, la Compagnie ne sera obligée
« envers ledit créancier que si l'inscription de celui-ci arrive en ordre utile, et seulement
« pour la portion de sa créance qui, en l'absence d'incendie, serait arrivée en ordre
« utile. Outre cette justification, qui est à la charge du créancier, la Compagnie ne
« devra indemnité que si la partie des constructions non atteintes par l'incendie, le sau-
« vetage, la valeur du sol et enfin les autres immeubles hypothécairement affectés
« à la garantie de la même créance, quelles que soient d'ailleurs leur situation et leur
« nature, sont insuffisants pour garantir la créance de l'assuré. En cas d'insuffisance,
« elle ne devra indemnité que pour la portion de la créance que l'incendie aura laissée
« à découvert.

« Il est également convenu que, si la propriété soumise à l'hypothèque se trouvait
« aussi assurée, soit par la Compagnie susnommée, soit par tout autre assureur, le créan-
« cier devra, avant de pouvoir réclamer le paiement de son indemnité, faire valoir ses
« droits sur l'indemnité qui sera due au propriétaire ; et, dans ce cas, il n'aura droit

Comment nous entendons l'assurance d'une créance hypothécaire.

Trois manières différentes de souscrire ce Contrat.

Cas où le créancier agit seul.

« qu'à la portion de sa créance, dont il se trouvera à découvert, déduction faite de la
« somme qui lui aura été allouée sur l'indemnité payée au propriétaire.

« Dans tous les cas, la Compagnie devra être subrogée par acte notarié, aux frais
« de l'assuré, et jusqu'à concurrence de l'indemnité payée, aux droits du créancier
« contre son débiteur. »

Dans ce premier cas, la somme à assurer au créancier hypothécaire pourra être de
toute la valeur ou seulement d'une partie de la valeur du ou des bâtiments servant de
gage à sa créance, selon l'importance de celle-ci.

Cas où le débiteur agit seul.   **313.** — Le second cas, celui où le débiteur agit seul, se présente lorsqu'un créancier, par l'acte du prêt, impose à son débiteur l'obligation de faire assurer, aux frais dudit
débiteur, le ou les bâtiments donnés en hypothèque, en stipulant que, en cas de sinistre,
il sera fait au créancier attribution de tout ou partie de l'indemnité.

Ce n'est pas, à proprement parler, une assurance spéciale pour les créances hypothécaires ; si nous mentionnons ici cette forme de contrat, c'est qu'elle peut aussi bien s'appliquer à ces créances qu'à toutes les autres, de quelque nature qu'elles soient.

La clause à insérer dans ce cas sera la suivante :

« L'Assuré déclare que, en cas d'incendie, l'indemnité à lui revenir *(exprimer si c'est*
« *en totalité ou seulement jusqu'à concurrence d'une somme déterminée et moindre que le*
« *montant de l'assurance)*, soit versée et acquittée aux mains et sur la simple quit-
« tance de M.... à qui il donne par ces présentes tout pouvoir de recevoir et de
« fournir bonne et valable décharge à la Compagnie.

« Il est, du reste, bien entendu qu'en cas d'incendie, l'indemnité ne sera payée
« par la Compagnie, soit à M......., créancier hypothécaire, soit à l'assuré pour le sur-
« plus, s'il y a lieu, que si ce dernier a acquitté, avant l'incendie, les primes dues,
« s'il a satisfait à tous ses autres engagements envers la Compagnie, et si, au moment
« du paiement, il n'existe aux mains de la Compagnie aucun obstacle provenant de tiers.
« S'il y avait des oppositions, la Compagnie pourrait consigner l'indemnité conformé-
« ment à la loi. »

Dans ce cas, le créancier hypothécaire aurait un moyen d'éviter les réductions qui
pourraient atteindre sa créance par suite des oppositions faites au paiement de l'indemnité par d'autres créanciers : ce serait de se faire faire par son débiteur une cession ou
délégation en bonne forme, destinée à saisir, au moyen d'une signification, l'indemnité
avant toute opposition ou transport. Ce moyen, toutefois, est rarement employé, parce
qu'il est assez coûteux.

D'ailleurs, que le créancier se soit ou non fait faire une cession expresse de l'indemnité,
il n'est jamais complètement garanti dans le cas qui nous occupe, puisque l'exécution
du contrat, à son profit, se trouve soumise à l'accomplissement de conditions imposées
au propriétaire débiteur, seul souscripteur de la Police, et en particulier au paiement
par lui de la prime, circonstances indépendantes de sa volonté et sur lesquelles il n'a
pas d'action ; aussi ne conseillerions-nous pas aux créanciers hypothécaires l'emploi de
ce mode d'assurance.

514. — Nous leur conseillerions de préférence le troisième mode qui s'applique au cas où le propriétaire débiteur et le créancier hypothécaire concourent tous deux dans la même police, et s'obligent tous deux envers la Compagnie, tant au paiement des primes qu'à toutes les autres obligations du contrat.

Dans ce troisième cas, la situation respective des parties contractantes doit être établie par la clause manuscrite suivante :

« La Compagnie s'engage, en cas de sinistre, à payer le montant de l'indemnité dont « elle sera tenue, d'abord à M...., créancier susnommé, jusqu'à concurrence de sa « créance, s'il a conservé les droits hypothécaires et s'il peut venir en ordre utile, et le « surplus, s'il y en a, à M...., propriétaire.

« Il est bien entendu que cet engagement de la Compagnie n'aura d'effet :

« 1° Qu'autant que les assurés susnommés (ou l'un d'eux) auront complètement rem- « pli vis-à-vis d'elle toutes et chacune des obligations résultant des conditions générales « qui précèdent, auxquelles lesdits assurés déclarent se soumettre solidairement ;

« 2° Et qu'à la condition formelle, acceptée par les assurés susnommés, de rapporter « mains-levées de toutes oppositions ou saisies-arrêts, qui auraient pu être pratiquées « aux mains de la Compagnie, étant bien entendu que ladite Compagnie ne pourra « être tenue à effectuer aucun paiement jusqu'au rapport desdites mains-levées. Dans ce « cas, la Compagnie pourrait consigner l'indemnité, conformément à la loi. »

Lorsque le contrat sera souscrit en cette dernière forme, il devra, en conformité de ce qui a été dit au numéro 128 des présentes Instructions, être fait en *triple*, c'est-à-dire entre le créancier, le débiteur et la Compagnie, indépendamment de l'expédition destinée aux archives de l'agence conformément au même numéro. Il va sans dire que chaque exemplaire sera signé par les trois parties intéressées.

515. — Les trois clauses énoncées aux numéros 312, 313 et 314, qui précèdent, sont de rigueur expresse dans les cas divers où elles sont applicables. MM. les Agents sont prévenus que la Compagnie n'accepterait aucune police de ce genre où la clause, applicable à l'espèce, serait omise.

516. — Il peut toutefois se présenter une quatrième combinaison dont il nous reste à dire un mot : c'est celle où un créancier hypothécaire, ayant souscrit avec nous une Police, pour la garantie de sa créance, dans la forme et avec la clause indiquées au numéro 312, le propriétaire débiteur vient, à son tour, et pour son propre compte, nous faire assurer le ou les bâtiments sur lesquels repose ladite créance. Cette combinaison est celle qui donne le plus de sécurité au créancier hypothécaire, puisqu'elle lui garantit infailliblement, en cas de sinistre, la conservation de sa créance, et le met à l'abri du simple dividende qu'il serait exposé à recevoir s'il venait concourir avec d'autres créanciers.

De notre côté, elle nous donne deux primes au lieu d'une, et, sous ce rapport, nous devons aussi la préférer à toute autre. Quant aux effets qu'elle entraîne en cas de sinistre, nous les ferons ressortir quand nous traiterons, au titre du Contentieux, de ce genre de règlement. (Voir n° 636 et suivants des présentes Instructions.)

CHAPITRE XIII.

Constructions faites par un locataire sur le terrain d'autrui.

Trois cas peuvent se présenter.

317. — Nous avons été frappés des nombreuses difficultés qui naissent des Assurances de bâtiments construits par des locataires sur les terrains qu'ils occupent à titre de bail et nous nous sommes péoccupés des moyens à employer pour rendre ces assurances possibles.

L'Assurance différera suivant la destination que les stipulations du bail donnent au bâtiment, à l'expiration de la jouissance du locataire :

Ou les constructions, d'après le bail, appartiennent de plein droit au propriétaire du terrain, à la fin de la location, sans aucune indemnité pour le locataire constructeur;

Ou bien, les constructions doivent être démolies et enlevées à la fin du bail ;

Ou bien, le propriétaire du terrain a la faculté, à la fin du bail, de conserver les constructions en payant au locataire constructeur leur valeur comme matériaux, ou d'en exiger la démolition et l'enlèvement.

Dans ces trois hypothèses, le locataire a sur les constructions un intérêt *en risque*; quant au propriétaire, il en a un également dans la première et dans la troisième. Suivant que, pour chacun de ces cas, la Police est souscrite au profit du locataire ou du propriétaire agissant isolément ou collectivement, les clauses ci-après doivent être insérées dans les conditions particulières de la Police.

Cas où les constructions doivent rester à la fin du bail au propriétaire du terrain.

318. — Dans le premier cas, celui où il résulte de la convention que les constructions appartiendront de plein droit au propriétaire du terrain à la fin du bail, sans aucune indemnité pour le locataire constructeur, le propriétaire du terrain a intérêt à la conservation du bâtiment, puisque ce bâtiment doit un jour lui appartenir; le locataire y a également un intérêt, puisqu'il jouit actuellement du bâtiment et en perçoit les revenus.

Nous devons donc pouvoir assurer à chacun d'eux isolément ou à tous les deux conjointement le bâtiment sur lequel ils ont tous deux un intérêt.

Aussi, pour faciliter ces opérations, nous admettons trois combinaisons différentes, suivant que les deux intéressés souscrivent ensemble la Police, ou qu'un seul d'entre eux la souscrit.

De là trois clauses : la première, qui devra être insérée dans la Police, quand le locataire agira seul, sera celle-ci :

Clause n° 1.

« M..... déclare que le bâtiment assuré par l'art..... de la présente Police a été « construit par lui sur un terrain appartenant à M......, en vertu d'un bail passé « le....., pour..... années, qui ont commencé à courir le.....

« Il déclare qu'aux termes de ce bail ce bâtiment appartiendra au propriétaire, sans « indemnité pour le locataire, à l'expiration dudit bail.

« En conséquence, il est expressément convenu qu'en cas de sinistre total ou partiel, « l'indemnité, fixée conformément aux clauses générales de la Police, ne pourra être « cédée ni transportée, qu'elle ne pourra avoir d'autre destination que la reconstruction

« ou la réparation dudit bâtiment, et qu'elle ne sera payée au locataire qu'au fur et
« à mesure des travaux et sur leur état d'avancement présenté par lui.

« L'Assuré aura également la faculté de toucher directement cette indemnité, après
« la réparation ou la reconstruction, à ses frais, des lieux incendiés, et leur rétablisse-
« ment dans l'état primitif à la charge par lui de prouver que les ouvriers, archi-
« tectes ou entrepreneurs auront été complètement désintéressés.

« Si le sinistre arrivait à une époque tellement avancée du bail que la reconstruction
« ou la réparation ne pût être achevée avant son expiration, l'Assuré n'aurait droit à
« aucune indemnité. »

La seconde, applicable aux Polices où le propriétaire agira seul, sera celle-ci :

« M..... déclare que le bâtiment, assuré par l'art..... de la présente Police, a été
« construit, sur un terrain lui appartenant, par M....., locataire dudit terrain, en
« vertu d'un bail passé le..... pour..... années, qui ont commencé à courir le.....

« Il déclare que ce bâtiment deviendra sa propriété à la fin du bail.

Clause n° 2.

« En conséquence, il est expressément convenu que, en cas de sinistre total ou
« partiel, l'indemnité, fixée conformément aux clauses générales de la Police, ne pourra
« être cédée, ni transportée, qu'elle ne pourra avoir d'autre destination que la recons-
« truction ou la réparation dudit bâtiment et qu'elle ne sera payée au propriétaire qu'au
« fur et à mesure des travaux et sur leur état d'avancement présenté par lui.

« L'Assuré aura également la faculté de toucher directement cette indemnité, après la
« reconstruction ou la réparation, à ses frais, des lieux incendiés, et leur rétablissement
« dans l'état primitif, à la charge par lui de prouver que les ouvriers, architectes ou
« entrepreneurs auront été complètement désintéressés.

« Il est entendu, d'ailleurs, que cette reconstruction ne donnera pas au propriétaire
« d'autres et plus amples droits que ceux résultant à son profit des stipulations du bail
« sus-énoncé; qu'ainsi, il ne pourra se considérer comme propriétaire des constructions
« nouvelles qu'après l'expiration du bail et l'accomplissement des conditions qui y sont
« prévues. »

Quand l'Assurance sera faite conjointement par le propriétaire du sol et le locataire,
la clause à insérer sera la suivante :

« MM. ..... déclarent que le bâtiment, assuré par l'art..... de la présente Police,
« a été construit sur un terrain appartenant à M....., par M....., locataire de ce ter-
« rain, aux termes d'un bail passé le....., pour..... années, qui ont commencé à courir
« le.....

Clause n° 3.

« Ils déclarent, en outre, que ce bâtiment doit, à l'expiration dudit bail, rester la pro-
« priété du bailleur.

« En conséquence, il est expressément convenu que, en cas de sinistre total ou partiel,
« l'indemnité, fixée conformément aux clauses générales de la Police, ne pourra être cé-
« dée ni transportée, qu'elle ne pourra avoir d'autre destination que la reconstruction ou
« la réparation dudit bâtiment, et qu'elle ne sera payée au propriétaire et au locataire

« réunis qu'au fur et à mesure des travaux, et sur l'état d'avancement desdits travaux
« présentés par MM.....

« Les Assurés auront également la faculté de toucher directement cette indemnité,
« après la reconstruction ou la réparation, à leurs frais, des lieux incendiés, et leur ré-
« tablissement dans l'état primitif, à la charge par eux de prouver que les ouvriers,
« architectes ou entrepreneurs auront été complètement désintéressés. »

Dans cette dernière hypothèse, la Police devra être souscrite en trois originaux, le
premier pour la Compagnie, le second pour le propriétaire du terrain, et le troisième
pour le locataire, et signée par tous les intéressés, indépendamment de l'expédition destinée aux archives de l'Agence.

319. — Dans le second cas, celui où il résulte de la convention que les constructions
doivent être démolies et enlevées à la fin du bail, le locataire constructeur a seul qualité
pour souscrire la Police, puisque le propriétaire du terrain n'a aucun intérêt à la conservation des constructions.

La clause à insérer dans la Police sera la suivante :

« M..... déclare que le bâtiment assuré par l'article..... de la présente Police a été
« construit par lui sur un terrain appartenant à M....., en vertu d'un bail passé le.....,
« pour.... années, qui ont commencé à courir le.....

« Il déclare en outre qu'aux termes des conditions de ce bail, il doit enlever lesdites
« constructions avant l'expiration de sa location.

« En conséquence, il est expressément convenu que, en cas d'incendie total ou par-
« tiel, l'indemnité, fixée par l'expertise conformément aux clauses générales de la Po-
« lice, ne pourra être cédée ni transportée, qu'elle ne pourra avoir d'autre destination
« que la reconstruction ou la réparation dudit bâtiment, et qu'elle ne sera payée à
« l'Assuré qu'au fur et à mesure des travaux et sur leur état d'avancement présenté
« par lui.

« L'Assuré aura également la faculté de toucher directement cette indemnité, après la
« réparation ou la reconstruction des lieux incendiés, et leur rétablissement dans l'état
« primitif, à la charge par lui de prouver que les ouvriers, entrepreneurs ou archi-
« tectes auront été complètement désintéressés.

« Si le sinistre survenait à une époque tellement avancée du bail que la réparation ou
« la reconstruction ne pût être achevée avant son expiration, la Compagnie paierait
« seulement la valeur des matériaux qui avaient été employés à la construction du
« bâtiment, considérés comme démolitions et grevés de la charge d'enlèvement. »

320. — Le troisième cas est celui où il résulte des stipulations du bail que le propriétaire du terrain a la faculté, à la fin du bail, de conserver les constructions en payant
au locataire constructeur leur valeur comme matériaux, ou d'en exiger la démolition
et l'enlèvement.

Dans ce cas, le propriétaire du terrain et le locataire ont tous les deux intérêt à la
conservation de l'immeuble. L'une des trois clauses suivantes devra être insérée dans

la Police, suivant qu'elle sera souscrite par le locataire ou par le propriétaire du sol, ou par l'un et l'autre conjointement.

Si la Police est souscrite par le locataire :

« M....... déclare que le bâtiment assuré par l'article..... de la présente Police a été « construit sur un terrain appartenant à M......, en vertu d'un bail passé le......, pour..... « années, qui ont commencé à courir le.....

Clause n° 5.

« Il déclare que, aux termes de ce bail, M......, propriétaire du sol, s'est réservé « la faculté de conserver ledit bâtiment, en payant la valeur des matériaux employés « à sa construction, ou d'en exiger la démolition.

« En conséquence, il est expressément convenu que, en cas d'incendie total ou par- « tiel, l'indemnité, fixée par l'expertise conformément aux clauses générales de la Po- « lice, ne pourra être cédée ni transportée, qu'elle ne pourra avoir d'autre destination « que la reconstruction ou la réparation dudit bâtiment, et qu'elle ne sera payée à l'As- « suré qu'au fur et à mesure des travaux, et sur leur état d'avancement présenté par « lui.

« L'Assuré aura également la faculté de toucher directement cette indemnité, après « la réparation ou la reconstruction des lieux incendiés, et leur rétablissement dans l'état « primitif, à la charge par lui de prouver que les ouvriers, entrepreneurs ou architectes « auront été complètement désintéressés.

« Si le sinistre survenait à une époque tellement avancée du bail, que la réparation ou « la reconstruction ne pût être achevée avant son expiration, la Compagnie paierait « seulement la valeur des matériaux qui avaient été employés à la construction du bâti- « timent, considérés comme démolitions et grevés de la charge d'enlèvement. »

Si la Police est souscrite par le propriétaire du sol, la clause sera la suivante :

« M..... déclare que le bâtiment assuré par l'article..... de la présente Police a été « construit sur un terrain lui appartenant, par M....., locataire dudit terrain, aux ter- « mes d'un bail passé le....., pour...... années, qui ont commencé à courir le.....

Clause n° 6.

« Il déclare qu'aux termes de ce bail il s'est réservé la faculté de conserver ledit bâ- « timent, en payant la valeur des matériaux employés à sa construction, ou d'en exiger « la démolition, le tout à l'expiration du bail.

« En conséquence, il est expressément convenu que, en cas de sinistre total ou par- « tiel, l'indemnité, fixée conformément aux clauses générales de la Police, ne pourra « être cédée ni transportée, qu'elle ne pourra avoir d'autre destination que la recons- « truction ou la réparation dudit bâtiment, et qu'elle ne sera payée au propriétaire qu'au « fur et à mesure des travaux, et sur leur état d'avancement présenté par lui.

« L'Assuré aura également la faculté de toucher directement cette indemnité, après « la réparation ou la reconstruction des lieux incendiés, et leur rétablissement dans « l'état primitif, à la charge par lui de prouver que les ouvriers, entrepreneurs ou « architectes auront été complètement désintéressés.

« Il est entendu, d'ailleurs, que cette reconstruction ne donnera pas au propriétaire « d'autres et plus amples droits que ceux résultant à son profit des stipulations du bail

« sus-énoncé ; qu'ainsi il ne pourra se considérer comme propriétaire des constructions
« nouvelles qu'après l'expiration du bail et l'accomplissement des conditions qui y sont
« prévues. »

Si la police est souscrite conjointement par le propriétaire du sol et le locataire, la
clause à insérer sera la suivante :

Clause n° 7.

« MM. ..... déclarent que le bâtiment, assuré par l'art..... de la présente Police, a
« été construit sur un terrain appartenant à M. ....., par M....., locataire de ce terrain,
« en vertu d'un bail passé le....., pour..... années, qui ont commencé à courir le....

« Ils déclarent en outre qu'aux termes de ce bail, M....., propriétaire du sol, s'est
« réservé la faculté de conserver ledit bâtiment, en payant la valeur des matériaux em-
« ployés à sa construction, ou d'en exiger la démolition.

« En conséquence, il est expressément convenu que, en cas de sinistre, total ou par-
« tiel, l'indemnité, fixée conformément aux clauses générales de la Police, ne pourra
« être cédée ni transportée, qu'elle ne pourra avoir d'autre destination que la recons-
« truction ou la réparation dudit bâtiment, et qu'elle ne sera payée au propriétaire et
« au locataire réunis qu'au fur et à mesure des travaux, et sur l'état d'avancement des-
« dits travaux présentés par M. M.....

« Les Assurés auront également la faculté de toucher directement cette indemnité,
« après la reconstruction ou la réparation, à leurs frais, des lieux incendiés, et leur ré-
« tablissement dans l'état primitif, à la charge par eux de prouver que les ouvriers,
« architectes ou entrepreneurs auront été complètement désintéressés. »

Dans ce cas, la Police devra être faite en trois exemplaires, ainsi qu'il a été dit au numéro 320 qui précède, indépendamment de l'expédition destinée aux archives de l'A-
gence.

Sommes et déclarations à porter dans la police.

321. — Quel que soit celui des trois cas prévus dans ce chapitre qui se présente, la
somme à assurer doit toujours être celle de la valeur du bâtiment à garantir.

Dans chacun de ces cas, MM. les Agents principaux devront toujours se faire communiquer les baux, et en reproduire, autant que possible, les termes formels dans la déclaration que l'Assuré doit faire, afin d'éviter les contestations qui pourraient naître, si cette
déclaration était reconnue plus tard être incomplète ou erronée.

Concessionnaires cons-
truisant sur le terrain d'autrui en vertu d'une concession.

322. — Ce que nous avons dit, dans ce chapitre, des constructions faites sur le terrain d'autrui par le locataire de ce terrain, qu'il occupe à titre de *bail*, s'applique également aux constructions qui seraient élevées sur le terrain d'autrui par de simples concessionnaires et à titre de *concession*. Dans ce cas, il n'y aurait qu'à remplacer les mots
de *locataire* et de *bail* par ceux de *concessionnaire* et de *concession*.

Dans quel cas il faudra en référer à la Compagnie.

323. — Si l'insertion de l'une des clauses qui précèdent faisait naître des difficultés
sérieuses et était de nature à faire manquer l'affaire, MM. les Agents principaux auraient à en référer à la Compagnie, qui aviserait.

CHAPITRE XIV.

De quelques autres risques à assurer.

524. — Il arrive quelquefois qu'une propriété mobilière ou immobilière appartient indivisément à deux ou à plusieurs propriétaires. Dans ce cas, l'un de ces co-propriétaires peut en faire assurer la totalité pour son compte personnel et pour le compte de ses co-intéressés ; mais chaque portion indivise peut aussi être l'objet spécial d'une Assurance, de telle façon que, en cas de sinistre, l'Assureur soit tenu de supporter, dans la perte, une part proportionnelle correspondant au montant de l'Assurance. Nous donnerons au titre du Contentieux (voir n° 631 des présentes Instructions) des exemples de l'attribution de l'indemnité dans l'Assurance des propriétés indivises. *[Propriétés indivises.]*

L'indivision ne donne lieu à aucune difficulté pour l'Assureur, quand il s'agit d'une maison qui appartient à plusieurs personnes, sans désignation spéciale d'aucune partie de la maison. Mais il y a des coutumes locales qui rendent assez difficile l'appréciation d'un risque indivis, celle, par exemple, existant dans certaines localités de la Bretagne, qui consiste en ce que, dans une même maison, chaque étage a son propriétaire particulier. Ces sortes d'Assurances demandent à être faites avec une grande circonspection. Dans les cas douteux, MM. les Agents feront bien de nous consulter.

525. — Les droits d'usage, d'habitation, les servitudes et les services fonciers, sont autant de démembrements de la propriété, dont chacun peut être l'objet d'une Assurance distincte, en vertu du principe posé au n° 12 des présentes Instructions, que toute personne qui a intérêt à la conservation d'un bien peut le faire assurer. S'il se présentait quelque Assurance de ce genre à réaliser, MM. les Agents voudraient bien nous consulter avant d'y donner suite. *[Droits d'usage, d'habitation. — Servitudes.]*

526. — Il est aussi des personnes, autres que les locataires, qui, détenant la chose d'autrui, courent avec plus ou moins d'étendue le risque de sa perte ou de son dommage. Ainsi, le dépositaire, le créancier gagiste, le commissionnaire en marchandises, les détenteurs à un titre quelconque, peuvent être, dans certains cas, responsables de la perte causée par un incendie aux objets qu'ils détiennent à un titre quelconque. *[Risques courus par le dépositaire, le créancier gagiste, le commissionnaire en marchandises et autres détenteurs.]*

La Compagnie est disposée à leur accorder sa garantie, mais cette garantie ne saurait se borner à couvrir leur responsabilité vis-à-vis des tiers, ce qui constituerait un genre de risque exceptionnel en dehors des règles ordinaires, et nous entendons que notre assurance porte sur la valeur des objets qu'ils détiennent, agissant en cela tout à la fois dans leur intérêt et dans l'intérêt des propriétaires de ces mêmes objets.

527. — Dans ce cas, l'Assurance peut se faire de deux manières : *[Deux manières d'opérer. — Mandataires. — Polices souscrites pour le compte de qui il appartiendra.]*

Ou bien le dépositaire, le créancier gagiste ou le commissionnaire en marchandises fait assurer les biens dont il est détenteur pour le compte du propriétaire spécialement désigné dans le contrat; il agit alors comme simple mandataire, et, en cas d'incendie, c'est avec le propriétaire que nous réglons. On sait d'ailleurs que toute personne capable peut être représentée par un mandataire;

Ou bien, et c'est ce qui arrive le plus souvent, le détenteur (commissionnaire en marchandises, créancier gagiste, dépositaire) fera assurer tant pour son compte que pour le compte *de qui il appartiendra*. Dans ce cas, nous n'aurons pas à nous occuper du ou des propriétaires; nous ne connaîtrons que le détenteur des biens assurés, souscripteur de la Police, et c'est avec lui seul que nous réglerons en cas de sinistre. (Voir nᵒ 843 des présentes Instructions.)

328. — Enfin il arrive quelquefois qu'un locataire ou un fermier fait assurer, pour le compte et au profit de son propriétaire, la propriété qu'il détient à titre de bail; cette Assurance, en effet, est souvent une des charges du bail. Dans ce cas, MM. les Agents devront faire observer à ce locataire ou fermier qu'il doit faire assurer en outre son risque locatif pour son propre compte; car, à défaut de cette Assurance, la Compagnie, loin d'être obligée envers lui, conserverait au contraire son recours contre lui, comme substituée aux droits du propriétaire. (Voir le Chapitre VIII du présent titre, qui traite de l'Assurance du risque locatif.)

Locataire faisant assurer la chose de son propriétaire pour le compte de celui-ci.

CHAPITRE XV.

Des personnes qui peuvent faire assurer.

Personnes capables et personnes incapables de souscrire une police d'assurance.

329. — Après avoir traité dans les chapitres qui précèdent des risques qui peuvent être assurés, il nous reste à dire quelques mots des personnes qui peuvent faire assurer.

L'Assurance est un acte d'administration; par suite toute personne ayant l'administration de ses biens est capable de les faire assurer.

Quant aux personnes qui n'ont pas la capacité nécessaire pour s'engager ou qui n'en ont qu'une insuffisante, elles agissent par l'intermédiaire de représentants spéciaux qui souscrivent pour elles la Police.

Mineurs et interdits.

330. — Ainsi, c'est avec le tuteur que doit être faite la Police d'Assurance des biens appartenant au mineur non émancipé et également de ceux appartenant à l'interdit. L'Assurance étant un acte de simple administration, le tuteur peut agir seul; il n'a pas besoin de l'autorisation du conseil de famille. La Police doit mentionner la qualité du tuteur et indiquer que l'Assurance est contractée pour le compte du mineur ou de l'interdit.

Femme mariée sous le régime dotal, ou de la communauté, ou séparée de biens, marchande publique.

331. — Les biens appartenant à la femme mariée sous le régime de la communauté sont administrés par le mari; c'est donc avec le mari que la Police doit être faite.

Le mari administre également les biens dotaux de la femme mariée sous le régime dotal; c'est donc lui qui peut seul contracter l'Assurance de ces biens, à moins toutefois qu'il ne s'agissse de biens paraphernaux, car la femme ayant l'administration de ces biens, c'est elle seule, dans ce cas, qui peut les faire assurer.

Quant à la femme séparée de biens, elle a toute la capacité nécessaire pour souscrire une Police d'Assurance sur les biens qui lui appartiennent.

La femme, marchande publique, peut aussi faire assurer elle-même, et sans l'assistance de son mari, les biens faisant l'objet de son commerce.

552. — Quant aux biens dépendant d'une faillite, l'Assurance doit en être faite par le syndic qui en a l'administration.

Faillites.

553. — Enfin sont représentés, les communes par le Maire, les départements par les Préfets, les hospices par les administrateurs ou le président du conseil d'administration, les fabriques par le conseil de la fabrique ou son président, agissant dans chaque cas pour le compte de qui de droit. C'est donc avec ces représentants que doit être souscrite l'Assurance des biens appartenant aux communes, aux départements, aux hospices et aux fabriques.

Communes, Départements, Hospices et Fabriques.

Dans ces cas et dans tous autres de cette nature qui pourraient se présenter, si MM. les Agents éprouvaient quelque incertitude, ils voudraient bien nous consulter avant de rien faire. (Voir au surplus pour les Assurances des *propriétés publiques*, l'Annexe au Tarif, et, en ce qui concerne les mineurs, les interdits, les femmes, les faillis, les établissements publics, les communes et les départements, se reporter aux nos 646 à 652 des présentes Instructions.)

[illegible] [illegible]

[illegible] (1) [illegible]

[illegible] problema [illegible]

[illegible]

[illegible]

[illegible]

[illegible]

[illegible]

TITRE QUATRIÈME

Comptabilité.

OBSERVATIONS PRÉLIMINAIRES.

554. — Notre comptabilité, sans être très-difficile à comprendre et à appliquer, réclame toute l'attention de MM. les Agents principaux. Comme elle a pour objet des opérations et des valeurs très-divisées, lorsque ces opérations se multiplient, elle est chargée de détails, surtout pour l'administration centrale, et elle exige de MM. les Agents des soins particuliers pour simplifier le plus possible les travaux de nos bureaux et ceux qu'ils ont eux-mêmes à exécuter. Qu'ils se persuadent que, mieux ils auront compris nos explications et exécuté nos prescriptions, plus leur travail leur deviendra simple et facile. *Soins que la Comptabilité exige.*

555. — Nous leur recommandons en conséquence de lire avec la plus grande attention les Instructions qui vont suivre. La pratique seule pourra les compléter ; mais, s'ils ne les étudient pas d'abord avec soin, ils seront arrêtés à chaque pas dans la pratique, et forcés de perdre un temps précieux pour apprendre, peu à peu et suivant les besoins du moment, ce qu'une première étude faite avec soin aurait pu leur inculquer en une seule fois. *Recommandations spéciales.*

556. — Nous leur recommandons aussi de ne jamais différer de passer les écritures et annotations nécessaires au fur et à mesure des opérations ou des rectifications qui les nécessitent. Ils éviteront ainsi des arriérés, même des omissions, qui les jetteraient dans des complications embarrassantes, et changeraient en pénibles travaux des détails qui, tenus au courant, ne demandent que très-peu de temps et de peine. *Ne jamais différer les écritures et annotations.*

Chercher dans les registres et les modèles qu'ils contiennent le complément des présentes instructions.

557. — Une observation essentielle à faire à MM. les Agents, c'est qu'ils ne trouveront ici que les règles générales de notre comptabilité. Pour bien comprendre dans leur ensemble nos Instructions sur cette matière, il convient de se reporter :

1° Au présent titre IV de nos Instructions générales ;

2° Aux modèles qui se trouvent dans les registres de souscriptions et de comptabilité entre les mains des Agents ;

3° Aux instructions spéciales qui précèdent ces modèles dans nos registres et aux notes qui les accompagnent.

MM. les Agents devront donc, en étudiant les présentes Instructions, avoir toujours leurs registres sous les yeux, pour recourir, au fur et à mesure de nos indications, aux modèles et aux notes qu'ils contiennent.

De quoi se compose la Comptabilité.

558. — La comptabilité de MM. les Agents avec la Compagnie se résume dans les trois catégories d'opérations et de travaux ci-après :

1° La tenue de deux registres principaux, l'un de souscriptions, l'autre de comptabilité, dont ils confectionnent eux-mêmes les écritures, et celle de deux registres accessoires, l'un pour les comptes avec les sous-agents, l'autre pour les menus frais d'affranchissement, de ports de lettres et de paquets, d'apposition d'affiches et autres;

2° La vérification trimestrielle des bordereaux de primes à encaisser, émanés de l'administration centrale ;

3° L'envoi à la Compagnie, aux époques déterminées par les présentes Instructions, des copies des divers bordereaux et des comptes résultant de la tenue des deux registres principaux précités.

Division du présent titre.

559. — Cette division du travail de MM. les Agents sera également celle que nous adopterons pour les présentes Instructions. Nous traiterons donc successivement des deux registres de souscriptions et de comptabilité qu'ils ont à tenir et des registres accessoires; des vérifications qu'ils ont à opérer et des envois qu'ils ont à faire.

Nous commencerons par le registre des souscriptions.

CHAPITRE Ier.

Registre et Bordereaux des souscriptions.

Destination du registre des souscriptions.

540. — Le registre des souscriptions est destiné à l'inscription journalière des polices, des avenants et des écritures rectificatives, donnant lieu à augmentations de capitaux ou de primes sans avenants.

Ses divisions.

541. — Il est divisé en deux parties : la première sert à l'inscription des polices souscrites; la deuxième est réservée exclusivement à celle des avenants.

Première partie : Inscription des Polices.

Des soins à apporter dans les écritures comptables des Polices et Avenants.

542. — Les polices et avenants d'augmentation sont l'élément des bordereaux mensuels des souscriptions, qui sont eux-mêmes la base des opérations comptables de nos

Agences. Il importe donc avant tout que le plus grand soin préside à la rédaction de ces contrats. MM. les Agents principaux devront en conséquence s'étudier à faire aux objets assurés l'application bien exacte de nos Tarifs, et à éviter dans la confection des polices les erreurs de calcul. En tenant compte de ces recommandations, ils s'épargneront, de la part de la Compagnie, des redressements, qui, en donnant lieu à des avenants de réduction ou d'augmentation, et à l'inscription d'articles rectificatifs, multiplient, sans utilité, les écritures, et ne peuvent que jeter dans le travail une confusion fâcheuse.

343. — Dès qu'une Assurance est acceptée et que la police est rédigée et signée par l'Agent principal, celui-ci la date du jour où il en fait la livraison, soit directement à l'Assuré, soit au Sous-Agent qui doit la faire régulariser par la signature de l'Assuré; il lui donne immédiatement son numéro dans la série de l'Agence, et l'inscrit à sa date sur le registre des souscriptions. (Voir première partie du registre des souscriptions, modèle A.) Cette inscription doit être faite sans délai, avant que la police ne sorte des mains de l'Agent. Le registre doit être tenu ainsi sans blancs, lacunes ni ratures, et sans interruptions ni interversions dans l'ordre des numéros de série et des dates.

344. — Les colonnes de cette première partie du registre portent des intitulés qui expliquent suffisamment la nature des indications que chacune d'elles doit respectivement contenir. Pour les remplir convenablement, MM. les Agents devront se reporter au modèle A dans lequel nous avons réuni les différentes écritures auxquelles peut donner lieu l'inscription régulièrement faite des polices, des avenants d'augmentation et des écritures rectificatives en augmentation. Ils consulteront également l'instruction détaillée qui accompagne ce modèle dans le registre des souscriptions. Ces colonnes ont toutes leur utilité, et doivent toutes être exactement remplies sur le registre des souscriptions.

345. — Nous insistons particulièrement sur l'absolue nécessité pour MM. les Agents de nous donner soigneusement les renseignements indiqués dans quelques-unes de ces colonnes, renseignements qui pourraient leur paraître de peu d'importance dans le présent, et qui en ont une très grande pour la régularité de leur propre travail dans l'avenir, ainsi que pour les différents travaux qui s'exécutent à l'administration centrale.

346. — Nous appelons d'abord l'attention de MM. les Agents sur les deux colonnes intitulées :

Annotation des résiliements et réductions;

Annotation des augmentations avec indication des bordereaux.

Faute par eux de consigner avec soin, dans ces deux colonnes, les modifications que les contrats ont subies postérieurement à leur inscription primitive, ils s'exposeraient à nous signaler, sur nos *bordereaux trimestriels des primes à encaisser*, des rectifications sans objet, et dont la vérification nous ferait perdre un temps précieux. (Voir, pour les indications que doivent contenir ces deux colonnes, le modèle A.)

347. — Il est indispensable pour le bon ordre de notre comptabilité que MM. les Agents nous fassent connaître la date exacte à laquelle sont exigibles les primes annuelles qui peuvent, dans bien des cas, ne pas se rapporter à la date de souscription des polices et avenants. Sans cette indication, il n'y a plus de régularité possible dans la confection de nos bordereaux trimestriels des primes à encaisser. (Voir modèle A.)

Colonne intitulée : Sous-Agents qui ont procuré l'assurance.

348. — L'indication, pour chaque police, du Sous-Agent qui l'a procurée nous est nécessaire pour nos travaux de statistique. Quand les polices auront été réalisées par les soins personnels de l'Agent principal, il l'indiquera par les mots : l'*Agent principal*, comme au modèle A.

Colonne intitulée : Observations.

349. — La colonne des *observations* doit contenir certaines mentions particulières à chaque police inscrite; nous indiquerons ici celles qui concernent les renseignements les plus habituels.

Ainsi la Compagnie tient particulièrement à savoir :

Si les polices proviennent de souscriptions nouvelles ou d'anciennes souscriptions renouvelées;

Si les souscriptions nouvelles ont été enlevées à la concurrence, et, dans ce cas, à quelle Compagnie mutuelle ou à primes fixes.

Cette colonne sert encore :

A énoncer les causes qui ont motivé les avenants d'augmentation;

A détailler la répartition des primes groupées dans la colonne intitulée : « *Montant des primes subséquentes,* » alors que les colonnes affectées à l'inscription des annuités de la police sont insuffisantes pour les contenir toutes en détail;

A constater le décompte des polices escomptées;

Enfin à signaler à la Compagnie tout ce que les contrats peuvent, dans des cas exceptionnels, contenir d'anormal.

(Voir, pour toutes ces indications, le modèle A.)

Grouper sur le registre en un seul article les capitaux des risques assurés à une même prime.

350. — Lorsque, dans une même police, on aura à inscrire sur le registre plusieurs objets de même nature, assurés à un même taux de prime, il faudra grouper ensemble les capitaux de ces objets en un seul article, et placer le total dans la colonne des capitaux en face du taux de la prime, comme il a été fait au modèle A.

La série des numéros de Polices et d'Avenants se continue sans interruption.

351. — Une Agence, quels que soient les changements survenus dans son personnel, n'a toujours que deux séries bien distinctes entre elles de numéros d'ordre, l'une pour les polices, l'autre pour les avenants. Ces deux séries doivent régulièrement se continuer sans interruption.

Bordereau des souscriptions.

352. — La réunion des inscriptions de polices, faites pendant le cours d'un mois, constitue le bordereau mensuel des souscriptions de l'Agence; ces bordereaux portent un numéro d'ordre dont la série se poursuit mensuellement, et ne doit jamais être interrompue. (Voir modèle A.)

Arrêté mensuel du registre des souscriptions.

353. — A la fin de chaque mois l'Agent principal arrête le registre des souscriptions de manière à présenter, en une seule ligne, les résultats en capitaux et en primes obtenus pendant le mois. Il a soin d'éviter de porter les polices d'un mois dans le bordereau d'un autre mois.

354. — Au moment de cet arrêté, il porte en recette, au compte en deniers, le montant de la colonne intitulée : « *Prime de la première année au comptant.* » (Voir modèle K.)

La prime de la première année, au comptant, doit être portée en recette au compte en deniers.

355. — Dans les dix premiers jours du mois suivant, il adresse à la Compagnie une copie du bordereau mensuel de souscriptions. Cette copie est relevée sur un cadre qui reproduit exactement toutes les colonnes du registre des souscriptions. Elle doit, comme le registre des souscriptions, être arrêtée en un seul total.

Elle doit aussi être datée, certifiée conforme et signée. (Voir modèle B.)

La copie du Bordereau mensuel de souscriptions doit être envoyée à la Compagnie dans les dix premiers jours du mois suivant.

356. — Au verso de l'imprimé destiné à la copie du bordereau mensuel des souscriptions, sont disposés des cadres affectés aux objets suivants :

Verso du cadre du bordereau mensuel des souscriptions.

1º A l'inventaire des polices adressées à la Compagnie avec le bordereau mensuel des souscriptions ; ce cadre doit contenir, dans l'ordre des numéros de série, l'indication des polices qui accompagnent ce bordereau, soit qu'elles proviennent de ce bordereau ou des bordereaux antérieurs ; (Voir nº 154 des Instructions générales) ;

2° A l'inventaire des polices en retard dans l'Agence ; ce cadre doit contenir, dans l'ordre des numéros, l'indication des polices qui n'ont pas encore pu faire partie de l'envoi mensuel. Une colonne y est affectée à l'indication des motifs du retard, motifs que la Compagnie appréciera ;

3º A la copie du bordereau d'avenants, dont il va être parlé plus loin ; (Voir nº 368 des Instructions générales) ;

4º A l'inventaire des avenants adressés à la compagnie avec le bordereau mensuel d'avenants ; (Voir nº 167 des Instructions générales) ;

5° A l'inventaire des avenants en retard dans l'Agence, avec une colonne affectée à l'indication des motifs du retard.

Ces deux inventaires doivent contenir les numéros des avenants dans leur ordre de série.

(Voir, pour les indications à porter sur ces différents cadres, le modèle B.)

357. — Chaque fois qu'une feuille de l'imprimé affecté à la copie des bordereaux mensuels de souscriptions sera insuffisante pour y inscrire toutes les souscriptions d'un mois, l'Agent principal devra y insérer une ou plusieurs feuilles intercalaires, suivant que besoin sera. Les feuilles intercalaires devront être introduites dans la feuille principale, de telle manière, que celle-ci leur serve de couverture et elles devront aussi, avant l'inscription des polices, être cousues de façon à donner au bordereau mensuel la disposition d'un cahier. (Voir, à cet égard, les indications portées à la première page de l'imprimé pour bordereau.)

Emploi des feuilles intercalaires pour la copie des bordereaux mensuels des souscriptions.

358. — Ici trouve sa place une recommandation dont l'exécution est essentielle pour le bon ordre de nos archives. Nous prions MM. les Agents principaux de ne rien ajouter ni retrancher aux imprimés sur lesquels ils ont à relever les copies destinées à l'administration centrale. La dimension de ces imprimés est calculée sur celle des cartons et des livres dans lesquels ils doivent être classés, et leur format ne doit jamais être altéré. Cette recommandation s'étend du reste à tous les imprimés de la Compagnie.

Ne rien ajouter ni retrancher aux imprimés de la Compagnie.

Inscription au registre des souscriptions des résultats mensuels négatifs.

359. — Quand, dans le courant d'un mois, l'Agent principal n'a souscrit aucune Assurance, ce résultat négatif doit être constaté sur le registre des souscriptions dans la forme indiquée au modèle A. Cette constatation constitue le bordereau mensuel *négatif* de souscriptions.

Bordereau mensuel négatif de souscriptions.

360. — Les bordereaux *négatifs* prendront, sur le registre des souscriptions, le numéro de la série des bordereaux applicable au mois pour lequel le résultat négatif aura été constaté.

Envoi obligatoire du Bordereau négatif à la Compagnie.

361. — La déclaration de ce résultat doit être faite à la Compagnie sur un imprimé de bordereau négatif qui devra lui être adressé dans les dix premiers jours du mois suivant. (Voir modèle C.) L'envoi des bordereaux négatifs est obligatoire comme celui des bordereaux effectifs.

Inscription des rectifications donnant lieu à augmentation.

362. — La vérification dans les bureaux de la Compagnie des polices et des bordereaux mensuels de souscriptions donne lieu à des redressements qu'elle signale aux Agents dans sa correspondance. Ces redressements, lorsqu'ils proviennent d'erreurs commises dans la confection des polices, motivent des avenants d'augmentation ou de réduction, qui, pour l'inscription à en faire au registre des souscriptions ou à l'inscription journalière des résiliements, rentrent dans les conditions ordinaires des avenants.

Mais lorsque la police est régulière et que les redressements ne proviennent que d'erreurs commises sur les bordereaux, soit par défaut de conformité de l'inscription au registre avec la police, soit dans les chiffres et les additions du bordereau, l'Assuré n'ayant pas alors d'avenant à signer, les redressements donnent lieu seulement à des inscriptions rectificatives au registre, soit en augmentation, soit en réduction.

Les inscriptions rectificatives *en augmentation* doivent être faites au registre des souscriptions dans la forme indiquée au modèle A. (Voir ce modèle et l'instruction qui l'accompagne.)

Il sera parlé plus loin, au chapitre des résiliements, des rectifications *en réduction*. (Voir n° 386 des présentes Instructions générales.)

Deuxième partie : Inscription des Avenants.

Inscription journalière des avenants de toute nature.

363. — La seconde partie du registre des souscriptions est, ainsi que nous l'avons dit, destinée à l'inscription journalière des avenants de toute nature. En conséquence, aussitôt qu'un avenant, de quelque nature qu'il soit, est rédigé et signé par l'Agent, celui-ci le date du jour où il en fait la livraison soit à l'Assuré, soit au Sous-Agent; il lui donne son numéro d'ordre, et, avant qu'il ne sorte de ses mains, il l'inscrit sur le registre des souscriptions (deuxième partie). Cette inscription doit se poursuivre sur le registre, sans blancs, lacunes ni ratures, sans interruptions, ni interversions dans l'ordre des numéros des avenants. (Voir modèle D.)

Ne pas omettre d'indiquer sur le registre des souscriptions la cause des avenants.

364. — Cette inscription, qui ne comporte aucun chiffre, est faite sur un cadre divisé en colonnes dont les intitulés expliquent suffisamment la destination. Nous insistons pour que MM. les Agents principaux n'omettent jamais les renseignements que doit contenir la colonne intitulée : « *Cause de l'avenant.* »

565. — Nous appelons *avenants d'ordre* ceux qui ont pour objet des déclarations tendant à modifier celles de la police sans rien changer aux capitaux assurés, ni aux primes stipulées par les contrats primitifs. Tels sont les avenants de mutation de propriété ou de changement d'habitation. Ces avenants ne donnent lieu qu'à une seule inscription dans la deuxième partie du registre des souscriptions.

Avenants d'ordre.

566. — Mais il n'en est pas de même pour les avenants d'augmentation ou de réduction, non plus que pour les avenants de résiliement.

Les avenants d'augmentation sont inscrits en outre sur le registre des souscriptions, à leur date, dans le bordereau du mois pendant lequel ils ont été souscrits. Cette inscription se fait exactement comme celle des polices du mois, ainsi qu'il a été dit aux nᵒˢ 343 et suivants qui précèdent, et conformément au modèle A.

Quant aux avenants de réduction et de résiliement, ils donnent lieu également à une seconde inscription qui se fait à la troisième partie du registre de comptabilité, affectée spécialement à l'inscription journalière des réductions et des résiliements. (Voir, à ce sujet, les nᵒˢ 381 et suivants ci-après.)

La colonne du registre des souscriptions (deuxième partie) intitulée : *Observations*, doit contenir les renvois à la première partie du même registre pour les avenants d'augmentation, et ceux à la troisième partie du registre de comptabilité pour les avenants de réduction et de résiliement, et ce, dans le but de faciliter la recherche de la double inscription à laquelle donnent lieu ces avenants. (Voir modèle D.)

Ces avenants doivent, en outre, être soigneusement annotés dans la colonne du registre des souscriptions portant pour titre : *Annotation des résiliements et des augmentations*, ainsi qu'il a été dit au nᵒ 346 qui précède.

Les avenants d'augmentation, de réduction et de résiliement donnent lieu à une double inscription.

567. — La réunion des avenants souscrits dans le courant d'un mois, constitue le bordereau mensuel d'avenants, qui doit être arrêté dans la forme indiquée au modèle D.

Bordereau mensuel d'avenants.

568. — Une copie du bordereau mensuel d'avenants doit être adressée à la Compagnie. Cette copie est, comme il est dit au nᵒ 356 qui précède, relevée au verso de l'imprimé qui sert à la copie du bordereau mensuel des souscriptions. (Voir modèle B.)

Copie du Bordereau mensuel d'avenants à adresser à la Compagnie.

569. — Si, dans le courant d'un mois, il n'a été souscrit aucun avenant, ce résultat négatif doit être constaté sur le registre, dans la forme indiquée au modèle D.

La déclaration à la Compagnie de ce résultat négatif est obligatoire. Elle doit être faite au verso de la copie du bordereau mensuel des souscriptions, dans la forme indiquée au modèle B.

Bordereau négatif d'avenants.

CHAPITRE II.

Bordereaux trimestriels des primes à encaisser.

Envoi des Bordereaux trimestriels des primes à encaisser aux Agents.

570. — C'est la Compagnie elle-même qui fait établir, dans ses bureaux, les bordereaux trimestriels des primes à encaisser par chaque Agent principal pendant la durée du trimestre.

Ainsi, dans les quinze derniers jours du dernier mois de chaque trimestre, l'Agent principal reçoit de la Compagnie le bordereau des primes à encaisser dans son Agence pendant le trimestre suivant. Ce bordereau est dressé sur trois colonnes, une pour chaque mois du trimestre. Le total des primes de ces trois mois est réuni en une seule somme qui constitue le montant du bordereau.

En porter le montant en recette au compte en deniers.

571. — Aussitôt ce bordereau reçu, l'Agent principal doit en porter le montant en recette, au compte en deniers. (Voir compte en deniers, modèle K.)

Vérification immédiate du Bordereau.

572. — Il doit ensuite procéder immédiatement à la vérification dudit bordereau, conformément à la note explicative qu'il trouvera en tête du registre de comptabilité.

Il nous transmettra alors ses observations dans la forme indiquée par la note explicative dont il est question. Elles devront nous être transmises, au plus tard, dans les dix premiers jours du premier mois de chaque trimestre.

Articles rectificatifs à passer en recette ou en dépense au compte en deniers.

573. — Ces observations seront examinées dans le plus bref délai ; sur notre réponse, l'Agent portera, dans le compte en deniers, en recette ou en dépense, suivant qu'il y aura lieu d'augmenter ou de réduire le bordereau vérifié, un article rectificatif, dans le libellé duquel il aura toujours soin de rappeler la date de la lettre de la Compagnie qui aura admis ledit article rectificatif. (Voir compte en deniers, modèle K.)

Quittances à souche.

574. — Le bordereau trimestriel des primes à encaisser sera toujours accompagné de la quantité de quittances nécessaires pour l'encaissement de toutes les primes qu'il contiendra. Ces quittances sont détachées d'un livre particulier à chaque Agence, et portent chacune un numéro de souche dont la série se continue sans interruption. Lorsque la Compagnie les envoie, ils portent seulement le numéro de la souche et celui de la police ; MM. les Agents doivent, pour les mettre en recette, achever de les remplir conformément aux indications du registre des souscriptions, les dater et les signer. (Voir, pour la confection des quittances, la note explicative imprimée en tête du registre de comptabilité.)

Renvoi à la Compagnie des quittances à souche sans emploi.

575. — Aucune quittance à souche qui n'aurait pas été utilisée pour cause, soit de résiliement de la prime à laquelle elle est afférente, soit d'erreur matérielle dans le bordereau des primes à encaisser, ne doit rester dans l'Agence. Toutes les quittances sans emploi devront nous être retournées. Ce renvoi est pour la Compagnie d'une grande importance, surtout en ce qui concerne les quittances impayées qui peuvent être opposées à des réclamations ultérieures et non fondées, faites par les Assurés.

Les Bordereaux trimestriels doivent être conservés dans les Agences.

576. — Les bordereaux trimestriels des primes à encaisser doivent être soigneusement conservés dans les Agences comme pièces comptables. MM. les Agents auront soin d'en faire collection de manière à pouvoir les consulter au besoin.

CHAPITRE III.

Registre de comptabilité.—Ses Divisions.—Première partie : Bordereau mensuel des Primes encaissées.

577. — Le registre de comptabilité se divise en cinq parties :

La première partie est destinée à l'inscription journalière des primes encaissées ;

La deuxième à l'inscription journalière des résiliements ;

La troisième à l'inscription semestrielle des primes arriérées ;

La quatrième au compte en deniers (recettes et dépenses de l'agence) ;

La cinquième au compte de plaques.

Divisions du Registre de comptabilité.

578. — Nous traiterons dans ce chapitre de la première partie du registre de comptabilité affectée à l'inscription journalière des primes encaissées.

Cette inscription doit être faite jour par jour dans l'ordre rigoureux des dates des encaissements, quelles que soient les échéances des primes encaissées, que ces primes appartiennent à l'année courante ou aux années antérieures (voir modèle E). Elle doit être arrêtée à la fin de chaque mois et totalisée.

Première partie : Inscription journalière des primes encaissées.

579. — La réunion des recettes d'un mois constitue le bordereau mensuel des primes encaissées, dont la copie, sur cadre à cet usage, doit être adressée à la Compagnie dans les dix premiers jours du mois suivant.

Cette copie doit être relevée conformément à la note explicative qui accompagne dans le registre de comptabilité les modèles E et F, et, pour faciliter les recherches dans nos bureaux, les primes encaissées doivent y être reproduites dans l'ordre de leurs échéances par année et par mois. (Voir modèle F.)

Bordereau mensuel des primes encaissées.

580. — La tenue à jour et régulière de ce bordereau est indispensable à la Compagnie pour lui faire connaître exactement la date de l'encaissement de chaque prime et aussi pour lui fournir les moyens de se rendre compte de la situation de l'encaisse de MM. les Agents à la fin de chaque mois.

Utilité de ce bordereau.

CHAPITRE IV.

Deuxième partie du Registre de comptabilité : Bordereau trimestriel des Résiliements et des Réductions.

581. — La deuxième partie du registre de comptabilité est destinée à l'inscription journalière des résiliements et des réductions. Ainsi, lorsqu'un Agent, pour des motifs dont il doit justifier à la Compagnie, résilie ou réduit une police, le résiliement ou la réduction donne lieu à une inscription immédiate sur cette partie du registre.

De l'inscription journalière des résiliements.

<table>
<tr><td style="width:22%;vertical-align:top">

Cinq formes de résiliements ou réductions.

</td><td>

582. — Les résiliements ou réductions se présentent sous cinq formes différentes :

1° Les annulations;

2° Les résiliements forcés;

3° Les résiliements amiables;

4° Les inscriptions rectificatives constatant des réductions;

5° Les ristournes.

</td></tr>
<tr><td style="vertical-align:top">

Annulations.

</td><td>

583. — Il y a *annulation* lorsque, par suite du défaut de signature du proposant, une police, déjà inscrite au registre des souscriptions, ne doit pas avoir cours. L'annulation est destinée alors à constater la non-réalisation de cette police et elle est passée en résiliement au registre de comptabilité pour annuler l'inscription au registre des souscriptions.

</td></tr>
<tr><td style="vertical-align:top">

Résiliements forcés.

</td><td>

584. — Les *résiliements forcés* sont ceux que la Compagnie provoque elle-même et notifie par lettre simple ou signifie au besoin par *lettre chargée* ou par huissier, en usant de la faculté qu'elle s'est réservée par les articles 6, 7, 8, 10, 15 et 22 des conditions générales de la Police.

</td></tr>
<tr><td style="vertical-align:top">

Résiliements et réductions amiables.

</td><td>

585. — Les *résiliements et réductions amiables* sont ceux qui, consentis d'un commun accord entre l'Agent et l'Assuré, réduisent la police ou l'annulent complètement. Ils sont toujours constatés par avenants établis sur les imprimés à cet usage qui indiquent, par des renvois correspondant à des notes marginales, les diverses opérations qu'ils constatent, ainsi que les mentions et déclarations qu'ils doivent contenir. Ces imprimés portent les titres ci-après :

Avenant de résiliement amiable;

Avenant de réduction.

Lorsqu'une police encore en cours sera remplacée par un nouveau contrat au nom du même souscripteur, il n'y aura pas lieu de dresser d'avenant de résiliement. Il suffira, pour justifier l'annulation de l'assurance primitive, de constater, à l'endroit réservé à cet effet dans l'imprimé de la quatrième page des polices, que le nouveau contrat annule et remplace l'ancien, qui sera désigné par son numéro d'ordre, de même que ses avenants, s'il y a lieu. Mais, lorsqu'une police sera remplacée par un nouveau contrat au nom d'un nouveau souscripteur, il sera toujours fait un avenant de résiliement, qui devra être soumis à la signature de l'ancien assuré, ce dernier ayant seul qualité pour consentir l'annulation d'une police souscrite à son profit.

</td></tr>
<tr><td style="vertical-align:top">

Inscriptions rectificatives constatant des réductions.

</td><td>

586. — Lorsque, par suite de la vérification des bordereaux de souscriptions, la Compagnie redresse des erreurs matérielles commises par les Agents, soit dans l'inscription des polices auxdits bordereaux, soit dans les additions, et que ces redressements viennent en réduction de l'inscription primitive des polices, ils donnent lieu, dans la deuxième partie du registre de comptabilité, à des *inscriptions rectificatives*.

La cause de ces inscriptions est énoncée dans la colonne intitulée : « motifs des résiliements » (Voir modèle G), avec rappel de la lettre de la Compagnie qui a autorisé cette écriture.

</td></tr>
</table>

En outre la réduction doit être annotée au registre des souscriptions dans la colonne intitulée : « *Annotation des résiliements et réductions* » en face du numéro de la police réduite avec indication du trimestre pendant lequel la réduction a été opérée, dans la deuxième partie du registre de comptabilité. (Voir modèle A.)

587. — La *ristourne* est le remboursement fait, dans certaines conditions, par la Compagnie à l'Assuré, d'une partie de la prime annuelle payée d'avance par lui pour l'année courante.

Elle a lieu dans deux cas principaux :

1º Dans le cas où l'Agent, usant, avec l'autorisation de la Compagnie, de la faculté qu'elle s'est réservée par les articles 10 et 22 de la Police, réduit ou résilie une police en cours. — Dans ce cas, l'Assuré a droit au remboursement d'une fraction de la prime payée d'avance par lui pour l'année courante ; cette fraction est calculée au prorata du temps qui reste à courir sur ladite année, si la police est résiliée, et du montant de la réduction, si la police n'est que réduite.

2º Dans le cas où une nouvelle police est souscrite en renouvellement d'une police en cours avant l'expiration de cette dernière. — Dans ce cas, l'assuré, payant au comptant la prime de la nouvelle police, a droit au remboursement d'une partie de la prime payée d'avance pour l'année courante et afférente à la police renouvelée, et ce, au prorata du temps qui reste à courir sur ladite année, et pour lequel la garantie de la Compagnie lui était acquise.

588. — Dans le cas de renouvellement par anticipation d'une police en cours, c'est toujours sur la prime annuelle la moins élevée que le calcul de la ristourne doit être opéré, attendu que l'Assuré, en devançant l'époque du renouvellement de son contrat, ne peut modifier le droit appartenant à la Compagnie de profiter de la prime qui lui est acquise.

C'est ce que nous allons expliquer par deux exemples :

1º Une police de 20,000 fr. à 1 pour 1000, soit 20 fr. de prime annuelle, est remplacée, six mois avant l'échéance de la prime, par une autre de 18,000 fr. à 1 pour 1000, soit 18 fr. de prime annuelle : la ristourne doit être de 9 fr., prime de six mois sur 18 fr., et non pas de 10 fr., prime de six mois sur 20 fr., prime acquise à la Compagnie.

2º Une police de 20,000 fr. à 1 pour 1000, soit 20 fr. de prime annuelle, est remplacée par une autre de 25,000 fr. à 1 pour 1000, soit 25 fr. de prime annuelle : la ristourne à faire doit être de 10 fr., prime de six mois sur 20 fr., de la police renouvelée, car, si elle était faite sur 25 fr., la Compagnie se trouverait garantir 5,000 fr. de capitaux sans prime pendant cette période.

La surtaxe annuelle de 3 centimes pour 1000 francs doit être comprise dans le décompte de la ristourne, aussi bien que la prime elle-même.

589. — Dans ces deux cas l'Agent principal effectue un paiement dont il se fait donner un reçu par l'assuré sur un imprimé spécial intitulé : « *Bon de Ristourne.* » Les bons de ristourne doivent être envoyés à la Compagnie à l'appui de la demande de crédit des ristournes portées dans la colonne qui leur est spécialement affectée dans le cadre destiné à l'inscription journalière des résiliements. (Voir modèle G.)

MM. les Agents auront toujours soin de mentionner sur les bons de ristourne le nom de l'agence et les numéros des polices auxquelles ils sont afférents. Sans cette précaution, ces bons, qui nous arrivent presque toujours isolément, pourraient faire fausse route dans nos bureaux.

590. — Hors les deux cas précités, aucune ristourne ne sera admise au crédit de l'agent si, préalablement, elle n'a été autorisée par la Compagnie, qui se réserve de statuer, au besoin, dans les cas exceptionnels.

Hors les cas précités, aucune ristourne ne peut être faite qu'avec l'autorisation de la Compagnie.

591. — Pour les inscriptions auxquelles donnent lieu les résiliements, réductions et ristournes, MM. les Agents se reporteront au modèle G, qui précède, dans le registre de comptabilité, la partie destinée à leur inscription journalière, aux notes placées au bas de ce modèle pour une partie des colonnes qui le composent et à la note explicative très détaillée qui l'accompagne.

Écritures auxquelles donnent lieu les résiliements.

592. — Les inscriptions des résiliements sur le registre doivent être faites dans l'ordre suivant, savoir :

Ordre dans lequel doivent être faites les inscriptions des résiliements.

1° Dans l'ordre régulier des dates des avenants de réduction et de résiliement amiables, pour les réductions et les résiliements constatés par ces avenants ;

2° Dans l'ordre des notifications par lettres (*chargées* ou non) et des significations par huissier, pour les résiliements forcés ;

3° Et le jour de la clôture du trimestre, pour les résiliements provenant de polices non réalisées.

593. — Chaque fois qu'un Agent principal aura inscrit, sur le registre de comptabilité, une réduction ou un résiliement, il devra indiquer, sur le registre des souscriptions, ce résiliement ou cette réduction par un trait à l'encre rouge passé sur les primes qui seront totalement résiliées et de la même manière pour les primes réduites, en portant de plus, pour ces dernières, et toujours à l'encre rouge, la nouvelle prime résultant de la réduction au dessous de la prime primitive. En même temps il rappellera (ainsi que nous l'avons dit au n° 346) le résiliement ou la réduction par une annotation au même registre des souscriptions dans la colonne intitulée : *Annotation des résiliements ou réductions.*

Les résiliements inscrits sur la 2° partie du registre de comptabilité doivent être figurés et annotés au registre des souscriptions.

Cette annotation devra être soigneusement faite en regard du numéro de la police résiliée ou réduite (voir modèle A) ; elle a pour but d'éviter aux Agents des recherches laborieuses lors de la vérification du bordereau trimestriel des primes à encaisser, et de diminuer, autant que possible, les chances d'erreurs et les redressements entre les Agents et l'administration centrale.

594. — A la fin de chaque trimestre l'Agent arrêtera l'inscription journalière des résiliements. Cet arrêté aura lieu dans la forme indiquée au modèle G.

L'inscription journalière des résiliements doit être arrêtée à la fin de chaque trimestre.

La réunion des inscriptions faites dans le trimestre constitue le bordereau trimestriel des résiliements.

595. — Les primes résiliées, indiquées au bordereau des résiliements comme devant figurer en dépense au compte en deniers, doivent y être portées à la date du jour de l'arrêté dudit bordereau. (Voir modèles G, bordereau de résiliements, et K, compte en deniers.)

Primes résiliées à porter en dépense au compte en deniers.

596. — Une copie du bordereau des résiliements, arrêté, comme il est dit ci-dessus, est adressée à la Compagnie dans les dix premiers jours de chaque trimestre, soit en avril, juillet, octobre et janvier. Cette copie est faite sur un imprimé qui reproduit exactement les colonnes du registre de comptabilité. (Voir modèle H.)

Pour faciliter à nos bureaux la vérification du bordereau des résiliements, cette copie devra relater les polices résiliées ou réduites dans l'ordre régulier de leurs numéros de série.

Copie du Bordereau des résiliements doit être adressée trimestriellement à la Compagnie.

597. — Notre système de comptabilité exige que les pièces comptables nous soient exactement fournies aux époques déterminées. En conséquence nous n'admettrons dans les comptes de chaque semestre des Agents et à leur crédit que les résiliements dont les bordereaux seront parvenus à la Compagnie avant ou avec les comptes arrêtés au 30 juin et au 31 décembre de chaque année. La vérification de tout bordereau de résiliements arrivé postérieurement à l'envoi du compte sera ajournée, et le montant dudit bordereau, considéré comme non avenu pour le semestre écoulé, ne sera admis au crédit de l'Agent que dans le semestre suivant.

Les Bordereaux trimestriels de résiliements doivent être exactement fournis à la Compagnie, aux époques réglementaires.

La disposition qui précède ne relève nullement les Agents de l'obligation de nous transmettre trimestriellement un bordereau de résiliements. Elle a pour unique but, en posant deux limites extrêmes, de leur laisser la faculté de nous adresser, avec leurs comptes semestriels, un Bordereau supplémentaire qui contiendra les résiliements survenus dans l'agence entre le jour de l'envoi du dernier bordereau trimestriel et celui de la clôture des comptes, afin que tous les résiliements effectués jusqu'à cette dernière époque, nous soient connus au moment de la vérification des comptes.

598. — Si, dans le courant du trimestre il n'a été opéré aucun résiliement dans l'agence, l'Agent nous adressera un bordereau négatif de résiliements. Ce résultat négatif sera constaté sur un imprimé ordinaire de résiliement et dans la forme suivante : « L'A-« gent soussigné certifie qu'il n'a été opéré aucun résiliement dans l'agence pendant « le..... trimestre de..... »

Bordereaux négatifs de résiliements.

Cette déclaration, datée et signée, nous sera transmise aux époques fixées pour l'envoi des bordereaux de résiliements.

599. Nous avons déjà fait connaître les pièces justificatives qui établissent, entre la Compagnie et les assurés, les résiliements ou les réductions opérés ; ce sont :

Pour les réductions, l'avenant ;

Pour les résiliements amiables, l'avenant de résiliement amiable ;

Pour les résiliements forcés, le bulletin de la lettre chargée à la poste ;

Pour les ristournes, la quittance de l'assuré.

Pièces justificatives nécessaires pour établir les résiliements ou les réductions entre la Compagnie et les Assurés.

400. — Il nous reste à dire quelles sont les pièces justificatives que les Agents auront à fournir à la Compagnie à l'appui des annulations, des résiliements et des ristournes.

Aucun résiliement ne sera admis par la Compagnie s'il n'est appuyé de pièces justificatives.

13

Ces pièces seront : Pour les annulations, l'exemplaire de l'Assuré sur papier bleu préparé tout entier par l'Agent et auquel il ne manquait plus que la signature de l'Assuré ;

Pour les réductions, les avenants qui les constatent.

Généralement, pour les résiliements, de quelque nature qu'ils soient, MM. les Agents auront, avant tout, à nous retourner la quittance non encaissée qui avait été envoyée par la Compagnie pour la prime échue, et qui doit porter, de la main de la Compagnie, le numéro du livre de souche et celui de la police.

En outre, MM. les Agents auront à nous fournir :

Pour les résiliements amiables, l'acte de résiliement amiable ;

Pour ceux des polices renouvelées avant terme, la nouvelle police qui résilie et remplace la police en cours.

Pour les résiliements survenus par suite d'un décès, les pièces à fournir doivent être : l'acte de résiliement amiable signé par l'héritier, si cela est possible et, s'il y a lieu, la nouvelle police souscrite avec lui ;

Pour les résiliements qui donnent lieu à ristourne, le bon de ristourne ;

Pour les résiliements forcés et notifiés par lettres chargées, le bulletin de dépôt à la poste de la lettre chargée, sur lequel l'Agent aura soin d'indiquer exactement le numéro de la police à laquelle le bulletin se rapporte et le motif du chargement. (Voir n° 690 des présentes Instructions.)

Enfin quand l'Assuré aura refusé de recevoir la lettre chargée, elle devra nous être renvoyée avec le bulletin.

Tout résiliement qui ne sera pas appuyé des pièces justificatives appropriées au cas qui le concerne sera rejeté jusqu'à production desdites pièces.

401. — MM. les Agents ne devront inscrire dans la deuxième partie du registre de comptabilité affectée à l'inscription journalière des résiliements que les écritures afférentes aux résiliements et réductions. Ils auront soin d'en écarter toutes les écritures rectificatives provenant d'une autre source et, notamment, celles relatives à des redressements faits par eux à leurs bordereaux trimestriels des primes à encaisser. Ces redressements doivent nous être signalés par lettres spéciales dans la correspondance, ainsi que nous l'avons dit au n° 372 qui précède. (Voir pour la manière de signaler ces redressements la note explicative concernant les bordereaux des primes à encaisser, placée en tête du registre.)

Ne mêler aux inscriptions des résiliements aucune écriture qui y soit étrangère.

402. — Nous terminerons le chapitre des résiliements par une instruction relative au changement de domicile des assurés, instruction qui se rattache naturellement au sujet traité dans ce chapitre.

Changement de domicile des assurés.

Lorsqu'un assuré devra quitter ou aura quitté la circonscription d'une Agence, l'Agent de cette circonscription s'enquerra avec soin des renseignements ci-après :

1° Du lieu où il doit transporter ou de celui où il a transporté son nouveau domicile ;

2° De ce que sont devenus les objets mobiliers assurés.

En cas de vente desdits objets assurés, il y a lieu de résilier la Police, et l'Agent indique alors pour motif du résiliement dans son bordereau trimestriel : « *Départ ; — mobilier vendu.* » Dans ce cas, il fera le nécessaire pour faire souscrire à l'Assuré, avant son départ, un avenant de résiliement.

Si l'Assuré a changé de résidence sans en donner avis à l'Agent, et qu'il soit impossible à ce dernier de se procurer sa nouvelle adresse, l'Agent résilie la Police ; il écrit une lettre de notification de résiliement appuyée sur l'article 7 de la Police, la fait charger à la poste et l'adresse au domicile notoirement connu pour être le dernier qu'à eu l'Assuré dans la circonscription de l'Agence. Il porte alors, dans la colonne des motifs du bordereau de résiliement, cette indication : « *Départ ; — nouvelle résidence inconnue.* »

Quand, au contraire, le mobilier n'a pas été vendu et que l'Agent connaît la nouvelle adresse de l'Assuré qui a quitté sa circonscription , il a soin de nous donner la nouvelle adresse de l'assuré et de nous retourner les quittances échues qui se trouvent à l'Agence. Nous nous chargeons, dans ce cas, de les faire encaisser par l'Agent sur la circonscription duquel l'Assuré se sera établi. Si la Police est résiliée , l'Agent n'aura à porter sur son bordereau de résiliements que cette indication : « *Changement de domicile ; l'Assuré réside à.......* » Alors la position de l'Assuré sera régularisée de l'une des deux manières suivantes : ou sa police sera maintenue jusqu'à son expiration, et le titulaire de l'Agence à laquelle cette Police appartenait, y fera un avenant d'après les notes que nous lui fournirons nous-mêmes, ou bien cette Police sera résiliée, et l'Agent de la localité où l'Assuré sera venu s'établir lui en souscrira une nouvelle.

Ces instructions ne concernent que les Assurances d'objets mobiliers. Pour les immeubles, en cas de vente, l'Assurance subsiste avec le nouveau propriétaire ou est résiliée aux conditions réglées par l'art. 6 de la Police et, en cas de départ, elle subsiste d'autant mieux qu'il est toujours facile de savoir, par les fermiers, les locataires ou les voisins, le nouveau domicile de l'Assuré qui est parti.

403. — Quand nous adressons à un de nos Agents principaux des départements les quittances de primes d'un Assuré de notre bureau de Paris, domicilié depuis la souscription de la Police dans la circonscription de cet Agent, celui-ci ne doit pas annuler le contrat et en souscrire un nouveau. Nous ne pourrions admettre ce mode de procéder ; jusqu'à l'expiration de la Police primitive, l'Agent chargé, dans ce cas, du recouvrement de la prime, doit se borner à un simple avenant de mutation, et se créditer, sur l'encaissement annuel , de la commission spéciale bonifiée pour cette sorte d'opération. (Voir n° 51 des présentes Instructions.)

Primes du Bureau de Paris envoyées en recouvrement.

CHAPITRE V.

Troisième, Quatrième et Cinquième parties du Registre de Comptabilité :— Bordereau semestriel des Primes arriérées—Compte en deniers — Compte de Plaques.

Troisième partie : Bordereau semestriel des Primes arriérées.

Inscription semestrielle des primes arriérées. **404.** — La troisième partie du registre de comptabilité est destinée à l'inscription des primes arriérées existant dans l'Agence à l'expiration de chaque semestre.

A cet effet, MM. les Agents doivent, à la fin du semestre, réunir toutes les quittances des primes échues et non-payées qui existent tant dans les Sous-Agences qu'au siége de l'Agence principale, les classer dans l'ordre des numéros des Polices auxquelles elles se rattachent, en dresser l'état détaillé sur le registre et l'arrêter dans la forme indiquée au modèle I.

Rôle du bordereau d'arriéré dans le compte. **405.** — Le bordereau d'arriéré sert à établir la division du solde dû à la Compagnie, à chaque règlement de compte. En effet, le montant de cet état doit toujours être compris dans le solde débiteur; toutefois, l'Agent n'en est pas immédiatement comptable ; l'arriéré est déduit du solde et séparé de la partie de ce solde qui est en espèces, seule actuellement exigible, pour former le premier article du solde débiteur du compte suivant.

Remplir avec exactitude la colonne intitulée : motifs du retard. **406.** — MM. les Agents devront remplir avec exactitude la colonne intitulée : « *Motifs du retard.* » Il est très important pour la Compagnie de pouvoir apprécier les motifs pour lesquels les recettes sont en suspens. (Voir modèle I.)

Copie à envoyer à la Compagnie avec le compte en deniers. **407.** — Une copie de l'état ci-dessus, dressée sur imprimé spécial, est envoyée pour bordereau à la Compagnie avec le compte en deniers, dont il est une annexe importante ; elle doit être la reproduction exacte des écritures portées sur le registre. (Voir modèle I.)

Quatrième partie : Compte en deniers.

Compte en deniers. **408.** — Le compte en deniers constate et résume les opérations financières de l'Agence; il relate, à la date où elles ont été effectuées, les recettes et les dépenses faites par l'Agent pour le compte de la Compagnie. (Voir modèle K).

Pour les écritures qui entrent dans la composition du compte en deniers, nous renvoyons MM. les Agents à la note détaillée qui, dans le registre de comptabilité, accompagne le modèle.

L'Agent est comptable de toutes les primes contenues dans les Bordereaux trimestriels de Primes à encaisser, qu'elles soient encaissées ou arriérées. **409.** — Le montant des bordereaux trimestriels des primes à encaisser est, ainsi que nous l'avons dit au n° 371 qui précède, porté en recette au compte en deniers à la date du jour de la réception desdits bordereaux dans l'Agence. L'Agent principal est comptable de toutes les primes qui composent ces bordereaux, qu'elles soient ou non encaissées. Seulement, à chaque règlement semestriel du compte en deniers, il fait entrer dans la composition du solde dû à la Compagnie le montant des primes arriérées, qui vient ainsi déterminer le solde effectif dû en espèces. (Voir modèle K.) En outre, à chaque arrêté trimestriel du bordereau de résiliements, la Compagnie tient compte à l'Agent, en les acceptant en dépense au compte en deniers, de toutes celles desdites primes qui sont tombées en non-valeur quand, bien entendu, cette non-valeur est justifiée par les pièces exigées à l'appui.

410. — MM. les Agents ne doivent jamais différer de passer les écritures, c'est-à-dire d'inscrire au compte en deniers les différents articles qui doivent y figurer, le jour même où ils ont effectué la recette ou la dépense qui les motive et qu'elles sont destinées à constater.

> Les écritures doivent être régulièrement passées à la date où elles se produisent.

411. — Cependant, comme ils s'exposeraient à jeter de la confusion dans le compte en deniers en y portant journellement les menus frais, tels que ceux d'affranchissements, de ports de lettres, de transport de plaques ou de paquets, et d'apposition d'affiches, ils devront prendre note de ces frais, à part et jour par jour, sur un livre auxiliaire, où ceux-ci seront divisés par natures, de manière à n'avoir, lors de la reddition des comptes, que l'addition à faire de chaque espèce de frais pour les porter en dépense dans le compte en deniers.

> Le détail des menus frais doit être tenu à part sur un livre auxiliaire.

412. — Le compte en deniers est arrêté à la fin de chaque semestre : à cet effet, on additionne la colonne des dépenses d'une part, celles des recettes de l'autre ; on déduit le total le plus faible du total le plus fort, et le résultat donne le solde du compte. (Voir modèle K.)

> Le compte en deniers est arrêté semestriellement.

Si les dépenses excèdent les recettes, le solde est en faveur de l'Agent ; il le reporte en dépense dans le compte du semestre suivant, et il s'en couvre par ses plus prochaines recettes. Si, au contraire, ce qui arrivera presque toujours, les recettes excèdent les dépenses, le solde sera en faveur de la Compagnie. Il se divisera presque toujours aussi partie en espèces, partie en primes arriérées. (Voir modèle K.)

413. — La partie espèces du solde devra toujours nous être remise avec la copie du compte en deniers.

> Envoi du solde en espèces avec la copie du compte en deniers.

Cette copie sera relevée sur un imprimé reproduisant exactement les colonnes du registre de comptabilité. Pour en faciliter la vérification à nos bureaux, MM. les Agents suivront pour l'inscription des articles, l'ordre indiquée sur le cadre, en se conformant au modèle L et à l'instruction qui précède sur le registre le modèle K.

414. — Cette copie sera certifiée conforme, datée et signée par l'Agent principal ; elle devra être envoyée à la Compagnie, au plus tard dans les derniers jours du mois qui suivra la clôture de chaque semestre.

> Le compte en deniers doit être envoyé à la Compagnie dans le mois qui suit la clôture du semestre.

415. — Au verso de l'imprimé affecté à la copie du compte en deniers, sont disposés trois cadres destinés :

> Cadres réservés au verso du compte en deniers.

Le premier au détail, par nature, des menus frais de l'Agence ; il doit toujours nous être fourni conformément aux indications du cadre ;

Le second au détail des commissions de l'Agence ;

Le troisième au compte de plaques.

(Voir pour ces trois cadres le modèle L.)

Les Commissions doivent être prélevées sur toutes les Primes encaissées ou arriérées.

416. — Les commissions doivent être prélevées sur toutes les sommes provenant des bordereaux des primes à encaisser dans le semestre, que ces primes aient été réellement encaissées ou qu'elles soient restées arriérées au moment de la clôture du semestre, de telle façon que le montant des primes sur lesquelles l'Agent prend ses commissions reproduise exactement le total des primes à encaisser porté dans le compte en recette, déduction faite du total des résiliements et des réductions porté dans le même compte en dépense. Il n'y a aucun inconvénient à ce que les commissions soient ainsi prises d'avance sur des primes même non encaissées puisque, si ces primes venaient plus tard à être résiliées, il serait fait à la Compagnie ristourne desdites commissions dans les comptes successifs où les primes sur lesquelles elles portent seraient passées en résiliement.

Envoi de fonds. Cet envoi est obligatoire dès que les fonds en caisse s'élèvent à la somme de 200 francs.

417. — MM. les Agents comprendront qu'ils ne doivent jamais conserver improductifs dans leur caisse les fonds de la Compagnie. En conséquence, ils n'attendront pas l'époque du réglement semestriel des comptes pour nous remettre les fonds disponibles, et ils nous les adresseront, soit en espèces par les messageries ou les chemins de fer, soit en papier sur Paris à courte échéance, dès que ces fonds atteindront la somme de 200 fr. (Voir n°s 692 et suivants.)

Presser activement la rentrée des Primes échues.

418. — Souvent les primes ne viennent à tomber en non-valeur que par suite de la négligence des Agents à en effectuer la recette au moment de l'échéance. C'est un devoir pour eux de presser autant que possible la rentrée des primes échues, soit entre leurs mains, soit entre celles des auxiliaires, et de s'efforcer d'arriver à la liquidation du semestre avec le moins d'arriéré possible.

Frais à la charge de la Compagnie.

419. — Les frais que les agents sont autorisés à porter en dépense au compte en deniers sont les suivants :

1° Les ports de lettres et de paquets ;
2° Les frais d'apposition d'affiches.

En dehors de ces frais tous ceux qui n'auraient pas été autorisés par la Compagnie seront absolument rejetés du compte en deniers ; ceux qui auront été autorisés devront, pour être admis, être accompagnés des pièces justificatives de dépenses. En les portant dans les comptes, les Agents devront y joindre la mention de la lettre d'autorisation de la Compagnie. (Voir n°s 53 et 578 des présentes Instructions.)

Réponse aux observations et redressements de la Comptabilité.

420. — Quand des observations en redressement des pièces comptables (Bordereaux et Comptes) seront adressées aux Agents par la Compagnie, ceux-ci y répondront dans le délai de quinze jours, en nous avisant ou de leur bien trouvé ou des rectifications dont ils les jugeraient susceptibles. Ils ne devront jamais ajourner à l'envoi des comptes du semestre suivant la réponse aux observations faites sur le trouvé des comptes du semestre écoulé ; il résulterait de ce retard de graves inconvénients pour l'établissement définitif de notre comptabilité, et, en temps inopportun, des surcharges de travail pour nos bureaux. En conséquence, nous désirons que les Agents ne laissent jamais passer plus de huit jours entre la réception de nos observations et leur réponse.

421. — MM. les Agents auront soin de toujours dater, certifier et signer les bordereaux, les comptes et généralement toutes les pièces comptables qu'ils adresseront à la Compagnie. L'accomplissement de cette formalité est obligatoire.

Ne jamais omettre de certifier, dater et signer toutes les pièces comptables.

Cinquième partie : Compte de Plaques.

422. — La cinquième partie du registre de comptabilité est affectée au compte de plaques qui constitue un compte de matières. L'Agent le dresse à la fin du semestre, en même temps que le compte en deniers. Pour l'établir, il prend pour point de départ la quantité de plaques restée disponible dans l'Agence au dernier règlement de compte ; il y ajoute la quantité reçue de la Compagnie pendant le semestre ; il en déduit ensuite la quantité vendue par lui aux Assurés, et celle qu'il aurait délivrée gratuitement ; la différence forme la quantité restant disponible au moment de l'arrêté semestriel. (Voir modèle L.)

Le compte de Plaques est un compte de matières.

423. — La quantité vendue aux assurés est portée en recette au compte en deniers, où elle se traduit en espèces en la multipliant par le prix de la plaque, déduction faite de la commission (Voir modèles L et M.)

Le prix des plaques vendues aux assurés est porté en recette au compte en deniers.

424. — Une copie du compte de plaques est établie sur le cadre destiné à cet usage au verso du compte en deniers. (Voir modèles L et M.)

Copie du compte de plaques au verso du compte en deniers.

CHAPITRE VI.

Compte avec les Sous-Agents.

425. — Nous tenons essentiellement à ce que nos Inspecteurs, lorsqu'ils visitent les Agences, prennent connaissance de la tenue des écritures et établissent la situation de l'encaisse. Pour que tous les éléments nécessaires à cette vérification soient immédiatement réunis, il est indispensable que les comptes particuliers des Sous-Agents soient toujours tenus à jour.

Utilité d'une comptabilité régulière entre les Agents principaux et les Sous-Agents.

426. — En conséquence, aux différents livres qui servent à établir les comptes des Agents principaux, nous avons ajouté un registre spécialement destiné aux comptes des Sous-Agents.

Registre spécial affecté aux comptes des Sous-Agents ;

427. — Ce registre contient deux parties. Dans la première, l'Agent inscrit les primes qu'il donne à encaisser à ses auxiliaires ; dans la seconde, il porte celles qu'ils ont encaissées et dont ils auront opéré le versement entre ses mains.

Comment il doit être tenu.

Chaque partie du registre contient six colonnes servant à inscrire :

1° Les numéros des Polices ;

2° Le numéro de la souche de chaque quittance de prime ;

3° Les noms des Assurés ;

4° Le mois de l'échéance de chaque prime ;

5° Le montant de chaque prime ;

6° Les observations, s'il y en a.

(Voir Modèle N.)

428. — Lorsqu'un Agent principal remet des quittances à l'un de ses Sous-Agents, il en dresse le bordereau sur le registre. Les Primes y sont détaillées suivant l'ordre des échéances. Le bordereau rempli, il l'arrête, en fait l'addition et en dresse une copie sur un cadre qui reproduit exactement les colonnes du registre conformément au modèle N, et il adresse cette copie avec les quittances au Sous-Agent.

429. — Aux époques fixées par l'Agent principal pour arrêter ses comptes avec ses Sous-Agents, ceux-ci lui adressent un bordereau, disposé de la même façon, de toutes les primes encaissées par eux et y joignent le montant de leurs encaissements. Dès que ce bordereau arrive à l'Agence, l'Agent principal le copie sur la deuxième partie du registre conformément au modèle M. De cette manière il n'y a pas une seule quittance de prime dans l'Agence dont, à la simple inspection du registre, l'Agent principal, et par suite l'Inspecteur, ne puisse connaître exactement le sort.

430. — Nous insistons pour que MM. les Agents principaux mettent la plus grande exactitude dans la tenue de ce registre et dans l'échange des bordereaux de quittances entre eux et les Sous-Agents. Ils n'auront d'ailleurs qu'à se conformer aux modèles placés en tête du registre.

TITRE CINQUIÈME.

Sinistres.

OBSERVATIONS PRÉLIMINAIRES

451. — Une observation importante, que nous devons faire au début de ce Titre des Sinistres, c'est que nous ne nous y occuperons que des Sinistres, du reste les plus nombreux, qui se présentent dans les circonstances ordinaires, et qui ne donnent lieu à aucun acte judiciaire ni contentieux.

Dans le Titre suivant, qui traitera du Contentieux, nous donnerons les règles à suivre dans les cas, heureusement fort rares, de Sinistres frauduleux, de ceux qui donnent lieu à des recours, soit contre les auteurs de l'incendie, soit contre les voisins, locataires ou propriétaires de l'incendié, de ceux enfin qui soulèvent une question judiciaire quelconque ou nécessitent des actes de procédure.

452. — MM. les Agents principaux ne peuvent s'immiscer dans les Sinistres survenus dans une autre Agence, à moins que le Sinistre n'ait atteint une Police souscrite par eux sur le territoire de cette Agence.

CHAPITRE Ier.

Classification des Sinistres. — Sinistres au-dessous de 300 fr.

453. — Nous établissons une distinction très-marquée entre les Sinistres dont l'importance approximative peut être évaluée à 300 fr. et au-dessous, et ceux qui dépassent cette somme.

<table>
<tr><td style="width:22%; vertical-align:top">

MM. les Agents principaux règlent et paient sans autorisation jusqu'à concurrence de 300 francs.

Avis à donner immédiatement à la Compagnie des sinistres au-dessus de 300 francs.

</td><td style="vertical-align:top">

454. — MM. les Agents principaux peuvent régler, sans en référer à la Compagnie, par expertise ou autrement, et payer les Sinistres dont l'importance ne dépasse pas 300 fr.

455. — Aussitôt qu'un Agent principal a connaissance d'un Sinistre dont l'importance lui paraît devoir excéder 300 fr., il doit en donner avis à la Compagnie, en ayant soin d'indiquer exactement le numéro de la Police, l'article ou les articles atteints, la cause et les circonstances de l'incendie, et le *montant approximatif du dommage.*

MM. les Agents principaux ne sauraient mettre trop d'empressement à s'acquitter de ce soin. Ils devront en même temps nous envoyer la police atteinte, si elle n'est pas encore entre nos mains.

</td></tr>
<tr><td style="vertical-align:top">

La Compagnie décide si elle confiera le règlement à l'Agent principal ou en chargera un Inspecteur.

</td><td style="vertical-align:top">

456. — Sur cet avis, la Compagnie juge et décide si elle confiera le règlement du Sinistre à l'Agent principal ou si elle en chargera un de ses Inspecteurs, et elle fait connaître sa décision à l'Agent dans le plus bref délai.

En attendant que cette décison soit connue, l'Agent principal devra se borner à prendre les mesures préliminaires et conservatoires qui feront l'objet du chapitre suivant.

</td></tr>
<tr><td style="vertical-align:top">

Les Inspecteurs règlent généralement au-dessus de 2,000 francs.

</td><td style="vertical-align:top">

457. — Généralement, la Compagnie confie à MM. les Agents principaux les règlements des Sinistres qui ne dépassent pas 2,000 fr.; mais, au-dessus de ce chiffre, elle en charge ordinairement un de ses Inspecteurs qu'elle envoie, à cet effet et dans le plus bref délai, auprès de l'Agent principal.

Dans ce dernier cas, et en attendant l'Inspecteur, l'Agent devra surseoir à toute opération, même préliminaire, qui pourrait, en quoi que ce soit, compromettre le règlement.

</td></tr>
<tr><td style="vertical-align:top">

Trois catégories de sinistres.

</td><td style="vertical-align:top">

458. — De ce qui précède résultent, à notre point de vue, trois catégories de Sinistres, savoir :

1° Les Sinistres de 300 fr. et au-dessous, que les Agents peuvent régler et payer sans autorisation préalable;

2° Ceux de 301 à 2,000 fr., dont, le plus souvent, la Compagnie confie le règlement à MM. les Agents principaux, mais que ceux-ci ne peuvent régler sans son autorisation expresse;

3° Les Sinistres au-dessus de 2,000 fr., que la Compagnie fait ordinairement régler par ses Inspecteurs, et dont les Agents principaux n'ont qu'à effectuer le paiement d'après les ordres de la Compagnie.

Nous n'avons rien à dire ici de cette troisième catégorie de Sinistres; nous traiterons à fond et avec détails de la deuxième dans les chapitres qui suivront, nous bornant, dans celui-ci, à parler de la première.

</td></tr>
<tr><td style="vertical-align:top">

Une déclaration devant le maire ou le commissaire de police est rigoureusement exigée pour les sinistres de 300 francs et au-dessous.

</td><td style="vertical-align:top">

459. — Aux termes des conditions générales de la Police, l'Assuré, en cas de Sinistre, est tenu d'en faire à ses frais la déclaration devant le juge de paix. Nous nous contentons, pour les Sinistres de 300 fr. et au-dessous, d'une déclaration devant le maire ou devant le commissaire de police, afin d'éviter des frais à l'Assuré.

</td></tr>
</table>

Pour rendre plus facile l'accomplissement de cette formalité, nous avons fait dresser des formules imprimées de ces déclarations, formules que MM. les Agents n'ont qu'à remplir et qu'à faire revêtir de la signature du maire ou du commissaire de police, et du timbre de la mairie ou du commissariat. (Voir modèle n° 29.)

Cette déclaration devant le maire ou le commissaire de police est indispensable ; nous n'admettons les paiements de ces Sinistres qu'autant que cette formalité a été remplie et que l'acte de déclaration est joint à la quittance.

440. — MM. les Agents principaux peuvent régler ces Sinistres, soit en prenant l'avis d'un ou de plusieurs experts, soit de gré à gré avec les Assurés. Ils n'ont à établir pour ces Sinistres ni la feuille de questions mentionnée au n° 448 ci-après, ni rapports, ni procès-verbaux d'expertise. Les résultats du règlement sont simplement consignés sur des cadres spéciaux dits *Règlement de gré à gré*, qui contiennent un état estimatif des pertes et les désignations qu'il nous importe de connaître sur les circonstances qui ont accompagné le Sinistre, la date du paiement de la dernière Prime échue et les recours à exercer.

MM. les Agents principaux doivent remplir ces cadres avec soin, conformément au modèle n° 30 ; ils doivent les dater et les signer, conjointement avec l'Assuré.

Quand l'Assuré est illettré, il peut, s'il s'agit d'un règlement de Sinistre au-dessous de 150 fr., se faire représenter par deux témoins stipulant en son lieu et place, la preuve en justice étant admise jusqu'à concurrence de cette somme ; mais, au-dessus de ce chiffre, il serait irrégulier d'employer cette manière d'opérer, et il faudrait procéder comme il est dit au n° 457 ci-après.

Le règlement de gré à gré ainsi établi, l'Agent n'a plus qu'à payer le Sinistre, suivant quittance sur cadre à cet usage, conformément au modèle n° 31, et à nous envoyer ces deux pièces avec la déclaration devant le maire.

Nous tenons absolument à ce que le *règlement de gré à gré* soit toujours joint à la quittance, et nous ne pourrions, à défaut de cette pièce, admettre le montant du Sinistre au crédit de MM. les Agents.

441. — Il est arrivé à quelques Agents de régler des Sinistres peu importants par voie de réparation : ce mode a l'inconvénient de tenir en suspens, pendant un temps plus ou moins long, la conclusion de ces affaires minimes. Nous prions donc MM. les Agents de ne jamais l'employer.

442. — Lorsque l'incendie est de très-faible importance, si le lieu du Sinistre se trouve être éloigné du siége de l'Agence, et si l'Agent y a un Sous-Agent intelligent et bien posé, qui soit capable de bien défendre les intérêts de la Compagnie, l'Agent principal pourra se dispenser de se déplacer, et confier à ce Sous-Agent le règlement du Sinistre. Il devra même le faire, dans ce cas, pour épargner à la Compagnie des frais qui souvent excéderaient le montant du dommage. Mais le Sous-Agent se bornera, après s'être mis d'accord avec l'Assuré sur la quotité de la perte, à en rendre compte à l'Agent principal, qui établira et signera lui-même la feuille de règlement de gré à gré. Le paiement pourra

Règlements de sinistres de gré à gré.

Les règlements par réparations sont interdits.

Règlements confiés aux Sous-Agents.

être fait par le Sous-Agent au nom de l'Agent principal, et les pièces régularisées du Sinistre seront transmises par lui à ce dernier, qui se chargera de les faire parvenir à la Compagnie.

A défaut de Sous-Agent sur les lieux, MM. les Agents principaux pourraient charger des règlements de ces petits Sinistres des personnes de confiance munies des instructions et des pièces nécessaires pour y procéder régulièrement.

443. — MM. les Agents principaux sont autorisés, en principe, à maintenir les polices des Sinistres, de 300 fr. et au-dessous, qu'ils règlent eux-mêmes. Nous faisons cependant exception à cette règle pour les cas où une même Police serait plus de deux fois atteinte par un Sinistre de cette catégorie, quelle qu'en soit l'importance. Dans ce cas, MM. les Agents, au lieu de maintenir la Police, voudraient bien en référer à la Compagnie.

444. — Les pièces des Sinistres de 300 fr. et au-dessous doivent nous être envoyées toutes ensemble dès que le paiement en a été effectué; elles doivent nous parvenir au plus tard dans le délai d'un mois; passé ce terme, nous n'admettrions plus les quittances au crédit de MM. les Agents.

CHAPITRE II.

Sinistres au-dessus de 300 fr.— Mesures préliminaires à prendre avant le règlement.

445. — Lorsqu'un Agent principal reçoit l'avis d'un Sinistre de quelque importance qui frappe ou menace les intérêts de la Compagnie, il doit se rendre sur le théâtre de l'événement, à moins d'impossibilité absolue (ou bien y envoyer provisoirement un mandataire intelligent et de toute confiance), afin de provoquer de prompts secours, d'exciter le zèle des pompiers et des habitants, d'empêcher toute fraude, tout détournement, et de recueillir sur les causes de l'incendie les premiers indices qui sont toujours les plus précieux.

446. — Ces premiers renseignements obtenus, l'Agent devra donner avis du Sinistre à la Compagnie, ainsi qu'il a été dit au n° 435 qui précède, et, en attendant ses ordres, ou après qu'il les aura reçus, si le règlement lui est confié, l'Agent continuera ses investigations et prendra les mesures préliminaires que nous allons indiquer.

447. — L'attention de l'Agent principal devra se porter avant tout sur la cause de l'incendie. Il ne négligera rien pour découvrir la vérité à cet égard et rechercher les faits propres à la constater. Il devra écouter la rumeur publique, l'interroger sur la moralité de l'incendié, ses précédents, sa réputation, l'état de sa fortune et de ses affaires; examiner minutieusement les traces du feu et chercher à reconnaître le point où il a pu commencer; s'informer des objets qui ont pu exister sur ce point; observer s'il en reste des vestiges ou des résidus dans les débris, dans les charbons, dans les cendres; s'informer des personnes qui ont pu passer ou stationner, tant à l'intérieur qu'à l'extérieur, sur les points en question, à quelle heure, à quelle occasion et pour quelle cause.

448. — Après le premier avis donné à la Compagnie, lorsque des renseignements plus circonstanciés et plus sûrs auront été réunis, MM. les Agents principaux auront à répondre à une feuille de questions imprimée à cet effet à mi-marge, qu'ils enverront par la poste à l'administration. (Voir modèle n° 32.) *Feuilles de questions sur sinistres.*

449. — Pendant et après l'incendie, l'Agent principal voudra bien veiller à la conservation des objets préservés du feu et restés sur place, dans quelque état qu'ils soient. Aucun débris, fût-il évidemment sans valeur, fût-il méconnaissable, ne devra être négligé. Il faut mettre à les réunir, à les conserver, le soin le plus scrupuleux, aussi bien dans l'intérêt de la Compagnie que dans celui de l'Assuré, lorsque celui-ci n'a à redouter aucune preuve fâcheuse. Au besoin, l'Agent concerterait toutes mesures conservatoires avec les autorités locales, et il préposerait même des gardiens aux frais de la Compagnie. *Soins à donner au sauvetage.*

Si, pour empêcher une aggravation de dommages, pour réunir, mettre à l'abri et en sûreté les objets de sauvetage, il était indispensable de faire opérer immédiatement des déplacements, des emmagasinages, des déblais, et même quelques travaux urgents de réparation ou quelque manipulation dont l'utilité serait reconnue, l'Agent s'entendrait avec l'Assuré pour procéder aux mesures nécessaires après avoir dressé un état exact des lieux et des choses dans l'état où l'incendie les aurait laissés. S'il s'agit d'objets mobiliers, cet état devra les récapituler tous avec la désignation de leur nature, de leur quantité, de la place qu'ils occupaient, du degré d'avarie où ils se trouvent. L'état sera dressé entre l'Agent et l'Assuré, daté et signé de l'un et de l'autre. Dans le cas où l'Assuré s'y refuserait, on y procéderait sous forme authentique d'inventaire, après avoir, par un acte extra-judiciaire, mis le récalcitrant en demeure de fournir dans les vingt-quatre heures, sous peine de déchéance, l'état des objets incendiés, avariés et sauvés, qu'il est tenu de remettre à la Compagnie, d'après l'art. 13 des conditions générales de la Police.

450. — Si l'Assuré était marchand, négociant, manufacturier, industriel, qu'à ces titres il dût avoir des factures, des livres, des écritures de commerce, et qu'on les eût préservés du feu, l'Agent aurait à se les faire représenter dès les premiers instants, à prendre note de leur nombre et de leur nature, et à les parapher de manière à ce que rien n'y pût être ajouté ni changé. *Réunir et parapher les livres et documents écrits qui pourront servir de pièces justificatives.*

Dans le cas où les factures des fabricants ou des fournisseurs chez lesquels l'Assuré alimente son commerce ou son industrie ne pourraient être représentées par lui, l'Agent devrait prendre les mesures nécessaires pour s'en procurer des doubles.

451. — L'état estimatif des pertes devra être, dans tous les cas, mais surtout dans les Sinistres sur mobiliers, marchandises ou récoltes, fourni par l'Assuré incendié; car la Police fait de la remise de cet état une des obligations du contrat. (V. art. 13 des Conditions générales de la Police.) C'est de son exactitude et de sa sincérité que peut dépendre le règlement du Sinistre; s'il était mensonger, en punition de sa fraude, l'incen- *État estimatif des pertes.*

dié ne recevrait aucune indemnité. (Conditions générales de la Police, art. 15.) Il est donc fort important de surveiller la manière dont ledit état aura été dressé, et de se ménager les moyens de le contrôler, sans participer, du reste, à sa confection. Cet état devra contenir des évaluations que l'Assuré donnera de lui-même, aussi précises que le lui permettront ses propres appréciations. Il distinguera soigneusement les objets entièrement consumés' ou ayant disparu de ceux qui auront été seulement avariés et de ceux qu'on aurait entièrement sauvés.

Il sera toujours facile d'obtenir ces états de pertes des Assurés, en leur représentant combien il importe à leurs intérêts que l'expertise ait une base certaine et des renseignements exacts pour la détermination de la perte définitive.

Déclaration devant le Juge de paix. **452.** — L'Assuré devra en outre, et avant toutes choses, produire une expédition de la déclaration devant le juge de paix du canton, qu'il est tenu de faire, aux termes de de l'art. 13 des conditions générales de la Police, sauf le cas prévu par le n° 439 qui précède. Cette déclaration devra toujours être revêtue du timbre de la justice de paix.

L'Agent devra s'abstenir de procéder à l'expertise, tant que l'expédition de cette dé-déclaration ne lui aura pas été remise. S'il ne la recevait pas dans le délai de quinzaine à dater du jour du Sinistre, il s'abstiendrait de procéder à l'expertise, et informerait de ce retard la Compagnie, qui aviserait.

Ne pas intervenir dans la déclaration ni dans l'état de pertes. **453.** — Cette déclaration et l'état de pertes sont deux actes qui doivent être entièrement spontanés de la part de l'Assuré. En conséquence, MM. les Agents ne devront jamais y intervenir en quoi que ce soit, et ils veilleront à ce que, de leur côté, leurs Sous-Agents n'y interviennent pas davantage.

Ne rien faire préjuger du règlement des dommages. **454.** — MM. les Agents auront soin de donner à ces travaux préliminaires le caractère qui leur convient, et de s'abstenir, en y procédant, de toute déclaration verbale et de toute constatation par écrit qui tendrait à faire préjuger quoi que ce soit sur l'appréciation du dommage.

Attendre les ordres de la Compagnie après les mesures préliminaires. **455.** — MM. les Agents principaux borneront exclusivement leurs premiers soins aux mesures préliminaires et conservatoires que nous venons d'indiquer. Après cela, ils attendront les instructions spéciales de la Compagnie, soit pour passer outre aux opérations du règlement des dommages, soit pour les différer jusqu'à l'arrivée d'un Inspecteur.

CHAPITRE III.

Expertise des Dommages.

Estimation des dommages. **456.** — Quand l'Assuré aura remis à l'Agent principal sa déclaration devant le juge de paix ainsi que l'état certifié par lui des objets incendiés, avariés et sauvés, l'Agent principal, autorisé à cet effet par la Compagnie, pourra procéder à l'estimation des dommages, sous toutes réserves, conformément à l'art. 16 des conditions générales de la Police.

457. — L'Assuré devra assister lui-même à l'expertise. Quand il est illettré et qu'il s'agit d'un règlement au-dessus de 150 fr. (voir n° 440 des présentes Instructions), il faut exiger qu'il donne une procuration notariée à un tiers sachant écrire. Cette procuration devra contenir les pouvoirs suffisants pour :

1° Nommer un expert et, au besoin, un tiers-expert;

2° Faire tous règlements amiables ou transactionnels;

3° Accepter le résultat de l'expertise;

4° Toucher l'indemnité et en donner quittance.

MM. les Agents trouveront le modèle de ladite procuration au n° 33. Ce moyen devra être employé également en cas d'absence ou d'impossibilité absolue de l'Assuré d'assister à l'expertise.

Quant à l'Agent principal, il devra également assister en personne à l'expertise, à moins d'impossibilité absolue. Dans ce cas tout exceptionnel, il pourra s'y faire suppléer, avec l'autorisation de la Compagnie, par un mandataire capable de diriger la marche des experts et de veiller à la juste défense des intérêts de la Compagnie.

La présence de l'Assuré à l'expertise et celle de l'Agent sont indispensables.

458. — L'estimation des dommages devra être confiée à deux experts choisis, l'un par l'Assuré, l'autre par l'Agent principal, conformément à l'art. 16 des conditions générales de la Police. Chaque partie pourra choisir autant d'experts qu'il y aura de natures de risques atteints par l'incendie, soit, par exemple, un expert pour les bâtiments, un autre pour les objets mobiliers et les marchandises, et un troisième pour les récoltes.

L'estimation des dommages se fait par des experts.

459. — Les experts sont choisis de préférence parmi les personnes qui possèdent des connaissances spéciales sur l'objet à estimer. Il est expressément recommandé à MM. les Agents principaux de faire toujours choix pour experts d'hommes intègres, fermes, habiles, incapables de sacrifier les intérêts de la Compagnie à des considérations de personnes ou à des influences de localité. Au besoin, il faudrait les choisir hors du lieu où réside l'Assuré : c'est souvent une bonne précaution à prendre.

Choix des experts.

460. — Dans plusieurs de nos Agences, la Compagnie a des experts habitués depuis longues années à opérer pour elle et comme attitrés à son service. L'expérience qu'ils ont de notre manière d'opérer et le dévouement qu'ils nous portent seront des raisons déterminantes pour les préférer à tous autres quand cet avantage se présentera.

Experts attitrés.

461. — Avant de procéder aux opérations de l'expertise, il sera généralement utile de faire opérer les travaux de déblai, de classement, d'ordre et de propreté nécessaires pour faciliter les opérations des experts, guider leur jugement et mettre en lumière les vrais et seuls dommages causés par le feu. Dans ces travaux préparatoires, l'Agent principal se fera assister de son expert.

Travaux préparatoires avant l'expertise.

462. — La nomination des experts se fait par un compromis établi sur imprimé à cet usage, conformément au modèle n° 34. Cet acte ne devra jamais être modifié en quoi que ce soit, surtout en ce qui concerne les réserves, qu'il est essentiel de conserver.

Nomination des experts.

463. — MM. les Agents principaux doivent éviter d'intervenir personnellement dans l'expertise et veiller à ce que, de son côté, l'Assuré s'en tienne également éloigné. Les experts doivent opérer seuls et en dehors de toute influence active. Toutefois, au début

A quoi doit se borner l'intervention de l'Agent dans l'expertise.

de l'expertise, MM. les Agents veilleront à ce qu'elle ne porte que sur des objets clairement et spécialement désignés dans la police ; ils prendront garde qu'on n'y comprenne
des objets qui ne seraient pas assurés.

En outre, si, dans le cours de l'expertise, l'Agent juge à propos de requérir les experts d'adresser à l'Assuré ou à d'autres personnes telles interpellations qu'il croirait
utiles et convenables, il devra le faire, et veiller à ce qu'il en soit pris note ainsi que des
réponses.

**Les experts doivent opé-
rer ensemble.**

464. — Il arrive quelquefois que les experts croient devoir opérer et prendre leurs
notes chacun de son côté. Cette manière de travailler est très-mauvaise ; elle entraîne
des dissentiments inévitables qui prolongent la durée de l'expertise. Depuis le commencement jusqu'à la fin de l'expertise, les experts devront donc toujours opérer ensemble et de concert.

**Principale règle de
l'expertise.**

465. — La principale règle de l'expertise résulte naturellement du principe énoncé à
l'article 3 des conditions générales de la police, qui est ainsi conçu :

« L'Assurance ne peut jamais être une cause de bénéfice pour l'Assuré; elle ne lui
« garantit que l'indemnité des pertes réelles qu'il a éprouvées. En conséquence, les
« sommes assurées, les primes perçues, les désignations et évaluations contenues dans
« la police, ne peuvent être invoquées ni opposées par l'Assuré comme une reconnais-
« sance, une preuve ou une présomption de l'existence ou de la valeur des objets assu-
« rés, soit au moment de l'Assurance, soit au moment de l'incendie. »

En effet, la Compagnie n'assure pas sur les objets, qu'elle prend sous sa garantie,
une valeur de convention, ni de convenance, ni d'affection; il n'y a d'assurable que la
valeur intrinsèque de l'objet.

**Quelles sont les trois
seules opérations de
l'expertise.**

466. — Par suite de ce principe, les travaux des experts se réduisent à trois opérations :

1° Constater l'existence et la propriété, au moment de l'incendie, des objets soumis
à l'expertise;

2° En fixer la valeur réelle au moment de l'incendie;

3° Déterminer la valeur qu'ils conservent après l'incendie.

**Sources principales des
renseignements des
experts. Marche de
l'expertise.**

467. — La constatation de l'existence d'une chose détruite et son estimation, sem-
blent, au premier abord, extrêmement difficiles; l'expérience nous a prouvé qu'elles sont
toujours possibles. Le toisé des bâtiments, la notoriété publique, les titres de propriété,
la cote des contributions directes, les débris de toute nature, et jusqu'aux moindres
vestiges laissés par les flammes, les livres, les factures, les acheteurs, les vendeurs,
les commis, les ouvriers, les voisins, et, au besoin, les autorités, fournissent toujours
assez de renseignements pour éclairer la religion des experts, et les mettre à même
d'établir, avec une certitude presque complète, l'existence et la propriété des objets
soumis à l'expertise et la valeur réelle de chacun d'eux au moment de l'incendie. Cela
fait, il ne reste plus, pour déterminer la perte, qu'à fixer la valeur du sauvetage que les
experts ont sous leurs yeux.

Telle doit être la marche de l'expertise; nous allons la suivre ici dans ses développements successifs, et déterminer d'abord, en passant en revue les différentes natures de risques, comment doit s'établir la valeur réelle de chacun d'eux.

468. — Quand il s'agit de bâtiments, les experts ont à reconnaître quelle était la nature des constructions, leur âge, l'état dans lequel elles se trouvaient avant l'incendie, l'usage auquel elles étaient affectées. Ils feront ensemble un toisé exact des bâtiments, détermineront le nombre des portes et fenêtres, les distributions intérieures et leurs agencements divers, le genre des couvertures, la nature des charpentes et dés plafonds; ils s'enquerront des loyers, se feront représenter les baux, les contrats d'acquisition; ils consulteront les rôles des contributions; ils examineront les débris et les matériaux restants, relativement à leur état primitif et à leur valeur originaire.

Quand cela sera nécessaire, ils pourront établir un tracé exact des bâtiments tels qu'ils devaient être avant l'incendie.

Toutes ces notes soigneusement prises, ils discuteront ensemble et fixeront les prix de *construction neuve*, main-d'œuvre comprise, de chaque partie du bâtiment incendié, par mètres cubes ou carrés de construction, de charpente, de toiture, etc. Ils feront ainsi un véritable devis de construction neuve, sans y comprendre, bien entendu, la valeur du sol.

Après s'être mis d'accord sur les prix, ils apprécieront l'importance de la *détérioration pour cause de vétusté*, qu'aura dû subir le bâtiment, en raison de son âge, en tenant compte des réparations qui auront pû y être faites, et en fixeront le montant à *tant pour cent* de la valeur de construction neuve.

Du montant de la valeur de construction neuve établie précédemment, ils déduiront le chiffre de cette détérioration. La différence donnera exactement la valeur réelle du bâtiment au moment de l'incendie, qu'il s'agissait de déterminer.

Pour évaluer ensuite la perte, ils n'auront qu'à déduire du chiffre de la valeur réelle, au moment de l'incendie, le montant du sauvetage, qu'ils porteront à sa valeur *intrinsèque et actuelle*, défalcation faite du *tant pour cent* de *détérioration de vétusté*, si ce sauvetage a été estimé, comme la partie incendiée, à la valeur de construction neuve.

Ce mode d'opération devra être employé pour les bâtiments dans tous les cas sans exception.

Toutefois, lorsque l'incendie aura atteint un bâtiment dont le propriétaire jouit du droit d'affouage dans les forêts voisines, les experts ne devront comprendre la valeur des bois de construction, dans la totalité du prix de l'immeuble, que jusqu'à concurrence des frais de transport, de main-d'œuvre et de mise en place. (Voir n° 227.) des présentes Instructions.) Au surplus, quand ce cas se présentera, MM. les Agents principaux devront, avant tout, en informer la Compagnie, qui avisera.

469. — S'il s'agit d'objets mobiliers, il faut d'abord acquérir la preuve qu'ils existaient au moment de l'incendie; les personnes habituellement employées dans la maison, les domestiques, les voisins pourront fournir d'utiles indications à cet égard; l'Assuré, lui-même, sera tenu de justifier ses demandes par tous les éclaircissements

Bâtiments.

Objets mobiliers.

et documents en son pouvoir. (Article 13 des conditions générales de la Police.) MM. les experts chercheront à contrôler ses assertions, à les rapprocher des informations qu'ils auront recueillies par ailleurs ; ils prendront en considération la fortune de l'Assuré, son état dans le monde, le nombre de personnes dont se compose sa famille, le degré de vétusté des meubles, la nature des débris ; ils vérifieront, à l'inspection des localités, si les objets réclamés pouvaient y être contenus, s'ils y ont laissé des traces, et s'ils auraient dû y en laisser ; ils compareront la nature et la qualité des objets restants, avec celles des objets déclarés brûlés ; ils obtiendront ainsi un faisceau de renseignements au moyen desquels ils pourront aisément établir la valeur réelle des objets mobiliers existants au moment de l'incendie.

Pour obtenir cette valeur, ils opéreront, en raison de la vétusté, une réduction sur le prix d'achat des objets et sur leur valeur neuve. Ils n'auront plus ensuite, pour déterminer la perte, qu'à évaluer le sauvetage et à en soustraire le montant de la valeur au moment de l'incendie.

C'est surtout dans l'expertise des mobiliers que MM. les experts devront se tenir en garde contre les valeurs d'affection ou d'utilité que les Assurés sont généralement disposés à attribuer à leurs choses, et qui les entraînent à des évaluations fort exagérées.

470. — Par l'article 12 des conditions générales de la Police, la Compagnie autorise le déplacement des objets assurés qui seraient menacés de trop près par un incendie ; elle s'engage même à payer les frais de déplacement dûment justifiés ; mais nous devons supposer qu'il y aura, dans ce déplacement, ordre, surveillance et soin de bon père de famille. Dans tous les cas, nous ne répondons pas des objets perdus ou volés (article 2 des conditions générales de la Police) ; car si ce sont des dommages, suite de l'incendie, ils n'en sont pas la suite immédiate, nécessaire, prévue ; l'incendie n'en est pas la cause, mais seulement l'occasion, et il dépend de l'incendié de s'en préserver.

MM. les Agents devront veiller à ce que les experts se conforment à ces prescriptions, et ne portent dans leur expertise que les objets dont nous devons répondre, et pour autant que nous en pouvons être responsables.

471. — S'il s'agit de mobiliers industriels, les sources où l'on pourra prendre des éclaircissements seront encore plus nombreuses. En premier lieu, l'Assuré devra fournir un état exact et détaillé des machines, métiers et ustensiles ; il devra indiquer leur nombre, leur espèce, leur âge, leur système, leur emplacement ; il rappellera comment il en a fait l'acquisition ou de quelle autre source ils lui viennent.

Les experts pourront consulter avec fruit les contre-maîtres, les ouvriers de l'établissement, les mécaniciens qui auront confectionné ou réparé les machines.

Lors même que les bâtiments auraient été détruits en entier, l'existence réelle des métiers et des machines pourra être constatée par l'inspection des emplacements que ces objets occupaient, par les débris, les ferrements ou autres garnitures métalliques.

L'examen attentif et raisonné de ces débris fera même reconnaître pertinemment le système, le degré de vétusté de chaque ustensile, et surtout de ceux qui sont soumis à un mouvement constant.

Les objets sauvés serviront de point de comparaison, et faciliteront l'estimation de ceux qui auront été détruits.

On procédera pour les mobiliers industriels, comme pour les mobiliers ordinaires, en établissant leur valeur avant l'incendie, et on en déduira le montant du sauvetage pour déterminer la perte.

472. — Les marchandises peuvent être assurées chez les fabricants ou chez les négociants.

Dans le premier cas, pour reconnaître dans les fabriques les pertes sur marchandises fabriquées ou en fabrication, on pourra s'informer auprès des ouvriers quels étaient les métiers en activité, leur nombre, leur marche, leurs produits journaliers en quantité et en qualité. L'Assuré devra, d'ailleurs, être toujours à même d'indiquer et de prouver de quelles sources il tirait ses matières premières et la destination donnée aux marchandises confectionnées.

Les livres de mouvements intérieurs aideront à cette appréciation, s'ils sont conservés, et, à leur défaut, les factures que l'on aura pu se procurer chez les fournisseurs ou les consommateurs.

Les marchandises en fabrique, à quelque degré de fabrication qu'elles puissent se trouver, s'évalueront au prix brut des matières premières suivant le cours du jour de l'incendie, en y ajoutant les frais de fabrication faits jusqu'à ce même jour. Ce sera là leur valeur réelle au moment de l'incendie. (Article 17 de la Police.)

473. — Pour expertiser des marchandises en magasin ou en entrepôt, on consultera de même les livres d'entrée et de sortie des négociants ou des entrepositaires, les factures des vendeurs et des acheteurs dont, au besoin, on se procurera des doubles, la correspondance; on recherchera le crédit de la maison et l'activité plus ou moins grande de ses affaires.

On procédera ensuite de place en place, en cherchant à se reconnaître, au moyen, soit de l'état de pertes de l'Assuré, soit des documents écrits, soit des déclarations verbales de l'Assuré ou de ses commis, soit des débris, des cendres, et des traces même que la combustion des marchandises aura produites.

MM. les experts auront soin de partager les marchandises en autant de catégories qu'il y a d'espèces différentes, et ils les classeront d'abord espèce par espèce et, dans chaque espèce, objet par objet, pour en constater seulement l'existence et les quantités au moment de l'incendie, au moyen d'un état détaillé.

Lorsque cet état aura été complété et arrêté d'accord entre eux, ils en discuteront ensemble et en détermineront les prix.

L'examen des marchandises sauvées ou avariées pourra, à cet égard, leur fournir des appréciations certaines.

Lorsque l'Assurance portera sur des marchandises placées sous la surveillance des douanes ou de la régie des contributions indirectes, il sera facile de se procurer auprès de ces administrations tous les renseignements nécessaires.

Dans tous les cas, lorsque l'Assuré pourra représenter un inventaire de date récente, on le prendra pour point de départ de l'expertise, tout en en contrôlant l'exactitude et l'authenticité.

Les marchandises en magasin ou en entrepôt s'évalueront au prix du cours du jour du sinistre. (Article 17 des conditions générales de la Police.)

Récoltes et bestiaux.   **474.** — Pour apprécier les pertes sur les récoltes, les experts rechercheront quelle est l'étendue des terres exploitées, leur nature, celle des cultures; quelle est la moyenne des produits des dernières récoltes; quelles ont été les ventes, les semailles de l'année et les consommations, en ayant égard à l'époque plus ou moins avancée de l'année et à l'importance de la famille, au nombre des ouvriers, à celui des bestiaux et des animaux de labour; on pourra consulter les voisins, les garçons de ferme, les journaliers, les batteurs, les facteurs des marchés. Comme moyen de comparaison, on examinera les produits des récoltes voisines.

S'il s'agit de récoltes en granges ou greniers, on fera le cubage du local où les récoltes étaient renfermées, pour évaluer leur contenance. Relativement aux meules, on calculera leurs dimensions d'après l'emplacement qu'elles occupaient, les usages du pays pour la configuration des meules, et d'après l'examen de celles qui se trouveront encore debout dans les environs.

Les récoltes, quelle que soit leur nature, devront être évaluées d'après la mercuriale du jour de l'incendie. De leur valeur fixée de cette manière, on déduira : 1° les frais de battage qui seront plus ou moins élevés, selon que le propriétaire aura ou n'aura pas chez lui de batteuse; 2° les frais de transport au marché.

Ce qui restera constituera la valeur réelle au moment de l'incendie; on n'aura plus qu'à en déduire le sauvetage pour établir la perte.

L'existence des bestiaux et troupeaux incendiés sera facile à constater par le témoignage des voisins et par l'examen des restes que le feu laisse toujours après lui en pareil cas. (Voir, pour l'appréciation de la garantie, le n° 243 des présentes Instructions.)

De quelques expertises spéciales.   **475.** — Nous terminerons ici cet examen de l'expertise appliquée à chaque risque en particulier pour ne pas interrompre plus longtemps le développement des règles générales à observer dans les opérations successives des règlements de sinistres. En conséquence, dans un chapitre spécial, placé à la fin de ce titre, nous traiterons de l'expertise des bois et forêts, et nous réserverons pour le Contentieux ce que nous avons à dire des règlements de sinistres, en ce qui concerne les risques locatifs, ceux des propriétaires à l'égard des locataires, les risques des voisins, les propriétés indivises, les usufruits et les nu-propriétés, les constructions élevées par des locataires sur le terrain d'autrui et les créances hypothécaires. (Voir n°ˢ 614 à 641.)

Estimation du sauvetage.   **476.** — MM. les Agents voient, par ce qui précède, qu'avec l'assistance d'experts loyaux et entendus, on peut presque toujours parvenir, à l'aide de soins particuliers et d'intelligentes précautions, à connaître assez exactement les existences des objets, et par conséquent les pertes. Mais ce qui doit surtout attirer leur attention et leur surveillance, c'est l'examen attentif que les experts devront faire du sauvetage.

Le plus souvent, tout le mérite d'une bonne expertise consiste moins dans la fixation plus ou moins élevée des valeurs avant l'incendie, qui peut tourner pour ou contre l'Assuré, suivant qu'il est garanti au-dessus ou au-dessous de ces valeurs, que dans l'appréciation exacte du sauvetage.

Le sauvetage se compose des objets qui ont été préservés de l'incendie, de ceux qui ont été avariés, et enfin des débris. L'Agent devra veiller à ce que ces objets soient tous soigneusement examinés un à un, et il devra se défier du penchant de l'Assuré et de son expert à les déprécier.

Il n'y a pas de sauvetage sans valeur, si l'on veut bien considérer les choses sous un point de vue général, équitable, et sans avoir égard ni aux convenances, ni aux répugnances de l'Assuré.

Dans le cas où le prix du sauvetage serait trop avili, la Compagnie, d'après l'article 19 des conditions générales de la Police, aurait le droit de s'en emparer, soit en totalité, soit en partie, pour le prix de l'estimation.

477. — Si les experts s'étaient exagéré les pertes, la Compagnie aurait toujours la faculté de reconstruire les immeubles incendiés ou de rétablir en nature les objets mobiliers. (Voir article 19 de la Police.)

Elle aurait aussi le droit, aux termes du même article, de faire réparer au lieu de payer une indemnité. Il peut donc être utile, dans certains cas, après avoir déterminé le chiffre du dommage, par la comparaison des valeurs *avant* et *après* l'incendie, de procéder à l'estimation de ce qu'il en coûterait pour rétablir les choses dans un état semblable à celui où elles étaient au moment de l'événement. Mais il va sans dire que ce n'est que dans des cas tout-à-fait exceptionnels qu'on aura à opérer ainsi, puisque ce système de réparation, quand il s'agira d'un bâtiment, par exemple, exempterait l'Assuré de la dépréciation de vétusté que son indemnité aurait subie, et lui procurerait un bâtiment restauré à neuf, au lieu de celui, déjà avarié par l'usage, qu'il avait avant l'incendie.

Si le cas ci-dessus prévu se présentait, MM. les Agents devraient fournir scrupuleusement à la Compagnie tous les renseignements propres à l'éclairer sur la détermination qu'elle aurait à prendre.

478. — Si l'expert de l'Assuré et celui de la Compagnie ne s'entendent pas dans l'expertise, ils pourront, pour se départager, s'adjoindre un tiers-expert; le tiers-expert n'est pas tenu d'adopter l'avis de l'un ou de l'autre de ses collègues; il concourt avec eux à la délibération, qui est prise à la majorité des voix. (Article 16 des conditions générales de la Police.)

Si les experts ne s'entendent pas sur le choix du troisième expert, celui-ci sera, à la requête de la partie la plus diligente, nommé par le président du Tribunal de commerce de l'arrondissement, ou, en l'absence de Tribunal de Commerce, par le président du Tribunal de première instance.

Toutefois, MM. les Agents devront faire tous leurs efforts pour éviter que les choses n'en viennent à cette extrémité, et pour mettre les experts d'accord entre eux quand ils ne le seront pas. La connaissance qu'ils auront des localités et des caractères leur suggérera aisément les meilleurs moyens à employer pour arriver à cet accord toujours désirable.

États détaillés spéciaux.

479. — L'expertise terminée, les experts en consigneront les résultats sur les feuilles d'états détaillés pour immeubles et pour objets mobiliers, conformément aux modèles nᵒˢ 35, 36 et 37. Chacun des articles d'une même Police devant être considéré comme énonçant une Assurance distincte, les experts auront soin d'établir séparément, sur les états, les résultats de l'expertise *pour chaque article de la Police atteinte*. Cette recommandation est de la plus grande importance, la Compagnie ayant besoin, pour établir le règlement, de comparer article par article le montant de l'Assurance avec celui de la valeur réelle au moment de l'incendie.

Procès-verbaux d'expertise.

480. — Les états détaillés ainsi établis et signés par les experts, ceux-ci n'ont plus qu'à dresser procès-verbal de leurs opérations. Les procès-verbaux sont rédigés sur imprimés à cet usage, dont la première page forme le verso de l'imprimé de nomination, commençant par un protocole tout préparé.

S'il a été appelé un tiers-expert, mention en sera faite à la suite.

Enfin, l'Agent pourra exiger l'insertion dans le procès-verbal, selon les circonstances de tous dires, protestations, réserves, etc.

Vient ensuite l'énoncé pour immeubles et pour objets mobiliers des évaluations totales, article par article, constatées par les experts et relevées sur les états détaillés qui doivent être annexés au procès-verbal. Le procès-verbal, rédigé et clos conformément au modèle nᵒ 38, reçoit les signatures de tous les experts qui ont concouru à l'expertise.

Lorsque l'incendie aura détruit plusieurs propriétés appartenant à différentes personnes, il sera fait autant de procès-verbaux d'expertise qu'il y aura d'Assurés, et non pas seulement un procès-verbal collectif.

Autant que possible il sera bien que l'Assuré signe lui-même le procès-verbal et approuve l'expertise. Nous recommandons à MM. les Agents de ne rien négliger pour obtenir cette signature.

Le règlement définitif de l'indemnité n'est pas du ressort des experts.

481. — Ainsi qu'il vient d'être exposé, les opérations des experts n'ont pour but que la constatation et l'estimation des dommages ; ils ne doivent en rien se préoccuper du chiffre définitif de l'indemnité à revenir à l'Assuré ; leur mission se borne à répondre aux questions posées dans l'acte de leur nomination, à rendre un compte exact des faits, à citer les sources où ils ont puisé leurs documents et d'où ils tirent la justification des existences au moment de l'incendie, à indiquer les bases de leurs estimations et de leurs calculs pour qu'on puisse les contrôler, et à inscrire les dires des parties s'ils en sont requis.

Le règlement définitif appartient à la Compagnie qui l'établit d'après les pièces de l'expertise et le notifie à l'Agent.

482. — Le procès-verbal terminé, l'Agent n'a plus qu'à régler les honoraires de son expert, qui sont fixés d'après l'importance du règlement et les usages locaux, et à établir la note de ses frais et déboursés personnels, dont la Compaguie lui tient compte, avec l'indication du nombre de ses jours de déplacement.

Frais du sinistre.

Les quittances d'expertise et les états de frais personnels de l'Agent s'établissent sur des imprimés à cet usage, conformément aux modèles nos 39 et 40.

483. — Enfin l'Agent enverra à la Compagnie les pièces du sinistre. Il aura soin de les réunir en un seul paquet et d'y comprendre notamment toutes les pièces de dépenses, afin de nous éviter le grave inconvénient d'avoir à passer, après coup, des écritures supplémentaires pour un sinistre réglé.

Envoi à la Compagnie des pièces de sinistres.

Le plus ordinairement cet envoi devra se composer des pièces suivantes :

1. La déclaration devant le juge de paix ;
2. Les états de pertes de l'Assuré ;
3. Les états détaillés pour immeubles ;
4. Les états détaillés pour mobiliers ;
5. Les procès-verbaux d'expertise ;
6. Les quittances de nos experts ;
7. La note de frais personnels de l'Agent ;
8. La feuille de renseignements, si elle n'a pas été envoyée précédemment.

CHAPITRE IV.

Règlement définitif de l'indemnité.

484. — Ainsi que nous l'avons dit dans le chapitre précédent, c'est la Compagnie qui procède elle-même, d'après l'examen des pièces de l'expertise et conformément aux conditions générales et particulières de la police, au règlement définitif des indemnités à payer aux Assurés.

La Compagnie procède au règlement des indemnités.

485. — L'article 18 des conditions générales de notre Police détermine les règles à suivre pour le règlement définitif des indemnités. Nous entrerons dans quelques détails sur leur application.

Règle générale du règlement des indemnités.

486. — Si, au moment de l'incendie, la valeur réelle de l'objet assuré est égale au montant de l'Assurance ou reste au-dessous, nous payons le dommage effectif et rien au-delà. Si, par exemple, un négociant avait fait garantir une somme de 100,000 francs sur ses marchandises, et qu'il résultât de l'expertise qu'il n'en existait que pour 80,000 francs au moment de l'incendie, nous devrions, en supposant la perte totale, non pas les 100,000 francs garantis, ce qui donnerait à l'Assuré un bénéfice illicite de 20,000 francs, mais bien les 80,000 francs de perte réelle.

Application du § 1er de l'art. 18.

Application du § 2. Rè-
gle proportionnelle
entre la Compagnie
et l'Assuré.

487. — Si, au contraire, en prenant le même exemple de 100,000 francs assurés sur marchandises, il arrivait que la valeur réelle au moment de l'incendie eût été reconnue être de 120,000 fr. et que la somme totale du dommage fût estimée également, comme ci-dessus, à 80,000 fr., quel serait le montant de la perte à notre charge?

Pour répondre à cette question, il faut considérer d'abord que l'Assuré, en nous faisant garantir pour 100,000 fr. des marchandises qui ont été reconnues en valoir 120,000 au moment de l'incendie, n'a fait couvrir par l'Assurance que les 5/6ᵉ de ses marchandises et est resté à découvert pour l'autre sixième ; il ne nous a donc payé la prime qu'en raison des 5/6ᵉ de sa chose, et par conséquent il est juste que nous ne lui payions son indemnité que dans les mêmes proportions.

En d'autres termes, nous sommes, nous, Assureurs de 5/6ᵉ, et l'Assuré est resté son propre assureur pour 1/6ᵉ. Il est donc juste, si nous supportons la perte pour 5/6ᵉ, que l'Assuré la supporte également pour 1/6ᵉ.

La proportion s'établira de la manière suivante : nous dirons, si 120,000 fr. valeur réelle au moment de l'incendie ont donné une perte réelle de 80,000 fr., combien 100,000 fr., montant de l'Assurance consentie par nous, auraient-ils donné de perte ? La réponse à cette question déterminera le montant de la perte à la charge de la Compagnie.

Il ne reste plus qu'à poser les chiffres :

120,000 fr. : 80,000 fr. :: 100,000 fr. : x = 66,666 fr. 66 c.

Ce chiffre de 66,666 fr. 66 c. représente la perte à la charge de la Compagnie ; il forme les 5/6ᵉ de 80,000 fr., de même que les 100,000 fr. que nous assurions forment les 5/6ᵉ de 120,000 fr.

Prévenir les Assurés de
l'application de la rè-
gle proportionnelle.

488. — Quoique l'application de la règle proportionnelle soit du domaine de la Compagnie, qui se réserve d'y procéder dans le règlement définitif, lorsque MM. les Agents principaux auront été chargés d'un règlement de sinistre où cette règle devra être appliquée, c'est-à-dire quand l'expertise donnera un chiffre de valeur réelle au moment de l'incendie supérieur au montant de l'Assurance, MM. les Agents devront d'avance, mais seulement après que les états détaillés et le procès-verbal d'expertise auront été signés, prévenir les Assurés des conséquences de cette situation pour eux ; ils devront leur faire comprendre, la police en main, l'application de la règle proportionnelle et leur en faire d'avance connaître les résultats en ce qui les concerne. Cette précaution a pour but de leur éviter des réclamations tardives et des résistances inintelligentes qui plus tard leur susciteraient de fâcheux embarras. Nous devons dire au surplus que l'application de cette règle est maintenant très généralement comprise, et qu'elle ne rencontre plus, grâce aux bons soins de MM. les Agents, de sérieuses difficultés.

La règle proportion-
nelle s'applique sépa-
rément à chaque ar-
ticle de la police.

489. — Il va sans dire que la règle proportionnelle doit s'appliquer séparément à chaque article de la police pour lequel l'Assurance est restée au-dessous de la valeur réelle au moment de l'incendie. Ainsi, il faudrait bien se garder d'établir une compensation entre plusieurs articles de la police dont les uns assureraient au-dessous et les autres au-dessus de la valeur. Mais il faut, comme nous l'avons dit, séparer soigneusement l'expertise de chaque article (Voir ci-dessus n° 479), et opérer de même pour l'application de la règle proportionnelle.

490. — S'il y a plusieurs Assureurs sur le même objet, le partage des pertes entre eux s'effectuera au prorata de la somme assurée par chacun d'eux de la manière suivante : Application du § 3. Règle proportionnelle entre la Compagnie et d'autres Assureurs.

Pour mieux faire comprendre l'application de la règle proportionnelle dans ce cas, nous allons la supposer applicable non seulement aux diverses Compagnies-Assureurs, mais encore au propriétaire lui-même pour Assurance insuffisante.

Soit donc un objet assuré pour 450,000 fr. comme suit :

150,000 fr. à la Compagnie d'Assurances Générales ;
100,000 fr. à la Nationale ;
100,000 fr. au Phénix français ;
100,000 fr. à l'Union.

Au moment de l'incendie, cet objet est reconnu par l'expertise valoir 500,000 fr. ; l'Assuré est donc resté son propre assureur pour 50,000 fr.

La perte est réglée par l'expertise à 200,000 fr. ; elle sera répartie entre les quatre Assureurs et l'Assuré lui-même au prorata des sommes engagées par chacun d'eux, et ce au moyen des proportions ci-après :

$$\begin{array}{l} \text{Valeur totale} \quad \text{Perte totale} \\ 500,000 \text{ fr. : } 200,000 \text{ fr. ::} \end{array} \left\{ \begin{array}{l} 150,000 \text{ f. Ass. de la C}^{ie}\text{ d'Ass. Gén.} : x = 60,000 \text{ f. à la charge de la C}^{ie}\text{d'Ass. Gén.} \\ 100,000 \text{ f.} \quad — \quad \text{de la Nationale} : x = 40,000 \text{ f.} \quad — \quad \text{de la Nationale.} \\ 100,000 \text{ f.} \quad — \quad \text{du Phénix} \quad : x = 40,000 \text{ f.} \quad — \quad \text{du Phénix.} \\ 100,000 \text{ f.} \quad — \quad \text{de l'Union} \quad : x = 40,000 \text{ f.} \quad — \quad \text{de l'Union.} \\ 50,000 \text{ f. découvert de l'assuré} \quad : x = 20,000 \text{ f.} \quad — \quad \text{de l'Assuré.} \end{array} \right.$$

Si l'Assuré était couvert pour le tout, il n'aurait à supporter aucune portion du dommage. La perte devrait alors se répartir comme ci-dessus entre les diverses Compagnies, dans la proportion de leurs Assurances respectives.

Il suffira de ces exemples pour que MM. les Agents principaux comprennent parfaitement eux-mêmes l'application de la règle proportionnelle dans les différents cas où elle se présente et soient à même de l'expliquer aux Assurés.

491. — Il arrive quelquefois que les experts ne s'entendant pas entre eux dans l'expertise, soit sur l'existence des objets, soit sur leur valeur au moment de l'incendie, soit enfin sur l'importance du sauvetage, il soit jugé opportun, pour ne pas prolonger les débats et donner satisfaction à un Assuré loyal, d'en finir par une transaction. Lorsque ce cas se présentera, MM. les Agents voudront bien nous envoyer un rapport spécial nous faisant connaître exactement la situation des choses, les causes du dissentiment qui existe entre les experts, ainsi que les bases et le chiffre de la transaction d'après les résultats de l'expertise. Car c'est à la Compagnie seule qu'appartient le droit de faire une transaction et d'en fixer le chiffre, à moins, bien entendu, qu'il ne s'agisse d'un sinistre au-dessous de 300 fr., limite dans laquelle MM. les Agents sont autorisés, par les n°s 433 à 444 qui précèdent, à opérer sans l'autorisation de la Compagnie. De la transaction.

492. — Aux termes de l'art. 22 des Conditions générales de la Police, la Compagnie a le droit de résilier après le sinistre, non seulement la police atteinte, mais encore toutes les autres polices souscrites par l'Assuré. Elle désire le plus souvent user de ce bénéfice, au moins en ce qui concerne la police atteinte, et on le comprendra aisément. En effet, en supposant qu'elle consente à conserver à l'Assuré sa garantie, il est au moins juste qu'elle ne coure de nouveaux dangers de sinistres qu'après avoir reçu une nouvelle prime afin de n'être pas exposée à payer deux ou trois sinistres pour une seule prime reçue.

MM. les Agents principaux devront donc, dans leurs rapports, ne jamais omettre de nous faire connaître bien exactement les motifs qu'ils peuvent avoir, soit pour résilier la police atteinte sans en souscrire une nouvelle à l'Assuré, soit pour la résilier avec l'autorisation d'en souscrire une autre immédiatement, ou après reconstruction ou remplacement des objets détruits, soit enfin, et ce cas devra être le plus rare, pour la maintenir purement et simplement.

Les motifs à l'appui du résiliement ou du maintien des Polices devront être tirés soit du degré de défiance ou d'estime que peuvent inspirer la moralité et la solvabilité de l'Assuré, soit des dangers matériels que présente le risque ou la localité, soit enfin des menaces dont l'assuré aurait pu être l'objet ou des circonstances locales qui pourraient faire craindre une persistance d'attentats contre sa propriété.

Le résiliement est stipulé dans la quittance d'indemnité; mais la légalité de cette manière d'opérer ayant été contestée dans quelques occasions, ce résiliement devra, en outre, être formulé par acte spécial fait double, et en troisième expédition pour les archives de l'Agence, sur imprimé spécial conformément au modèle n° 41.

Il pourra arriver quelquefois que l'Agent principal, sans attendre l'ordre de la Compagnie, juge utile, pour éviter un nouveau sinistre, de procéder immédiatement au résiliement. Dans ce cas il ne doit pas hésiter à prendre l'initiative, et si l'Assuré s'y refusait, il devrait lui faire signifier le résiliement par huissier.

493. — Lorsqu'après un sinistre partiel, l'Assurance est maintenue, elle est réduite de la valeur de l'indemnité jusqu'à reconstruction ou remplacement des bâtiments ou des objets détruits par le feu. Dans ce cas elle peut être réduite par avenant dans la forme ordinaire; elle peut l'être aussi sur la seule demande de la Compagnie, conformément à l'art. 22 des Conditions générales de la Police.

494. — L'article 22 précité des Conditions générales de la Police porte qu'en cas de résiliement d'une police sinistrée les primes perçues demeurent acquises à la Compagnie. Par suite, quand le sinistre est survenu dans le délai de quinzaine de grâce sans que la Prime ait été payée, elle n'en reste pas moins due, et son montant doit être imputé sur l'indemnité à payer à l'Assuré, lors même que la police devrait être résiliée.

495. — La Compagnie accorde volontiers des gratifications aux pompiers, aux ouvriers ou aux personnes quelconques qui ont contribué par leurs efforts à arrêter les progrès de l'incendie et à préserver une partie des risques qu'elle garantissait.

Ces gratifications sont de deux espèces, en argent pour les personnes d'une condition ordinaire, et en médailles ou jetons de la Compagnie pour celles d'un rang supérieur, ou d'une position plus élevée, telles qu'un curé, un maire, un riche propriétaire.

Ces gratifications ont un très bon côté. Distribuées à propos, avec réserve et équité, elles font connaître la Compagnie, établissent une sorte de lien avec elle et encouragent à lui rendre de nouveaux services. Prodiguées au contraire mal à propos, ou distribuées à des gens qui n'y auraient pas de titres sérieux, elles n'auraient aucune espèce d'avantage.

Il va sans dire que la Compagnie se réserve à elle seule de décider quand ces gratifications devront être accordées, et d'en fixer les chiffres. MM. les Agents principaux devront donc, quand ils auront quelque gratification à nous demander, mentionner exactement dans leur rapport les circonstances propres à justifier cette demande et à servir de bases à notre appréciation. Ils auront d'autant plus de chance de voir à cet égard leurs propositions accueillies, qu'elles seront plus réservées et mieux motivées.

496. — L'art. 12 des Conditions générales de la Police, porte que « *la Compagnie* « *tient compte des dégâts et des frais de déplacement des objets assurés, dont il sera* « *justifié.* » — Frais et dégâts à l'occasion des sinistres.

Cette disposition n'est évidemment applicable qu'aux frais de transport d'un lieu à un autre des objets assurés et des dégâts pouvant en résulter. Les uns et les autres sont évalués par les experts, et la Compagnie les rembourse quand il en a été régulièrement justifié. Mais la Compagnie ne peut être responsable de ces frais, le plus souvent prodigués sans mesure, que les Assurés peuvent faire au moment du sinistre en aliments et distribués par eux aux travailleurs, dont ils viennent quelquefois nous réclamer le remboursement. Quand de pareilles réclamations se produiront, MM. les Agents voudront bien les repousser purement et simplement.

497. — Quand un Sous-Agent se sera distingué dans un sinistre ou à l'occasion d'un règlement de sinistre, la Compagnie, sur la demande motivée de l'Agent principal, pourra lui accorder une légère gratification. — Gratifications aux Sous-Agents.

498. — Si un Agent principal était assez imprudent pour s'engager, sans avoir consulté la Compagnie, vis-à-vis soit de l'Assuré, soit de tiers intéressés pour le paiement de frais non justifiés, la Compagnie serait obligée de laisser à sa charge ces frais et leurs conséquences ; de même pour les gratifications qu'un Agent aurait payées, sans décision préalable de la Compagnie. — Frais laissés à la charge de l'Agent.

499. — Une fois en possession du règlement définitif arrêté par la Compagnie, l'Agent n'a plus qu'à en acquitter le montant entre les mains de l'Assuré, si rien ne s'oppose au paiement. MM. les Agents l'effectueront soit avec les fonds de leur caisse, soit avec ceux que la Compagnie leur aura fait parvenir à cet effet en espèces ou au moyen d'un mandat. — Paiement de l'indemnité.

Le paiement aura lieu au siége de l'Agence principale ; si un Assuré prétendait être payé chez lui, l'Agent aurait à repousser cette prétention.

La quittance d'indemnité devra être établie sur imprimé à cet usage, conformément au modèle n° 31.

500. — MM. les Agents principaux doivent nous envoyer les quittances de sinistres dès qu'ils en auront effectué le paiement. Ils y joindront celles de gratifications, s'il en a été accordé, également sur imprimés à cet usage, conformément au modèle n° 42, et toutes autres pièces de dépenses qui n'auraient pas été envoyées précédemment. Nous tenons essentiellement à ce que ces envois ne soient jamais retardés, et nous rendrions à l'occasion MM. les Agents responsables de ces retards, en refusant d'admettre à leur crédit le montant des quittances ainsi transmises tardivement.

Toute quittance d'indemnité, de gratification, d'expertise ou de frais personnels de l'Agent qui ne serait pas établie sur les modèles imprimés de la Compagnie serait renvoyée à l'Agent.

501. — Toute action en paiement de sinistre étant prescrite par le terme de six mois (Art. 23 des conditions générales de la Police), MM. les Agents principaux ne donneront aucune suite aux réclamations qui leur seraient faites passé ce délai. Au besoin, dans ce cas, ils consulteront la Compagnie avant de rien faire.

(Marginalia : Délai pour l'envoi des quittances de sinistres. — Prescription.)

CHAPITE V.

Règlement des Sinistres sur bois et forêts.

502. — La première condition d'une bonne expertise des bois incendiés, est un arpentage bien fait. Pour obtenir ce résultat, MM. les Agents principaux auront à choisir un arpenteur exercé qui opérera avec l'arpenteur nommé par l'Assuré. Dans certains cas exceptionnels, pour arriver, dans l'arpentage, à une plus grande exactitude, il sera nécessaire d'enceindre la partie de bois atteinte par le feu d'un fossé de circonvallation qui l'isolera des parties préservées.

503. — Il arrive souvent, surtout quand les taillis incendiés sont jeunes, que le recépage immédiat en est indispensable. Il l'est presque toujours pour les bois qui ont moins de neuf ans. Dans ce cas, il devra y être procédé avant toute opération d'expertise. MM. les Agents devront donc s'entendre avec l'Assuré pour que le recépage ait lieu dans le plus court délai possible. Il serait toujours à désirer que cette opération fût faite par l'assuré lui-même parce qu'il pourrait y employer des ouvriers à lui connus, tandis que l'Agent aurait peut-être quelques difficultés à s'en procurer. Si toutefois l'assuré refusait d'y faire procéder, l'Agent devrait s'en charger lui-même. Dans ce cas, il serait essentiel que les frais du recépage fussent arrêtés d'avance entre l'Agent et l'Assuré, en prenant au besoin l'avis des experts. Il faudra avoir soin de laisser sur place les brins abattus en *ramées*, ou tas.

504. — Les règles de l'expertise des bois sont toutes posées d'avance dans les conditions particulières de la Police sur bois qui se trouvent dans l'annexe au Tarif. Nous

(Marginalia : Arpentage des bois incendiés. — Recépage immédiat des bois au dessous de neuf ans. — Se reporter aux conditions particulières de la police.)

engageons MM. les Agents à s'y reporter. Sans les répéter ici, nous indiquerons seulement la marche que les experts devront suivre pour s'y conformer.

505. — Avant de procéder au règlement, si l'Assuré ne s'était pas conformé à la prescription de l'art. 1er des conditions particulières de la Police, et avait encouru la déchéance prévue par cet article, c'est-à-dire, s'il avait opéré des changements dans l'époque de l'aménagement de ses bois sans nous en donner avis, l'Agent devrait en prévenir immédiatement la Compagnie, qui aviserait.   *Cas de déchéance.*

506. — L'expertise portera successivement sur les taillis, les baliveaux, le trouble dans l'aménagement et le repeuplement des souches.   *Marche de l'expertise.*

507. — Elle commencera par les taillis.   *Expertise des taillis.*

Dans l'estimation des taillis incendiés, les experts prendront pour base le prix des ventes ou des exploitations régulières dans les mêmes coupes pour le précédent *ordinaire*, prix qu'ils ramèneront au cours du jour, s'il s'en écarte.

S'il est impossible de connaître le prix des ventes ou le produit d'une exploitation régulière, les experts estimeront la valeur qu'auraient eue les taillis s'ils eussent atteint l'âge habituel de la coupe.

L'une ou l'autre donnée sera divisée par le nombre d'années qui composent l'aménagement, afin d'obtenir le prix d'une feuille à sa pleine croissance, et ce prix, multiplié par l'âge du taillis incendié, donnera la valeur de ce taillis au moment du sinistre.

508. — Ainsi, s'il résulte des ventes ordinaires ou des exploitations régulières qu'un taillis, aménagé à dix ans, produise 400 francs l'hectare lors de la coupe, on divise 400 par 10, et on a 40 francs pour le revenu d'un an. Si le taillis incendié a trois ans, le dommage sera donc de . . . . 120 fr.   *Exemple d'expertise sur taillis.*

Mais le propriétaire n'aurait pu toucher le prix de son bois que dans sept ans. La Compagnie ne lui doit en conséquence que la somme qui, payée maintenant, donnerait dans sept ans 120 francs, en calculant les intérêts composés à 4 pour 100 par an.

Cette somme sera connue par la règle proportionnelle suivante :

1 franc : 0,7599, valeur actuelle représentant 1 franc payable dans sept ans :: 120 : $x = 91.19$ . . . . 91 fr. 19

Ce chiffre de 91 fr. 19 c. représente donc la somme escomptée qui est due immédiatement par la Compagnie.

La preuve qu'il y a justice dans cet escompte, c'est que, si l'Assuré place cette somme à 4 pour 100 pendant sept ans, il obtiendra en intérêts composés. 28   81

Ce qui lui complétera la somme ci-dessus de. 120   »
montant de la perte totale qu'il eût éprouvée lors de l'exploitation de l'ordinaire, s'il n'avait pas été couvert par l'Assurance.

509. — Il est procédé d'une manière analogue pour l'appréciation du dommage sur les baliveaux et les hautes futaies sur taillis.   *Expertise des baliveaux.*

Dans cette appréciation, les experts détermineront les données ci-après :

1° L'âge moyen auquel les arbres sont ordinairement exploités ;

2° L'âge et la valeur totale par chaque âge des baliveaux endommagés, comme s'ils étaient arrivés, sans être frappés par le feu, à l'époque d'exploitation antérieurement déterminée ;

3° La valeur dépréciée et aussi totalisée par âge que ces baliveaux présenteront à cette même époque.

Le dommage résultera de la différence de ces deux appréciations.

Exemple d'expertise sur baliveaux.

510. — Pour placer ici un exemple de cette opération, nous supposons toujours que les bois incendiés sont aménagés à dix ans, et qu'ils en ont trois au moment du sinistre.

D'après les données les plus généralement admises, celles au surplus que nous avons établies quand nous avons traité de l'évaluation des baliveaux dans la Police (Voir n° 265 des présentes Instructions), l'âge moyen de l'exploitation des baliveaux dans un taillis de dix ans est de soixante ans.

Les baliveaux endommagés ont donc 13, 23 et 33 ans.

La valeur totale de ceux de treize ans, s'ils n'avaient pas été atteints par le feu, eût été à soixante ans de. . . . . 120 fr. »

D'après le tort qu'éprouvera leur végétation, nous estimons que leur valeur totale, à l'âge de soixante ans, ne sera plus que de. . . . . . 60 »

Le dommage sera donc à cette époque de. . . . . 60 »

Mais ce n'est pas cette somme que nous devrons immédiatement, puisque cette moins-value n'existera que dans quarante-sept ans. Or l'indemnité étant payée comptant, il faudra, comme pour les taillis, établir l'escompte à 4 pour 100 à intérêts composés en raison de cette époque.

Soit donc la proportion :

1 franc : valeur actuelle représentant 1 franc, payable dans quarante-sept ans,

:: 60 : $x =$ .....

La valeur totale des baliveaux de vingt-trois ans aurait été pareillement à soixante ans, de. . . . . 120 fr. »

Nous estimons qu'elle ne sera plus que de. . . . . 80 »

La perte à cette époque serait donc de. . . . . 40 »

Celle immédiatement à notre charge se déterminera au moyen de la proportion ci-après :

1 franc : valeur actuelle représentant 1 franc payable dans trente-sept ans,

:: 40 : $x =$ .....

Enfin la valeur totale des baliveaux de trente-trois ans aurait été également à soixante ans de. . . . . 120 fr. »

Nous estimons qu'elle ne sera plus que de. . . . . 95 »

Le dommage serait donc à cette époque de. . . . . 25 »

Mais la perte immédiatement à notre charge se déterminera au moyen de la proportion suivante :

1 franc : valeur actuelle représentant 1 franc payable dans vingt-sept ans,
:: 25 : $x =$.....

Pour faciliter ces calculs, nous donnons aux modèles, sous le n° 43, le tableau de l'escompte de 1 franc à 4 pour 100, à intérêts composés, pour quatre-vingts ans.

511. — Le dommage résultant du trouble dans l'aménagement s'établit de la manière suivante : *Expertise du dommage résultant du trouble dans l'aménagement.*

Pour rétablir l'ordre de la coupe ordinaire dans un taillis aménagé à dix ans, il faut admettre que, si le recru a été recépé à trois ans pour cause de sinistre, il le sera de nouveau à sept ans. Ceci posé, la fixation de l'indemnité est facile.

En supposant que ce taillis vaille par hectare lors de la coupe réglée. . . 400 fr. »

L'assuré a droit à cette somme à ladite époque, moins :

1° L'indemnité déjà fixée pour les trois années, soit. . 120 fr. »

2° La valeur d'un recru de sept ans au moment de l'exploitation habituelle, soit. . . . . 165 »

Ensemble à déduire. . . . . 285 »

Le dommage sera donc de. . . . . 115 »

Mais comme l'indemnité se paie comptant, il faut déduire de cette somme l'escompte à raison de 4 pour 100 pendant sept ans, soit. . . . 27 61

Ce qui réduit l'indemnité à payer au moment du sinistre à. . . . 87 39

512. — Le repeuplement des souches mortes par l'effet du feu sera calculé à raison de deux plants par chacune, plantés dans les intervalles, selon l'usage, et sans déracinement desdites souches. *Evaluation du dommage par suite du repeuplement des souches.*

513. — Les sommes fixées et indiquées précédemment, déduction faite de l'escompte à 4 pour 100, seront payées au propriétaire s'il n'y a pas de sauvetage. *Décompte du sauvetage.*

S'il y a un sauvetage, sa valeur, nette de tous frais d'exploitation, telle qu'elle est au moment du règlement, sera déduite de l'indemnité (après déduction première de l'escompte à 4 pour 100), comme valeur immédiatement réalisée et devant, par conséquent, diminuer d'autant la somme à payer par la Compagnie.

514. — L'appréciation du sauvetage devra être faite avec le plus grand soin par les experts. *Appréciation du sauvetage.*

Il est très difficile, sinon impossible, de fixer d'avance les bases de cette appréciation.

Le sauvetage sur les taillis incendiés ne pourra s'évaluer qu'au moyen d'un examen attentif des parties préservées et de celles partiellement atteintes. Leur valeur actuellement réalisable devra être intégralement ou partiellement déduite du dommage.

Le sauvetage sur les baliveaux aura toujours une certaine importance. Il sera plus considérable à proportion que les baliveaux seront plus âgés. En effet les arbres qui ont dépassé vingt à vingt-cinq ans ne souffrent en général que très peu de l'action de la flamme. Si même, par exception, elle les atteint dans leur vitalité, ils n'en conservent pas moins une valeur immédiatement réalisable qui est à peu près celle qu'ils auraient eue sans l'incendie. Le plus souvent la perte sur les baliveaux n'atteindra pas 20 pour 100 de leur valeur, et bien rarement elle dépassera cette limite.

MM. les Agents trouveront dans la série des modèles sous le nº 44, un tableau de la valeur proportionnelle des recrus de taillis, qui les renseignera sur l'appréciation du sauvetage des taillis, et eu égard au trouble porté dans l'aménagement.

Remise de l'expertise au mois de septembre de l'année qui suit.

515. — Dans le cas où les experts ne pourraient pas tomber d'accord, soit sur la valeur des bois au moment de l'incendie, soit sur celle du dommage résultant de l'action du feu ou du trouble dans l'aménagement, MM. les Agents principaux pourraient toujours user de la faculté accordée aux deux parties par l'art. 6 des conditions particulières de la Police de remettre l'expertise au mois de septembre de l'année qui suivrait le sinistre. Ils devront avant tout, dans ce cas, donner avis à la Compagnie des circonstances qui se présenteront.

Le repeuplement des souches et le trouble dans l'aménagement peuvent donner lieu à l'application de la règle proportionnelle.

516. — Quand le repeuplement des souches et le trouble dans l'aménagement sont assurés, si, dans le règlement du sinistre, il était constaté que chacun de ces deux risques ou l'un ou l'autre n'avait éprouvé aucun dommage ou en avait seulement subi un partiel, c'est-à-dire si les souches n'avaient pas souffert ou n'avaient été atteintes que partiellement et si, par l'âge avancé de son bois, le propriétaire n'avait subi que peu ou point de trouble dans son aménagement, il est incontestable qu'il en résulterait pour l'Assureur un sauvetage réel qui devrait entrer en ligne de compte. En conséquence, il est hors de doute que la partie du capital affectée à chacun de ces deux risques doit figurer dans l'appréciation totale du bois et dans la *valeur avant l'incendie* sur laquelle porterait au besoin l'application de la règle proportionnelle.

Bois de hautes futaies.

517. — Les sinistres sur bois de hautes futaies étant extrêmement rares, il n'y a pas lieu de donner ici des instructions spéciales sur la marche à suivre pour les régler.

S'il s'en présentait quelqu'un de cette nature, MM. les Agents procéderaient comme il a été dit précédemment pour les baliveaux.

Autorisation de la Compagnie pour les sinistres au-dessus de 300 francs.

518. — MM. les Agents principaux pourront régler eux-mêmes et au moyen d'une expertise sommaire les sinistres de bois qui n'atteindront pas 300 francs. Dans ce cas ils procéderont comme il a été dit au chapitre 1er du présent titre pour les sinistres de cette importance, au moyen de règlements de gré à gré.

Au dessus de 300 francs MM. les Agents ne pourront procéder au règlement sans l'autorisation de la Compagnie.

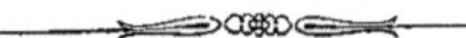

TITRE SIXIÈME

Contentieux.

PRÉAMBULE

519. — Quelques soins que nous apportions dans le choix de nos assurances et dans la rédaction de nos Polices, quelque désir que nous ayons d'ailleurs d'éviter toutes sortes de contestations avec nos Assurés, et quelques efforts que nous fassions dans ce but, néanmoins il s'élève parfois, dans l'exécution de nos contrats, des difficultés dont il est nécessaire, après d'infructueuses tentatives de conciliation, de saisir les tribunaux compétents.

C'est de ces difficultés que nous allons particulièrement nous occuper dans ce Titre.

Objet général de ce Titre.

520. — Il se divise en six chapitres, dans lesquels il sera successivement traité :

1° Du recouvrement des Primes ;

2° Des mesures à prendre, avant le règlement du sinistre, soit contre l'Assuré en état de déchéance, soit contre les tiers responsables de l'incendie ;

3° Des difficultés auxquelles peuvent donner lieu la nomination et les opérations des experts ;

4° De quelques cas spéciaux de règlement de sinistres et d'attribution de l'indemnité ;

5° Du paiement de l'indemnité ;

6° Des recours.

Sa division en six chapitres.

521. — Nous n'avons pas et nous ne pouvons pas avoir la prétention de consigner ici, à l'usage de MM. les Agents, des solutions pour toutes les difficultés qui peuvent naître dans le domaine des faits si divers que nous nous proposons de passer en revue.

Il n'y sera traité que des difficultés les plus usuelles.

Notre unique but est de donner à MM. les Agents quelques instructions spéciales, en harmonie parfaite avec les principes généraux du Droit, qui puissent leur servir, soit à prévenir ces difficultés, soit, quand elles sont nées, à en préparer ou à en provoquer judiciairement la solution.

Nous appelons sur cette matière, qui n'avait pas trouvé place jusqu'ici dans nos Instructions générales, l'attention toute particulière de MM. les Agents.

CHAPITRE Ier.

Du recouvrement des Primes.

Objet et division de ce chapitre.

522. — Nous traiterons dans ce chapitre tant du recouvrement amiable que du recouvrement judiciaire des Primes.

De ces deux parties de notre sujet, la seconde semblerait seule être du ressort du Contentieux. Toutefois, nous les réunirons dans un même chapitre, afin de ne pas isoler des matières qui ont entre elles une connexité très grande et une intime liaison. D'ailleurs, les mesures amiables, prises dans l'origine, exercent souvent une influence notable sur la solution judiciaire des contestations ultérieures, et, sous ce rapport, elles peuvent être considérées comme se rattachant directement au Contentieux.

SECTION Ire. — Du recouvrement amiable des Primes.

§ 1er. — Lettres d'avertissement et de mise en demeure.

Les Primes sont portables.

523. — *Les Primes d'assurance sont payables comptant et d'avance chaque année, à Paris, au domicile de la Compagnie, et dans les départements, au siège de l'agence où la Police a été souscrite.* (Art. 4 des conditions générales de la Police.)

Nécessité de maintenir ce principe.

524. — Les Primes sont donc PORTABLES et non QUÉRABLES. C'est là un principe qui a toujours été écrit dans nos contrats d'assurance, et que nous entendons y maintenir dans toute sa rigueur : en conséquence, toute stipulation contraire à la règle de la *portabilité* de la prime est formellement interdite à MM. les Agents principaux. Nous ne consentons à y déroger qu'en faveur des administrations publiques, et seulement quand celles-ci en font une condition *sine quâ non* de leur Assurance. (Voir l'Annexe au Tarif.)

Méconnu et violé par quelques tribunaux, il est rétabli dans son autorité par la Cour de cassation.

525. — Il convient de dire, toutefois, que quelques tribunaux ont voulu voir dans l'usage généralement adopté par les Compagnies d'assurances, d'aller chercher la prime de chaque année chez les Assurés, une renonciation volontaire de leur part, vis-à-vis de chaque Assuré, au bénéfice du principe de la portabilité des primes; par suite, ces tribunaux, considérant comme non avenue la stipulation expresse de ce principe dans le contrat, ont refusé d'accueillir et de sanctionner la déchéance formellement prononcée par les conditions générales de la Police contre les Assurés en retard de porter leurs primes, à moins que la Compagnie ne justifiât que l'Assuré retardataire

avait été mis par elle en demeure de payer, et cela bien que la Police portât expressément que, « à défaut de paiement dans le délai de quinzaine, *sans qu'il soit besoin*
« *d'aucune demande ou mise en demeure,* l'Assuré n'a droit à aucune indemnité. »

Mais il faut ajouter que ces décisions, qui attribuaient à l'usage suivi par les Compagnies une portée exagérée et tout à fait en désaccord avec la pensée d'où il procède, et
qui, d'ailleurs, n'arrivaient à rien moins qu'à violer ouvertement le contrat, c'est-à-dire
la loi commune des parties, sont demeurées isolées dans la jurisprudence. La doctrine
admise par elles a même été formellement condamnée par la Cour de cassation, qui,
appelée tout récemment à apprécier la légalité du principe de la portabilité des primes,
a, notamment par ses arrêts des 15 novembre 1852 (*Compagnie* la Providence *C. Louvet*)
et 11 juin 1855 (*Compagnie* l'Aigle *C. la Société du bazar Bonne-Nouvelle et les*
directeurs associés du Diorama), restitué à ce principe toute son autorité et consacré
toutes les conséquences que nous lui attribuons nous-mêmes dans l'art. 4 des conditions
générales de notre Police, spécialement en ce qui concerne la déchéance de l'Assuré retardataire sans aucune mise en demeure préalable.

526. — Aussi, dans la dernière édition de notre Police, avons-nous cru devoir
persister avec confiance, non-seulement dans le principe de la portabilité de la Prime,
mais encore dans la stipulation de la non-nécessité de mettre l'Assuré retardataire en
demeure pour le rendre passible de la déchéance. Nous avons même mieux précisé la
non-nécessité de cette mise en demeure, en disant dans l'art. 4 de nos conditions générales : « Les primes des années suivantes sont aussi payées contre quittance de la Com-
« pagnie. Il est accordé à l'Assuré un délai de grâce de quinze jours pour les acquitter.
« *La seule échéance de ce terme constituera l'Assuré en demeure.* » — En outre, nous
avons conservé l'ancienne stipulation : « *Sans qu'il soit besoin d'aucun acte ou de-*
« *mande...* » (Édition de juillet 1855.) — Ces clauses, conformes à la doctrine des arrêts
précités de la Cour de cassation, nous ont paru de nature à assurer et garantir les droits
de chaque partie, et nous invitons MM. les Agents à s'y tenir rigoureusement.

527. — D'un autre côté, cependant, cette satisfaction une fois donnée à un principe
aussi légitime que fondamental en matière d'assurance, nous ne pouvions pas perdre de
vue les nécessités de fait qui avaient déterminé l'établissement de l'usage où sont les
Compagnies de faire percevoir annuellement les primes chez les Assurés. Cet usage, en
effet, n'implique certes pas de la part des Compagnies, comme on l'a quelquefois pensé
sans raison, l'intention de renoncer à la règle essentielle de la portabilité de la prime
et aux conséquences qui en découlent. Il doit son origine à une tout autre cause, et
il répond à un double besoin, à savoir : d'une part, un besoin purement administratif,
celui d'empêcher, dans l'intérêt des Compagnies, la formation ou l'accroissement de
l'arriéré qui résulterait de la négligence que les Assurés pourraient mettre à porter exactement leurs primes à l'échéance ; d'autre part, le besoin de prévenir, dans l'intérêt des
Assurés eux-mêmes, l'application des déchéances auxquelles cette même négligence aurait pu les exposer. Interprété dans ce sens (et il n'a pas d'autre signification), l'usage
dont il s'agit est parfaitement compatible avec le principe de la portabilité de la prime ;

et nous avons pu, dès-lors, en présence des arrêts de la Cour suprême, le maintenir à côté du principe, sans craindre que nos Assurés vinssent se prévaloir contre nous d'un mode de paiement que la seule force des choses a engendré, et qui a d'ailleurs été établi, non pas avec l'intention et dans le but de les dispenser de l'exécution de leurs obligations, telles qu'elles résultent du contrat, mais uniquement afin de leur en rendre l'accomplissement plus facile.

Avertissements donnés aux Assurés.

528. — Donc, en fait, et sous la réserve la plus expresse du principe et de ses conséquences, auxquels nous n'entendons nullement déroger ni renoncer, nous allons chaque année chercher les primes chez nos Assurés.

Pour que les Assurés, de leur côté, se tiennent en mesure de les acquitter à l'échéance, et ne puissent alléguer aucun prétexte pour excuser un retard quelconque dans le paiement, la Compagnie, prenant en cela leurs intérêts mieux qu'ils ne les prendraient peut-être eux-mêmes, leur fait donner trois avertissements successifs par lettres à formules imprimées dont MM. les Agents trouveront des modèles sous les nos 45, 46 et 47, à la suite des présentes Instructions.

MM. les Agents possèdent d'ailleurs dans leur matériel des formules imprimées de ces trois lettres.

Elles doivent être envoyées dans l'ordre et les cas suivants :

Avertissement pour Prime venant à échéance.

529. — La première de ces lettres est la lettre d'*Avertissement pour prime venant à échéance*. Il y a lieu d'en faire l'envoi, soit aux nouveaux Assurés, qui sont encore peu au courant de nos usages, soit à ceux des autres Assurés que MM. les Agents connaissent pour leur inexactitude à payer leurs primes. Elle doit d'ailleurs leur être adressée dans la quinzaine qui précède la date d'échéance de la prime. (Quant au mode d'envoi de cette lettre, voir le no 683 des présentes Instructions.)

Avertissement pour Primes échues.

530. — Si, nonobstant cet avertissement, l'Assuré ne s'est pas libéré à l'expiration de la quinzaine de grâce pour le paiement de la prime, l'Agent principal lui expédiera, dans le mois, la lettre d'*Avertissement pour primes échues*, qui commence ainsi : « La « prime d'Assurance résultant de la Police que vous avez passée avec la Compagnie, etc. »

Cette lettre doit être envoyée à tous les Assurés retardataires sans exception, aussi bien à ceux auxquels l'on a précédemment adressé la première lettre, qu'à ceux auxquels on ne l'a pas envoyée. (Quant au mode d'expédition de cette seconde lettre, voir au no 684 des présentes Instructions.)

Mise en demeure.

531. — Les deux lettres d'avertissement dont il vient d'être parlé sont bonnes et peuvent paraître suffisantes pour faire connaître officiellement aux Assurés la situation dans laquelle ils se placent envers la Compagnie en laissant leurs primes s'arriérer. Nous envoyons néanmoins la troisième, par surcroît de précaution, et pour nous mettre en règle vis-à-vis des tribunaux qui, malgré les stipulations formelles de notre contrat, persisteraient à ne vouloir appliquer aux Assurés la déchéance pour défaut de paiement des primes qu'autant qu'ils auraient été préalablement mis en demeure de les acquitter. Seulement, celle-ci, devant servir de mise en demeure et remplacer ainsi un acte extra-judiciaire qui serait trop dispendieux, sera assujétie à un mode d'envoi spécial. Au lieu de se borner à la jeter à la poste, affranchie ou non, comme les précédentes, MM. les Agents devront la faire *charger* (1). L'inscription qui est faite sur les registres de la poste du dépôt de toute lettre chargée, de la date de ce dépôt, du nom de l'expéditeur et de celui du destinataire, enfin le récépissé qui en est délivré au premier, constituent, au profit de la Compagnie, la preuve d'une mise en demeure suffisante pour prévenir ou faire cesser, en cas de contestation judiciaire, toutes les hésitations des tribunaux sur la nécessité d'appliquer la déchéance.

Ajoutons que cette lettre de mise en demeure doit être adressée aux Assurés qui ont laissé s'écouler plus de trois mois depuis l'échéance de leur prime sans l'acquitter, à ceux contre lesquels la Compagnie aurait antérieurement dû diriger des poursuites, à ceux surtout chez lesquels l'Agent aurait quelque raison de redouter un sinistre plus ou moins prochain.

§ 2. — Lettres de notification de résiliement.

552. — Indépendamment des lettres d'avertissement et de mise en demeure, dont il vient d'être parlé, MM. les Agents peuvent avoir à adresser à certains assurés les lettres dites de *Notification de résiliement*. Celles-ci, il est vrai, ont perdu aujourd'hui une grande partie de leur importance. Néanmoins, elles ont encore une utilité transitoire, et nous devons en dire quelques mots.

553. — MM. les Agents principaux savent que les éditions de notre police antérieures à celle du 1er juin 1849 contenaient la clause suivante :

« A défaut de paiement (de la prime)..., sans qu'il soit besoin d'aucune demande,
« d'aucune mise en demeure, l'assuré n'a droit, en cas d'incendie, à aucune indemnité,
« et la Compagnie peut, à son choix, ou résilier la police par une simple notification,
« ou la maintenir et en poursuivre l'exécution. »

Nous avons jugé, depuis, que cette faculté arbitraire de résiliement laissée à la Compagnie, alors qu'aucune faculté pareille n'étaient réservée à l'Assuré, pouvait être considérée, dans certains cas, comme constituant une condition léonine ; plusieurs tribunaux, d'ailleurs, lui avaient formellement reconnu ce caractère : en conséquence, nous y avons renoncé pour l'avenir, et nous avons fait disparaître des éditions postérieures de nos Polices la clause qui la consacrait. Il n'en reste pas moins que cette faculté nous était garantie par les Polices antérieures à 1849, qu'elle subsiste pleinement à l'égard de celles de ces Polices qui sont encore en cours, et qu'ainsi nous sommes

---

(1) Toute lettre à *charger* doit être close *en forme d'enveloppe* par *cinq* cachets en cire, portant les initiales ou un signe particulier de l'expéditeur. L'empreinte doit être la même pour les cinq cachets.

Elle est présentée dans les bureaux de la poste. Le chargement en est opéré par le directeur, qui en délivre un récépissé avec un numéro d'ordre détaché d'un registre à souche.

Cette lettre est soumise à un supplément de taxe de 20 centimes en sus de la taxe légale, quel que soit d'ailleurs son poids. L'*affranchissement* par l'expéditeur *en est obligatoire*. (Voir, au surplus, au n° 690 des présentes Instructions.)

aujourd'hui en droit de l'exercer, le cas échéant, contre les Assurés porteurs de ces Polices.

La lettre de notification de résiliement a pour objet de réaliser l'exercice de la faculté dont il s'agit, en portant officiellement à la connaissance des Assurés retardataires que la Compagnie entend résilier la Police pour défaut de paiement de la Prime en temps utile.

Cette lettre est soumise, quant à toutes les formalités de sa transmission, aux prescriptions que nous venons d'indiquer (n° 531) pour la lettre de mise en demeure, c'est-à-dire qu'elle doit être, comme cette dernière, *chargée* à la poste. Elle sera adressée à l'Assuré dès le lendemain même de l'expiration du délai de quinzaine de grâce, quand MM. les Agents auront quelque motif particulier de craindre un incendie chez l'Assuré retardataire, et dans tous les cas où ils verront avantage à débarrasser la Compagnie d'un mauvais risque ou d'un mauvais payeur, circonstances laissées à leur appréciation.

MM. les Agents, du reste, ont aussi dans leur matériel des formules imprimées de ces dernières lettres, dont ils trouveront le modèle sous le n° 48. Nous répétons qu'il ne doit en être fait usage qu'à l'égard des Assurés porteurs de Polices des éditions antérieures à celle du 1er juin 1849, et seulement quand il y a des raisons particulières de résilier immédiatement les Polices de ces Assurés.

La faculté de résiliement n'existe pas pour les Polices postérieures. — Conséquences.

534. — Nous avons dit que la faculté de résiliement avait disparu des éditions de notre Police postérieures au 1er juin 1849. Avec elle par conséquent a disparu, du moins vis-à-vis des Assurés souscripteurs de Polices postérieures à cette date, toute l'utilité de la lettre de notification de résiliement.

D'après l'art. 4 des conditions générales des Polices nouvelles, quoique l'assuré, quand il n'a pas payé sa prime, ait définitivement encouru la déchéance par l'effet seul de l'expiration de la quinzaine de grâce qui lui est accordée à cette fin, la Police n'est pas résiliée pour cela; l'effet de l'assurance est seulement suspendu à l'égard de l'Assuré, qui a toutefois la faculté de faire revivre la Police à son profit, mais pour l'avenir uniquement, en venant payer la prime arriérée et les frais, s'il y en a. Cette latitude ne cesse pour lui que lorsque la prime n'a pas été payée dans le délai d'un an et demi à dater de son échéance ou du dernier acte de poursuites, auquel cas la Police est et demeure résiliée *de plein droit* pour le temps à courir, aussi bien pour la Compagnie que pour l'Assuré, et sans qu'il soit besoin d'aucune notification.

MM. les Agents voient par là : d'une part, que nous ne pouvons plus, aujourd'hui, imposer le résiliement des Polices aux Assurés retardataires; d'autre part, que, malgré le non-paiement de la prime, la Police (son effet toutefois demeurant suspendu à l'égard de l'Assuré déchu) subsiste encore forcément pendant dix-huit mois à partir de l'échéance de la prime ou à partir des dernières poursuites exercées dans le but d'en obtenir le paiement; qu'enfin, une fois ces dix-huit mois expirés, la Police est forcément aussi et de plein droit résiliée envers chaque partie.

Moyen à employer pour obtenir, s'il y a lieu, le résiliement de ces Polices.

535. — Cependant, on le conçoit sans peine, il peut être très intéressant, même aujourd'hui, d'obtenir parfois le résiliement des Polices des Assurés nouveaux qui sont en retard de payer leurs primes : ainsi, par exemple, quand le risque est mauvais, quand l'Assuré est devenu insolvable, quand il est notoirement exposé à des actes de vengeance, etc. A cet égard, la libre faculté de résiliement n'existant plus pour la Compagnie, du moins à l'égard de ces Assurés, MM. les Agents n'auront vis-à-vis d'eux d'autre ressource que celle d'obtenir leur consentement à un résiliement amiable, qui serait réalisé d'accord et sans frais, au moyen d'un avenant sur imprimé spécial. Sans doute il ne sera pas toujours facile d'amener un Assuré à consentir de bonne grâce au résiliement de sa Police, alors qu'il n'y a aucun intérêt; toutefois, en saisissant l'occasion favorable et en y mettant d'ailleurs une judicieuse persévérance, il sera possible à MM. les Agents d'arriver souvent à ce résultat, et la Compagnie leur saura le meilleur gré des résiliements qu'ils obtiendront, dans de pareilles circonstances, des nouveaux Assurés.

Du reste, ces difficultés mêmes ne feront que mieux sentir à MM. les Agents la nécessité d'adresser, sans délai, à ceux des nouveaux Assurés retardataires qui leur paraissent douteux, la lettre de mise en demeure dont il a été précédemment question. Envoyée à l'Assuré dès le lendemain de l'expiration de la quinzaine de grâce, cette lettre serait en pareil cas la véritable sauvegarde des intérêts de la Compagnie. Nous invitons en conséquence MM. les Agents à y recourir directement, le cas échéant, sans la faire précéder de la lettre d'avertissement n° 2, et sans observer les délais ordinaires prescrits aux n°s 529, 530 et 531 des présentes Instructions.

Ajoutons, pour terminer, qu'il est des cas dans lesquels le résiliement amiable des Polices des nouveaux Assurés sera toujours facile à obtenir, par exemple, lorsqu'il s'agira de Polices dont les primes devront être portées en non-valeur pour extinction des risques par suite de sinistre total, démolition, cessation de commerce, vente des objets mobiliers garantis, ou insolvabilité notoire des Assurés. MM. les Agents devront, dans ces cas comme toujours, mettre tous leurs soins à réaliser les résiliements par des avenants en la forme ordinaire.

§ 3. — Règles d'ordre concernant les diverses lettres mentionnées dans les §§ qui précèdent.

536. — Nous avons déjà dit que la Compagnie fournit à MM. les Agents des formules imprimées tant des lettres d'avertissement que des lettres de mise en demeure et de notification de résiliement. Il n'est besoin de rien ajouter quant aux premières, puisque nous nous sommes déjà expliqués sur leur forme et sur leur mode d'envoi. Mais, en ce qui concerne les lettres de mise en demeure et celles de notification de résiliement, il convient d'indiquer qu'elles sont imprimées, celles-ci sur papier bleu, celles-là sur papier blanc, et qu'elles sont disposées les unes et les autres sous forme d'enveloppes, afin de rendre plus faciles leur pliage et l'apposition des cinq cachets nécessaires à leur chargement à la poste, le tout ainsi qu'il a été expliqué précédemment.

537. — MM. les Agents ont un registre spécial pour l'indication des envois qu'ils font successivement aux Assurés des lettres de mise en demeure pour non paiement de la Prime et de celles de notification de résiliement. Nous leur recommandons de tenir ce registre avec le plus grand soin et jour par jour. Il serait même à désirer qu'ils y ouvrissent deux nouvelles colonnes, jusqu'à ce que nous le fassions nous-mêmes dans les prochaines éditions de ces registres, pour l'inscription, par ordre de date et jour par jour, des envois des lettres d'avertissement n°s 1 et 2. La production de ce registre en justice pouvant devenir nécessaire lorsque la Compagnie sera obligée d'opposer aux Assurés retardataires la déchéance par eux encourue, il importe essentiellement qu'il soit tenu avec une exactitude rigoureuse et qu'il soit d'ailleurs le plus complet possible.

538. — Enfin, MM. les Agents devront conserver dans leurs archives, avec un soin non moins scrupuleux, les récépissés qui leur seront délivrés par la poste pour la constatation de l'envoi des lettres chargées. Ceux de ces récépissés relatifs aux lettres de mise en demeure resteront dans les Agences jusqu'à ce que, en cas de contestation, leur production en justice devenant utile, la Compagnie se les fasse envoyer. Les autres, concernant les notifications de résiliement, lui seront adressés avec les bordereaux de résiliement, suivant ce qui est dit au n° 400 des présentes Instructions.

Conservation des récépissés des lettres chargées.

SECTION II. — Du recouvrement des Primes par voie judiciaire.

OBSERVATIONS PRÉLIMINAIRES.

539. — L'Assuré n'a pas payé sa prime venue à échéance ; nonobstant les lettres d'avertissement qui lui ont été adressées, nonobstant la lettre de mise en demeure, il ne s'est pas exécuté ; la crainte du danger auquel il est exposé à raison de la déchéance par lui encourue ne suffit pas même pour le déterminer à venir acquitter sa prime, afin de faire cesser ce danger pour l'avenir : c'est alors le cas de poursuivre l'Assuré en justice pour le contraindre au paiement.

Ici commence, à proprement parler, le Contentieux.

Poursuites en paiement de Primes contre les Assurés.

540. — Une observation essentielle doit être faite tout d'abord.

Il importe sans doute à la Compagnie de poursuivre judiciairement la rentrée de ses primes ; mais il lui importe tout autant de ne pas exposer des frais inutiles et qui ne feraient qu'ajouter aux pertes résultant des non-valeurs. Aussi, pour éviter ce dernier danger, MM. les Agents devront-ils avoir grand soin de ne jamais diriger des poursuites contre des Assurés notoirement insolvables ou ne présentant que des garanties douteuses. Il n'y a, vis-à-vis de ces Assurés, d'autre ressource que de leur signifier dans le plus bref délai possible, soit la lettre de mise en demeure, soit le résiliement de leur Police, si elle est d'une édition antérieure à celle du 1er juin 1849, ou bien d'obtenir ce résiliement par les voies amiables, le tout ainsi qu'il a été expliqué précédemment.

Les poursuites ne doivent être dirigées que contre des Assurés solvables. A l'égard de ceux-ci, la modicité de la prime ne doit même pas être un obstacle aux poursuites, les frais judiciaires devant, en définitive, retomber à la charge de l'Assuré récalcitrant. Seulement, et afin de diminuer autant que possible les faux frais qu'entraîneraient inévitablement des poursuites isolées pour des sommes très modiques, il sera bon que

Ne poursuivre que les Assurés solvables, sans égard à la modicité de leurs Primes.

MM. les Agents réunissent ces poursuites par groupes, en citant, par exemple, tous les petits Assurés retardataires d'un canton pour le même jour devant le juge de paix.

S'il y avait un grand nombre d'Assurés retardataires dans la même commune, MM. les Agents pourraient peut-être se dispenser d'exercer des poursuites contre tous. Il faudrait, dans ce cas, commencer par en poursuivre quelques-uns des plus notables. Les condamnations obtenues contre eux servant d'exemple aux autres, ceux-ci viendraient probablement d'eux-mêmes se libérer. A défaut de paiement volontaire de leur part, il y aurait lieu de les poursuivre à leur tour.

541. — Voici une seconde observation non moins importante que la première.

Il arrivera inévitablement plus d'une fois que des Assurés, souvent même très solvables, demanderont à MM. les Agents des délais pour le paiement de leurs primes, et nous comprenons que, dans certaines circonstances, il serait peut-être rigoureux de fermer absolument l'oreille à ces sortes de réclamations. Toutefois, nous invitons instamment MM. les Agents à ne jamais répondre aux sollicitations de cette nature par la promesse formelle d'un délai ; cela nous exposerait à supporter, pendant toute la durée du délai accordé, des risques sans compensation actuelle et certaine. Tout ce que MM. les Agents pourront laisser espérer dans ce cas à l'Assuré, c'est qu'ils différeront les poursuites à exercer contre lui. Mais cela ne les dispensera pas de le mettre immédiatement en demeure de payer, par l'envoi de la lettre d'usage, comme dans les cas ordinaires. En règle générale, toutes les fois que la prime n'est pas acquittée à son échéance, il faut mettre l'assuré, même solvable, en demeure, sauf à retarder ensuite, s'il y a lieu, le moment où les poursuites contre lui seront commencées. Il ne peut y avoir d'exception à cet égard que pour les établissements publics (Voir, en ce qui les concerne, ce qui a été dit au n° 147 des présentes Instructions).

Dans tous les cas, nous prévenons MM. les Agents qu'ils ne devront jamais laisser passer dix-huit mois sans exercer des poursuites contre les Assurés retardataires, quelque solvables qu'ils soient d'ailleurs ; car autrement, ce délai une fois expiré, ces Assurés pourraient, en se fondant sur l'art. 4 des conditions générales de notre Police, prétendre que leur contrat a été résilié *de plein droit* à l'expiration de cette période de temps, et qu'ainsi ils sont dégagés envers nous de toutes leurs obligations pour l'avenir, à la seule condition de nous payer une année et demie de prime pour le passé. Nous appelons sur ce point l'attention toute spéciale de MM. les Agents, car ce fait s'est déjà présenté quelquefois, et nous les prévenons que nous les rendrions personnellement responsables envers la Compagnie de toutes les primes que nous serions obligés de porter en non-valeurs par suite de leur négligence à en poursuivre les débiteurs solvables en temps utile. MM. les Agents doivent comprendre que la Compagnie ne pourrait, dans aucun cas, consentir à prendre à sa charge les pertes résultant d'une cause semblable.

542. — En présence d'une poursuite en paiement de primes à exercer, il y a lieu de se poser trois questions principales, qui donnent lieu à autant de sujets d'examen, à savoir :

18.

1° Contre quelles personnes la poursuite doit-elle être dirigée ?

2° Devant quelle juridiction doit-elle être portée, et dans quelle forme convient-il de l'introduire et de la suivre ?

3° Comment exécutera-t-on le jugement qui sera rendu ?

Nous allons procéder à l'examen de ces divers points en autant d'articles distincts, en ayant soin, toutefois, de nous renfermer dans le cercle des difficultés les plus usuelles, les seules dont il est réellement indispensable que MM. les Agents connaissent la solution.

Art. 1ᵉʳ — Des personnes contre lesquelles l'action en paiement des Primes doit être dirigée.

C'est le souscripteur de la Police qu'il faut généralement poursuivre.

543. — En général, la demande en paiement des primes doit être formée contre le souscripteur de la Police, si du moins il a, en la signant, agi pour son compte personnel : dans ce cas, en effet, c'est lui qui est le débiteur direct et unique de la prime, et ayant eu capacité pour contracter l'engagement, il aura aussi presque toujours qualité pour ester en justice sur l'instance relative à son exécution.

Au cas de décès de l'Assuré souscripteur de la Police, les poursuites devraient être exercées contre ses héritiers ou légataires dans les conditions et proportions suivant lesquelles ils sont tenus des dettes et charges de la succession, conformément à ce qui a été dit aux nᵒˢ 173 à 179 des présentes Instructions.

Mandataire.

544. — Si le souscripteur de la Police avait agi comme mandataire et en vertu d'une procuration authentique ou d'un pouvoir sous seing privé non contesté, la demande en paiement des primes devrait être formée contre le mandant. Mais si celui-ci déniait le mandat et qu'il fût reconnu que le prétendu mandataire avait agi sans pouvoir et en prenant une fausse qualité, le propriétaire des objets assurés ne serait pas obligé par le contrat d'assurance ; nous n'aurions, dans ce cas, qu'une action en dommages-intérêts contre le soi-disant mandataire qui aurait abusé de notre bonne foi.

S'il s'agit d'un tiers (commissionnaire, dépositaire ou autre) ayant assuré des objets *pour compte de qui il appartiendra*, sans désignation des propriétaires desdits objets, c'est contre ce tiers personnellement que le paiement des primes doit être poursuivi. La Compagnie, en effet, ne connaît pas d'autre personne, et le tiers, dans ce cas, considéré comme le gérant d'affaires des propriétaires innommés pour le compte desquels il a volontairement contracté, est directement tenu de toutes les dépendances et de toutes les suites de l'assurance qu'il a souscrite dans leur intérêt (art. 1379 du Code Napoléon). Il a d'ailleurs, le plus souvent, un intérêt personnel dans le contrat.

Donataire ou acquéreur.

545. — Lorsque la propriété des objets assurés a été transférée à un donataire ou à un acquéreur, si les formalités prescrites par l'art. 6 des conditions générales de la police ont été remplies, la poursuite en recouvrement des primes s'exercera contre le nouveau propriétaire, admis à profiter du bénéfice de l'Assurance. A défaut d'accomplissement de ces formalités, la Compagnie, d'après le même art. 6 des conditions générales, n'a qu'une action contre l'ancien propriétaire, à l'effet d'obtenir le paiement, en outre des primes échues, d'une année de prime à titre de dommages-intérêts.

546. — Dans le cas où les biens assurés appartiennent à un mineur, la demande en paiement de primes doit être formée contre le tuteur. En cas de survenance de la majorité au cours de l'exécution du contrat, il y aurait lieu de diriger la demande contre le mineur devenu majeur, et, par conséquent, entré en pleine possession de sa capacité.

Il en est de même des primes dues par un interdit : tant que dure l'interdiction, c'est le tuteur qu'il faut poursuivre; si l'interdiction vient à être levée, la poursuite est dirigée contre l'ex-interdit.

Quant aux Assurés simplement pourvus d'un Conseil judiciaire, ils peuvent être directement poursuivis en justice pour le paiement de leurs primes; mais il est nécessaire de mettre également en cause le Conseil judiciaire, sans l'assistance duquel il leur est défendu de plaider. (Art. 513 du Code Napoléon.)

547. — Il résulte de ce que nous avons dit aux n°ˢ 329 et 330 des présentes Instructions que le mineur émancipé, généralement capable de tous les actes de pure administration, a qualité pour souscrire seul une Police d'Assurance. Il a de même qualité pour défendre seul à l'action en paiement des primes échues, qui est une action purement mobilière : en conséquence, c'est contre lui seul qu'elle sera dirigée. Mais, s'il s'agissait, par exemple, de poursuites tendant à son expropriation, l'action dans ce cas devenant immobilière, il n'y pourrait défendre qu'avec l'assistance de son curateur, qui devrait être mis en cause. (Art. 481 et 482 du Code Napoléon.)

548. — Les femmes mariées ont aussi, dans trois cas, le pouvoir de souscrire seules des Polices d'Assurance à leur profit : 1° lorsqu'elles sont mariées sous le régime de séparation de biens; 2₀ lorsque, étant mariées sous le régime dotal, il s'agit de l'Assurance de leurs biens paraphernaux; 3₀ enfin, lorsque, étant marchandes publiques, elles font assurer les objets de leur commerce (Voir n° 33 des présentes Instructions). Mais jamais elles ne peuvent ester en jugement sans l'autorisation de leurs maris, ou, à son défaut, celle de justice (Art. 215 et 218 du Code Napoléon). En conséquence, même dans les trois cas ci-dessus, et bien que, s'agissant de l'Assurance de leurs biens et de Polices souscrites par elles seules, elles soient personnellement débitrices de la prime, elles ne peuvent pas être seules l'objet d'une action en justice tendant à en obtenir le paiement. Leurs maris doivent être également mis en cause pour les autoriser et assister, sinon la procédure serait irrégulière. A défaut de l'autorisation de leurs maris, il faudrait requérir celle du Tribunal.

Dans tous les autres cas et sous quelque régime que ce soit, l'administration des biens de la femme appartenant au mari, celui-ci est seul tenu de l'assurance desdits biens, considérée comme une charge de cette administration; par suite, il souscrit seul et en son nom les Polices d'Assurance y relatives, et, dès lors, le paiement des primes peut être poursuivi contre lui seul. Du reste, nous pensons que, même dans ce cas, la procédure ne serait pas irrégulière pour avoir été suivie à la fois contre le mari et contre la femme, cette dernière étant assignée à raison de son intérêt personnel à l'Assurance ; il y aurait seulement à craindre, en les poursuivant l'un et l'autre, de s'exposer à des frais frustratoires et dont il ne serait pas possible d'obtenir le remboursement.

Faillite.

549. — Disons enfin que les Assurés tombés en faillite seront représentés par des syndics contre lesquels, à défaut de paiement de la prime, les poursuites en justice devront être dirigées. (Voir n° 332.)

Départements. — Communes. — Etablissements publics. — Cas exceptionnels.

550. — Les solutions qui précèdent suffiront pour mettre MM. les Agents à même de discerner, dans les cas ordinaires, contre quelles personnes il convient d'exercer les poursuites en paiement des primes en souffrance dues à la Compagnie, et nous n'insisterons pas davantage sur ce point. A l'occasion, il serait pourvu par des instructions spéciales aux cas exceptionnels.

Nous n'avons pas parlé, — et c'est avec intention, — des Assurances souscrites par les départements, les communes, les établissements publics, hospices, fabriques, etc., non plus que des mesures à prendre en cas de non paiement des primes dues pour ces Assurances. Il nous a paru que ce cas ne devait pas être prévu dans nos Instructions générales. Les départements, les communes et les établissements publics ne renoncent pas capricieusement à leurs Assurances, et s'ils apportent parfois, dans le paiement de leurs primes, des retards que les nécessités administratives qui leur sont imposées expliquent suffisamment, et auxquels nous avons dû nous-mêmes souscrire à l'avance (voir ci-devant n° 541), ces retards ne se traduisent jamais pour les Assureurs en un refus de paiement. Aussi avons-nous jugé inutile de prévoir ici cette éventualité. Si un refus de paiement se produisait exceptionnellement dans ces sortes d'Assurances, nous y pourvoirions au moyen d'instructions particulières adressées à MM. les Agents. (Voir d'ailleurs le n° 333 des présentes Instructions.)

ART. 2. — Des juridictions compétentes, de la forme des poursuites et de leur jugement.

Enumération des juridictions compétentes. — Division du sujet.

551. — Les demandes en paiement de primes doivent être portées, suivant leur importance, soit devant la justice de paix, soit devant le tribunal civil.

Nous nous occuperons successivement de ces deux juridictions.

Nous examinerons, en troisième lieu, si les demandes dont il s'agit ne pourraient pas, dans certains cas, être portées devant les tribunaux de commerce ou devant des arbitres.

§ 1er — Justices de Paix.

Compétence du juge de paix.

552. — Lorsque la prime impayée, ou le montant total des primes à réclamer, n'excède pas en principal la somme de 200 francs, la demande en paiement doit être portée devant le juge de paix, qui, d'après la loi du 25 mai 1838, connaît de toutes actions purement personnelles ou mobilières, en dernier ressort, jusqu'à la valeur de 100 francs, et, à charge d'appel, jusqu'à la valeur de 200 francs. Il est bien entendu que le juge compétent est ici le juge de paix du domicile de l'Assuré.

555. — Aux termes de la loi nouvelle sur les justices de paix, en date du 2 mai 1855, il est interdit aux huissiers de donner aucune citation en justice sans qu'au préalable le juge de paix n'ait appelé les parties devant lui, au moyen d'un avertissement sur papier non timbré, rédigé et délivré par le greffier, au nom et sous la surveillance du juge de paix, et expédié par la poste, sous bande simple scellée du sceau de la justice de paix, avec affranchissement. Il n'y a d'exception à cette règle que pour les causes qui requièrent célérité, suivant l'appréciation du juge, et pour celles dans lesquelles le défendeur serait domicilié hors du canton ou des cantons de la même ville.

Nécessité du billet d'avertissement préalable.

En conséquence, toutes les fois qu'il y aura lieu à poursuivre un Assuré retardataire devant le juge de paix de son canton, MM. les Agents devront lui adresser, avant tout, par la poste, l'avertissement prescrit par la loi, qui leur sera délivré par le greffier, moyennant une rétribution fixe de *vingt-cinq centimes*, y compris l'affranchissement.

554. — Si l'Assuré comparaît devant le juge de paix sur cet avertissement, et qu'il y ait conciliation, le juge de paix, sur la demande de l'une des parties, peut dresser procès-verbal des conditions de l'arrangement ; ce procès-verbal aura force d'obligation privée. (Loi précitée du 2 mai 1855.)

Comparution et conciliation sur billet d'avertissement.

555. — A défaut de comparution de l'Assuré, MM. les Agents devront en demander acte, et il en sera fait mention par le greffier sur son registre des avertissements.

Non comparution ou non conciliation. — Citation par huissier.

Cette formalité remplie, MM. les Agents auront la faculté de citer l'Assuré devant le juge de paix, et ils devront user immédiatement de ce droit, en lui faisant signifier, par huissier, un exploit de citation conforme au modèle n° 49, qu'ils trouveront à la suite des présentes Instructions.

Ils auront la même faculté et ils devront procéder de la même manière dans le cas de comparution de l'Assuré sur l'avertissement, s'il n'y a pas eu conciliation.

556. — Ici se placent trois observations importantes :

Libellé de l'exploit. — Enregistrement de la Police. — Numéro de la patente de la Compagnie.

1° MM. les Agents remarqueront, en lisant le modèle d'exploit de citation, qu'il est libellé *à la requête de la Compagnie, agissant poursuites et diligences de son directeur, et représentée par M.   , son agent principal, à   , y demeurant.* C'est là une règle générale pour toutes les actions judiciaires de la Compagnie, comme aussi pour tous les actes extra-judiciaires à signifier dans son intérêt ; ils doivent tous être invariablement formulés de la même façon, c'est-à-dire à la requête de la Compagnie, et non à celle des Agents qui ne sont que des mandataires.

2° MM. les Agents remarqueront, en outre, dans le même modèle d'exploit, qu'il est fait mention de la Police souscrite par l'Assuré, et l'on conçoit que cela est indispensable, puisqu'elle forme la base de nos droits et de notre action contre lui. C'est ici le cas de dire, également comme règle générale, que, pour qu'une police puisse être ainsi mentionnée dans un exploit d'huissier ou dans un acte public quelconque, il faut qu'elle ait été préalablement enregistrée (1). Il conviendra donc de soumettre d'avance à cette formalité celles des Polices qui donneront lieu à des poursuites. A cet effet, s'il s'agit de Polices antérieures au 1er octobre 1850, c'est l'administration de la Compagnie elle-même qui les fera enregistrer, à Paris, au moyen des duplicata qui sont en sa possession. Quant aux Polices postérieures à cette date, MM. les Agents en ayant un triplicata dans leurs archives, ils pourront, au moyen de cet exemplaire, en faire opérer eux-mêmes l'enregistrement.

3° Enfin, MM. les Agents remarqueront que la date et le numéro de la patente de la Compagnie ne sont pas mentionnés dans le modèle d'exploit de citation. Ils ne devront pas être mentionnés davantage dans les autres actes quelconques signifiés au nom de la Compagnie. La loi du 18 mai 1850, art. 22, a abrogé la disposition contraire introduite à cet égard par l'art. 29 de la loi du 25 avril 1844.

557. — Au jour fixé pour l'audience par l'exploit de citation, MM. les Agents comparaîtront, autant que possible, en personne, devant le juge de paix. Toutefois si, à raison des distances, ou pour tout autre motif, il leur était impossible de comparaître personnellement, ils pourraient se faire représenter, soit par un Sous-Agent, soit par tout autre mandataire muni à cet effet d'un pouvoir spécial.

Nécessité de la comparution de MM. les Agents en personne.

558. — Si l'Assuré se présente, MM. les Agents requerront sa condamnation immédiate au paiement des primes dues à la Compagnie, et prendront à cet effet un jugement contre lui, à moins que, pour en éviter les frais, il n'offre de se libérer séance tenante et sans délai. Si, au contraire, il ne comparaît pas, il sera pris contre lui un jugement par défaut, sauf à lui, sur la signification qui lui en sera faite, à y former opposition, s'il s'y croit fondé, pour le prochain jour d'audience ou dans le délai fixé par le juge de paix.

Conclusions à fin de condamnation de l'Assuré.

559. — Dans le cas où, par suite de la défense présentée par l'Assuré, il surgirait quelque difficulté imprévue et de nature à faire impression sur le juge, MM. les Agents auraient soin de demander la remise de l'affaire à huitaine pour en référer à la Compagnie, qui aviserait et donnerait au besoin de nouvelles instructions.

Demande de renvoi de l'affaire, s'il y a lieu.

560. — Disons, avant de terminer ce qui concerne les justices de paix, qu'aux termes de l'art. 7 du Code de procédure civile, les parties ont toujours la faculté de se présenter volontairement devant un juge de paix quelconque, lors même qu'il ne serait leur juge naturel, ni à raison du domicile du défendeur, ni à raison de la situation de

Attribution de compétence à un juge de paix convenu. — Nécessité d'une autorisation spéciale de la Compagnie.

---

(1) Le droit d'enregistrement est de 1 p. 0/0 sur la totalité des primes (a), plus 2 décimes (b). Quant au droit de timbre et à l'amende qui étaient autrefois perçus, lors de la présentation de nos polices à la formalité de l'enregistrement, la perception n'en est plus à craindre depuis que, pour satisfaire à la loi du 5 juin 1850, nous faisons timbrer toutes nos polices.

(a) Loi du 22 frimaire an VII, art. 69, § 2, 2°; Loi du 28 avril 1816, art. 51, n° 2; Instructions générales, 14 juin 1821, n° 983.

(b) Lois du 6 prairial an VII et du 14 juillet 1855.

l'objet litigieux; auquel cas il jugera leur différend, soit en dernier ressort, si les lois ou les parties l'y autorisent, soit à la charge de l'appel. Ajoutons seulement que nous ne rappelons cette faculté exceptionnelle que pour le principe. En fait, MM. les Agents n'en devront user que sur autorisation spéciale de la Compagnie.

§ 2. — Tribunaux civils.

561. — Lorsque la prime impayée, ou le montant total des primes à réclamer, excède en principal la somme de 200 francs, la demande en paiement doit être portée devant le tribunal civil de première instance, qui, d'après la loi du 11 avril 1838, connaît en dernier ressort des actions personnelles et mobilières jusqu'à la valeur de 1,500 francs de principal. Il s'agit encore ici, bien entendu, du tribunal civil du domicile de l'Assuré.

Compétence des tribunaux civils.

562. — Mais, aux termes de l'art. 48 du Code de procédure civile, aucune demande principale introductive d'instance, entre parties capables de transiger, et sur des objets qui peuvent être la matière d'une transaction, n'est reçue dans les tribunaux de première instance, que le défendeur n'ait été préalablement appelé en conciliation devant le juge de paix, ou que les parties n'y aient volontairement comparu.

Citation préalable et directe en conciliation, sans billet d'avertissement.

En conséquence, toutes les fois qu'il y aura lieu de poursuivre un Assuré retardataire devant le tribunal de première instance, MM. les Agents devront, au préalable, l'appeler en conciliation devant le juge de paix, en lui faisant donner dans cet objet, par un huissier de la justice de paix, une citation qui énoncera sommairement l'objet de la conciliation (art. 52 du Code de procédure). Voir modèle n° 50.

L'exploit de citation en conciliation devra, du reste, être précédé de l'enregistrement de la Police, être signifié à la requête de la Compagnie, et ne pas mentionner le n° de la patente de la Compagnie, le tout ainsi qu'il a été ci-devant expliqué au n° 556. Il sera, en outre, signifié directement à l'Assuré, sans qu'il soit nécessaire, au préalable, d'appeler ce dernier par billet d'avertissement devant le juge de paix; le rapporteur de la loi du 2 mai 1855 au Corps législatif a nettement déclaré, en effet, que le billet d'avertissement rendu obligatoire par cette loi n'était pas exigé et devait même être proscrit préalablement aux citations en conciliation données en vertu des art. 48 et suivants du Code de procédure civile.

563. — C'est devant le juge de paix de son domicile que l'Assuré retardataire devra être cité en conciliation.

Cas où il y a deux Assurés ou un plus grand nombre.

Dans le cas où il y a deux Assurés retardataires à poursuivre en vertu de la même Police, comme par exemple deux copropriétaires, ils seront cités en conciliation, s'ils sont domiciliés dans des cantons différents, devant le juge de paix du domicile de l'un d'eux, au choix de MM. les Agents.

S'il sont trois ou en plus grand nombre, la cause sera par cela même dispensée du préliminaire de la conciliation, et ils pourront être assignés directement devant le tribunal civil. (Art. 49, § 6, du Code de procédure civile).

Nécessité de la comparution de MM. les Agents en personne à l'audience de conciliation.

564. — Au jour fixé par la citation pour l'audience de conciliation, MM. les Agents comparaîtront, autant que possible, en personne, devant le juge de paix. En cas d'impossibilité, ils s'y feront représenter comme il a été dit ci-devant, nº 557.

Procès-verbal de conciliation ou de non-conciliation.

565. — Si l'Assuré se présente et qu'il y ait conciliation, il en sera dressé un procès-verbal qui contiendra les conditions de l'arrangement. Les conventions des parties, insérées au procès-verbal, ont force d'obligation privée. (Art. 54 du Code de procédure civile).

A défaut de conciliation, il est dressé un procès-verbal qui énonce sommairement que les parties n'ont pu s'accorder. MM. les Agents devront immédiatement demander au greffier expédition de ce procès-verbal.

Non comparution. — Simple mention.

566. — En cas de non-comparution de l'Assuré, il en sera fait mention sur le registre du greffe de la justice de paix et sur l'original de la citation, sans qu'il soit besoin de dresser procès-verbal. (Art. 58 du Code de procédure civile).

Assignation devant le tribunal civil.

567. — Après ces préliminaires, comme aussi toutes les fois que la demande pourrait être dispensée de l'essai de conciliation, MM. les Agents assigneront l'Assuré devant le tribunal civil, en lui faisant signifier par huissier un exploit d'ajournement conforme au modèle nº 51 annexé aux présentes Instructions. En tête de cet exploit, si la conciliation a été tentée, il devra être donné, *à peine de nullité*, copie du procès-verbal de non-conciliation, ou copie de la mention de non-comparution.

Envoi des pièces à un avoué.

568. — Dès que cette assignation aura été donnée à l'Assuré, MM. les Agents devront transmettre l'original de l'exploit à l'avoué chargé de représenter la Compagnie devant le tribunal, lequel sera constitué par l'exploit même d'ajournement, et aura mission de donner à l'affaire toutes les suites qu'elle comporte.

A partir de ce moment, le rôle principal de MM. les Agents est terminé. C'est la Compagnie elle-même qui prendra en main, en correspondant directement avec l'avoué, la conduite de l'affaire devant le tribunal. MM. les Agents n'auront plus à y intervenir que sur des instructions spéciales qui leur seront transmises par la Compagnie ou par l'avoué. Par suite, il est inutile de leur donner ici de plus amples explications.

§ 3. — Tribunaux de Commerce. — Arbitres.

Compétence des Tribunaux de commerce. — Incertitudes de la jurisprudence.

569. — Nous ne dirons que quelques mots de la juridiction du tribunal de commerce, et ce sera pour recommander à MM. les Agents de n'y point recourir.

Les Assurés commerçants y pourraient seuls être traduits. Mais on tient assez généralement, dans la doctrine et dans la jurisprudence, que le commerçant qui fait assurer ses marchandises ne fait pas un acte de commerce, mais bien un contrat purement civil, un acte de propriétaire prudent et soigneux qui pourvoit à la conservation de sa chose, et que, dès lors, il n'est justiciable, pour l'exécution de ses obligations, que des tribunaux civils.

Il est vrai que quelques Cours et tribunaux ont jugé le contraire, notamment la Cour de Rouen et le tribunal de commerce de la Seine. A leurs yeux, le commerçant qui assure ses marchandises *à une Compagnie à primes* fait une spéculation commerciale, un contrat commercial, à raison duquel il peut être poursuivi devant le tribunal de commerce. Mais ces décisions nous paraissent un peu isolées.

Dans cet état de choses, nous ne pouvons qu'engager MM. les Agents à s'abstenir de la juridiction consulaire et à poursuivre tous les Assurés en retard de payer leurs primes, même commerçants, devant les tribunaux ordinaires, à moins d'instructions particulières de la Compagnie.

570. — Quant à la juridiction arbitrale, nous leur faisons une recommandation semblable, mais par des motifs différents. Il est évident, en effet, que deux parties, d'ailleurs capables de transiger, peuvent, sans aucune difficulté, déférer à des arbitres un différend susceptible de transaction. Nous-mêmes, dans les éditions de notre Police antérieures à celle de 1849, nous avions stipulé d'une manière générale que *toute contestation* entre l'Assuré et la Compagnie *sur l'exécution de la Police* serait soumise à des arbitres (Art. 22 des conditions générales de nos Polices antérieures à l'édition de 1849). Mais, depuis 1849, nous avons supprimé cette clause (qui d'ailleurs était nulle sous un autre rapport), pour nous en tenir au droit commun en matière de juridictions. Tout arbitrage implique, dans une certaine mesure, une pensée de transaction : à ce titre, il n'y faut recourir qu'avec beaucoup de prudence et de discernement.
Compétence des arbitres. N'y recourir qu'exceptionnellement et sur autorisation spéciale de la Compagnie.

En conséquence, MM. les Agents ne devront jamais prendre sur eux de consentir à un arbitrage, surtout pour le jugement des contestations relatives au paiement des primes; ils devront toujours recourir aux tribunaux ordinaires. Si, dans quelques cas exceptionnels, ils voyaient intérêt pour la Compagnie à terminer le différend par cette voie, ils pourraient nous en référer, et nous apprécierions s'il y aurait lieu de les autoriser à recourir à ce mode de solution.

Art. 3. — De l'exécution des jugements.

571. — Sous ce titre : *Exécution des jugements*, nous ne présenterons qu'un très petit nombre d'observations, que nous restreindrons aux jugements les plus ordinaires en cette matière, c'est-à-dire aux jugements rendus par les juges de paix. On conçoit, en effet, que nous n'ayons pas à traiter ici, pour MM. les Agents, de l'exécution des jugements émanés des tribunaux civils; la Compagnie y pourvoira directement avec l'avoué qui aura été chargé des poursuites, sauf les instructions particulières à donner, dans ce cas, à MM. les Agents, si leur intervention pouvait présenter quelque utilité. Nous n'avons pas à nous occuper davantage, pour le même motif, des jugements ou sentences que pourraient exceptionnellement rendre les tribunaux de commerce ou les juridictions arbitrales; les difficultés d'exécution qui les concernent sont du ressort des tribunaux civils, et, dès lors, le ministère d'un avoué devenant nécessaire, la Compagnie y pourvoirait encore directement. Il est vrai qu'il en est de même des jugements émanés des juges de paix : leur exécution appartient aussi aux tribunaux civils. Néanmoins, à l'égard de ces derniers, quelques notions pratiques nous ont paru utiles à insérer ici, et nous les recommandons à l'attention de MM. les Agents.
Objet précis de cet Article, spécial aux sentences des juges de paix.

572. — Les condamnations prononcées par les juges de paix étant très peu considé-
Exécution amiable.

rables, puisque leur compétence, même en premier ressort, ne s'étend pas au-delà d'une valeur de 200 fr., la partie condamnée les exécute le plus souvent de bonne grâce, et ce n'est que dans des cas assez rares qu'il faut recourir à des mesures rigoureuses pour en obtenir l'exécution. La pratique fournit à cet égard des données tout-à-fait rassurantes. Aussi MM. les Agents devront-ils le plus souvent attendre des Assurés, si du moins ces derniers sont solvables, l'exécution volontaire des jugements rendus par les juges de paix. Ces magistrats, qui connaissent personnellement leurs justiciables, ne manqueront pas d'ailleurs de donner aux Assurés, même en les condamnant, des conseils dont l'effet presque constant sera de déterminer les Assurés à payer les faibles primes qu'ils doivent à la Compagnie, afin d'éviter de plus amples poursuites et de nouveaux frais. De leur côté, MM. les Agents devront user aussi de tous les moyens en leur pouvoir pour faire naître ou développer cette résolution dans l'esprit de la partie condamnée, et nous ne doutons pas que, par cette voie, ils n'obtiennent le plus souvent l'exécution amiable du jugement prononcé.

Exécution forcée. — Prise immédiate d'une inscription d'hypothèque. 573. — Si cependant l'Assuré résistait, et que sa tenue ou la défense par lui présentée à l'audience fût de nature à faire prévoir des résistances ultérieures, MM. les Agents devraient immédiatement demander expédition du jugement, et, cette expédition obtenue, prendre aussitôt inscription d'hypothèque sur les biens de l'Assuré récalcitrant. Cette inscription, frappant sur la généralité des immeubles, et faisant entrave à la libre faculté de disposition qu'en a le propriétaire, suffira quelquefois pour déterminer celui-ci à satisfaire au jugement et à éteindre ainsi les causes qui l'ont provoquée. En tout cas, elle sauvegardera pleinement les intérêts de la Compagnie, en donnant à sa créance un gage qui la mettra à l'abri de toutes les éventualités.

Commandement. 574. — Après cette inscription, MM. les Agents feront signifier le jugement à l'Assuré. L'exploit de signification devra contenir commandement au débiteur de payer, dans les vingt-quatre heures, le principal de la condamnation, les intérêts et les frais, à peine d'y être contraint, à l'expiration de ce délai, par voie de saisie mobilière, ou bien, après trente jours, par voie de saisie immobilière, s'il y a lieu. Mais il est bien entendu que ces mesures rigoureuses, surtout relativement au peu d'importance des sommes à recouvrer, ne seront mises à exécution qu'autant qu'il serait impossible d'obtenir par d'autres moyens le remboursement de ces sommes.

Saisie mobilière et immobilière. 575. — Il est un cas, toutefois, où MM. les Agents ne devront pas hésiter à les employer : c'est celui où l'Assuré aurait fait preuve de mauvaise foi, et où il y aurait à craindre qu'il ne se dépouillât frauduleusement de ses biens pour frustrer la Compagnie. L'Assuré ne mériterait alors aucun ménagement, et MM. les Agents devraient déployer contre lui toute la rigueur de la loi.

Opposition au commandement. Compétence. 576. — S'il n'est pas fait opposition au commandement, la saisie mobilière ou même immobilière pourra être pratiquée suivant les formes voulues, et le prix des meubles ou des immeubles servira à désintéresser la Compagnie en principal et accessoires.

Si, au contraire, l'Assuré forme opposition au commandement, ou si des difficultés s'élèvent sur la saisie, la contestation sera portée devant le tribunal civil, où la Compagnie interviendra directement.

577. — Il est bien entendu que s'il s'agissait d'un jugement en premier ressort seulement, et que l'Assuré en interjetât appel, l'appel étant suspensif, il y aurait lieu de surseoir à toutes poursuites, à moins toutefois que le juge de paix n'eût ordonné l'exécution provisoire de sa sentence nonobstant appel. Mais, même dans ce cas, il conviendra de prendre inscription d'hypothèque comme d'usage, cette inscription pouvant très bien être prise en vertu d'un jugement frappé d'appel, ou d'opposition s'il est par défaut. *Jugements en premier ressort ou par défaut.*

578. — Remarquons enfin que, dans tous les cas, soit que le jugement s'exécute de bonne grâce, soit que son exécution ait donné lieu à des poursuites, MM. les Agents devront exiger de l'Assuré le paiement, non seulement du principal de la créance et des intérêts alloués par le jugement, mais encore de tous les frais judiciaires exposés. Ces frais comprendront même les 25 centimes exigés pour le coût du billet d'avertissement, et MM. les Agents en devront formellement requérir le remboursement, afin que le jugement en porte condamnation, comme pour les autres frais. *Frais de poursuites.*

Quant aux frais de déplacement de MM. les Agents, ils devront rester à leur compte personnel, comme faux frais de gestion. La Compagnie prévient MM. les Agents qu'elle n'entend en aucun cas prendre ces frais à sa charge. Elle ne consent à supporter que les frais judiciaires dus en cas de non-condamnation des Assurés, ou en cas d'insolvabilité de l'Assuré survenue pendant les poursuites. A l'égard de ces derniers frais seulement, elle en créditera MM. les Agents sur pièces justificatives.

CHAPITRE II.

Des mesures à prendre, dans certains cas, avant le règlement du sinistre.

579. — Les mesures dont il va être question, prescrites dans le but de sauvegarder les intérêts de la Compagnie, doivent être prises, soit contre l'Assuré, dans le cas où il aurait encouru quelque déchéance, soit contre les tiers qui pourraient, à un titre quelconque, être responsables de l'incendie. *Objet et division du chapitre.*

De là une division naturelle de notre sujet en deux parties, que nous allons traiter successivement.

§ 1er. — Mesures à l'égard de l'assuré, en cas de déchéance.

580. — Lorsqu'un sinistre arrive, avant de songer même à régler les dommages, MM. les Agents devront se poser et examiner attentivement une première question, celle de savoir si l'Assuré a droit à une indemnité, ou bien s'il n'a pas encouru, par sa faute ou sa négligence, à remplir les obligations stipulées à sa charge dans la Police, une ou quelques-unes des déchéances édictées par son contrat. On comprend, en effet, que, s'il résultait de cet examen qu'une déchéance est susceptible d'être appliquée à *Déchéance de l'Assuré* l'Assuré, il conviendrait, sinon de se refuser d'une manière absolue au règlement des dommages, tout au moins de n'y procéder que conditionnellement et sous la réserve la plus expresse, en faveur de la Compagnie, du droit d'opposer ultérieurement la déchéance, s'il y a lieu.

581. — Les déchéances stipulées dans nos Polices ont pour objet de prémunir la Compagnie contre les conséquences, soit de l'omission par les Assurés de certaines déclarations nécessaires, soit surtout de fausses déclarations. Elles dépendent d'ailleurs de circonstances qui se produisent, soit au moment du contrat, soit en cours d'exécution du contrat, soit enfin au moment ou à la suite du sinistre.

— *Au moment du contrat*, l'Assuré s'expose à être déchu, en cas d'incendie, de tout droit à indemnité :

1º S'il ne déclare pas et ne fait pas mentionner dans la Police la qualité exacte en laquelle il agit et la nature précise de ses droits sur les objets qu'il fait assurer (Art. 5 des conditions générales de la Police);

2º S'il ne déclare pas et ne fait pas mentionner dans la Police la consistance réelle des objets assurés, leur situation à proximité de quelque usine, fabrique, bâtiment ou atelier dangereux (Art. 7 et 9);

3º S'il ne déclare pas et ne fait pas mentionner dans la Police les Assurances anté_ rieures des mêmes objets par d'autres Assureurs quelconques, s'il y en a, ou les Assurances antérieures d'objets autres que ceux sur lesquels porte l'Assurance, mais faisant partie du même risque (Art. 8 et 9);

4º Enfin, s'il se rend coupable de quelque réticence ou fausse déclaration qui diminuerait l'opinion du risque ou en changerait le sujet, quand bien même cette réticence ou fausse déclaration n'aurait pas influé sur le dommage ou la perte de l'objet assuré (Art. 11).

— *En cours d'exécution du contrat*, l'Assuré s'expose à être déchu, en cas de sinistre, de tout droit à indemnité :

1º S'il ne paie pas régulièrement ses primes à leur échéance (Art. 4);

2º S'il ne déclare pas et ne fait pas mentionner dans la Police, en observant les délais stipulés, les circonstances suivantes, toutes postérieures à la souscription de la Police, à savoir : — les mutations survenues dans la propriété des objets assurés par suite de vente, de donation, de décès, de faillite ou de liquidation de société (Art. 6 et 9); — l'exécution dans les bâtiments assurés, ou ceux renfermant les objets assurés, de changements ou de constructions qui multiplient ou augmentent les risques (Art. 7 et 9); — l'établissement ou l'introduction, par l'Assuré, dans les bâtiments assurés ou ceux contigus, de constructions, de préparations industrielles, de manipulations ou de professions qui multiplient ou aggravent les risques, ou de denrées, marchandises ou objets quelconques qui augmentent les chances d'incendie (Art. 7 et 9); — le transport des objets assurés dans d'autres lieux que ceux désignés dans la Police, et le transfert des risques locatifs, des risques des voisins et des risques des propriétaires d'un lieu à un autre (Art. 7 et 9); — l'établissement, par des tiers, dans une propriété contiguë, de constructions dangereuses ou de bâtiments, théâtre, fabrique ou usine quelconque, augmentant les chances de sinistre (Art. 6 et 9); — enfin, les Assurances qui viendraient à être faites, par d'autres assureurs quelconques, des mêmes objets que ceux assurés, ou d'objets autres, mais faisant partie des mêmes risques (Art. 8 et 9);

3° S'il se rend coupable de quelque réticence ou fausse déclaration dans les mêmes conditions que précédemment (Art. 11).

— Enfin, *au moment ou à la suite du sinistre*, l'Assuré est déchu de tout droit à indemnité :

1° S'il a causé volontairement l'incendie des objets assurés (Art. 15);

2° S'il n'a pas, dans les quinze jours de l'incendie, fait la déclaration du sinistre et de ses circonstances devant le juge de paix du canton, et transmis une expédition de cette déclaration à l'Agent local de la Compagnie ou à son Directeur, avec un état estimatif des pertes par lui éprouvées (Art. 13); (Voir pourtant n° 439 des présentes Instructions pour les sinistres de 300 fr. et au-dessous);

3° S'il exagère sciemment le montant des dommages; s'il suppose détruits par le feu des objets qui n'existaient pas au moment du sinistre; s'il dissimule ou soustrait tout ou partie des objets sauvés; si, enfin, il emploie comme justification des moyens ou documents mensongers ou frauduleux (Art. 15).

582. — Tel est l'ensemble des déchéances qui résultent de notre Police actuelle. Quelques-unes diffèrent, à certains égards, de celles admises dans nos Polices antérieures. Aussi, dans l'examen qu'ils feront, à l'occasion de chaque Police atteinte par l'incendie, des déchéances que l'Assuré peut avoir encourues, MM. les Agents devront-ils soigneusement tenir compte des modifications qui ont été successivement faites aux conditions générales de notre contrat, afin de n'opposer jamais à un Assuré que les déchéances résultant de sa Police particulière.

Nécessité de se référer à chaque Police particulière pour l'examen des cas de déchéance.

583. — Faisons d'ailleurs remarquer que les déchéances doivent être relevées contre les Assurés, alors même que les déclarations erronées ou les omissions qui y donnent lieu auraient été involontaires. L'Assuré, en effet, comme partie stipulante, est tenu de déterminer avec une grande précision les risques qu'il veut faire prendre en charge et les obligations qu'il entend imposer à l'Assureur. S'il manque à ce devoir, volontairement ou par mégarde, il est en faute, et le contrat s'interprète, dans tous les cas, contre lui (Art. 1162 du Code Napoléon). C'est donc sur lui seul que doivent retomber les conséquences de ses omissions quelconques. On n'en saurait rendre responsable l'Assureur, qui n'a rien à se reprocher, qui mérite d'ailleurs intérêt comme partie chargée par le contrat des obligations les plus onéreuses, et qui enfin ne peut être réputé avoir consenti à prendre à son compte des risques dont l'Assuré ne lui a pas fait connaître exactement l'étendue ou la gravité.

Les déchéances ne supposent pas nécessairement la mauvaise foi de l'Assuré.

584. — Lorsque de l'examen auquel ils se sont livrés résulte pour MM. les Agents la conviction que l'Assuré est passible d'une ou plusieurs des déchéances ci-devant énumérées, ils auront une première précaution à prendre : celle de ne consentir à régler le sinistre que sans préjudice et même sous la réserve la plus formelle du droit, pour la Compagnie, d'opposer ultérieurement la déchéance signalée, s'il y a lieu.

Réserves spéciales à faire à l'égard de l'Assuré passible d'une déchéauce.

Dans les sinistres de 300 fr. ou au-dessous, qui se règlent de gré à gré avec l'Assuré, cette réserve pourra être insérée au bas de la feuille de règlement amiable et avant les signatures, en ces termes : « Le présent règlement n'a été fait et convenu entre les « parties que sans préjudice et sous la réserve la plus formelle du droit, pour la Compa- « gnie, d'opposer à l'Assuré la déchéance résultant, d'après l'art..... des conditions « générales de la Police, de ce qu'il n'a pas déclaré, *ou de ce qu'il a faussement déclaré...* « (*expliquer ici l'omission ou la fausse déclaration qui donne lieu à la déchéance)* ; contre « laquelle déchéance l'Assuré, de son côté, fait toutes protestations de droit. »

Dans les sinistres dont le règlement donne lieu à expertise, la réserve ci-dessus devra être insérée par mention spéciale sur le procès-verbal même de nomination des experts. Sans doute les formulaires imprimés dont nous nous servons pour les procès-verbaux de cette nature contiennent les réserves générales nécessaires pour que, même après le règlement du sinistre, la Compagnie puisse opposer aux Assurés, le cas existant, les dé- chéances par eux encourues qui n'auraient pas été constatées lors du règlement. Néan- moins, lorsqu'une de ces déchéances aura été relevée avant toute opération réglementaire, il sera utile d'en faire l'objet d'une réserve spéciale consignée sur le procès-verbal d'expertise particulier à la Police qu'elle atteint. Ajoutons que cette même réserve devra être reproduite dans tous les actes ultérieurs qu'il pourrait être nécessaire de signifier à l'Assuré au nom et dans l'intérêt de la Compagnie. Seulement, dans tous ces actes, si l'on emploie la formule ci-devant indiquée, il faudra avoir soin de supprimer la dernière partie relative aux protestations de l'Assuré, lesquelles ne peuvent évidemment trouver place que dans la feuille de règlement amiable ou dans le procès-verbal de nomination des experts, c'est-à-dire dans les actes où l'Assuré figure comme partie.

585. — Une seconde précaution devra être prise par MM. les Agents : elle consis- tera à prévenir la Compagnie de l'existence de la déchéance par eux signalée, afin qu'elle avise à l'exercice des droits qui en résultent à son profit.

En attendant, MM. les Agents devront s'abstenir avec soin de payer l'indemnité réglée sous réserves, quel que soit d'ailleurs le peu d'importance du sinistre, lors même qu'il ne serait que de 300 fr. ou au-dessous. Ils devront même s'abstenir de toute transaction ou con- vention quelconque avec l'Assuré en déchéance. La Compagnie réserve pour elle seule, en pareil cas, le droit de prendre une décision, et elle entend qu'il ne soit porté aucune atteinte à sa libre faculté d'appréciation. Elle sera toujours disposée à transiger avec un Assuré, même déchu de ses droits à une indemnité, lorsqu'il sera de bonne foi et que la déchéance trouvera son explication et son excuse dans des circonstances dignes de faveur. Mais elle prétend être seule juge de ces circonstances et maîtresse de ses déter- minations. Dans tous les cas, elle ne consentira jamais à traiter un Assuré déchu comme s'il avait satisfait à toutes les conditions du contrat ; tout ce qu'elle pourra faire, ce sera de lui allouer, à titre de don gratuit et volontaire, une portion de l'indemnité arbitrée, laquelle portion sera plus ou moins élevée, suivant l'intérêt que les circonstances lui sembleront mériter. (Voir le no 491 des présentes Instructions).

586. — Parmi les déchéances inscrites dans notre Police et précédemment énumérées, il en est une qui, à raison de sa gravité, appelle une attention toute particulière ; nous voulons parler de celle prononcée contre l'Assuré qui a *causé volontairement l'incendie des objets assurés* (Art. 15, § 3, des conditions générales). Il est nécessaire de prescrire, pour ce cas, quelques précautions spéciales, et nous terminerons par là nos observations sur les mesures à prendre vis-à-vis de l'Assuré déchu de ses droits à l'indemnité.

587. — Lorsqu'en recherchant, comme c'est leur devoir en toute circonstance, la cause de l'incendie, MM. les Agents rencontreront des indices qui leur donneront lieu de penser qu'il provient du fait volontaire de l'Assuré, ils devront recueillir avec soin ces indices et tâcher de se procurer des témoignages de nature à en confirmer l'autorité. Si les soupçons de MM. les Agents ont quelque consistance, il ne leur sera pas difficile de trouver, sur les lieux mêmes du sinistre, des témoins pouvant faire d'utiles dépositions, et qui n'hésiteront pas à dire leur pensée sous l'impression encore vive des événements. MM. les Agents profiteront de cette disposition pour s'assurer de leurs déclarations, en les provoquant et en en prenant acte devant des personnes notables et de la part desquelles il n'y aura point à craindre de défection. Dès qu'ils auront rassemblé par ce moyen un faisceau suffisant de présomptions et d'indices, ils ne devront pas hésiter à les soumettre *officieusement* au ministère public et à appeler sur le présumé coupable les regards de la justice répressive. En tout cas, ils feront connaître sans retard le résultat de leurs investigations à la Compagnie, qui leur transmettra ses instructions.

588. — Si une instruction est faite par justice, MM. les Agents en suivront attentivement la marche et les progrès, veilleront à ce que tous les témoins utiles soient entendus, et contribueront enfin, par tous les moyens qui seront en leur pouvoir, à la manifestation de la vérité.

MM. les Agents pourront même, dans le cas où la culpabilité de l'Assuré leur paraîtrait évidente, provoquer cette instruction, si elle n'avait pas lieu, au moyen d'une plainte déposée entre les mains du procureur impérial ou du juge d'instruction. Toutefois ils ne devront recourir à cette voie qu'après avoir pris les ordres de la Compagnie, qui décidera en outre s'il lui convient ou non de se porter partie civile.

Dans tous les cas, MM. les Agents tiendront la Compagnie exactement au courant de tout ce qui sera fait.

589. — Ces préliminaires de poursuites ne devront pas empêcher MM. les Agents de procéder à l'expertise et au règlement des dommages. Ils les feront régler immédiatement, au contraire, comme dans les cas ordinaires, tant dans notre intérêt que dans celui de l'Assuré, mais en formulant, pour la Compagnie, les réserves les plus expresses des droits qui résulteront pour elle des faits servant de base aux poursuites ou mesures judiciaires dont l'Assuré est l'objet. Ces réserves, on le comprend, ont ici une importance plus grande, s'il est possible, que dans les circonstances habituelles, et on ne saurait les négliger. Quant au règlement des dommages, il y sera, sous le bénéfice de ces réserves, procédé en la forme ordinaire, contradictoirement avec l'Assuré, s'il est en liberté, ou avec un mandataire porteur à cet effet d'une procuration authentique.

Arrestation et mise en accusation de l'Assuré.

590. — En cas d'arrestation et même de mise en accusation de l'Assuré, il y aura également lieu de procéder, sous les mêmes réserves, au règlement du sinistre, afin que, s'il survenait en faveur de l'Assuré une ordonnance de non lieu ou un acquittement, la Compagnie fût prémunie contre les conséquences des dégâts que l'immeuble atteint aurait pu éprouver pendant la durée de la détention. Ce n'est que dans le cas où la culpabilité de l'Assuré serait incontestable, où il aurait été surpris, par exemple, en flagrant délit, la torche incendiaire à la main, et où, par suite, sa condamnation serait inévitable, que MM. les Agents pourraient se dispenser de faire opérer le règlement des dommages. Mais, même dans ce cas, ils ne devront pas prendre un parti définitif sans avoir préalablement consulté la Compagnie.

Condamnation ou acquittement de l'Assuré. Conséquences.

591. — La condamnation de l'Assuré au criminel, comme auteur volontaire de l'incendie, déchargerait la Compagnie, d'une manière absolue, de toute obligation quelconque relative à l'indemnité : dans ce cas, en effet, l'Assuré, souverainement déclaré coupale envers la société tout entière du crime d'incendie, ne serait évidemment pas recevable à venir prétendre contre la Compagnie qu'il n'a pas *causé volontairement l'incendie des objets assurés* et qu'ainsi il n'est pas passible de la déchéance prononcée par l'art. 15 des conditions générales de la Police. Ce n'est pas à dire pour cela que, dans le cas inverse, c'est-à-dire au cas d'acquittement de l'Assuré, la Compagnie serait fatalement tenue de lui payer l'indemnité. Dans ce dernier cas, comme il est admis que le jugement rendu au criminel ne lie pas les juges civils, la Compagnie pourrait encore prétendre, devant les tribunaux ordinaires, nonobstant l'arrêt d'acquittement prononcé par la Cour d'assises, que l'Assuré a réellement causé l'incendie des objets assurés, et que, dès lors, il y a lieu, dans le règlement des conséquences civiles du sinistre, de lui appliquer la déchéance. Il a été ainsi jugé par un arrêt de la Cour royale d'Orléans en date du 4 décembre 1841 (Sirey, 42, 2, 467) et un jugement du Tribunal civil de Lectoure en date du 16 août 1851 (*Journal des Assurances*, année 1852, p. 146). En conséquence, lorsque l'Assuré aura été acquitté, MM. les Agents devront en donner avis à la Compagnie, qui décidera s'il n'y a pas lieu, à raison des circonstances, de soutenir devant les tribunaux civils la thèse de sa responsabilité. Dans tous les cas, la Compagnie transmettra à MM. les Agents les instructions nécessaires concernant les suites à donner à l'affaire.

Demande par MM. les Agents d'instructions supplémentaires, s'il y a lieu.

592. — Telles sont les diverses mesures à prendre à l'égard de l'Assuré qui a encouru quelque déchéance, et particulièrement à l'égard de l'Assuré déchu pour avoir causé volontairement l'incendie des objets assurés. Si, dans la pratique, l'exécution de ces mesures donnait lieu à des difficultés, MM. les Agents devraient s'empresser de nous les soumettre ; ils nous trouveront toujours disposés à les aider de notre expérience et de nos avis.

§ 2. — Mesures à l'égard des tiers responsables de l'Incendie.

593. — Les tiers responsables de l'incendie peuvent être, soit le locataire de l'immeuble atteint (art. 1733 et 1734 du Code Napoléon), soit le propriétaire dont la maison, incendiée par suite d'un vice de construction, a communiqué le feu aux effets assurés du locataire (art. 1721), soit les personnes chargées de la garde et de la conservation de la chose à titre de dépôt, de gage, ou tout autre titre de même nature (art. 1932-1934, 1952-1954, 2080, 1245 et 1302), soit tous ceux dont la faute, la négligence ou l'imprudence personnelle a été la cause de l'incendie, ou bien ceux qui en doivent répondre civilement du chef des personnes dont ils ont la surveillance (art. 1382, 1383 et 1384), soit enfin ceux qui, plus coupables, auraient mis volontairement le feu aux objets assurés (même art. 1382).

Enumération des garants responsables.

594. — A l'égard de ces derniers, les mesures préliminaires à prendre sont les mêmes qu'à l'égard de l'Assuré, lorsqu'il est soupçonné de s'être incendié volontairement. Ainsi, lorsque des soupçons d'incendie volontaire pèseront sur un tiers, MM. les Agents devront s'entourer de tous les renseignements possibles, recueillir des indices et des témoignages, et enfin, s'il y a lieu, appeler officieusement ou même officiellement sur le présumé coupable les investigations et les sévérités de la justice, le tout ainsi qu'il a été expliqué dans le paragraphe précédent en ce qui concerne l'Assuré.

Incendiaires.

595. — A l'égard des tiers qui ne sont coupables que de négligence ou d'imprudence, ou qui doivent répondre du fait des personnes dont ils ont la surveillance, MM. les Agents devront recourir aux mêmes moyens d'investigation, en recueillant avec soin tous les indices et tous les témoignages propres à établir le fait particulier de négligence ou d'imprudence qui servira de base à la responsabilité du délinquant. Seulement, comme il s'agit ici d'une responsabilité purement civile, il n'y aura pas lieu de déférer les renseignements recueillis à la justice répressive, ni officiellement, ni même officieusement. MM. les Agents devront se borner à les transmettre à la Compagnie, qui décidera, après examen, s'ils sont de nature à pouvoir fonder un recours utile en sa faveur.

Tiers négligents ou imprudents, ou civilement responsables du fait d'autres personnes.

596. — Si le fait de négligence ou d'imprudence paraît suffisamment établi, MM. les Agents devront faire sommation aux tiers responsables d'avoir à assister à l'expertise, en se faisant accompagner, si bon leur semble, par un expert investi de leur confiance, et qui procèdera au règlement des dommages conjointement avec l'expert de la Compagnie et celui de l'Assuré. On conçoit, en effet, que, dès lors qu'ils sont responsables des dommages, il est juste de les mettre à même de défendre leurs intérêts lors de l'estimation. C'est à cette fin qu'ils seront appelés par un acte extra-judiciaire dont MM. les Agents trouveront, sous le n° 52, à la fin des présentes Instructions, un modèle qui pourra être facilement approprié à tous les cas.

Sommation d'assister à l'expertise

Disons, sans vouloir toutefois limiter les cas d'application de la responsabilité édictée par les art. 1382 et suivants du Code Napoléon, que les tiers passibles de cette responsabilité seront, le plus souvent, ou le propriétaire voisin dont la maison, incendiée par imprudence, aura communiqué le feu aux bâtiments de l'Assuré, ou bien le père d'enfants mineurs qui, en jouant, auront directement mis le feu à ces bâtiments. Dans ces cas comme dans tous autres, il y aura nécessité d'appeler à l'expertise les personnes directement ou civilement responsables, et MM. les Agents n'omettront pas cette formalité.

597. — En ce qui concerne le locataire, il n'y a aucune preuve à faire, aucun renseignement préalable à recueillir. Il est responsable de droit (art. 1733 et 1734 du Code Napoléon). Dès lors, toutes les fois que l'incendie aura pris naissance dans des lieux occupés par des locataires, il conviendra d'appeler ces derniers à l'expertise, à moins qu'il ne soit certain d'avance qu'ils peuvent invoquer en leur faveur l'une des exceptions établies par ces mêmes articles — Ce que nous disons des locataires s'applique, du reste, avec la même autorité, tant aux sous-locataires qu'aux fermiers et colons partiaires, que la jurisprudence a reconnus responsables en vertu des mêmes articles 1733 et 1734 du Code Napoléon.

598. — Il en sera de même dans le cas où les objets assurés auraient été incendiés chez un dépositaire, un gagiste ou tout autre détenteur (ce qui peut arriver pour des marchandises assurées comme flottantes, par exemple). Il est jugé que le détenteur, en pareil cas, est responsable de la perte, à moins qu'il ne prouve qu'elle a eu lieu sans sa faute, conformément à l'art. 1302 du Code Napoléon. Il conviendra donc de l'appeler, à ce titre, comme le locataire, à l'expertise des dommages.

599. — Enfin, relativement au propriétaire responsable, envers le locataire, du vice de construction de sa maison, il n'y aura lieu de l'appeler à l'expertise qu'autant qu'il paraîtra à peu près constant que c'est à un vice de construction que doit être attribué l'incendie qui a détruit les objets assurés du locataire. A cet égard, MM. les Agents devront se munir au préalable de tous les renseignements nécessaires.

Dans ce cas particulier, une seconde mesure pourrait être prise. Comme le fait qui motive la responsabilité du propriétaire (vice de construction de la maison) est du ressort des experts, qui sont en général des hommes spéciaux, des hommes de l'art, on pourrait ajouter au mandat ordinaire des experts la mission de rechercher les causes de l'incendie, et de constater si, notamment, il ne proviendrait pas d'un vice de construction qui serait déterminé, ou de tout autre vice quelconque. Les déclarations que les experts feraient à ce sujet pourraient être souvent d'une très grande utilité.

600. — Au surplus, nous ferons remarquer que les diverses mesures ci-dessus ne doivent être prises qu'à l'égard des sinistres de quelque importance et pouvant d'ailleurs donner lieu à d'utiles recours. S'il s'agissait de sinistres peu importants, ou si les tiers responsables étaient insolvables, MM. les Agents devraient s'abstenir de tous frais, et notamment des frais de sommation pour assister à l'expertise. Ils se borneraient alors à prendre des renseignements sur les faits générateurs de la responsabilité et à les transmettre à la Compagnie, qui aviserait.

En tout cas, le défaut d'appel des garants à l'expertise ne formerait pas obstacle à l'action récursoire ultérieure de la Compagnie; il pourrait tout au plus autoriser le garant à refuser d'accepter le règlement de l'indemnité et à réclamer une nouvelle expertise.

601. — Si le garant régulièrement sommé d'assister à l'expertise n'y comparaît pas,

MM. les Agents pourront faire constater son absence sur le procès-verbal des experts, en ces termes : « M....., bien que dûment mis en demeure, par exploit du.........., « d'assister à l'expertise comme responsable de l'incendie, à titre de locataire (*ou à tout* « *autre titre qui sera indiqué*), ne s'est pas présenté aux opérations; il a dû, en consé- « quence, y être procédé sans son concours. »

602. — Là se bornent les mesures préliminaires à prendre contre les garants res- ponsables de l'incendie. Nous verrons dans un chapitre subséquent (chapitre VI, n° 650 et suivants) dans quelle forme il convient ultérieurement d'introduire et de suivre les recours à exercer contre eux.

Exercice des recours.—
Renvoi.

CHAPITRE III.

Des difficultés auxquelles peuvent donner lieu la nomination et les opérations des experts.

603. — D'après l'art. 16 des conditions générales de nos Polices, «les dommages « d'incendie sont réglés de gré à gré, ou évalués, en suite d'enquête ou d'expertise « contradictoire, par *deux experts choisis par les parties*, soit sur les lieux, soit ailleurs. « Ils s'adjoignent, s'ils ne sont pas d'accord, un tiers-expert. Les trois experts opèrent « en commun et à la majorité des voix. »

Texte de l'article 16 des
conditions générales.

604. — L'expert chargé d'opérer pour le compte de l'Assuré sera choisi par l'As- suré lui-même. Quant à la capacité nécessaire pour faire cette désignation, elle est la même que celle nécessaire pour défendre à une demande en paiement de primes. Aussi nous bornerons-nous à renvoyer à ce que nous avons précédemment dit à cet égard (n°s 543 et suivants).

L'expert chargé d'opérer pour la Compagnie sera désigné, soit par l'Agent, soit par l'Inspecteur envoyé sur les lieux.

Cette double désignation sera constatée par un procès-verbal dont MM. les Agents ont dans leur matériel des modèles imprimés. Il suffira de garnir les blancs de ces mo- dèles, en y ajoutant à la main, s'il y a lieu, les diverses réserves ou formules dont il a été question dans le chapitre précédent.

Chaque partie nomme
son expert.—Consta-
tation de cette nomi-
nation.

605. — S'il y a plusieurs personnes intéressées à l'Assurance, comme, par exemple, un nu-propriétaire et un usufruitier, ou deux copropriétaires, ces personnes n'ayant toutes qu'un même intérêt vis-à-vis de la Compagnie, elles ne nommeront qu'un seul expert, et elles devront s'entendre sur le choix, sauf, après le règlement de l'indemnité, à en opérer le partage entre elles dans la proportion de leurs droits.

Cas où il y a plusieurs
intéressés à l'Assu-
rance.

606. — Faute par l'Assuré de nommer son expert, ou faute par les intéressés de s'entendre pour le choix de leur expert, il sera désigné d'office, d'après le même art. 16 des conditions générales, par le président du tribunal de commerce, dans les arrondis- sements où il en existe, et, à défaut, par le président du tribunal civil de première

Désignation d'office de
l'expert de l'Assuré.
— Formalités à rem-
plir.

instance. — Il est bien entendu qu'en s'adressant ici au président du tribunal de commerce, c'est un acte de justice purement grâcieuse qu'on lui demande, et non point un acte de juridiction.

Pour obtenir de lui la désignation de l'expert que les intéressés ne veulent ou ne peuvent pas nommer, MM. les Agents feront signifier à l'Assuré ou aux divers intéressés dans l'Assurance, dans le but de constater leur impuissance ou leur refus, une sommation contenant mise en demeure de nommer, dans les vingt-quatre heures pour tout délai, un expert qui sera chargé, avec l'expert de la Compagnie, d'évaluer les dommages résultant de l'incendie. Le même acte portera qu'à défaut de nomination dans ledit délai, et icelui passé, l'Assuré ou les divers intéressés sont sommés de se trouver, à jour et heure déterminés, devant le président du tribunal de commerce, qui désignera d'office, tant en leur absence que présence, conformément à l'art. 16 des conditions générales de la Police, l'expert chargé de les représenter. — Au jour indiqué, MM. les Agents comparaîtront devant le président du tribunal de commerce, et ils requerront, soit que l'Assuré s'y présente ou non, la désignation de l'expert, qui sera insérée par le président au bas d'une requête à lui présentée à cet effet. MM. les Agents trouveront, du reste, à la fin des présentes Instructions, sous les nᵒˢ 53, 54 et 55, des modèles des actes dont il s'agit ici.

L'expertise étant ainsi constituée, les experts pourront, comme dans les cas ordinaires, après être convenus du jour et de l'heure de leur réunion prochaine, procéder à l'accomplissement de leur mandat.

607. — S'il y avait des garants à mettre en cause, ce serait alors le moment de les appeler à l'expertise, ainsi qu'il a été expliqué dans le chapitre précédent, en leur faisant connaître le lieu, le jour et l'heure de la prochaine réunion des experts.

608. — Il peut arriver, ainsi que nous l'avons dit au nᵒ 478 des présentes Instructions, que, les experts ne s'accordant pas sur le résultat de leurs opérations, il y ait lieu, conformément au même art. 16 des conditions générales, de recourir à l'adjonction d'un tiers-expert, avec lequel ils opèreront en commun et à la majorité des voix.

C'est aux experts, d'après le même article, qu'il appartient de désigner le tiers-expert. Les parties ont seulement le droit d'exiger respectivement que le tiers-expert soit choisi hors du lieu où réside l'Assuré.

Cette désignation du tiers-expert, quand il y a accord entre les experts, n'est soumise, ni par la loi, ni par la convention, à aucune formalité.

609. — Faute par les experts de s'entendre sur le choix du tiers-expert, l'art. 16 déclare qu'il sera désigné d'office, comme l'expert que l'une des parties négligerait ou refuserait de nommer, par le président du tribunal de commerce, dans les arrondissements où il en existe, et, à défaut, par le président du tribunal civil de première instance.

Dans le cas dont il s'agit, il est bien entendu que les experts pourraient s'adresser eux-mêmes au président du tribunal de commerce et provoquer la nomination officieuse du tiers-expert. S'ils refusent ou négligent de le faire, MM. les Agents se feront délivrer par eux, sur timbre, une déclaration constatant qu'ils ne peuvent s'entendre sur le choix du tiers-expert, et que, dès lors, aux termes de l'art. 16 des conditions générales de la Police, il y a nécessité de recourir au président du tribunal. Nantis de cette pièce, MM. les Agents adresseront au président du tribunal de commerce, en y annexant la déclaration des experts, une requête sur timbre, conforme au modèle n° 56 inséré à la fin des présentes Instructions. Le président pourra désigner le tiers-expert par simple mention au bas de ladite requête.

Il ne sera pas nécessaire, cette fois, d'appeler l'Assuré devant le président, MM. les Agents ne faisant ici, en provoquant l'action de ce magistrat, rien autre chose que ce que les experts auraient pu faire eux-mêmes en dehors des parties. L'Assuré, d'ailleurs, aurait de son côté le même droit.

610. — Une fois le tiers-expert désigné, il y aura lieu à une ou plusieurs nouvelles réunions qui seront convenues d'accord entre les trois experts et les parties. Si quelque garant, dûment mis en cause, avait assisté aux premières opérations, il conviendrait de l'appeler par nouvelle sommation aux opérations ultérieures, afin qu'il pût continuer à y défendre ses droits. *(Appel des garants à la tierce-expertise.)*

611. — Les experts, d'après le même art. 16 des conditions générales, sont dispensés de toute formalité judiciaire. Ainsi, ils ne prêtent pas serment, ils ne sont point tenus de rédiger leurs procès-verbaux sur les lieux contentieux, et ils ne doivent point les déposer au greffe, ni les faire enregistrer. Mais, bien que purement amiables, leurs opérations n'en ont pas moins, entre les parties, toute l'autorité qui s'attache aux opérations de même nature prescrites par les tribunaux. *(Dispense pour les experts de toute formalité judiciaire.)*

612. — Il est arrivé quelquefois que des Assurés, mécontents des résultats de l'expertise amiable faite de leur consentement et avec leur concours, se sont adressés aux tribunaux pour obtenir qu'il fût procédé à une nouvelle expertise. Les tribunaux ont, le plus souvent, repoussé ces sortes de demandes comme non recevables, et maintenu purement et simplement les premières opérations. La Compagnie s'efforce, en toute circonstance, de faire prévaloir cette jurisprudence, qui tend, et avec raison, à reconnaître aux expertises d'entre parties une pleine autorité. En présence des soins minutieux qui sont constamment apportés à ces opérations, la jurisprudence dont il s'agit ne pourra que se raffermir de plus en plus. *(Contestations sur expertise.—Expertise judiciaire.)*

615. — Rappelons, en terminant, qu'aux termes de l'art. 16 des conditions générales, les frais d'expertise sont supportés par moitié entre la Compagnie et l'Assuré. *(Frais d'expertise.)*

CHAPITRE IV.
De quelques cas spéciaux de règlement de sinistres et d'attribution de l'indemnité.

Objet et divisions de ce chapitre.

614. — Après avoir traité, dans le chapitre 3ᵉ du Titre V, de l'expertise des dommages en général, nous avons déclaré (nº 475) que nous réservions pour le Contentieux ce que nous avions à dire des règlements de sinistres en ce qui concerne spécialement les risques locatifs, les risques des propriétaires à l'égard des locataires, les risques des voisins, les propriétés indivises, les usufruits, les constructions élevées par des locataires ou autres concessionnaires, et enfin les créances hypothécaires. C'est ici qu'il convient de s'occuper de ces sujets divers, qui constituent, dans la matière des règlements de sinistres, autant de cas particuliers, sinon pour ce qui concerne le règlement en lui même, du moins en ce qui touche les circonstances dans lesquelles une indemnité doit être accordée, et les personnes auxquelles il y a lieu d'attribuer cette indemnité.

Nous diviserons naturellement notre chapitre en autant de paragraphes qu'il y a de risques distincts à examiner.

§ 1er. — Sinistres sur risques locatifs.

Cas où il n'y a qu'un seul locataire. — Sa responsabilité.

615. — D'après l'art. 1733 du Code Napoléon, la responsabilité du locataire envers le propriétaire n'a lieu, dans le cas d'incendie, que lorsque le locataire ne peut pas prouver « que l'incendie est arrivé par cas fortuit ou force majeure, ou par vice de construc- « tion, ou que le feu a été communiqué par une maison voisine. » Il résulte de là que l'assurance du risque locatif, dont l'unique objet est de garantir le locataire des conséquences de cette responsabilité, ne produit son effet que dans le même cas. Si le locataire prouve que l'incendie est arrivé par cas fortuit ou force majeure, ou par vice de construction, ou que le feu a été communiqué par une maison voisine, il n'est pas responsable, et avec sa responsabilité disparaît, pour l'Assureur, toute obligation quelconque dérivant de l'Assurance du risque locatif.

Pour qu'il y ait lieu à règlement de dommages et à indemnité du chef de cette Assurance, il faut donc toujours supposer que le locataire assuré ne peut invoquer en sa faveur aucune des exceptions énumérées dans l'art. 1733 précité du Code Napoléon.

Règlement des dommages. — Règle proportionnelle. — Étendue de l'Assurance du risque locatif.

616. — Lorsque la responsabilité du locataire n'est pas douteuse, MM. les Agents doivent faire procéder à l'expertise des dommages comme dans les cas ordinaires, en estimant la valeur vénale du bâtiment (sol déduit) avant l'incendie, sa valeur après, et en s'attachant à la différence, déduction faite de la valeur des matériaux sauvés. Si le locataire est suffisamment assuré, c'est-à-dire jusqu'à concurrence de la valeur avant l'incendie, l'indemnité ainsi fixée sera due tout entière par la Compagnie. Si, au contraire, l'Assurance était insuffisante, il y aurait lieu d'appliquer la règle proportionnelle d'usage au locataire, et la Compagnie, dans ce cas, n'aurait à payer que la portion d'indemnité déterminée par suite de l'application de cette proportion. (Nous renvoyons, du reste, pour ce qui concerne l'application et les effets de la règle proportionnelle en général, à ce que nous avons dit sur ce point aux nᵒˢ 487 et suiv. des présentes Instructions.),

Il importe d'observer que, dans aucun cas, l'indemnité à la charge de la Compagnie ne saurait comprendre les dommages-intérêts auxquels le propriétaire pourrait faire condamner le locataire, par exemple pour non-location, obstacle à la jouissance, perte de loyers, etc. La Compagnie, en effet, d'après l'art. 1ᵉʳ des conditions générales de ses Polices d'Assurance, « n'est responsable que des dommages matériels, et ne doit, « soit au propriétaire, soit au locataire, soit au voisin, aucune indemnité pour change- « ment d'alignement, défaut de location ou de jouissance, résiliation de baux, chômage « ou toute autre perte non matérielle. » C'est là, d'ailleurs, comme on le voit, une règle générale, qui s'applique à toutes les Assurances.

617. — Comme l'indemnité dérivant de l'Assurance du risque locatif doit être attribuée au propriétaire ou à ses ayant-droit, celui-ci a un intérêt manifeste à son estimation; en conséquence, il pourra intervenir à l'expertise, avec un expert, si bon lui semble, et MM. les Agents, loin de repousser son intervention, devront plutôt la provoquer. *Concours du propriétaire à l'expertise.*

618. — En cas de doute sur la responsabilité du locataire (lorsque, par exemple, le propriétaire ne veut pas accepter comme suffisante la preuve, par lui, faite que l'incendie est arrivé par cas fortuit ou force majeure, etc.), les tribunaux seront appelés à statuer sur la difficulté, et la Compagnie interviendra dans l'instance pour appuyer les prétentions du locataire, et même prendre son fait et cause, s'il y a lieu. Provisoirement et en attendant que la contestation soit jugée, l'expertise pourra être faite et le sinistre réglé comme il vient d'être dit, mais sous la réserve la plus expresse en faveur de la Compagnie du droit de soutenir et faire décider judiciairement que le locataire n'est pas responsable. Après le jugement de cette question par les tribunaux, l'indemnité sera ou payée, ou gardée par la Compagnie, suivant qu'il aura été décidé. *Contestation sur la responsabilité du locataire.*

619. — Lorsqu'il y a plusieurs locataires, l'art. 1734 du Code Napoléon déclare qu'ils sont tous solidairement responsables de l'incendie, à moins qu'ils ne prouvent que l'incendie a commencé dans l'habitation de l'un d'eux, auquel cas celui-là seul en est tenu, ou que quelques-uns ne prouvent que l'incendie n'a pu commencer chez eux, auquel cas ceux-là n'en sont pas tenus. *Cas où il y a plusieurs locataires.*

Ici, comme dans le cas qui précède, l'indemnité du risque locatif n'est due qu'autant que les locataires assurés sont impuissants à fournir la preuve de l'une ou l'autre des circonstances ci-dessus. En cas de contestation sur la suffisance de la preuve rapportée, les tribunaux statueraient, la Compagnie présente, ainsi qu'il vient d'être expliqué.

620. — S'il est établi que l'incendie a commencé chez un des locataires, celui-là seul étant responsable, il sera procédé à son égard, s'il est assuré, comme au cas où il n'y aurait qu'un seul locataire. Les dommages seront réglés contradictoirement avec lui et le propriétaire, s'il y a lieu, et l'indemnité due par la Compagnie sera fixée proportionnellement à la valeur du bâtiment et à l'importance des sommes assurées par elle, pour *Preuve que l'incendie a commencé chez l'un d'eux.*

être ensuite attribuée au propriétaire. Quant à tous les autres locataires, assurés ou non, ils sont affranchis, dans ce cas, de toute responsabilité.

Responsabilité commune et solidaire. — Mode de règlement des dommages.

621. — S'il n'est pas possible de déterminer chez lequel des locataires l'incendie a pris naissance, ils en sont alors tous responsables solidairement, et le propriétaire peut poursuivre qui d'entre eux bon lui semble pour se faire indemniser.

Lorsque le propriétaire agira contre celui ou ceux des locataires dont la Compagnie garantit le risque locatif, MM. les Agents devront régler les dommages contradictoirement avec ces locataires, le propriétaire présent, s'il y a lieu, et l'indemnité sera fixée, suivant l'usage, en proportion de la valeur du bâtiment et de l'importance des sommes assurées par la Compagnie. Seulement, dans ce cas spécial, il conviendra d'appeler à l'expertise les autres locataires, si du moins ils sont solvables, à raison du recours que la Compagnie aura à exercer contre eux, par suite de la solidarité, pour les faire contribuer au paiement de l'indemnité, pour leur part et portion, en vertu des art. 1213 et 1214 du Code Napoléon.

Dans le cas, au contraire, où le propriétaire réclame et obtient son indemnité de ceux des locataires qui ne sont pas assurés par elle, la Compagnie n'a plus qu'à payer, sur la demande de ces derniers, la part et portion incombant dans ladite indemnité à celui ou ceux des locataires qu'elle assure, en vertu des mêmes art. 1213 et 1214 du Code Napoléon. Toutefois, même dans ce cas, si l'Assurance était insuffisante, il y aurait lieu, comme toujours, d'appliquer la règle proportionnelle en faveur de la Compagnie.

Cas où le propriétaire habite la maison avec les locataires.

622. — Quand le propriétaire habite la maison avec les locataires, les auteurs ne sont pas d'accord pour déterminer sa situation légale, en cas d'incendie, vis-à-vis de ces derniers. Les uns veulent qu'il n'ait, en pareil cas, aucun recours spécial à exercer contre les locataires. D'autres estiment qu'à la seule condition de prouver que l'incendie n'a pas commencé dans les lieux qu'il habite, le propriétaire peut exercer contre les locataires, dans ce cas, la plénitude des droits que lui assurent les art. 1733 et 1734 du Code Napoléon, et les faire déclarer responsables de l'incendie de la même manière que s'il n'eût pas habité la maison. Quelques autres pensent que, tant que le point initial de l'incendie reste inconnu, les locataires ne sont plus responsables solidairement envers le propriétaire qui habite la maison, et que le propriétaire n'a contre chacun d'eux qu'une action personnelle pour les faire condamner au paiement de leur part contributive dans les dommages. Enfin, dans un ouvrage récent sur la Solidarité, un auteur (M. Rodière) a émis l'avis que les locataires, dans ce cas, demeurent solidairement responsables envers le propriétaire, mais seulement pour la portion des dommages à leur charge, après déduction de la part et portion incombant au propriétaire considéré comme locataire, conformément à l'art. 1209 du Code Napoléon.

Appelée à se prononcer sur la difficulté, la Cour de cassation a déclaré, par arrêt du 20 novembre 1855 (Dalloz, 55, 1, 457), « que la présomption de faute édictée par les art. « 1733 et 1734 du Code Napoléon n'est établie que pour le cas où le bâtiment dans lequel « l'incendie a eu lieu est occupé par un ou plusieurs locataires; qu'une telle présomption, « dérogatoire au droit commun, et qui ne peut recevoir d'extension, est donc *modifiée*

« lorsque le propriétaire occupe lui-même une partie de la maison ; qu'il est, alors,
« membre d'une communauté dans laquelle sa propre responsabilité le prive du béné-
« fice exceptionnel résultant du principe écrit dans les art. 1733 et 1734, quand il ne
« prouve point que l'incendie n'a pu commencer dans les lieux habités par lui. » Mais
disons tout de suite que cet arrêt, intervenu dans des circonstances toutes spéciales et
peu favorables, ne peut pas être considéré comme tranchant complètement ni même définitivement la question.

En cet état de la doctrine et de la jurisprudence, nous ne saurions prendre sur nous
d'indiquer à MM. les Agents une solution certaine de la difficulté. Aussi nous bornerons-nous à leur recommander de nous consulter toutes les fois qu'il s'agira de régler
un sinistre sur une maison occupée par des locataires dont nous garantirions les risques
locatifs, si elle est habitée en même temps par le propriétaire. Nous leur transmettrons
des instructions spéciales pour chaque cas particulier.

623. — Au cas où nous assurerions, en même temps que les risques locatifs du
locataire, la maison pour le compte et dans l'intérêt du propriétaire, les dommages
seraient réglés contradictoirement avec l'un et l'autre, et l'indemnité serait attribuée au
propriétaire, sans aucun recours de la Compagnie contre le locataire.

624. — Si c'était le propriétaire lui-même qui eût fait garantir, avec son bâtiment,
la responsabilité locative de ses locataires, les dommages seraient réglés avec lui seul,
et la Compagnie n'aurait encore, dans ce cas, aucun recours contre les locataires.

625. — Disons enfin, pour terminer ce qui concerne les règlements de sinistres sur
risques locatifs, qu'il est un cas où le locataire, en cas d'insuffisance de l'assurance,
n'est pas passible de l'application de la règle proportionnelle : c'est celui où la somme
qu'il a fait garantir égale quinze fois le montant annuel du loyer. Dans ce cas, le dommage demeure à la charge de la Compagnie jusqu'à concurrence de la somme entière
assurée. Telle est la disposition formelle de l'art. 20 des conditions générales de nos
Polices.

§ 2. — Sinistres sur risques des propriétaires à l'égard des locataires.

626. — Il n'y a lieu à indemnité pour ce risque, d'après l'art. 1721 du Code Napoléon, qu'autant que le locataire établit que l'incendie qui lui a occasionné des pertes
provient d'un vice de construction du bâtiment ou de quelque défaut de la chose, imputable au propriétaire. En l'absence de cette preuve, la responsabilité du propriétaire
n'est pas engagée, et, dès lors, l'Assureur de cette responsabilité n'est tenu d'aucune
obligation.

627. — Lorsqu'il est prouvé que l'incendie provient d'un vice de construction,
MM. les Agents doivent régler contradictoirement avec le propriétaire assuré, au moyen
d'une expertise dans les formes ordinaires, les dommages mobiliers éprouvés par le locataire. Celui-ci pourra intervenir à l'expertise, si bon lui semble, et y devra être
admis, s'il le requiert. Le dommage ainsi réglé sera à la charge de la Compagnie, s'il
n'excède pas la somme assurée, car il est admis que, dans ces sortes d'assurances, il ne

21

Marginal notes :

- Assurance simultanée du locataire et du propriétaire.
- Assurance du risque locatif par le propriétaire.
- Assurance de quinze fois la valeur du loyer.
- Cas où une indemnité est due.
- Concours du locataire à l'expertise. — Règlement et attribution de l'indemnité.

doit pas être fait application de la règle proportionnelle ; sinon, il sera pour partie à la charge du propriétaire. En tout cas, l'indemnité totale ou partielle due par la Compagnie sera attribuée au locataire, à la décharge du propriétaire assuré.

628. — Dans le cas où il y a contestation sur le point de savoir si le vice de construction ou le défaut allégué est la cause réelle de l'incendie, la question sera déférée aux tribunaux, qui décideront d'après les circonstances. La Compagnie devra intervenir dans l'instance, afin de contester avec le propriétaire, s'il y a lieu, la demande du locataire. Si un jugement de condamnation intervient, la Compagnie devra l'indemnité jusqu'à concurrence des sommes assurées par elle. Quant au dommage, il sera, dans ce cas, réglé comme précédemment.

Contestations sur la responsabilité du propriétaire.

§ 3. — Sinistres sur risques des voisins.

629. — Les voisins ne sont fondés à exercer un recours, pour communication d'incendie, en vertu des art. 1382, 1383 et 1384 du Code Napoléon, qu'autant qu'ils prouvent que l'incendie provient de la faute, de la négligence ou de l'imprudence de la personne chez laquelle il a pris naissance. A défaut de cette preuve, il n'y a pas de recours de voisins possible, et l'assurance contre ce recours doit rester sans effet.

Cas où une indemnité est due.

630. — Si la faute, la négligence ou l'imprudence de l'Assuré est constante ou établie, les dommages des voisins lésés doivent être réglés avec l'Assuré et au moyen d'une expertise en la forme ordinaire, et l'indemnité à la charge de la Compagnie, fixée sans application de la règle proportionnelle, est ensuite attribuée auxdits voisins, à la décharge de l'Assuré, jusqu'à concurrence des sommes garanties. Les voisins, d'ailleurs, ont, dans ce cas, la faculté d'intervenir à l'expertise, à raison de leur intérêt.

S'il y a contestation sur le fait de la négligence ou de l'imprudence de l'Assuré, le dommage sera provisoirement réglé de la même manière, mais sous toutes réserves, et l'on attendra, pour prendre un parti à l'égard de l'indemnité, l'issue de l'instance engagée à ce sujet. Dans ce cas, MM. les Agents ne devront rien faire sans nous avoir préalablement consultés.

Concours des voisins à l'expertise. — Règlement et attribution de l'indemnité. — Contestations.

§ 4. — Sinistres sur propriétés indivises.

631. — Pour le règlement des dommages d'incendie causés à des propriétés indivises, il y a lieu de distinguer par quelles personnes a été faite l'Assurance, et dans quelles conditions elle a eu lieu.

Si tous les copropriétaires sont intervenus au contrat, et ont fait assurer l'immeuble pour son entière valeur, les dommages seront réglés contradictoirement avec eux, en la forme ordinaire, et l'indemnité leur sera ensuite attribuée au prorata de leurs droits respectifs. Un seul expert représentera tous les intéressés à l'expertise (Voir n° 605). En cas d'insuffisance de l'Assurance, la règle proportionnelle sera appliquée.

Il devra être procédé de même lorsque le bâtiment aura été assuré pour son entière valeur par un ou plusieurs seulement des propriétaires indivis ; ceux-ci, dans ce cas,

Modes divers de règlement suivant la forme de l'Assurance. — Exemples.

seront censés avoir agi tant pour leur compte que pour le compte des autres, et les dommages devront être réglés contradictoirement avec tous les intéressés.

Si, au contraire, un seul des copropriétaires, agissant pour son compte particulier, a fait assurer sa portion indivise seulement dans la maison, le dommage doit être réglé contradictoirement avec ce seul copropriétaire, à l'exclusion des autres, qui sont ici sans intérêt. L'indemnité, dans ce cas, sera également attribuée à ce copropriétaire unique, qui sera passible, s'il y a lieu, de l'application de la règle proportionnelle ordinaire.

Deux exemples vont rendre plus nette cette situation d'un copropriétaire ayant assuré sa part indivise dans une maison.

Premier exemple. — Une personne est propriétaire du quart indivis dans une maison qui vaut 100,000 fr.; elle fait assurer à son profit 25,000 fr. sur ce quart lui appartenant. Un incendie survient; la perte éprouvée par la maison est de 40,000 fr. L'expertise constate que la valeur de ladite maison, au jour de l'incendie, était bien de 100,000 fr., ou inférieure à ce chiffre. L'Assuré devra recevoir une indemnité de 10,000 fr., qui est le quart de la perte.

Deuxième exemple. — Une personne propriétaire du quart indivis dans une maison qui vaut 100,000 fr. fait assurer seulement 10,000 fr. sur ce quart lui appartenant. La perte éprouvée est, comme dans l'exemple précédent, de 40,000 fr. L'expertise constate que la valeur de la maison, au jour de l'incendie, est bien de 100,000 fr. La perte de l'Assuré est de 10,000 fr., comme chiffre correspondant à sa part dans la propriété; mais l'Assureur ne lui devra que les 2/5 de ces 10,000 fr., parce que l'Assuré n'a fait garantir que les 2/5 de ce qui lui appartenait, et ce, par application de la règle proportionnelle résultant des dispositions de l'art. 18 des conditions générales de la Police.

§ 5. — Sinistres sur usufruit et nue-propriété.

652. — Nous avons expliqué, au chapitre xi du Titre III (n⁰ˢ 304 et suivants), que nous n'assurions pas l'usufruit ni la nue-propriété isolément, et que nous ne pouvions garantir, dans tous les cas, que la propriété pleine et entière, soit que l'assurance fût souscrite par le nu-propriétaire, soit qu'elle fût faite par l'usufruitier. L'assurance, de cette façon, a nécessairement lieu dans l'intérêt de l'un et de l'autre, et elle profite à tous les deux, dans la proportion de leurs droits respectifs.

Il résulte de là que le règlement des dommages, en cas d'incendie, doit être fait contradictoirement avec l'usufruitier et le nu-propriétaire, qui, n'ayant qu'un même intérêt à l'encontre de la Compagnie, ne nommeront qu'un expert pour les représenter. L'indemnité à la charge de la Compagnie sera déterminée d'après les règles ordinaires, et elle sera ensuite mise à la disposition de l'un et de l'autre intéressé, qui devront s'entendre pour en opérer le partage entre eux.

653. — Il est un cas où la Compagnie, dans cette sorte d'assurances, ne doit aucune indemnité : c'est celui où, l'assurance ayant été souscrite par l'usufruitier seul, l'usufruit vient à finir, par autre cause que l'incendie, avant l'expiration du temps fixé pour la durée de la Police. Dans ce cas, nos clauses stipulent (voir n° 307) que l'Assurance est caduque et que le nu-propriétaire n'en peut pas réclamer le bénéfice; en conséquence, s'il survient un sinistre dans ces circonstances, il n'est pas dû d'indemnité.

Nous appelons sur ce cas spécial toute l'attention de MM. les Agents, afin qu'ils se refusent à tout règlement de dommages, lorsqu'il se présentera.

Le nu-propriétaire, en pareil cas, doit se faire souscrire une Police personnelle, et il lui est accordé, s'il requiert cette Police, de profiter de la dernière prime payée par l'usufruitier pour l'année d'assurance non encore échue.

634. — Enfin, MM. les Agents remarqueront que, dans le cas où l'Assurance a été souscrite par le nu-propriétaire, si l'usufruit vient à s'éteindre pendant la durée de la Police, l'assurance continue au profit de l'Assuré, devenu désormais plein propriétaire de l'immeuble, ainsi qu'il a été expliqué au n° 308. Si un sinistre survient dans ces conditions nouvelles, il est évident que c'est avec le propriétaire que les dommages devront être réglés, et dans les formes ordinaires.

Décès de l'usufruitier au cas où l'Assurance a été souscrite par le propriétaire.

§ 6. — Sinistres sur constructions élevées par des locataires ou autres concessionnaires.

Renvoi aux conditions spéciales de ces sortes d'Assurances.

635. — Nous n'avons rien de particulier à dire sur le règlement des sinistres qui atteignent les constructions élevées par des locataires ou autres concessionnaires sur les terrains dont ils ont la jouissance. Les stipulations spéciales qui accompagnent les assurances de ces constructions, et qui font l'objet du chapitre xiii du Titre III des présentes Instructions (n°⁵ 319 et suivants), sont on ne peut plus explicites et prévoient les divers cas qui peuvent se présenter. Dans chaque hypothèse particulière, MM. les Agents n'auront qu'à se référer aux clauses expresses de la Police, qui leur indiqueront avec précision ce qu'il convient de faire, soit en ce qui concerne le règlement des dommages, soit en ce qui concerne l'attribution de l'indemnité. Si, après l'examen attentif de ces clauses, il restait encore quelque incertitude dans leur esprit, ils devraient nous demander des explications et des instructions spéciales, que nous nous empresserions de leur adresser.

§ 7. — Sinistres sur créances hypothécaires.

Règles générales sur le règlement de l'indemnité. — Exemples.

636. — Le règlement de l'indemnité dans les assurances de créances hypothécaires présente d'assez graves difficultés et demande quelques développements.

Dans toute Assurance, lorsqu'un sinistre survient, on recherche quelle est la perte réelle éprouvée par l'Assuré, et, pour la trouver, on se demande combien la chose assurée valait au moment de l'incendie, et combien elle vaut encore après l'incendie; la différence constitue la perte.

Lorsque la chose assurée est une hypothèque, pour savoir ce que cette hypothèque valait avant le sinistre, on devra examiner d'abord si, par son rang d'inscription, elle serait venue utilement sur l'immeuble atteint, si son utilité aurait été entière ou seulement partielle; on examinera ensuite si tout ou partie de cette même hypothèque existe encore d'une manière utile sur la portion de l'immeuble qui a échappé aux flammes, y compris la valeur du sol et celle du sauvetage, ou sur les autres immeubles quelconques hypothéqués à la garantie de la même créance, s'il y en a. Ce n'est, en effet, qu'autant que l'hypothèque a péri en tout ou en partie par l'effet de l'incendie, que la Compagnie peut être redevable d'une indemnité envers l'Assuré.

Soit, par exemple, un créancier faisant assurer par la Compagnie une créance de 30,000 fr., hypothéquée en partie sur plusieurs bâtiments de ferme et en partie sur 10 hectares de terrain situés autour de la ferme. L'un des bâtiments est atteint par l'incendie, mais il présente encore après l'incendie une valeur de...... 10,000 fr.

Le sol vaut.. 1,000

Les autres bâtiments, non atteints, valent, sol compris............ 5,000

Les 10 hectares de terrain, à 1,500 fr. l'hectare, valent........... 15,000

De sorte que la propriété représente encore une valeur de.......... 31,000 fr.

La créance de 30,000 fr. de l'Assuré reste donc sauve, et la Compagnie ne doit rien.

Autre exemple. — Un créancier hypothécaire fait assurer une créance de 20,000 fr. sur un seul bâtiment valant à peu près cette somme. Ce bâtiment est détruit en entier par l'incendie. Il est reconnu par l'expertise valoir, avant l'incendie.... 20,000 fr.

Mais, après l'incendie, le sol a encore une valeur de.............. 1,000

Le sauvetage est évalué à..................................... 3,000

Ensemble........................... 4,000 fr.

Ces 4,000 fr. sont donc à déduire de la perte, puisqu'ils constituent encore la garantie du créancier, et la Compagnie ne doit à ce dernier que 16,000 fr.

657. — Il résulte des explications qui précèdent, et aussi des formes spéciales dans lesquelles a lieu l'assurance des créances hypothécaires (voir nᵒˢ 310 et suivants), que, lorsqu'un incendie aura atteint un immeuble affecté à la garantie d'une créance de cette nature assurée par la Compagnie, les experts chargés de régler les dommages auront à constater :

1° La valeur, avant l'incendie, de l'immeuble atteint, sol compris;

2° La valeur de l'immeuble après l'incendie, en y comprenant également la valeur du sol et aussi celle du sauvetage;

3° Enfin, la valeur des autres immeubles hypothéqués à la garantie de la même créance, s'il y en a.

De son côté, l'Assuré est tenu de faire les justifications suivantes :

1° Que son inscription n'a pas perdu son effet par la péremption, le remboursement de la créance, la prescription du titre ou toute autre cause;

2° Que sa créance serait venue en ordre utile, soit en partie, soit en totalité, sur la valeur de l'immeuble avant l'incendie, déduction faite des frais d'expropriation.

S'il résulte de l'évaluation des experts et des preuves fournies par l'Assuré que la créance se trouvait en rang utile au moment du sinistre et que les immeubles hypothéqués, quels qu'ils soient, atteints ou non atteints, y compris la valeur du sauvetage, n'ont plus une importance suffisante pour couvrir la créance, la Compagnie est responsable, au prorata de l'assurance, de la somme dont l'incendie aura mis le créancier hypothécaire à découvert.

Si, au contraire, la créance n'était pas jugée devoir venir en ordre utile au moment de l'incendie, ou si, après l'incendie, elle se trouvait encore suffisamment couverte par les garanties hypothécaires subsistantes, le créancier n'éprouvant aucun dommage, la Compagnie ne serait tenue à aucune indemnité.

Règlement et attribution au créancier de l'indemnité, en dehors du propriétaire débiteur. — Subrogation de la Compagnie.

638. — Telles sont les conditions d'après lesquelles doit être réglée l'indemnité dans l'assurance proprement dite des créances hypothécaires, c'est-à-dire dans l'assurance souscrite directement par le créancier agissant isolément et sans le concours du propriétaire de l'immeuble, ainsi qu'il a été expliqué au n° 312 des présentes Instructions. Dans ce cas, le propriétaire, étant demeuré étranger au contrat, ne doit pas intervenir à l'expertise des dommages; c'est avec le créancier seul qu'ils doivent être contradictoirement réglés, et c'est à lui que sera directement attribuée l'indemnité totale ou partielle à la charge de la Compagnie. Seulement, dans ce cas, le créancier devra, en recevant cette indemnité, subroger la Compagnie jusqu'à due concurrence, par acte notarié, dans l'effet de son hypothèque et de ses autres droits quelconques contre le débiteur, conformément aux prescriptions du § 1er de l'art. 1250 du Code Napoléon. Cette subrogation obtenue, MM. les Agents présenteront une expédition de l'acte en bonne forme au Conservateur des hypothèques de l'arrondissement, afin qu'il en fasse mention sur ses registres, en marge de l'inscription hypothécaire prise par le créancier. Cette formalité a pour but de faire appeler la Compagnie à la distribution du prix de l'immeuble par voie d'ordre, s'il y a lieu, et à l'exercice des droits acquis par la subrogation. Si elle était négligée, les intérêts de la Compagnie pourraient être compromis.

Cas où le propriétaire débiteur est intervenu dans l'Assurance.

639. — Quant aux deux autres modes d'assurance des créances hypothécaires, tels qu'ils sont spécialement indiqués aux n°s 313 et 314 ci-dessus, ils ne constituent pas en réalité une assurance proprement dite de la créance hypothécaire. Ils consistent simplement dans l'assurance de l'immeuble faite par le propriétaire, soit seul, soit avec le concours du créancier, avec cette circonstance spéciale que le contrat contient, en faveur du créancier, une indication expresse pour toucher l'indemnité d'incendie aux lieu et place du propriétaire, dans les termes de l'art. 1277 du Code Napoléon. Dans ce cas, le règlement des dommages doit être fait contradictoirement avec le propriétaire, ou avec le propriétaire et le créancier, si ce dernier est intervenu au contrat. Quant à l'indemnité, elle sera attribuée, conformément aux stipulations de la Police, d'abord au créancier hypothécaire désigné, et l'excédant, s'il en existe, au propriétaire. Mais il faut bien remarquer qu'il n'y aura lieu à cette attribution qu'autant qu'il n'existera point d'autres créanciers opposants sur l'indemnité. S'il y avait des oppositions au paiement, la Compagnie ne paierait l'indemnité qu'après que la main-levée en serait rapportée, soit par le propriétaire, soit par le créancier hypothécaire assuré.

Faisons observer enfin que, dans les deux cas ci-dessus, la Compagnie n'ayant fait, en payant l'indemnité à sa charge, qu'acquitter sa dette propre envers le propriétaire directement assuré, ne peut avoir aucun recours contre ce propriétaire. Il sera donc inutile de réclamer pour elle aucune subrogation dans les droits du créancier. Il suffira de retirer quittance pure et simple, en la forme ordinaire, des paiements qu'elle aura effectués.

640. — Nous arrivons au cas (voir n° 316) où le propriétaire, agissant pour son compte et dans son intérêt, a fait assurer par la Compagnie son immeuble hypothéqué, tandis que le créancier, de son côté, a aussi fait garantir directement sa créance hypothécaire. La coexistence des deux assurances peut donner lieu à des difficultés sérieuses, non pas pour le règlement des dommages, qui serait fait pour chaque Police suivant les règles d'usage, mais en ce qui concerne l'attribution de l'indemnité aux parties intéressées.

En effet, lorsqu'une assurance est contractée par le propriétaire pour la valeur totale de son immeuble, alors que déjà le créancier hypothécaire a fait assurer son hypothèque, il y a lieu de se demander si les deux assurances ne pourraient pas avoir pour résultat de faire payer deux indemnités pour une même perte.

Soit, par exemple, un créancier hypothécaire ou privilégié pour une somme de 80,000 fr. sur un immeuble qui vaut 100,000 fr.—Le créancier fait assurer sa créance contre l'incendie pour 80,000 fr. — De son côté, le propriétaire débiteur fait assurer son immeuble pour 100,000 fr. — Un sinistre survient, qui détruit l'immeuble tout entier. Il semble que la Compagnie doive 100,000 fr. au propriétaire et 80,000 fr. au créancier. Ce serait donc 180,000 fr. qui seraient demandés, lorsque la perte totale n'est que de 100,000 fr.

Il est vrai que, s'il n'y a pas d'autres créanciers que le créancier hypothécaire assuré, la difficulté ne sera pas grande. En effet, le propriétaire débiteur sera obligé, en venant recevoir son indemnité de 100,000 fr., de rembourser ou de laisser prendre avant lui, en vertu d'une opposition qui serait formée, les 80,000 fr. qu'il doit au créancier. Dans ce cas, la Compagnie paierait d'abord les 80,000 fr. au créancier hypothécaire, et ensuite les 20,000 fr. restants au propriétaire débiteur. L'assurance, en définitive, ne paiera donc que les 100,000 fr. perdus et les paiera dans les conditions mêmes suivant lesquelles la perte aura été éprouvée.

Mais il est un cas où la Compagnie pourrait se voir engagée pour une somme supérieure au montant du dommage et à la valeur de l'immeuble assuré : c'est celui où le propriétaire assuré a des créanciers chirographaires pour une somme importante, indépendamment du créancier hypothécaire assuré. Dans ce cas, si les créanciers chirographaires ont formé opposition entre les mains de la Compagnie, ils auront, en cas d'incendie, des droits sur l'indemnité, et ces droits ne seront nullement primés par ceux du créancier hypothécaire, mais viendront en concurrence : il est, en effet, universellement admis aujourd'hui, en doctrine comme en jurisprudence, que l'indemnité provenant de l'assurance ne représente pas l'immeuble incendié, mais constitue une valeur mobilière qui, comme toutes les valeurs de cette nature, est le gage commun de tous les créanciers, sans aucune préférence pour le créancier hypothécaire. Il faudra donc, en pareil cas, pour nous servir de l'exemple indiqué plus haut, que les 100,000 fr. dus par la Compagnie pour l'Assurance du propriétaire soient payés entre les mains de tous les créanciers opposants sans distinction, de telle sorte que la créance hypothécaire assurée pourra ne venir dans la contribution que pour un chiffre très faible, 10,000 fr. par exemple, au lieu de 80,000 fr. C'est, dès lors, un supplément de 70,000 fr. que la Compagnie aura à payer au créancier hypothécaire pour raison de son Assurance propre, et pour lui parfaire le montant de sa créance directement assurée. Et l'on arrivera ainsi à cette conséquence que, pour une perte matérielle qui n'est en définitive que de 100,000 fr., la Compagnie aura payé une somme de 170,000 fr.

C'est là un résultat évidemment anormal, mais qui sera difficilement évité. Il y aurait bien, pour la Compagnie, un moyen de s'y soustraire : ce serait de faire faire par le propriétaire au créancier, avant toute opposition de la part de tiers, une délégation en bonne forme de l'indemnité, qu'elle se ferait ensuite signifier par le créancier en temps utile. Dans ce cas, et à la faveur de cette délégation, le créancier hypothécaire aurait la saisine sur l'indemnité, il n'aurait plus à subir le concours des créanciers chirographaires, et, en prenant l'exemple précité, la Compagnie n'aurait à payer à ces derniers que la portion des 100,000 fr. (valeur de l'immeuble assuré) qui resterait libre après prélèvement du montant de la créance hypothécaire. Mais ce moyen est le plus souvent impraticable, principalement par deux motifs : d'abord, à raison des frais assez considérables qu'entraînent ces sortes de délégation ; ensuite, et surtout, parce qu'exigeant le concours bienveillant du créancier et du propriétaire, il est subordonné par cela même à une condition bien difficile à remplir.

La Compagnie sera donc forcée, dans la plupart des cas, de subir le résultat ci-dessus, sans autre ressource, pour en neutraliser ou en atténuer les conséquences, que sa subrogation dans les droits du créancier hypothécaire qu'elle aura désintéressé. Cette subrogation, sans doute, sera le plus souvent illusoire ; elle le sera particulièrement lorsque le propriétaire, dont l'immeuble a péri, n'aura plus d'autres biens pouvant servir de gage à la créance. Elle n'en devra pas moins, à tout événement, être soigneusement stipulée du créancier dans la quittance d'indemnité, sauf à la Compagnie à en tirer dans l'avenir tel parti que les circonstances pourront lui suggérer.

Au surplus, MM. les Agents remarqueront que, pour échapper autant que possible à la nécessité de payer une indemnité supérieure à la perte réelle, nous imposons au créancier hypothécaire, dans le cas où l'immeuble hypothéqué serait également assuré, l'obligation de faire valoir au préalable tous ses droits sur l'indemnité due, en cas d'incendie, au propriétaire ; nous ne lui reconnaissons de droits contre nous, du chef de son Assurance, que pour ce dont il reste à découvert après qu'il a touché sa part de deniers dans la contribution ouverte sur ladite indemnité. (Voir la clause indiquée au n° 312 pour le cas dont il s'agit.)

En résumé, MM. les Agents comprendront, d'après les explications qui précèdent, toutes les difficultés auxquelles peut donner naissance le règlement d'un sinistre sur un immeuble assuré à la fois par le propriétaire et un créancier hypothécaire, chacun ayant agi isolément et dans son intérêt exclusif. En pareil cas, MM. les Agents ne devront jamais rien faire sans nous consulter.

CHAPITRE V.

Paiement de l'indemnité.

641. — L'art. 1239 du Code Napoléon dispose que « le paiement doit être fait au
« créancier, ou à quelqu'un ayant pouvoir de lui, ou qui soit autorisé par justice ou
« par la loi à recevoir pour lui. » Toutefois, d'après l'art. 1241 du même Code, « le
« paiement fait au créancier n'est point valable s'il était incapable de le recevoir, à
« moins que le débiteur ne prouve que la chose payée a tourné au profit du créancier. »

Observations générales.

Il résulte de ces dispositions que le paiement, pour être valable, doit être fait au
créancier capable de le recevoir ou à quelqu'un ayant qualité pour le recevoir en son
lieu. En dehors de ces conditions, le paiement serait invalide, et le débiteur se trouverait exposé à payer une seconde fois.

MM. les Agents voient par là combien il est important pour eux, lorsqu'ils ont un
sinistre à payer, soit dans la limite de leurs attributions, jusqu'à 300 fr., soit au-dessus
de cette somme, par suite de l'autorisation de la Compagnie (voir nos 433 et suiv.)
combien il est important pour eux, disons-nous, de pouvoir discerner et connaître,
afin de faire un paiement valable, les personnes auxquelles il y a lieu de payer l'indemnité : en effet, s'ils la versaient entre les mains de quelqu'un qui fût sans droit ou
sans qualité pour la recevoir, ils exposeraient la Compagnie à être actionnée par le
créancier et à payer une seconde fois, et ils s'exposeraient eux-mêmes à une action en
garantie de la part de la Compagnie pour la faute qu'ils auraient commise, comme mandataires, en payant l'indemnité à qui n'avait pas qualité pour la recevoir.

642. — Ce chapitre a pour objet d'indiquer à MM. les Agents quelles sont les personnes auxquelles il convient, dans les circonstances les plus usuelles dans la pratique
des Assurances, de payer l'indemnité, et aussi quelles sont les précautions dont il y a
lieu d'entourer le paiement.

*Objet de ce chapitre. —
Divisions.*

Dans un premier paragraphe, il sera traité des cas les plus ordinaires, c'est-à-dire
des cas dans lesquels l'indemnité doit être payée à l'Assuré ou à ses représentants.

Dans un second paragraphe, nous traiterons des cas particuliers dans lesquels l'indemnité doit être payée à des tiers.

Enfin, dans un troisième paragraphe, nous nous occuperons des cas où il y a des
créanciers opposants ou des cessionnaires.

§ 1er. — Paiement à l'Assuré ou à ses représentants.

643. — En principe général, c'est au propriétaire des objets assurés que doit
être payée l'indemnité d'incendie, puisque c'est lui qui supporte la perte dont cette indemnité constitue le dédommagement. Ce propriétaire est le plus souvent le souscripteur de la Police, l'Assuré lui-même, qui a directement pourvu par l'Assurance à
son propre intérêt. Il en serait de même s'il avait agi par l'intermédiaire d'un manda-

*L'indemnité est payée,
en général, au pro-
priétaire des objets
assurés. — Assurance
pour compte de qui il
appartiendra.*

taire. Dans les deux cas, l'indemnité est payée au propriétaire, titulaire de l'Assurance, contre quittance régulière et sans réserves.

Toutefois, si l'Assurance avait été souscrite par un mandataire (commissionnaire, dépositaire ou autre), non pas pour le compte d'un propriétaire spécialement désigné au contrat, mais, d'une manière générale, *pour compte de qui il appartiendra*, la Compagnie, dans ce cas, ne connaissant pas d'autre personne que le mandataire avec lequel elle a contracté, pourrait, sans nul doute, payer très-valablement l'indemnité entre ses mains, en le considérant comme un *negotiorum gestor* ayant capacité pour toutes les suites de l'affaire qu'il a entreprise, en vertu de l'art. 1379 du Code Napoléon. Néanmoins, lorsque ce cas spécial se présentera dans la pratique, nous nous réservons de donner des instructions particulières à MM. les Agents.

644. — Si l'Assuré est décédé depuis le sinistre, le paiement de l'indemnité est effectué entre les mains de ses héritiers ou légataires majeurs, après justification de leurs qualités, et sur une quittance collective donnée par eux, sauf à eux à s'entendre ensuite pour le partage ainsi qu'ils aviseront. Au cas où, parmi eux, il y aurait des mineurs, le tuteur signerait la quittance en leur nom.

Si le décès de l'Assuré était arrivé avant le sinistre, il y aurait à examiner préalablement si les héritiers ou légataires ont déclaré leurs qualités à la Compagnie dans le délai de deux mois qui leur est imparti, à peine de déchéance, par les art. 6 et 9 des conditions générales de la Police. Ce n'est que dans le cas d'accomplissement de cette formalité qu'il y aurait lieu de leur payer l'indemnité comme il vient d'être dit.

Toutefois, si, par l'effet d'un partage qui aurait été opéré, les objets assurés étaient tombés dans le lot d'un des héritiers ou légataires, celui-ci étant censé seul propriétaire des objets depuis le décès de l'auteur commun (art. 883 du Code Napoléon), c'est entre ses mains que l'indemnité devrait être payée, à la condition, néanmoins, qu'il aurait déclaré sa qualité à la Compagnie et se serait fait transporter par elle le bénéfice de l'Assurance, ainsi qu'il vient d'être expliqué.

645. — Lorsque, pendant la durée de la Police, la propriété des objets assurés a été transférée à un donataire ou à un acquéreur, l'indemnité sera payée au nouveau propriétaire, si du moins celui-ci, par une déclaration faite en temps utile, s'est fait transporter le bénéfice de l'Assurance, conformément à l'art. 6 des conditions générales de la Police. Faute d'accomplissement de cette formalité, il se trouverait déchu. (Art. 9.)

646. — Dans le cas où les biens assurés sont la propriété d'un mineur, c'est au tuteur qu'il appartient de recevoir l'indemnité et d'en donner quittance. La quittance devra nettement spécifier la qualité en laquelle agit le tuteur.

Il en est de même dans le cas où les biens assurés appartiennent à un interdit. L'indemnité est reçue et la quittance donnée par le tuteur à l'interdiction.

Quant aux personnes pourvues d'un conseil judiciaire, l'art. 513 du Code Napoléon leur interdit de recevoir un capital mobilier et d'en donner décharge, si ce n'est avec l'assistance du conseil qui leur a été nommé par le tribunal. En conséquence, une indemnité d'Assurance ne devra jamais leur être payée sans l'assistance de ce conseil, qui signera aussi la quittance.

647. — Le mineur émancipé, bien qu'il ait qualité pour souscrire seul une Police d'Assurance (voir n° 547), n'a pas une capacité suffisante pour recevoir seul l'indemnité en provenant : en effet, d'après l'art. 482 du Code Napoléon, il ne peut recevoir un capital mobilier ni en donner décharge sans l'assistance de son curateur, qui est tenu de surveiller l'emploi du capital reçu. Par suite, une indemnité d'incendie ne lui sera jamais payée qu'avec l'assistance de son curateur, qui devra signer aussi la quittance.

648. — Si l'assurance porte sur des biens appartenant à une femme mariée, plusieurs distinctions sont à faire suivant le régime auquel est assujétie l'association des époux.

1° Sous le régime de la communauté légale ou conventionnelle, le mari, ayant le droit d'exercer seul toutes les actions mobilières de la femme et de recevoir son mobilier (art. 1428 et 1531 du Code Napoléon), aura qualité pour toucher seul l'indemnité d'incendie provenant de l'Assurance des biens de la femme et pour en donner quittance : en conséquence, c'est au mari, sous ce régime, que MM. les Agents devront payer cette indemnité.

2° Sous le régime de la séparation de biens contractuelle, la femme est capable de souscrire seule une Police d'Assurance de ses biens (Voir n° 548). On pourrait penser, non sans fondement, qu'elle a aussi capacité pour recevoir seule l'indemnité d'Assurance relative à ces mêmes biens. Néanmoins, pour plus de sûreté et afin d'éviter toute contestation ultérieure, nous invitons MM. les Agents à faire intervenir, dans ce cas, le mari au paiement, et à lui faire signer la quittance conjointement avec la femme.

3° Sous le régime dotal, la même précaution devra être prise par MM. les Agents, s'il s'agit de l'Assurance des biens paraphernaux de la femme. Celle-ci, comme dans le cas précédent, a qualité pour souscrire seule cette assurance, et elle pourrait sans doute recevoir seule aussi l'indemnité. Toutefois, MM. les Agents agiront prudemment en exigeant également ici l'intervention du mari au paiement et à la quittance.

Que s'il s'agissait, au contraire, sous le même régime, des biens dotaux de la femme, c'est au mari que l'indemnité devrait être payée, et il pourrait seul en donner quittance. Mais comme, par suite des nécessités inhérentes au régime dotal ou des stipulations particulières du contrat de mariage, il pourrait y avoir obligation pour la Compagnie de surveiller le remploi du capital payé par elle au mari, MM. les Agents devront, dans ce cas, ne jamais faire aucun paiement de quelque importance sans s'être fait représenter le contrat de mariage des époux et sans avoir consulté la Compagnie. Dans cette matière essentiellement délicate, la Compagnie se réserve de pourvoir, par des instructions spéciales, aux exigences de chaque cas particulier.

4° Enfin, s'il s'agit d'objets dépendant du commerce d'une femme marchande publique, l'indemnité d'incendie devra être payée à cette dernière, qui aurait sans doute qualité, de même que la femme paraphernale et la femme séparée de biens, pour la recevoir seule et en donner quittance. Néanmoins, par les mêmes motifs, nous recommandons encore à MM. les Agents de faire intervenir le mari au paiement et à la quittance, comme dans les cas précédents.

649. Si les biens assurés appartenaient au mari personnellement, c'est à lui que l'indemnité d'incendie devrait être payée, sans égard pour l'hypothèque légale de la femme, qui n'affecte en rien ladite indemnité, et le mari en donnerait seul quittance. Cette règle est applicable sous quelque régime que les époux soient mariés.

Il en serait de même si les biens assurés appartenaient à la communauté d'entre les époux, le mari en ayant seul l'entière et libre disposition.

650. Si les biens assurés dépendent de l'actif d'une faillite, le syndic seul a qualité pour recevoir l'indemnité, comme pour nommer des experts, assister à l'expertise, etc. Le syndic peut même, avec l'autorisation du juge commissaire et le failli dûment appelé, transiger sur l'indemnité; seulement, si l'indemnité est d'une valeur qui excède 300 fr., la transaction devra être homologuée par le tribunal de commerce; sans cela, elle ne serait pas obligatoire (art. 487 du Code de commerce).

651. Lorsque les biens assurés appartiennent à une Société, soit en nom collectif, soit anonyme, soit en commandite, l'indemnité d'incendie est payée au Gérant ou aux Administrateurs de la Société, suivant les pouvoirs qui leur sont attribués par les statuts sociaux. MM. les Agents devront, en conséquence, toutes les fois du moins qu'il s'agira d'une indemnité de quelque importance, exiger la représentation de ces statuts.

652. Les indemnités d'Assurance dues aux départements, aux communes, aux hospices ou autres établissements publics quelconques, devront être généralement versées entre les mains de leurs receveurs. Au surplus, MM. les Agents obtiendront facilement auprès de ces administrations, dans chaque cas particulier, tous les renseignements nécessaires pour faire un paiement régulier et valable, et il est inutile de leur indiquer ici les formalités, assez diverses du reste, qu'ils auront à remplir pour ces sortes de paiements.

653. En ce qui concerne les indemnités d'Assurance qui pourraient être dues pour sinistres sur créances hypothécaires, sur propriétés indivises, sur usufruit et nue-propriété, et enfin sur constructions élevées par des locataires ou autres concessionnaires, nous renvoyons à ce que nous avons dit sur ces divers sujets au chapitre précédent (nᵒˢ 631 à 640), où nous avons indiqué les personnes auxquelles les indemnités doivent être attribuées dans ces différents cas. Ces mêmes personnes recevront le paiement et en donneront quittance, suivant les règles et les distinctions qui ont été posées précédemment.

654. Nous avons dit, au Titre de la Police (nᵒˢ 139 et 140) et à celui des Sinistres (nᵒˢ 440 et 457), comment il fallait généralement procéder à l'égard des Assurés qui ne savent ni lire ni signer. Ajoutons ici que la quittance d'indemnité pourra, comme la Police, être signée par les enfants majeurs pour leurs père et mère, et réciproquement. A défaut d'ascendant ou de descendant sachant signer, l'indemnité pourrait être payée à l'Assuré, si elle n'excédait pas 150 fr., en présence de témoins qui certifieraient le paiement au bas de la quittance. Au-dessus de 150 fr., si l'Assuré n'a pas déjà donné pour l'expertise la procuration dont il est question au nᵒ 457, MM. les Agents exigeront de lui qu'il donne à un tiers, à ses frais, une procuration notariée, à l'effet de recevoir l'indemnité et d'en délivrer quittance, et ils paieront alors contre la quittance de ce mandataire.

§ 2. — Paiement à des tiers.

655. Il est quelques cas où l'indemnité, au lieu d'être payée à l'Assuré lui-même, doit être versée entre les mains d'un tiers : cela arrive toutes les fois que l'Assuré fait garantir, non plus seulement des objets lui appartenant, mais, en outre, sa propre responsabilité pour le cas où il serait responsable de l'incendie envers un tiers. En pareil cas, si cette responsabilité de l'Assuré vient à être encourue, c'est au tiers créancier directement qu'il convient de payer l'indemnité d'Assurance, à la décharge de l'Assuré. Il en est ainsi particulièrement dans l'Assurance du recours des voisins, dans l'Assurance du risque locatif et dans l'Assurance du recours des locataires contre les propriétaires, au cas prévu par l'art. 1721 du Code Napoléon.

Nous avons déjà expliqué, dans le chapitre précédent, à qui il y a lieu d'attribuer l'indemnité due pour chacune de ces Assurances. Il ne nous reste que quelques mots à dire concernant le paiement à faire et la quittance à obtenir dans les trois cas dont il s'agit.

656. En ce qui concerne l'Assurance du recours des voisins, l'indemnité doit être payée au voisin envers lequel l'Assuré a été reconnu ou déclaré responsable de l'incendie, par application des art. 1382 et suivants du [Code Napoléon, et c'est ce voisin qui en donnera quittance dans les termes ordinaires. Seulement, comme, en le payant, nous exécutons un contrat intervenu entre nous et notre Assuré, celui-ci devra signer également la quittance, afin qu'elle nous serve aussi de décharge de nos obligations envers lui. En conséquence, MM. les Agents auront soin, en pareil cas, de ne faire le paiement qu'en présence des deux intéressés, qui signeront la quittance au même moment. MM. les Agents s'exposeraient à des difficultés, et même à une responsabilité personnelle envers la Compagnie, s'ils payaient d'abord le voisin sur sa quittance, sauf ensuite à obtenir, à l'occasion, la signature de l'Assuré.

657. Dans le cas d'Assurance des risques locatifs, il faudra procéder de la même manière. L'indemnité sera payée au propriétaire contre une quittance qui sera également signée par le locataire assuré.

658. Enfin, dans l'Assurance du recours des locataires contre les propriétaires (article 1721 du Code Napoléon), l'indemnité d'incendie devra être versée entre les mains du locataire lésé, et le propriétaire Assuré signera aussi la quittance.

659. Rappelons ici ce que nous avons déjà dit aux nos 68 et 616 qui précèdent, à savoir : qu'aux termes de l'art. 1er des conditions générales de la Police, « la Compagnie « n'est responsable que des dommages matériels, et ne doit, soit au propriétaire, soit « au locataire, soit au voisin, aucune indemnité pour changement d'alignement, défaut « de location ou de jouissance, résiliation de baux, chômage, ou toute autre perte « non matérielle. »

§ 3. — Cas où il y a des créanciers opposants ou des cessionnaires.

660. Lorsqu'il y a des saisies-arrêts ou oppositions sur une indemnité due par la Compagnie, MM. les Agents doivent bien se garder de payer cette indemnité à l'Assuré : en effet, d'après l'art. 1242 du Code Napoléon, le paiement qu'ils en feraient au préjudice de ces saisies-arrêts ou oppositions ne serait pas valable à l'égard des créanciers saisissants ou opposants, et ceux-ci pourraient, selon leur droit, contraindre la Compagnie à payer de nouveau, sauf, en ce cas seulement, son recours contre l'Assuré.

Pour faire, dans ce cas, un paiement valable, il y a lieu de distinguer si le montant cumulé des causes des oppositions existantes est inférieur ou même égal au chiffre de l'indemnité, ou bien s'il excède ce chiffre.

Lorsque les causes des oppositions n'excèdent pas le chiffre de l'indemnité, MM. les Agents pourront la verser à l'Assuré, mais à la condition par lui de rapporter la main-levée de toutes les oppositions existantes, donnée par chaque créancier sur l'*original* de l'exploit de signification qui le concerne, en ces termes : *Bon pour main-levée pure et simple,* avec la date et avec sa signature légalisée par l'huissier auteur de la signification. Ou bien MM. les Agents pourront convoquer au siége de l'Agence, à jour et heure déterminés, tant l'Assuré que les créanciers opposants, ces derniers porteurs des *originaux* de leurs exploits d'opposition ; et là, du consentement de tous, et contre la remise desdits originaux nantis du *Bon pour main-levée pure et simple* de chaque créancier, ils paieront l'indemnité sur la simple quittance de l'Assuré, sauf à ce dernier et à ses créanciers à en opérer incontinent le partage entre eux suivant leurs droits respectifs et ainsi qu'ils aviseront.

Si, au contraire, les causes des oppositions excèdent le montant de l'indemnité, l'accord des créanciers entre eux et avec l'Assuré étant dans ce cas chose peu probable, MM. les Agents devront tout simplement se refuser à payer l'indemnité, à moins que, par aventure, l'Assuré ne parvienne à rapporter la main-levée pure et simple de toutes les oppositions. A défaut de cette main-levée, il y aurait lieu d'attendre, pour payer, qu'une contribution judiciaire fût ouverte entre les créanciers opposants, et, à la clôture de cette distribution, l'indemnité serait payée à qui par justice il serait ordonné.— En attendant, si la Compagnie ne voulait pas rester détentrice des sommes par elle dues et entendait se libérer, MM. les Agents devraient faire à l'Assuré des offres réelles de l'indemnité, à la charge de délivrer main-levée des oppositions existant contre lui, avec sommation, pour le cas où il ne pourrait fournir cette main-levée, de comparaître, à jour et heure qui seraient fixés, à la caisse des dépôts et consignations, pour être présent, si bon lui semble, à la consignation de l'indemnité dans l'intérêt de qui de droit (Voir modèle d'offres réelles, n° 57). Au jour désigné, cette consignation sera effectuée, s'il y a lieu, tant en présence qu'en l'absence de l'Assuré, et il en sera dressé procès-verbal par l'huissier.

661. — Supposons maintenant qu'au lieu de créanciers opposants, il y ait des cessionnaires de tout ou partie de l'indemnité due par la Compagnie, qui ont fait régulièrement signifier la cession consentie en leur faveur par l'Assuré. Ces cessionnaires, dès lors, aux termes de l'art. 1690 du Code Napoléon, sont définitivement saisis de l'indemnité, même à l'égard des tiers.

Par suite, si le montant des sommes transportées ne dépasse pas le chiffre de l'indemnité, c'est entre leurs mains que l'indemnité doit être payée, et le surplus, s'il y en a, est versé aux mains de l'Assuré. La quittance d'indemnité, dans ce cas, sera signée à la fois par l'Assuré et les cessionnaires.

Dans le cas, au contraire, où le montant des cessions est supérieur au chiffre de l'indemnité, la Compagnie serait assurément fondée, en vertu notamment de l'art. 1240 du Code Napoléon, à payer les cessionnaires, jusqu'à épuisement de l'indemnité, par ordre de date des significations par eux faites à la Compagnie, et, payant de bonne foi, elle serait sans nul doute valablement libérée par ce paiement. Néanmoins, comme, dans ce cas, les derniers cessionnaires peuvent avoir des moyens de nullité à invoquer, soit contre les significations faites par les cessionnaires antérieurs, soit contre les droits de préférence prétendus par ces derniers, il y aura souvent prudence et même utilité à différer le paiement, et MM. les Agents devront toujours attendre les ordres de la Compagnie pour payer en pareil cas.

662. — Enfin, s'il y a à la fois des créanciers opposants et des cessionnaires, le règlement de leurs droits respectifs étant de nature à donner lieu le plus souvent à de graves difficultés, MM. les Agents ne devront payer l'indemnité qu'après avoir reçu les instructions spéciales et l'autorisation de la Compagnie.

663. — En terminant, et par mesure d'ordre, disons à MM. les Agents que, lorsqu'un exploit d'opposition ou de notification de transport leur est signifié comme représentants de la Compagnie, ils ne doivent jamais ni viser l'original de l'exploit, ni répondre aux interpellations quelconques qui pourraient leur être faites par l'huissier. Leur rôle se borne, dans ce cas, à recevoir la copie de l'exploit; on ne peut rien exiger d'eux au-delà, et nous leur recommandons instamment de se tenir dans cette limite.

Cette recommandation, du reste, est générale et s'applique à toutes les significations quelconques qu'ils pourront recevoir au nom de la Compagnie. (Voir n° 689 des présentes Instructions.)

CHAPITRE VI.

Des Recours.

Bases de la subrogation de la Compagnie aux droits de l'Assuré contre tous garants quelconques de l'Incendie.

664. — L'art. 21 des conditions générales de nos Polices est ainsi conçu :

« La Compagnie se réserve, en cas d'incendie, ou dans le cas prévu par l'art. 14 (1), « ses droits et tous ceux de l'Assuré contre tous garants généralement quelconques, à « quelque titre que ce soit, et notamment contre les locataires, voisins, auteurs de « l'incendie, associations d'Assurances mutuelles, Assurance à prime ou autrement.

« A cet effet, l'Assuré, en ce qui le concerne, la subroge sans garantie, par le seul « fait de la présente Police, et sans qu'il soit besoin d'aucune autre cession, transport, « titre ou mandat, à tous ses droits, recours ou actions.

« L'Assuré est tenu, quand la Compagnie l'exige, de réitérer ce transport par acte « séparé et notarié, comme aussi de réitérer la subrogation dans la quittance du « dommage. »

Cet article contient deux choses : — D'abord, une cession actuelle et pure et simple, en faveur de la Compagnie, de tous les droits et recours éventuels quelconques de l'Assuré contre les tiers responsables de l'incendie à quelque titre que ce soit, cession jugée parfaitement régulière et valable aux termes des art. 1130 et 1598 du Code Napoléon, et en vertu de laquelle seule la Compagnie serait fondée, le cas échéant, à exercer directement et à son profit les droits et les actions cédés (Cass., 13 avril 1836 et 24 novembre 1840. Sirey, 36, 1, 271, et 41, 1, 45) ; — Ensuite, la promesse, par l'Assuré, d'une subrogation qui se réalise ultérieurement, au moment du paiement, dans les termes de l'art. 1250, § 1er, du Code Napoléon, au moyen de la formule suivante insérée dans la quittance d'indemnité donnée par l'Assuré : « Au moyen de ce paiement, je tiens quitte et décharge la Compagnie d'Assurances Générales de toutes choses relatives audit incendie et aux dommages qui en sont résultés, *et je la subroge, mais sans garantie, dans tous mes droits, actions et recours contre tous auteurs reconnus ou présumés dudit incendie, et autres garants généralement quelconques, même contre tous Assureurs.* »

Ces dispositions forment la double base du droit qui appartient à la Compagnie d'exercer contre tous garants quelconques de l'incendie, du chef de l'Assuré qu'elle a désintéressé, toutes les actions et recours de ce dernier, à quelque titre et pour quelque cause que ce soit.

Renvoi pour les mesures préliminaires à prendre contre les garants.

665. — Nous avons énuméré, dans le chapitre II de ce Titre (nos 593 et suivants), les diverses personnes sur lesquelles peut peser, suivant les cas, la responsabilité de l'in-

---

(1) Art. 14 de la Police : — « Si les bâtiments assurés par la Compagnie sont endommagés ou détruits, « par ordre de l'autorité, pour arrêter les progrès d'un incendie, la Compagnie rembourse les dom- « mages. »

cendie; nous avons mentionné les locataires (ce qui comprend les sous-locataires, fermiers et colons partiaires), les propriétaires dans le cas prévu par l'art. 1721 du Code Napoléon, les dépositaires, gagistes, etc., les auteurs de l'incendie par imprudence ou bien ceux qui en doivent répondre civilement du chef des personnes dont ils ont la surveillance, et enfin les incendiaires. Nous avons fait connaître les circonstances dans lesquelles la responsabilité de ces divers garants prenait naissance et se trouvait engagée, et nous avons, en même temps, indiqué à MM. les Agents les mesures qu'il y a lieu de prendre, dans ces différents cas, avant le règlement du sinistre. La principale de ces mesures, on s'en souvient, consiste dans l'appel du garant à l'expertise des dommages. — Nous ne reviendrons pas ici sur tous ces points; il nous suffira de renvoyer, pour ce qui les concerne, au chapitre que nous venons de rappeler.

666. — Lorsque l'indemnité du sinistre a été réglée, soit que le garant ait assisté à l'expertise, soit qu'il n'y ait pas assisté, la Compagnie est en droit d'exercer contre lui son recours, dont le montant est alors déterminé. Elle y est fondée, si l'indemnité n'est pas encore payée, en vertu de la cession d'actions résultant à son profit de l'art. 21 des conditions générales de la Police. Si l'indemnité est payée, elle y est fondée en outre par suite de la subrogation contenue dans la quittance donnée par l'Assuré.

Mode d'exercice des recours, comme action ordinaire.

Ce recours, du reste, ne diffère en rien, quant à son exercice ni quant à la compétence, des actions ordinaires. Ainsi, lorsque la somme à réclamer n'excède pas 200 fr., la connaissance en appartient au juge de paix du domicile du garant, devant lequel il doit être porté par voie de citation dans la forme accoutumée, en ayant soin de faire précéder la citation du billet d'avertissement prescrit par la loi; si, au contraire, le montant de l'indemnité dépasse 200 fr., le garant doit être assigné devant le tribunal civil de l'arrondissement de son domicile, après toutefois que le préliminaire de conciliation a été tenté devant le juge de paix : le tout ainsi qu'il a été expliqué, à l'occasion du recouvrement des primes par la voie judiciaire, dans le chapitre Iᵉʳ, section 2, du présent Titre, auquel nous renvoyons. Ce qui est dit, dans ce même chapitre, au sujet de l'exécution des jugements portant condamnation au paiement de primes, sera d'ailleurs applicable de tout point aux jugements obtenus contre les garants.

Il va sans dire, du reste, qu'avant de recourir à la justice, MM. les Agents devront faire tous leurs efforts pour obtenir du garant, à l'amiable, le remboursement de l'indemnité. Il suffira souvent, pour décider les garants à s'exécuter de bonne grâce, de les éclairer sur leur position, de leur expliquer la loi qui les rend responsables, et de leur faire comprendre que leur résistance n'aurait d'autre résultat que d'augmenter leur dette par des frais inutiles.

667. — Indépendamment du premier mode d'exercice des recours qui vient d'être signalé, il est une autre voie que nous devons indiquer à MM. les Agents et qu'il sera préférable de suivre dans certains cas.

Mode d'exercice spécial au cas où le garant est assuré.

Il peut arriver, par exemple, que le garant contre lequel nous avons un recours à exercer du chef de notre Assuré soit lui-même assuré par une autre Compagnie, et, à ce titre, ait une indemnité à réclamer à son Assureur : tel serait le cas d'un locataire qui aurait fait assurer par une autre Compagnie son mobilier ou ses risques locatifs, tandis que nous assurerions l'immeuble du propriétaire envers lequel ce locataire est responsable. Dans ce cas, comme étant aux droits du propriétaire, nous pouvons, pour la garantie de notre recours, et quelle que soit d'ailleurs la somme à réclamer, pratiquer entre les mains de la Compagnie assureur du locataire une opposition sur l'indemnité due à ce dernier. Seulement, comme nous n'avons pas de titre contre le locataire, il faudra, pour former cette opposition, obtenir au préalable la permission du juge, conformément aux art. 557 et 558 du Code de procédure. A cet effet, MM. les Agents feront présenter au président du tribunal civil, par un avoué, une requête conforme au modèle n° 58 inséré à la suite des présentes Instructions; il y sera répondu par une ordonnance accordant l'autorisation demandée, et évaluant provisoirement la somme pour laquelle le juge concède cette autorisation. Cette ordonnance obtenue, MM. les Agents feront procéder à la saisie-arrêt au moyen d'un exploit d'huissier signifié à la Compagnie assureur du locataire, et en tête duquel il sera donné copie de l'ordonnance du président. Dans la huitaine, l'opposition sera dénoncée au locataire saisi, par exploit d'huissier portant assignation en validité devant le tribunal civil. Dans la huitaine suivante, cette demande sera dénoncée elle-même à la Compagnie assureur du locataire, le tout à peine de nullité (art. 563, 564 et 565 du Code de procédure). L'action étant ainsi engagée devant le tribunal civil, il y sera donné par l'avoué, au nom de la Compagnie, telle suite que de droit, et le tribunal, en cas de contestation, sera en mesure de statuer directement sur la responsabilité du garant saisi.

Ce second mode de procéder devra être préféré par MM. les Agents toutes les fois que l'indemnité à recouvrer sera d'une certaine importance, et surtout lorsque, malgré le fondement de l'action en recours de la Compagnie, il y aurait lieu de craindre des difficultés, soit de la part du garant, soit de la part de son Assureur.

668. — Si nous assurions nous-mêmes le garant pour des risques autres que ceux donnant lieu à sa responsabilité, ou pour ces derniers risques d'une manière incomplète, il conviendrait de lui opposer la compensation jusqu'à concurrence de la somme dont il serait notre débiteur comme garant. Dans le cas où, pour mettre obstacle à cette compensation, il consentirait des cessions de son indemnité à des tiers, comme aussi en cas de survenance d'oppositions de la part de tiers sur l'indemnité due par nous au garant, MM. les Agents devraient nous en aviser, et nous leur transmettrions des instructions spéciales pour la sauvegarde de nos droits.

669. — D'après l'art. 21, § 2, des conditions générales des Polices, « si le feu se « communique d'un bâtiment assuré par la Compagnie à un autre bâtiment qu'elle au« rait également assuré, elle renonce à exercer son recours contre l'Assuré dont le bâti« ment aurait communiqué l'incendie. »

La Compagnie renonce encore à l'exercice de tout recours :

1° Contre les héritiers directs des Assurés (Voir l'Annexe au Tarif, art. 34);

2° Contre les locataires des établissements publics et des propriétés communales et départementales qu'elle assure (Voir l'Annexe au Tarif, art. 34).

670. — Rappelons enfin que, pour rémunérer les soins donnés par MM. les Agents principaux à l'exercice utile des recours dont il vient d'être traité, la Compagnie bonifie à ses représentants une commission de 5 pour 100 sur l'encaissement des fonds provenant desdits recours, quand la poursuite en a été confiée à MM. les Agents principaux (Voir n° 51 des présentes Instructions).

Ajoutons, en ce qui concerne les quittances de remboursement à donner, soit au garant contre lequel un recours a été utilement exercé, soit à son Assureur, que MM. les Agents feront bien, surtout s'il s'agit d'une somme importante, de consulter la Compagnie, qui leur adressera, suivant les cas, des modèles particuliers de quittance.

TITRE SEPTIÈME

Objets d'ordre et pénalités.

OBSERVATIONS PRÉLIMINAIRES.

671. — Nous réunissons dans ce Titre, sous la dénomination d'*Objets d'ordre et Pénalités*, plusieurs recommandations, dont chacune a son utilité, et quelques obligations particulières de MM. les Agents principaux auxquelles, vu leur importance, s'applique une sanction pénale.

Objet de ce Titre.

672 —Ce titre contiendra seulement quatre chapitres :

Le 1er traitant de la correspondance et des envois;

Le 2e relatif aux remises de fonds et aux traites;

Le 3e comprenant les prescriptions concernant le timbre et l'enregistrement des Polices et Avenants;

Le 4e traitant de quelques pénalités exceptionnelles.

Nous recommandons à MM. les Agents la lecture attentive de ces chapitres.

Divisions.

CHAPITRE Ier
De la Correspondance et des Envois.

675. — Nous recommandons à MM. les Agents principaux de correspondre par lettres spéciales avec chacune de nos quatre Compagnies, et, en ce qui concerne particulièrement l'Incendie, de ne jamais mettre, dans leur correspondance avec cette branche, rien qui intéresse la Grêle, la Vie ou la Marine. Chaque Société a d'ailleurs des feuilles spéciales pour sa correspondance; MM. les Agents doivent toujours em-

Ecrire séparément à chacune de nos quatre Compagnies. — Écritures et Caisses.

ployer, pour écrire à chaque Compagnie, les têtes-de-lettres qui lui sont spécialement destinées.

Cette prescription s'applique également aux écritures et aux caisses des quatre Sociétés, qui ne devront jamais être confondues. MM. les Agents devront tenir pour chacune d'elles un compte spécial, dans lequel ils ne feront entrer aucun article afférent à toute autre branche.

674. — L'arrêté du 27 prairial an IX, relatif aux postes, rappelant les dispositions des lois des 26 août 1790 et 31 septembre 1792, et celles de l'arrêté du 26 vendémiaire an VII, prescrit que tout transport de lettres cachetées ou non cachetées, circulant à découvert ou dans des sacs, boîtes, paquets ou colis, ainsi que tout transport de paquets de papiers (à part quelques exceptions qui ne nous concernent pas), dont le poids n'excède pas un kilogr., doit être effectué par l'administration des postes.

Cette administration a, dans ces derniers temps, cherché à faire revivre cette disposition depuis longtemps oubliée et tombée en désuétude, et elle a publié un avis aux termes duquel tout transport se trouvant dans les conditions sus-mentionnées, effectué par voitures, bateaux ou chemins de fer, ou par toute autre personne étrangère au service des postes, constitue une contravention passible d'une amende.

Depuis longtemps nous avions passé condamnation sur le transport des lettres cachetées ou non cachetées, reconnaissant à cet égard le monopole exclusif qui appartient à l'administration des postes. En conséquence, nous recommandons de la manière la plus expresse à MM. les Agents principaux de s'abstenir soigneusement, comme nous nous en abstenons nous-mêmes, d'introduire des lettres, de quelque nature qu'elles soient, dans les paquets qu'ils nous expédient ou qu'ils adressent à leurs Sous-Agents par une autre voie que celle de la poste.

Quant au transport des pièces et des papiers, d'un poids inférieur à un kilogramme, dont les besoins de notre service nécessitent de nombreux échanges, tout en protestant contre la prétention exorbitante exprimée dans l'arrêté et dans l'avis précités, nous sommes obligés, tant qu'ils seront en vigueur, de prendre des mesures spéciales pour éviter les contraventions et les amendes qui en seraient la suite.

Ayant égard, d'ailleurs, à la loi du 1er juillet 1854, qui fixe la taxe des lettres affranchies, depuis laquelle nous adressons franco à MM. nos Agents les lettres et paquets et les recevons d'eux également franco, nous avons adopté, pour le transport des lettres et paquets, certaines règles qui varient suivant que les communications de MM. les Agents ont lieu avec la Compagnie ou avec les Sous-Agents.

675. — En ce qui concerne les envois de pièces que MM. les Agents font à la Compagnie, comme ils doivent toujours les accompagner d'une lettre ou nous en aviser par correspondance, il y a économie pour nous à ce qu'ils emploient la voie de la poste jusqu'à concurrence du poids de 200 grammes, en les affranchissant, au moyen d'un timbre double, de 1 fr. 60; c'est donc ainsi que ces envois devront être faits. Quant aux paquets d'un poids inférieur à 200 grammes, ils devront être divisés et affranchis suivant les indications énoncées en marge de nos têtes-de-lettres, savoir :

Fr. Cent.

Jusqu'à 7 grammes et demi, en un paquet . . . . » 20

De 7 grammes et demi à 15 grammes, en un paquet. . . . . » 40

De 15 grammes à 22 grammes et demi, en deux paquets (15 grammes et 7 grammes et demi). . . . . » 60

De 22 grammes et demi à 100 grammes, en un paquet . . . . » 80

De 100 grammes à 107 grammes et demi, en deux paquets (100 grammes et 7 grammes et demi). . . . . 1 »

De 107 grammes et demi à 115 grammes, en deux paquets (100 grammes et 15 grammes). 1 20

De 115 grammes à 122 grammes et demi, en trois paquets (100 grammes, 15 grammes, et 7 grammes et demi). 1 40

De 122 grammes et demi à 200 grammes, en un paquet. 1 60

MM. les Agents doivent donc avoir toujours soin de se rendre bien compte du poids des paquets qu'ils affranchissent, de manière à pouvoir y mettre le timbre exact que le poids comporte, et à éviter ainsi des surtaxes ou suppléments de port, que nous serions obligés de laisser à leur charge personnelle, s'ils contrevenaient à nos prescriptions à cet égard.

Lorsque les pièces qu'ils auront à nous envoyer formeront un paquet de plus de 200 grammes, ils nous les expédieront par les messageries ou par les chemins de fer, en combinant chaque paquet de façon à lui faire excéder le poids d'un kilogramme, ce qui sera toujours possible, au moyen de l'adjonction de papiers sans valeur, de plaques hors de service, et, au besoin, de remises en espèces, sauf, dans ce dernier cas, à en faire la déclaration aux chemins de fer ou aux messageries, et à nous aviser par correspondance des sommes ainsi expédiées.

676. — Les communications de MM. les Agents principaux avec leurs Sous-Agents, et réciproquement, continueront à se faire comme par le passé.

Communications avec les Sous-Agents.

Dans les cas ordinaires, les transports de papiers, quel que soit leur poids, devront se faire, comme ils se sont toujours faits, par l'entremise des piétons ou des voituriers locaux. Cependant, lorsque MM. les Agents se seront aperçus que ces transports ne peuvent s'opérer de cette manière sans danger imminent d'amende, ils emploieront les mêmes procédés d'affranchissement que pour leurs communications avec la Compagnie.

Dans les cas exceptionnels où il y aura lieu de correspondre par la poste, MM. les Agents principaux auront soin d'affranchir les lettres ou paquets qu'ils adresseront à leurs Sous-Agents, et ils leur recommanderont d'en user de même à leur égard, sauf à leur tenir compte de leurs déboursés ; mais il est entendu qu'on n'emploiera, de part et d'autre, la voie de la poste qu'avec une extrême réserve, et lorsqu'il n'y aura pas d'autre moyen de communication moins dispendieux.

Registre de copie de lettres.

677. — Indépendamment des livres auxiliaires dont nous avons parlé aux nᵒˢ 411, 426 et 537 des présentes Instructions, MM. les Agents principaux doivent tenir un *Registre de copie de lettres* sur lequel ils copieront soigneusement, et à leur date, toutes les lettres par eux adressées à la Compagnie, aux Agents particuliers et aux Inspecteurs.

Exactitude recommandée dans les envois mensuels, trimestriels et semestriels.

678. — L'importance extrême que nous attachons à ce que MM. les Agents principaux mettent la plus grande exactitude possible dans les envois périodiques qu'ils ont à faire à la Compagnie, nous engage à reproduire et à réunir ici les prescriptions que les Instructions contiennent déjà sur cette matière.

Ces envois sont mensuels, trimestriels ou semestriels.

Envois mensuels.

Les envois mensuels, qui se font dans les dix premiers jours de chaque mois, comprennent :

1° Le bordereau des souscriptions du mois écoulé ;

2° Le bordereau d'avenants sur la même feuille que le précédent ;

3° Le bordereau des primes encaissées ;

4° Les triplicata des polices et avenants du mois écoulé et ceux des mois précédents, s'il en reste à envoyer.

Envois trimestriels.

679. — Les envois trimestriels, qui se font aux 1ᵉʳ janvier, 1ᵉʳ avril, 1ᵉʳ juillet et 1ᵉʳ octobre, se composent des pièces énumérées ci-dessus, et en outre du bordereau des résiliements et réductions du trimestre écoulé.

Envois semestriels.

680. — Les envois semestriels, aux 1ᵉʳ janvier et 1ᵉʳ juillet de chaque année, comprennent, avec les pièces des envois mensuels et trimestriels :

1° Le compte en deniers et les pièces à l'appui ;

2° Le compte de Plaques au verso du compte en deniers (1) ;

Lettres d'avis et indications à y donner.

681. — Les envois de pièces comptables ou autres doivent toujours être annoncés à la Compagnie par une lettre accompagnant ou précédant ces envois. MM. les Agents auront soin de relater exactement, dans ces lettres, les chiffres de leurs pièces comptables, savoir : pour les bordereaux de souscriptions, les capitaux assurés, les primes totales et celles au comptant ; pour les bordereaux de primes encaissées, ceux de résiliements, et les états de primes arriérées, leurs totaux ; pour les comptes, leur solde en espèces et en arriéré ; pour les quittances de diverse nature, les sommes payées. — De même, lorsqu'ils répondent à des observations sur polices, MM. les Agents doivent toujours rappeler les numéros des séries contenant lesdites observations.

Accuser réception des lettres de la Compagnie.

682. — En outre, MM. les Agents n'omettront jamais, au début de chacune de leurs lettres, d'accuser réception de la dernière ou des dernières lettres de la Compagnie. S'ils n'en avaient pas reçu depuis leur dernière lettre, ils se borneraient à nous confirmer

---

(1) Il est presque inutile de faire remarquer que la dénomination de *périodique* exclut de cette nomenclature les pièces de sinistres, et tous autres documents qui n'ont pas des époques fixes de transmission. (Voir d'ailleurs, pour les pièces de sinistres, les nᵒˢ 444, 483 et 500 des présentes Instructions).

celle-ci. Ils devront aussi donner des numéros d'ordre à leurs lettres, et n'en jamais interrompre la série.

683. — Le mode de transmission des lettres d'avertissement nᵒˢ 1 et 2 pour Primes non payées, dont il est question au Chapitre 1ᵉʳ du Titre VI des présentes Instructions, n'est pas le même pour chacune de ces lettres.

Les lettres n° 1 *pour Prime venant à échéance* peuvent être transmises par la poste et sous bande, mais à la condition qu'on n'écrira rien à la main à l'exception de la date et de la signature, qui sont tolérées. Dans ces conditions, l'affranchissement en est admis dans tous les bureaux de poste moyennant 1 centime 1/4. Mais il faut remarquer que le bénéfice de ce droit d'affranchissement ne s'applique qu'aux remises effectuées simultanément à la poste de quatre lettres au moins, quelles que soient d'ailleurs leurs destinations diverses (5 centimes pour quatre lettres), et que, au-dessous de ce nombre, chaque lettre isolée ou deux lettres ensemble seraient taxées à 3 centimes, et trois lettres à 5 centimes. MM. les Agents doivent avoir toujours soin de combiner leurs envois en conséquence, c'est-à-dire de faire en sorte qu'ils se composent de quatre, huit, douze lettres, et ainsi de suite par multiples de quatre. Nous ajoutons que la Compagnie consent à prendre à sa charge les frais d'affranchissement de ces lettres. La dépense en est minime sans doute, mais, multipliée sans mesure, elle finirait par devenir onéreuse et elle nous forcerait de retirer cette concession à ceux de MM. nos Agents qui en feraient abus. En outre si, par suite d'infraction des Agents aux règles que nous venons de tracer, il survenait des démêlés avec le fisc, nous serions obligés d'en rendre responsable l'Agent auteur de la contravention.

684. — Les lettres d'avertissement n° 2 *pour Primes échues* doivent tout simplement, après avoir été remplies, être pliées sous forme de lettre missive ou mises sous enveloppe, et jetées à la poste, même une à une, et sans être affranchies. Outre que les indications manuscrites qu'elles comportent ne permettraient pas qu'on leur appliquât le bénéfice de l'affranchissement d'un centime et quart, les destinataires, qui ont à en supporter le port, ne sont en droit d'en imputer les frais qu'à eux-mêmes, puisqu'ils sont en faute quand ils les reçoivent, en ayant laissé s'arriérer le paiement de leurs Primes.

685. — Les lettres de *renouvellement d'Assurance* (Voir n° 188 des présentes Instructions) doivent être distribuées soit par des exprès par les soins de l'Agent principal ou des Sous-Agents, soit par la voie de la poste, sous enveloppe ou pliées en forme de lettres, mais sans affranchissement de notre part.

Les prospectus ne sont pas timbrés; ils doivent en conséquence être distribués de la main à la main par MM. les Agents principaux, qui n'auront garde aussi de les afficher dans les lieux publics. Si MM. les Agents contrevenaient à ces recommandations, le défaut de timbre sur ces feuilles nous exposerait à des amendes que nous serions obligés de laisser à leur charge.

686. — Tous les paquets que nous envoyons à MM. les Agents principaux sont *francs de port et de frais de factage*. MM. les Agents peuvent donc rejeter toutes les réclamations qui leur seraient faites par les directeurs de messageries, entrepreneurs de transports ou administrations de chemins de fer. Dans le cas où les messageries se refuseraient à délivrer les paquets sans frais de factage, les Agents recevraient les paquets, rembourseraient les frais et s'en feraient donner un reçu qu'ils nous enverraient pour que nous fassions nos réclamations.

Messageries Impériales.

687. — Quand MM. les Agents auront un envoi à nous faire par les messageries dans les cas prévus par le n° 675 qui précède, ils voudront bien confier leur paquet aux Messageries Impériales (dont le siége est à Paris, rue Notre-Dame-des-Victoires) de préférence à toutes autres. A défaut de bureau de cette administration dans leurs villes, ils remettraient leurs paquets à l'entreprise qui correspondrait directement avec les Messageries Impériales.

Bulletin de demande d'imprimés.

688. — Afin d'éviter les frais d'envois multipliés d'imprimés et de plaques, MM. les Agents principaux devront, tous les six mois, dans la première quinzaine de mai et de novembre, examiner les quantités de chacun des imprimés et le nombre de plaques restant disponibles dans l'Agence, et ils demanderont à la Compagnie les imprimés et les plaques dont ils jugeront avoir besoin pour *six mois*; il ne devront pas perdre de vue que les envois faisant l'objet de ces demandes, adressées en mai et novembre, ne pourront leur parvenir que dans la première quinzaine de juin et de décembre de la même année. Ces demandes se font au moyen d'un imprimé spécial, intitulé : *Bulletin de demandes de plaques et d'imprimés*, qui contient la nomenclature exacte de tous les imprimés en usage dans notre administration. Nous adressons à chaque Agent, tous les six mois, un de ces bulletins avec les cadres du semestre. La négligence que les Agents mettraient à se conformer à cette prescription nous occasionnerait des dépenses que, si elles se renouvelaient trop souvent, nous serions obligés de laisser à leur charge.

Envoi à la Compagnie des pièces de procédure.

689. — Les saisies-arrêts, oppositions et toutes autres pièces contentieuses signifiées ou remises à MM. les Agents doivent nous être envoyées sans aucun retard.

MM. les Agents auront soin d'inscrire en tête de ces documents les numéros des Polices auxquelles ils se rapportent. En outre, lorsqu'une signification qui nous est faite directement à Paris avec simple désignation de nom, sans indication de numéro de Police, leur aura été communiquée par nous, ils voudront bien ne pas tarder à rechercher et à nous faire connaître ce numéro.

L'absence des pièces de procédure signifiées et des renseignements les concernant pourrait, dans telles circonstances données, porter un grand préjudice aux intérêts de la Compagnie et des tiers; en cas d'infraction d'un Agent à nos prescriptions à cet égard, nous serions obligés de le rendre responsable de ses conséquences.

Annotation des bulletins de dépôt à la poste.

690. — Chaque fois qu'un Agent principal fait charger à la poste des lettres destinées à mettre nos Assurés en demeure de payer leurs Primes ou à leur notifier le résiliement de leurs Polices, il retire du bureau de la poste un bulletin de dépôt qu'il doit nous adresser. Les bulletins de cette nature, imprimés au point de vue de l'administration des postes, ne contiennent pas les renseignements qui nous sont nécessaires. En conséquence MM. les Agents voudront bien inscrire à la marge de chaque bulletin de dépôt l'indication suivante, indispensable pour nous faire connaître le numéro de la Police à laquelle il se rattache et le motif du chargement.

<table>
<tr><td>POLICE N°
MISE EN DEMEURE.</td><td>ou bien</td><td>POLICE N°
NOTIFICATION DE RÉSILIEMENT.</td></tr>
</table>

Nous n'avons pas besoin d'insister sur l'importance de cette indication nécessaire pour le bon ordre de nos archives.

691. — Quand MM. les Agents pourront se procurer des comptes-rendus des Sociétés mutuelles mobilières ou immobilières opérant sur leur territoire, ou toutes autres pièces concernant ces Sociétés, ils nous feront plaisir de nous les envoyer.

Mutualités.

CHAPITRE II.

Des remises de fonds et des traites.

692. — Les remises de fonds des Agents à la Compagnie peuvent se faire soit en espèces, par les messageries ou les chemins de fer, soit en billets de banque, par la poste, soit enfin en papier sur Paris à courte échéance.

Mode d'envois.

693. — Quand MM. les Agents principaux adressent à la Compagnie des fonds en espèces par les messageries ou les chemins de fer, ils doivent avoir soin de mettre au fond du sac contenant le group d'espèces un papier indiquant exactement sa provenance. Faute de cette indication, nous ne saurions souvent à laquelle de nos Agences attribuer les sommes expédiées. Il va sans dire que cette précaution ne les dispensera pas de nous aviser de l'envoi par correspondance, ce qu'ils devront avoir soin de faire à chaque remise d'espèces aux messageries ou aux chemins de fer.

Envois de fonds en espèces.

694. — Lorsqu'un Agent principal aura des billets de banque à nous adresser par la poste, il devra faire charger les lettres contenant ces valeurs. Les fonds qu'un Agent nous expédierait par lettres, sans la précaution que nous indiquons ici, voyageraient sous sa responsabilité.

Nous rappelons à MM. les Agents que le droit d'affranchissement d'une lettre chargée est de 20 centimes en sus du poids légal, quel que soit ce poids.

Envois de fonds par lettres chargées.

695. — Nous accueillons volontiers les remises de fonds de MM. les Agents en mandats et valeurs diverses sur Paris, à un mois au pair ou, à vue, à 1/4 0/0 au maximum. Nous n'accepterions pas des valeurs qui ne seraient pas sur Paris. Dans les villes où il y a des comptoirs de la banque de France, on devra prendre les valeurs de ces comptoirs de préférence à toutes autres, le taux du change étant de beaucoup inférieur par cette voie.

Mandats sur Paris.

696. — Il arrive souvent que MM. nos Agents ne nous donnent avis qu'assez longtemps après les avoir opérés des versements qu'ils font, soit à d'autres agences ou à nos directions particulières, soit entre les mains des Inspecteurs de la Compagnie en mission ou en passage sur leurs territoires. Ces retards, contraires aux règles, tendent

Avis à donner des remises de fonds.

à jeter de la confusion dans nos écritures, et peuvent même, comme cela est arrivé, occasionner des erreurs regrettables. En conséquence, nous recommandons à MM. les Agents, et ceci *sous leur responsabilité personnelle*, d'avoir toujours soin de nous informer, dans la première lettre qui suivra leurs versements, des remises de fonds ou paiements effectués par eux à qui que ce soit, en dehors des dépenses ordinaires de leur service.

Mouvements de fonds entre les quatre branches de la Compagnie.

697. — Si, pour opérer un paiement pour le compte de la branche Incendie, MM. les Agents veulent faire emploi des fonds qu'ils ont dans la caisse d'une autre branche, ils pourront le faire sans inconvénient, mais à la condition de nous en donner avis, et d'en prévenir en même temps, la branche qui aura fourni les espèces, en lui envoyant *sur papier libre* un *mandat de virement* sur l'Incendie. Ces mouvements de fonds, ainsi régularisés, pourront s'opérer indifféremment entre les quatre branches de la Compagnie.

Traites fournies sur la Compagnie.

698. — Quand MM. les Agents principaux auront un paiement à effectuer pour l'Incendie, et qu'ils n'auront de fonds suffisants ni dans la caisse de cette branche, ni dans celles des trois autres, ils pourront fournir une traite sur la Compagnie. Mais ils ne devront jamais le faire sans nous en donner avis préalablement, et ils ne le feront que si cette négociation peut avoir lieu *à un quart pour cent* au plus. Dans le cas contraire, nous leur enverrions nous-mêmes des fonds.

Timbre des effets de commerce.

699. — Par suite de la loi du 5 juin 1850 sur le timbre, tous les effets de commerce, traites, mandats, etc., que MM. les Agents nous adressent sur Paris, pour nous couvrir de leur encaisse, doivent être sur *papier timbré*, sauf l'exception mentionnée au n° 697 qui précède pour les mandats de virement entre nos diverses branches. MM. les Agents ne devront donc jamais accepter d'effets sur papier libre, car nous serions forcés de les leur retourner, et les frais de ce retour resteraient à leur charge.

Les mandats ou traites qu'ils fourniront sur la Compagnie devront être aussi sur papier timbré.

CHAPITRE III.

Prescriptions relatives au timbre et à l'enregistrement des polices.

Obligations ressortant de la loi du timbre. 1° Timbre des polices et avenants.

700. — Les articles 33 à 41 de la loi des 5 et 14 juin 1850, relatifs au timbre des Polices d'Assurance, nous ont imposé, entre autres charges, deux obligations principales sur lesquelles nous appelons l'attention de MM. les Agents.

Il résulte de la première (art. 33) qu'à compter du 1er octobre 1850, tout contrat d'assurance ainsi que toute convention postérieure contenant augmentation dans la prime ou le capital assuré doit être rédigé sur un papier d'un timbre de dimension, sous peine de 50 francs d'amende contre l'Assureur, sans aucun recours contre l'Assuré.

Mais, aux termes de l'art. 37 de la même loi, les Assureurs ont pu s'affranchir de l'obligation du timbre de dimension des Polices et avenants en contractant avec l'État un abonnement annuel qui, tout en maintenant, en cas de contravention, l'amende de 50 francs portée par l'art. 23, n'assujétit le papier destiné aux Polices et avenants qu'à un timbre spécial et sans frais, quels que soient la dimension du papier et le nombre des exemplaires.

Nous avons adopté ce mode de timbre; notre Compagnie, par sa déclaration du 27 août 1850, enregistrée à Paris le même jour, a contracté avec l'État un abonnement par suite duquel nous faisons payer pour le timbre, à nos assurés, 0,03 centimes pour 1000 francs du total des sommes garanties.

Cette première obligation se résume donc pour MM. les Agents à ne se servir pour les pièces soumises au timbre que des feuilles timbrées fournies par la Compagnie. Ces pièces sont : les Polices et leurs feuilles intercalaires et les avenants de toute nature, à l'exception des avenants ou actes de résiliement qui ont continué jusqu'à présent à se faire sur papier libre. Quant aux propositions, elles restent également exemptes du timbre.

701. — La deuxième obligation que nous a imposée la loi du timbre consiste (Art. 35) dans la tenue, au siège de la Compagnie, d'un répertoire sommaire où les Polices et avenants doivent être portés par ordre de numéros et dans les six mois de leur date. Ce répertoire est soumis au visa des préposés de l'enregistrement. Chaque contravention à ces dispositions est punie d'une amende de 10 francs, plus les 2 décimes additionnels, total 12 francs. *2° Répertoire au siège de la Compagnie.*

Cette obligation incombe tout entière à la Compagnie ; mais l'accomplissement par celle-ci des devoirs que la loi lui impose dépend de l'exactitude de MM. les Agents dans l'envoi des Polices et avenants. Cet envoi, ainsi qu'il a été dit au n° 154 des présentes Instructions, doit toujours être fait dans le délai d'un mois à dater de la souscription des contrats, ou, en cas d'impossibilité absolue, de deux mois au plus.

702. — MM. les Agents comprendront qu'en présence des peines sévères que la loi prononce à l'égard de toute contravention, nous ne pouvons accepter pour nous-mêmes que la responsabilité résultant de nos propres actes. Nous espérons que, comme par le passé, ils sauront se conformer à nos prescriptions formelles à cet égard; mais nous leur déclarons que si, par suite d'infractions commises par eux à ces prescriptions, nous encourrions nous-mêmes les amendes édictées par la loi, nous serions obligés de les laisser intégralement à leur charge. *Responsabilité personnelle de MM. les Agents en cas d'infraction.*

703. — Les feuilles intercalaires de nos Polices sont timbrées comme les feuilles principales, la loi du 5 juin 1850 ne permettant plus, à peine de l'amende de 50 francs, d'employer à cet usage des feuilles de papier libre. MM. les Agents auront donc soin de n'employer jamais comme feuilles intercalaires dans leurs Polices que celles envoyées par la Compagnie et timbrées; nous avons également des feuilles spéciales timbrées pour les tracés et les plans : MM. les Agents les emploieront exclusivement pour cet usage. *Feuilles intercalaires.*

704. — Nous faisons timbrer toutes nos feuilles d'avenants (les avenants de résiliement *Feuilles d'avenants timbrées.*

exceptés)., bien que la loi n'exige cette formalité que pour ceux d'augmentation. Les avenants d'augmentation et de réduction n'ont donc qu'un seul imprimé qui porte en tête le titre de : *Avenants d'augmentation ou de réduction.* Un double libellé, dont les indications devront être remplies dans l'un ou l'autre cas, réduction ou augmentation, suivant les formules diverses placées en marge, se rapporte aux deux hypothèses.

Si un avenant porte à la fois réduction et augmentation, ce n'est pas sur le capital résultant de l'augmentation qu'il y a lieu de percevoir les 0,03 cent. pour 1000 fr., mais bien sur la différence qui ressortira de la balance de la réduction et de l'augmentation.

705. — MM. les Agents savent qu'ils ne doivent jamais rien écrire sur la partie timbrée, soit en tête des Polices et avenants, soit dans les feuilles intercalaires. Toute infraction à cette règle étant punie par la loi d'une amende de 5 francs, nous serions obligés de laisser cette amende à la charge de l'Agent qui nous la ferait encourir.

706. — Les Polices souscrites par un Agent et passées plus tard en résiliement pour défaut de conclusion du contrat, les avenants qui ont le même sort doivent nous être envoyés comme les autres Polices et avenants, et dans les mêmes délais. Ces Polices, revêtues d'un numéro d'ordre, doivent trouver leur place dans nos archives, qui ne comportent pas de lacune ; elles peuvent d'ailleurs nous être utiles pour les justifications que nous avons à faire.

707. — Par suite de la négligence que quelques-uns de MM. les Agents mettent, malgré nos pressantes instances, à nous faire tenir, en temps utile, leurs pièces comptables, nous ne pouvons pas toujours déduire, dans notre balance des capitaux en cours au 31 décembre, les capitaux résiliés avant cette époque et provenant des bordereaux de résiliements produits à l'appui desdits comptes. Il en résulte que nous payons indûment au fisc, sur des capitaux résiliés, des droits de timbre dont nous serions dégrevés si les bordereaux de résiliements nous parvenaient en temps utile. Nous prévenons en conséquence MM. les Agents que toutes les fois que, par leur faute, nous aurons été obligés d'acquitter ainsi indûment des droits de cette nature, nous en laisserons le montant à leur charge.

708. — La loi du timbre a donné lieu à quelques autres prescriptions particulières et de détail relatives à la manière dont la surtaxe doit entrer dans la composition de la prime. MM. les Agents les trouveront dans l'annexe au Tarif.

709. — Il va sans dire que le timbre est indépendant du *droit d'enregistrement* et que l'obligation d'acquitter ce dernier droit subsiste dans les cas prévus par la loi. Aux termes de l'article 69 de la loi du 22 frimaire an VII (12 décembre 1798), ce droit était, pour les actes d'Assurance de 50 centimes pour 100 fr. de Primes (calculés sur la somme totale des Primes à recevoir pendant la durée entière du contrat); mais l'art. 51 de la loi du 28 avril 1816 a élevé ce droit au double, soit à 1 fr. pour 100 fr. du montant des Primes cumulées, plus le double décime, soit 20 centimes.

L'enregistrement du contrat d'Assurance est obligatoire toutes les fois qu'il y a lieu d'exercer des poursuites ou de mentionner à un titre quelconque la Police dans un acte public. (Voir n° 556 et note.)

CHAPITRE IV.

Pénalités.

710. — Nous rappelons à ceux de MM. les Agents principaux qui jouissent d'un traitement fixe qu'aux termes du compromis de nomination qu'ils ont passé avec la Compagnie, ce traitement leur serait immédiatement retiré en cas d'inexactitude grave et non suffisamment justifiée dans les envois qu'ils ont à nous faire de leurs pièces comptables aux époques fixées par les présentes Instructions générales. (Voir nᵒˢ 51 et 678 à 680 des présentes Instructions.)

Suppression des traitements fixes en cas d'inexactitude.

711. — D'autres pénalités peuvent encore être encourues par MM. les Agents principaux pour inobservation des devoirs qui leur sont imposés. Elles dérivent de circonstances difficiles à prévoir d'avance et soumises à des appréciations diverses ; par suite, elles sont impossibles à préciser. Nous nous réservons de les appliquer le cas échéant ; nous nous bornerons à rappeler ici à MM. les Agents principaux celles qui résultent des nᵒˢ 35, 102, 116, 200, 498, 500, 541 et 675 à 707 des présentes Instructions, en les priant de s'y reporter, et à citer ici deux autres cas parmi ceux qui peuvent encore se présenter.

Autres pénalités.

712. — Un Agent qui dépasse, sans autorisation, les pleins qui lui sont fixés, soit par mesure générale (Voir nᵒˢ 70 et 71 des présentes Instructions), soit par décision particulière, expose la Compagnie à des pertes incalculables que, par sa prudence, elle avait pris soin d'éviter. L'Agent qui commet cette faute mérite assurément de rester responsable des conséquences de son infraction à nos règles. C'est aussi cette responsabilité que nous lui imposons à titre de pénalité légitime.

Quand un Agent dépasse les pleins qui lui sont fixés.

713. — Un Agent qui paie indûment un sinistre, qui le paie, sans en avoir reçu l'autorisation de la Compagnie, quand il y a des oppositions au paiement ou un obstacle provenant de l'une des causes de déchéance ou de fin de non-recevoir prévues par la Police (Voir Chapitre III du Titre VI), encourt aussi une pénalité sévère. Nous ne pouvons pas lui en imposer une autre que de laisser à sa charge l'indemnité ou la partie d'indemnité payée par lui à tort et les frais, s'il y en a eu. (Voir nᵒ 644.)

Quand un Agent paie indûment un sinistre.

Nous terminons là ce Titre des objets d'ordre, où nous avons traité des amendes et des principales pénalités que MM. les Agents peuvent encourir par suite de l'inexécution des obligations qui leur sont imposées. Nous désirons que, comme par le passé, ils ne nous donnent que rarement l'occasion de les appliquer.

CONCLUSION

A MESSIEURS LES AGENTS PRINCIPAUX

Telles sont, Messieurs, les notions les plus essentielles et les avis les plus intéressants que nous avions à vous donner.

Toutes les fois que des particularités quelconques et que des cas imprévus ou graves nécessiteront de plus amples explications de notre part, vous n'hésiterez pas à nous consulter ; nous nous empresserons toujours de vous répondre et de vous donner les solutions que vous nous demanderez.

Veuillez bien, Messieurs, nous accuser réception des présentes Instructions, et agréer l'assurance de notre parfaite considération

Pour la Compagnie,

L'ADMINISTRATEUR,   LE DIRECTEUR,

Bon MALLET.   **A. DE GOURCUFF.**

Paris, le 16 Février 1856.

MODÈLES

MODÈLE No 1

COMMISSION D'AGENT PARTICULIER OU DE SOUS-AGENT

(No 42 des Instructions générales.)

Je soussigné,   Agent principal de la Compagnie d'Assurances générales
contre l'incendie, à   , nomme pour mon Agent particulier dans le *ou les* cantons de
(ou dans la ou les communes de)   , M. (*nom, prénoms et profession*), demeurant
à   . Ses fonctions consisteront uniquement à recueillir des *propositions d'assurances* contre l'incendie, à les vérifier et à me les transmettre, après avoir arrêté avec le proposant, sauf mon approbation et conformément au Tarif, les primes et les conditions de l'assurance.

Il lui est interdit de signer aucune Police et de prendre aucun engagement verbal ou écrit au nom de la Compagnie d'Assurances Générales ou au mien.

Il ne pourra délivrer les Polices signées par moi qu'après qu'elles auront été également signées par les assurés et que ceux-ci auront payé la prime de la première année. Il lui est également interdit de remettre les plaques aux assurés avant l'accomplissement de ces deux conditions.

En outre, je donne pouvoir à M.   de percevoir pour mon compte les primes annuelles des assurances de sa circonscription, contre la remise des quittances de primes dont je lui confierai le recouvrement, et de me représenter auprès de la Justice de Paix dans toutes les demandes judiciaires ou poursuites relatives au recouvrement desdites primes.

Les présents pouvoirs révoquent tous ceux qui auraient pu être précédemment donnés à M. par moi ou par mes prédécesseurs dans l'agence.

Fait double à   , le   18   .

Bon pour pouvoir.

(Signature de l'Agent principal.)

Je soussigné déclare accepter les pouvoirs ci-dessus, promets de m'y conformer ponctuellement et m'engage à remettre à M.   les fonds provenant des assurances au fur et à mesure des encaissements.

A   , le   18   .

Bon pour acceptation de pouvoir.

(Signature de l'Agent particulier.)

MODÈLE N° 2

AGENCE DE

ÉTAT DES AGENCES PARTICULIÈRES POUR L'ANNÉE.....

(N° 45 des Instructions générales.)

SIÈGE de L'AGENCE PARTICULIÈRE.	CIRCONSCRIPTIONS.	NOM de L'AGENT PARTICULIER	PROFESSION.	SOUSCRIPTIONS de la DERNIÈRE ANNÉE ÉCHUE.	
				NOMBRE de POLICES.	CAPITAUX.
Saint-Amand.	Le canton.	Durand.	Propriétaire.	50	350,000
Verneuil.	Le canton et la commune de Noisy.	Le Blond.	Greffier de paix.	30	200,000
Chaumes.	La commune.	Dupont.	Notaire.	25	180,000
Baugy.	Le canton.	David.	Huissier.	60	400,000
Nanteuil.	Le canton.	Armand.	Arpenteur.	28	115,000
Beauvoir.	Le canton.	Martin.	Propriétaire.	22	60,000
Mormant.	Le canton.	Legrand.	Épicier.	15	50,000
Sancoins.	Le canton, moins la commune de Noizy.	Jombert.	Instituteur.	10	30,000
Boissy.	Les cantons de Boissy et de Vitry.	Landrin.	Secrétaire de la mairie.	30	180,000
Saint-Florent.	Le canton.	Boquet.	Géomètre.	47	220,000

MODÈLE N° 3.

AGENCE

d ___________________

Renouvellement ou remplacement de
  Police N° ___________

Risque commun avec Police N° _______

____

Risque contigu, sans communication ,
  avec Police N° _______

____

(1) Nom, prénoms, profession du proposant.

(2) Indiquer le domicile par hameau,
commune, canton, arrondissement et département.

(3) Dire pour compte de qui.

(4) Dire si c'est comme *propriétaire, usufruitier, locataire, commissionnaire, consignataire, administrateur, mandataire, créancier, etc.*

(5) En toutes lettres.

COMPAGNIE D'ASSURANCES GÉNÉRALES
CONTRE L'INCENDIE,

Autorisée par Ordonnances des 14 février 1819 et 6 avril 1848,

ÉTABLIE A PARIS, RUE DE RICHELIEU, N° 87.

PROPOSITION D'ASSURANCE

Sur : Bâtiments de ville, — Mobilier personnel et Effets des domestiques, —
Argenterie, — Bijoux d'or et d'argent, — Tulles, Dentelles et Cachemires,
— Statues, Gravures, Médailles, Objets d'art, — Chevaux, Voitures,
Harnais et Fourrages, — Recours des voisins, — Risque des Propriétaires.

M. (1) ________________ propriétaire

demeurant à (2) _______________ commune d ________________

canton d _____________ arrondissement d ________________

département d _______________ agissant pour (3) *son compte* ______

comme (4) *propriétaire* ________________________

propose à la Compagnie de *lui* assurer contre l'incendie pendant *douze*

années *consécutives* _______________________

la somme TOTALE de (5) *deux cent mille francs* _______________

qui s'applique aux objets ci-après :

	SOMMES à assurer PAR ARTICLE	PRIMES pour 1,000 FR.
1° Trente mille francs sur un corps de bâtiment à usage de simple habitation situé à .... chef-lieu d'arrondissement, département de .... élevé, sur caves voûtées , d'un rez-de-chaussée, deux étages et mansardes. Ledit bâtiment, construit en pierres et couvert en ardoises, est contigu sans communication à d'autres bâtiments ayant même destination et mêmes construction et couverture (1), ci	30,000	» 30
2° Cinq mille francs sur un bâtiment dépendant du précédent dont il est séparé par une cour de quinze mètres de largeur. Ledit bâtiment, construit en pans de bois, couvert en tuiles, sert de remise et d'écurie avec greniers au dessus contenant les fourrages nécessaires pour les chevaux de maître (1), ci.	5,000	» 40
3° Quinze mille francs sur mobilier personnel, y compris les effets des domestiques (2). ci	15,000	» 75
4° Trois mille francs sur argenterie de table (2), ci	3,000	» 75
5° Cinq mille francs sur bijoux d'or et d'argent (2), ci	5,000	» 75
6° Quatre mille francs sur tulles, dentelles et cachemires (2), ci	4,000	» 75
7° Huit mille francs sur tableaux, statues, gravures, médailles et objets d'art (2), ci	8,000	» 75
Les objets relatés aux articles 3 à 7 ci-dessus sont placés dans les appartements du premier étage de la maison article 1er ; les autres étages sont occupés par des locataires.		
8° Cinq mille francs sur chevaux de maître, voitures, harnais et fourrages dans le bâtiment article 2 (2), ci.	5,000	1 »
9° Cent mille francs sur recours des voisins de la maison désignée à l'article 1er, chez lesquels voisins il n'existe ni fabrique ni usine, et dont les bâtiments sont construits et couverts en dur (3), ci	100,000	» 20
10° Vingt-cinq mille francs sur risque du propriétaire, à l'effet de relever M. .... (le Proposant) de la responsabilité à laquelle il est soumis envers ses locataires, en vertu de l'art. 1721 du Code Napoléon, en cas d'incendie qui, survenu par vice de construction ou défaut d'entretien, endommagerait les objets mobiliers de ces derniers, placés dans la maison article 1er (4), ci	25,000	» 20
A reporter	200,000	

(1) Voir Nos 79 et suivants, 217 et suivants des Instructions générales. | (3) Voir Nos 291 à 297 des Instructions générales.
(2) Voir Nos 79 et suivants, 229 et suivants Id. Id. | (4) Voir Nos 298 à 303 Id. Id.

NOTA. — Les Primes qui figurent au présent Modèle ne sont indiquées que pour exemple, et doivent être modifiées suivant le tarif de chaque localité.

	SOMMES à assurer PAR ARTICLE	PRIMES pour 1,000 FR.
Report..	200,000	» »
Timbre à 0,03 c. p. 1000...............................	» »	» »
Somme égale.....................................	200,000	» »

Le proposant déclare que les lieux à assurer ou renfermant les objets à assurer ne sont contigus à aucun des risques désignés ci-contre (1), si ce n'est à ____

qu'il n'est exercé dans lesdits lieux aucune profession dangereuse (2), si ce n'est ____

et qu'il n'y existe pas de marchandises hasardeuses (2), si ce n'est________

Il déclare, en outre, que les objets proposés ne sont assurés par aucune autre Compagnie ni caisse d'assurance (3), si ce n'est_________________

La présente proposition n'a d'autre effet que de servir de base à l'assurance, laquelle ne sera valable qu'après la signature, l'échange de la police et le paiement de la prime.

Fait à (4) _______________ *le* (5) _______________ 18 (6) _______

LE PROPOSANT,

(1) Indiquer s'ils sont contigus à des bâtiments couverts en bois ou en chaume, en papier verni ou goudronné, et s'il y existe un théâtre, une fabrique ou une usine quelconque ; en cas de négative, tirer des barres à la suite des mots : *si ce n'est à.*

(2) Spécifier la nature de la profession dangereuse ou des marchandises hasardeuses qui existeraient ; et, s'il n'y en a point, tirer des barres à la suite des mots *si ce n'est.*

(3) Si les objets proposés, ou tons autres en faisant partie, sont garantis par un autre assureur, à quelque titre que ce soit, le dé nommer et dire pour quelle somme, pour quel temps et pour compte de qui ; dans le cas contraire, tirer des barres à la suite des mots *si ce n'est.*

(4) Indiquer le nom de l'Agence.

(5) Id.   le quantième du mois.

(6) Id.   l'année.

MODÈLE N° 4.

COMPAGNIE D'ASSURANCES GÉNÉRALES
CONTRE L'INCENDIE.

Autorisée par Ordonnances des 14 février 1819 et 6 avril 1848,

ÉTABLIE A PARIS, RUE DE RICHELIEU, N° 87.

PROPOSITION D'ASSURANCE

Sur : Bâtiments départementaux. — Mobilier. — Bibliothèque. — Livres et Manuscrits précieux. — Musée. — Herbiers et Collections.

AGENCE

d ______________

____

Renouvellement ou Remplacement de Police N° ______________

Risque commun avec Police N° ______________

Risque contigu sans communication avec Police N° ______________

(1) Nom, prénoms, profession du proposant.

(2) Indiquer le domicile par hameau, commune, canton, arrondissement et département.

(3) Dire pour compte de qui.

(4) Dire si c'est comme *propriétaire, usufruitier, locataire, commissionnaire, consignataire, administrateur, mandataire, créancier, etc.*

(5) En toutes lettres.

M (1) ______________ ______________ *Maire de la ville de* ______________
demeurant à (2) ______________ commune d ______________
canton d ______________ ______________ arrondissement d ______________
département d ______________
agissant pour (3) *le compte de la ville propriétaire* ______________
comme (4) *administrateur* ______________
propose ______________ à la Compagnie de *lui* assurer contre l'incendie pendant *dix*
années consécutives ______________
la somme TOTALE de (5) *deux cent mille francs* faisant partie indivise de celle
de *sept cent quatre vingt mille francs* qui s'applique aux objets ci-après :

	SOMMES à assurer PAR ARTICLE	PRIMES pour 1,000 FR.
1° Trois cent cinquante mille francs, sur l'Hôtel-de-Ville de........ composé de quatre corps de bâtiments formant un parallélogramme et communiquant entre eux.—Ils sont élevés, sur caves voûtées, d'un rez-de-chaussée, deux étages et mansardes. — Lesdits bâtiments sont situés sur la place de........., isolés de toutes parts, et sont construits en briques et moellons et couverts en ardoises (1), ci..	350,000	» 40
2° Vingt cinq mille francs sur mobilier de toute nature, garnissant les salles d'attente, les bureaux et les salons de l'Hôtel-de-Ville (2), ci..	25,000	» 80
3° Deux cent mille francs sur la Bibliothèque communale, composée de 40,000 volumes, détaillés dans le catalogue, dressé par les soins de l'autorité municipale, dont copie est ci-jointe, et renfermés au 1er étage du corps de bâtiment formant le côté sud de l'Hôtel-de-Ville (2), ci......................	200,000	» 80
4° Trente mille francs sur livres et manuscrits précieux, ces derniers au nombre de 1.200, tels qu'ils sont énumérés dans le catalogue mentionné à l'article précédent, et renfermés dans les mêmes salles que la Bibliothèque (2), ci...	30,000	» 80
5° Cent cinquante mille francs sur le Musée, composé de Tableaux, Gravures, Plans, Modèles, Sculptures, Antiquités, tels qu'ils sont décrits dans le catalogue, dressé par les soins de l'autorité municipale, dont copie est ci-jointe, et placés au 2me étage du corps de bâtiment formant le côté nord de l'Hôtel-de-Ville (2), ci................	150,000	» 80
6° Vingt-cinq mille francs sur Herbiers et collections de Médailles et de Minéraux, énumérés dans le catalogue du Musée mentionné à l'article 5 et renfermés dans l'une des salles dudit Musée (2), ci......	25,000	» 80
TOTAL................	780,000	»

Cette somme de sept cent quatre vingt mille francs est assurée par les Compagnies suivantes, dans les proportions ci-après :

1° Par la Compagnie d'Assurances Générales............ fr.	200,000 ci........Fr.					200,000
2° id. id. La Nationale......................	200,000					
3° id. id. L'Union..........................	200 000					
4° id. id. Le Phénix........................	180,000					
Somme égale.......... fr.	780,000					
A reporter........Fr.						200,000

(1) Voir nos 79 et suivants, 217 et suivants des Instructions générales.
(2) Voir nos 79 et suivants, 229 et suivants id. id.

NOTA.—Les primes qui figurent au présent modèle ne sont indiquées que pour exemple et doivent être modifiées suivant le Tarif de chaque localité.

	SOMMES à assurer PAR ARTICLE	PRIMES pour 1,000 FR.
Report............Fr..	200,000	
Timbre à 0,03 c. p. 0/00........Fr.		
TOTAL ÉGAL.............	200,000	

Le proposant déclare que les lieux à assurer ou renfermant les objets à assurer ne sont contigus à aucun des risques désignés ci-contre (1), si ce n'est à

qu'il n'est exercé dans lesdits lieux aucune profession dangereuse (2), si ce n'est

et qu'il n'y existe pas de marchandises hasardeuses (2), si ce n'est

Il déclare, en outre, que les objets proposés ne sont assurés par aucune autre Compagnie ni Caisse d'assurance (3), si ce n'est

La présente proposition n'a d'autre effet que de servir de base à l'assurance, laquelle ne sera valable qu'après la signature, l'échange de la police et le paiement de la prime.

Fait à (4) ____________ le (5) ____________ 18 (6)

LE PROPOSANT,

(1) Indiquer s'ils sont contigus à des bâtiments couverts en bois ou en chaume, en papier vernis ou goudronné, et s'il y existe un théâtre, une fabrique ou une usine quelconque; en cas de négative, tirer des barres à la suite des mots : *si ce n'est à*.

(2) Spécifier la nature de la profession dangereuse ou des marchandises hasardeuses qui existeraient; et, s'il n'y en a point, tirer des barres à la suite des mots : *si ce n'est*.

(3) Si les objets proposés, ou tous autres en faisant partie, sont garantis par un autre assureur, à quelque titre que ce soit, le dénommer et dire pour quelle somme, pour quel temps et pour compte de qui; dans le cas contraire, tirer des barres à la suite des mots : *si ce n'est*.

(4) Indiquer le nom de l'Agence.

(5) Id. le quantième du mois.

(6) Id. l'année.

MODÈLE N° 5.

COMPAGNIE D'ASSURANCES GÉNÉRALES
CONTRE L'INCENDIE.

Autorisée par Ordonnances des 31 février 1819 et 6 avril 1818.

ÉTABLIE A PARIS, RUE DE RICHELIEU, N° 87.

PROPOSITION D'ASSURANCE

Sur : Château ; — Mobilier personnel ; — Bâtiments de Ferme ; — Risque locatif des Fermiers.

M. (1) ________________________ propriétaire ________________

demeurant à (2) ________________ commune d ________________

canton d ________________ arrondissement ________________

département d ________________ agissant pour (3) *son compte et pour le*

compte de son fermier ________________ comme (4) *propriétaire*

____ propose ________

à la Compagnie de *lui* ________ assurer contre l'incendie pendant *douze* années

consécutives ________________

la somme TOTALE de (5) *cent quatre-vingt-dix mille cinq cents francs*, qui s'applique aux objets ci-après :

Renouvellement ou Remplacement de Police n° ________

Risque commun avec Police n° ________

Risque contigu sans communication avec Police n° ________

(1) Nom, prénoms, profession du proposant.
(2) Indiquer le domicile par hameau, commune, canton, arrondissement et département.
(3) Dire pour compte de qui.
(4) Dire si c'est comme *propriétaire, usufruitier, locataire, commissionnaire, consignataire, administrateur, mandataire, créancier, etc.*
(5) En toutes lettres.

	SOMMES à assurer PAR ARTICLE	PRIMES pour 1,000 FR.
1° Cent cinquante mille francs sur le château de .... composé d'un seul corps de bâtiment flanqué de deux tours, élevé sur caves voûtées, d'un rez-de-chaussée, un étage et attique. — Ledit château construit en pierres et briques, couvert en tuiles, est marqué A au tracé figuré d'autre part, et est situé dans la commune de .... canton de .... arrondissement de .... département de .... (1), ci	150,000	» 40
2° Vingt-cinq mille francs sur mobilier personnel existant ou pouvant exister dans ledit château (2), ci	25.000	» 80
3° Cinq mille francs sur un bâtiment entièrement isolé, marqué B au même tracé, composé d'un rez-de-chaussée, d'un étage, et de greniers au-dessus, construit en pierres, couvert en tuiles, situé à 25 mètres du château. Ledit bâtiment sert d'habitation au fermier et ne renferme ni récoltes, ni bestiaux, ni mobilier d'exploitation (1), ci	5,000	40
4° Trois mille francs sur un bâtiment marqué C au tracé, servant de grange, construit en pierres, couvert en ardoises (1), ci	3,000	—
5° Deux mille cinq cents francs sur un bâtiment marqué D au tracé, à usage d'étable à bœufs et de grenier à fourrages, construit en pierres et couvert en chaume (1), ci	2,500	—
6° Deux mille francs sur un bâtiment marqué E au tracé, à usage d'écurie et de remise, construit en pierres, couvert en tuiles, contigu sans communication au bâtiment D (1), ci	2,000	2/5 de 1 soit 60
7° Quinze cents francs sur un bâtiment marqué F au tracé, servant de bergerie et de poulailler, construit en pierres, couvert en tuiles, mais contigu avec communication au bâtiment relaté à l'article suivant (4), ci .... 1,500 fr		
8° Mille francs sur un autre bâtiment marqué G au tracé, à usage de laiterie et de toit à porcs, construit en briques et couvert en chaume, contigu avec communication au bâtiment art. 7 (4), ci 1,000	2,500	3/4 de... soit 3
9° Cinq cents francs sur un bâtiment situé dans la cour, marqué H au tracé, construit en pierres, couvert en tuiles, à usage de four à cuire le pain pour les besoins de la ferme et du château seulement (1), ci	500	1
A reporter	190,500	

(1) Voir n°° 79 et suivants, 217 et suivants des Instructions générales.
(2) Voir n° 79 et suivants, 219 et suivants id. id.

Nota. Les primes qui figurent au présent modèle ne sont indiquées que pour exemple, et doivent être calculées suivant le tarif de chaque localité.

	SOMMES à assurer PAR ARTICLE	PRIMES pour 1,000 FR.
Report.	190,500	

M. . . . .(l'assuré), désirant que la présente assurance profite à son fermier, il est entendu que la Compagnie renonce, en faveur de ce dernier, à l'exercice du recours déterminé par les art. 1733 et 1734 du Code Napoléon, et ce, moyennant un supplément de prime du quart de celle appliquée aux bâtiments assurés ensemble pour 15,500 fr. par les art. 3 à 9, soit fr. (1). . . . .

TRACÉ LINÉAIRE.

BOIS.

GRANDE ROUTE. — ENTRÉE — 25 m — A — 28 m — CHAMPS. — B — 8 m — 8 m — COUR — C — H — 8 m — D — 10 m — 20 m — E — ENTRÉE — F — G — CHEMIN VICINAL.

LÉGENDE.

A — Château.
B — Maison d'habitation du fermier.
C — Grange.
D — Etable à bœufs, gren. à fourrages.
E — Ecurie et remise.
F — Bergerie et poulailler.
G — Laiterie et toit à porcs.
H — Four à pain.

(1) Indiquer s'ils sont contigus à des bâtiments couverts en bois ou en chaume, en papier vernis ou goudronné, et s'il y existe un théâtre, une fabrique ou une usine quelconque; en cas de négative, tirer des barres à la suite des mots : *si ce n'est à.*

(2) Spécifier la nature de la profession dangereuse ou des marchandises hasardeuses qui existeraient; et, s'il n'y en a point, tirer des barres à la suite des mots : *si ce n'est.*

(3) Si les objets proposés, on tous autres en faisant partie, sont garantis par un autre assureur à quelque titre que ce soit, le dénommer et dire pour quelle somme, pour quel temps et pour compte de qui; dans le cas contraire, tirer des barres à la suite des mots : *si ce n'est à.*

(4) Indiquer le nom de l'agence.
(5)   Id.   le quantième du mois.
(6)   Id.   l'année.

(1) Voir n°ˢ 281 à 290 des Instructions générales.

Timbre à 0,05 c. 0|00 fr. . . . .

TOTAL ÉGAL. . . . . .Fr.	190,500	»

Le proposant déclare que les lieux à assurer ou renfermant les objets à assurer ne sont contigus à aucun des risques désignés ci-contre (1), si ce n'est à ______________________________________ qu'il n'est exercé dans lesdits lieux aucune profession dangereuse (2), si ce n'est ______________________

et qu'il n'y existe pas de marchandises hasardeuses (2), si ce n'est ______________

Il déclare, en outre, que les objets proposés ne sont assurés par aucune autre Compagnie ni Caisse d'assurance (3), si ce n'est ______________

La présente proposition n'a d'autre effet que de servir de base à l'assurance, laquelle ne sera valable qu'après la signature, l'échange de la police et le paiement de la prime.

Fait à (4) ______________ *le (5)* ______________ *18*   (6)

LE PROPOSANT,

MODÈLE N° 6.

COMPAGNIE D'ASSURANCES GÉNÉRALES

CONTRE L'INCENDIE,

Autorisée par Ordonnances des 14 février 1819 et 6 avril 1848.

ÉTABLIE A PARIS, RUE DE RICHELIEU, N° 87.

PROPOSITION D'ASSURANCE

Sur : Bâtiments de petits cultivateurs. — Récoltes. — Mobilier aratoire. — Bestiaux.

AGENCE

d ______________________

Renouvellement ou remplacement de

Police N° ______________

Risque commun avec Police N° ______

Risque contigu sans communication

avec Police N° ....

(1) Nom, prénoms, profession du proposant.

(2) Indiquer le domicile par hameau, commune, canton, arrondissement, département.

(3) Dire pour compte de qui.

(4) Dire si c'est comme *propriétaire, usufruitier, locataire, commissionnaire, consignataire, administrateur, mandataire, créancier, etc.*

(5) En toutes lettres.

M. (1) ________________ propriétaire-cultivateur ________________

demeurant à (2) ________________ commune d ________________

canton d ________________ arrondissement d ________________

département d ________________ agissant pour (3) *son compte*

comme (4) *propriétaire* ________________

propose ______ à la Compagnie de *lui* ______ assurer contre l'incendie pendant

six années *consécutives* ________________

la somme TOTALE de (5) *quatre mille francs*, qui s'applique aux objets ci-après :

	SOMMES à assurer PAR ARTICLE	PRIMES pour 1,000 FR.
1° Deux mille francs sur un corps de bâtiment comprenant habitation, grange, écurie et grenier à fourrages, élevé d'un étage sur rez-de-chaussée, construit en pierres, couvert en tuiles, et situé à...................., canton de ...., arrondissement de...................., département de.................... (1), ci....................	2,000	» 90
2° Six cents francs sur un bâtiment à usage de remise et de bergerie, séparé du précédent par une distance de 5 mètres, élevé d'un simple rez de-chaussée, construit en pierres, couvert en tuiles (1), ci...	600	» 90
3° Quatre cents francs sur un petit bâtiment à usage de toit-à-porcs et de charretterie, adossé en appentis contre la maison d'habitation article 1er, construit en pans de bois, couvert en chaume (1), ci.	400	7 »
4° Deux cents francs sur récoltes en grains, racines et fruits, renfermés dans le bâtiment article 1er (2), ci....................	200	1 25
5° Trois cents francs sur récoltes en gerbes, pailles et fourrages, dans le même bâtiment (2), ci...	300	1 50
6° Deux cents francs sur mobilier aratoire existant ou pouvant exister indistinctement dans les bâtiments articles 1 et 2 (3), ci....................	200	1 25
7° Deux cents francs sur bestiaux existant ou pouvant exister indistinctement dans les bâtiments articles 1, 2 et 3 (2), ci....................	200	7 »
8° Cent francs sur récoltes en gerbes placées en meules sur une pièce de terre appartenant au proposant, et situées à 25 mètres environ des bâtiments ci-dessus. — Lesdites récoltes ne sont assurées que pendant six mois de chaque année, à partir du 1er juillet au 1er janvier; mais il est convenu que l'Assurance pourra les suivre jusqu'à son terme dans les bâtiments articles 1 et 2 ci-dessus (2), ci....	100	4 »
A reporter....................	4,000	» »

(1) Voir N°s 79 et suivants, 217 et suivants des Instructions Générales.

(2) Voir N°s 79 et suivants, 238 à 244 des Instructions Générales.

(3) Voir N°s 79 et suivants, 229 à 237 Id.

NOTA. — Les Primes qui figurent au présent Modèle ne sont indiquées que pour exemple, et doivent être modifiées suivant le Tarif de chaque localité.

	SOMMES à assurer PAR ARTICLE	PRIMES pour 1,000 FR.
Report...................................	4,000	» »
Timbre à 0,03 c. p. 1000 Fr......................	» »	» »
Total égal.......................	4,000	» »

Le proposant déclare que les lieux à assurer ou renfermant les objets à assurer ne sont contigus à aucun des risques désignés ci-contre (1), si ce n'est à ______________________________________

qu'il n'est exercé dans lesdits lieux aucune profession dangereuse (2), si ce n'est ______________________________________

et qu'il n'y existe pas de marchandises hasardeuses (2), si ce n'est ______________________________________

Il déclare, en outre, que les objets proposés ne sont assurés par aucune autre Compagnie ni caisse d'assurance (3), si ce n'est ______________________________________

La présente proposition n'a d'autre effet que de servir de base à l'assurance, laquelle ne sera valable qu'après la signature, l'échange de la police et le payement de la prime.

Fait à (4) ____________ *le* (5) ____________ 18 (6)

LE PROPOSANT,

(1) Indiquer s'ils sont contigus à des bâtiments couverts en bois ou en chaume, en papier verni ou goudronné, et s'il y existe un théâtre, une fabrique ou une usine quelconque; en cas de négative, tirer des barres à la suite des mots : *si ce n'est à.*

(2) Spécifier la nature de la profession dangereuse ou des marchandises hasardeuses qui existeraient; et, s'il n'y en a point, tirer des barres à la suite des mots : *si ce n'est.*

(3) Si les objets proposés, ou tous autres en faisant partie, sont garantis par un autre assureur, à quelque titre que ce soit, le dénommer et dire pour quelle somme, pour quel temps et pour compte de qui; dans le cas contraire, tirer des barres à la suite des mots : *si ce n'est.*

(4) Indiquer le nom de l'Agence.

(5) Id. le quantième du mois.

(6) Id. l'année.

MODÈLE N° 7.

COMPAGNIE D'ASSURANCES GÉNÉRALES
CONTRE L'INCENDIE.

Autorisée par Ordonnances des 14 février 1819 et 6 avril 1848.

ÉTABLIE A PARIS, RUE DE RICHELIEU, N° 87.

PROPOSITION D'ASSURANCE

Sur : Mobilier de la profession d'épicier. — Marchandises de la même profession. — Mobilier personnel. — Risque locatif de maison non assurée par la Compagnie.—Recours des voisins. —Risque de l'explosion du gaz.

M (1) ________________________ épicier ___________________

demeurant à (2) ________________________ commune de ____________

canton de ________________ arrondissement d ___________________

département d ________________________ agissant pour (3) *son compte*

comme (4) *propriétaire, locataire et voisin* ___________________

propose à la Compagnie de *lui* ___ assurer contre l'incendie pendant *dix*

années consécutives ________________________

la somme TOTALE de (5) *cinquante-neuf mille cinq cents francs* qui s'applique

aux objets ci-après :

AGENCE

d ________________________

Renouvellement ou remplacement de

Police N° ________________________

Risque commun avec Police N° ________

____

Risque contigu sans communication avec Police N° ________________

(1) Nom, prénoms, profession du proposant.

(2) Indiquer le domicile par hameau, commune, canton, arrondissement et département.

(3) Dire pour compte de qui.

(4) Dire si c'est comme *propriétaire, usufruitier, locataire, commissionnaire, consignataire, administrateur, mandataire, créancier, etc.*

(5) En toutes lettres,

	SOMMES à assurer. PAR ARTICLE	PRIMES pour 1,000 FR.
1° Quinze cents francs sur mobilier de la profession du proposant, consistant en comptoirs, rayons, boiseries et ustensiles divers (1).	1,500	1 »
2° Mille francs sur la devanture de boutique (1), ci.	1,000	1 »
3° Dix mille francs sur marchandises d'épicerie (2), ci.	10,000	1 »
4° Deux mille francs sur mobilier personnel (1), ci.	2,000	1 »
Les objets relatés aux articles 1 à 4 ci-dessus, existent ou peuvent exister dans les caves, au rez-de-chaussée et au premier étage d'une maison construite en pierres, couverte en tuiles, sise à __________ chef-lieu de canton, rue __________ N° ______, arrondissement de __________, département de __________		
5° Vingt-cinq mille francs sur le risque locatif des lieux habités par le proposant dans la maison ci-dessus, laquelle n'est pas garantie au propriétaire par la Compagnie (3), ci.	25,000	3/4 de 50 » 37 1/2
6° Vingt mille francs sur le recours des voisins, chez lesquels il n'existe ni fabrique, ni usine, et dont les bâtiments sont construits et couverts en dur (4), ci.	20,000	» 20
La Compagnie répond des dommages que l'explosion du gaz servant à l'éclairage pourrait occasionner aux objets assurés par les articles 1 à 6 de la présente, jusqu'à concurrence des sommes garanties sur lesdits objets contre les risques d'incendie et sans aucune dérogation aux conditions générales. Ce supplément de garantie est convenu moyennant les augmentations de primes ci-après (5) :		
1° 0,15 c. p. 1000, sur la somme de 13,500 fr., faisant l'objet des articles 1, 3 et 4, ci.		
2° 0,30 c. p. 1000, sur la somme de 1,000 fr. Id. Id. 2 ci.		
3° 0,05 c. p. 1000, sur la somme de 45,000 fr. Id. Id. 5 et 6, ci.		
Somme égale............ 59,500 fr.	» »	» »
A reporter	59,500	» »

(1) Voir N°s 79 et suivants, 229 et suivants des Instructions Générales.
(2) Voir N°s 79 et suivants, 245 et suivants   Id.   Id.
(3) Voir N°s 281 à 290   Id.   Id.
(4) Voir N°s 291 à 297 des Instructions Générales.
(5) Voir N°s 278, 279, 280   Id.   Id.

NOTA. — Les Primes qui figurent au présent Modèle ne sont indiquées que pour exemple, et doivent être modifiées suivant le tarif de chaque localité

	SOMMES à assurer PAR ARTICLE	PRIMES pour 1,000 FR.
Report..	59,500	» »
Timbre à 0,03 p. 1000........................	» »	» »
TOTAL ÉGAL............................	59,500	» »

Le proposant déclare que les lieux à assurer ou renfermant les objets à assurer ne sont contigus à aucun des risques désignés ci-contre (1), si ce n'est à ___________

qu'il n'est exercé dans lesdits lieux aucune profession dangereuse (2), si ce n'est *celle d'épicier* _______

et qu'il n'y existe pas de marchandises hasardeuses (2), si ce n'est *celles de la profession d'épicier* _______

Il déclare, en outre, que les objets proposés ne sont assurés par aucune autre Compagnie ni Caisse d'assurance (3), si ce n'est_______

La présente proposition n'a d'autre effet que de servir de base à l'assurance, laquelle ne sera valable qu'après la signature, l'échange de la police et le payement de la prime.

Fait à (4) ______ *le* (5) ______ *18* (6)

LE PROPOSANT,

---

(1) Indiquer s'ils sont contigus à des bâtiments couverts en bois ou en chaume, en papier verni ou goudronné, et s'il y existe un théâtre, une fabrique ou une usine quelconque; en cas de négative, tirer des barres à la suite des mots *si ce n'est à*.

(2) Spécifier la nature de la profession dangereuse ou des marchandises hasardeuses qui existeraient; et, s'il n'y en a point, tirer des barres à la suite des mots *si ce n'est*.

(3) Si les objets proposés, ou tous autres en faisant partie, sont garantis par un autre assureur, à quelque titre que ce soit, le dénommer et dire pour quelle somme, pour quel temps et pour compte de qui; dans le cas contraire, tirer des barres à la suite des mots *si ce n'est*.

(4) Indiquer le nom de l'Agence.

(5) Id. le quantième du mois.

(6) Id. l'année.

MODÈLE N° 8.

COMPAGNIE D'ASSURANCES GÉNÉRALES
CONTRE L'INCENDIE.

Autorisée par Ordonnance des 14 février 1819 et 6 avril 1848.

ÉTABLIE A PARIS, RUE DE RICHELIEU, N° 87.

PROPOSITION D'ASSURANCE

Sur : Risque locatif de bâtiments de ferme assurés par la Compagnie au Propriétaire ; — Mobilier des Fermiers ; — Récoltes en granges : — Mobilier aratoire ; — Bestiaux ; — Récoltes en meules.

M. (1) S ————————— *propriétaire-fermier* ————

demeurant à (2) ———— ————— commune d ————————

canton d ——————— arrond' d ————————

dép' d ——————————— agissant pour (3) *son compte* ————

comme (4) *locataire et propriétaire* ———————— ————

propose———.à la Compagnie de *lui* —— assurer contre l'incendie pendant *douze* années *consécutives*

la somme **TOTALE** de (5) *quarante-sept mille cinq cents francs* qui s'applique aux objets ci-après :

AGENCE

d ————————————

————

Renouvellement ou remplacement de Police n° ——————— —

Risque commun avec Police n° ——

——————————————————

Risque contigu sans communication avec Police n°——————— ——

(1) Nom, prénoms, profession du proposant.

(2) Indiquer le domicile par hameau, commune, canton, arrondissement et département.

(3) Dire pour compte de qui.

(4) Dire si c'est comme *propriétaire, usufruitier, locataire, commissionnaire, consignataire, administrateur, mandataire, créancier, etc.*

(5) En toutes lettres.

————

	SOMMES à assurer PAR ARTICLE	PRIMES pour 1,000 FR.
1° Six mille francs sur risque locatif d'un bâtiment, désigné sous le n° 1 au tracé ci-joint, à usage de simple habitation, que le proposant occupe au lieu de..... canton de .... arrondissement de.... département de..... Ledit bâtiment, faisant partie de la ferme connue sous le nom de...., est isolé des bâtiments d'exploitation, et est élevé sur caves d'un rez-de-chaussée, un étage et mansardes. — Il est construit en pierres, couvert en tuiles, et est assuré à la Compagnie d'Assurances Générales pour le compte du propriétaire suivant police n°..... de l'agence de..... article 1er.... (1), ci.....	6,000	1/4 de 60 » 15
2° Quatre mille francs sur le risque locatif d'un bâtiment, désigné sous le n° 2 au tracé, à usage de grange, d'écurie et d'étable à bœufs, construit en pans de bois, couvert en chaume, assuré pour le compte du propriétaire suivant article 2 de la police sus relatée (1), ci...........................	4,000	1/4 de 7 » 1 75
3° Trois mille francs sur le risque locatif d'un bâtiment, désigné sous le n° 3 au tracé, à usage de remise et de grenier à fourrages, construit en pierres, couvert en tuiles, contigu sans communication au bâtiment n° 2, et assuré pour le compte du propriétaire, suivant article 3 de la police précitée (1), ci	3,000	1/4 des 2/5es de 7 soit » 70
4° Cinq mille francs sur le risque locatif d'un bâtiment, désigné sous le n° 4 au tracé, à usage de grange, bergerie et toit à porcs, isolé des précédents, construit en pierres, couvert en tuiles et assuré pour le compte du propriétaire suivant article 4 de la police n°..... précitée (1), ci..............	5,000	1/4 de 1.25 » 31 1/4
5° Mille francs sur le risque locatif d'un bâtiment, marqué n° 5 au tracé, à usage de charretterie et de poulailler, construit en pierres, couvert en tuiles, contigu au bâtiment n° 4 avec communication et assuré pour le compte du propriétaire par l'article 5 de la police, n°..... (1), ci.	1,000	1/4 de 1.25 » 31 1/4
6° Quatre mille francs sur mobilier personnel du proposant existant ou pouvant exister dans la maison d'habitation article 1er (2), ci...................	4,000	1 »
7° Trois mille cinq cents francs sur récoltes en grains, racines et fruits existant ou pouvant exister dans le bâtiment article 2 (3), ci...................	3,500	7 »
8° Deux mille francs sur récoltes non battues, foins, pailles et fourrages, pouvant se trouver indistinctement dans le bâtiment article 2 et dans celui article 3 (3), ci...................	2,000	7 »
9° Trois mille francs sur mobilier aratoire existant ou pouvant exister dans tous les bâtiments de la ferme à l'exclusion de la maison d'habitation relatée à l'article 1er (3), ci	3,000	7 »
10° Quinze cents francs sur chevaux dans l'écurie du bâtiment article 2 (3), ci..........	1,500	7 »
11° Deux mille francs sur bêtes à cornes dans l'étable du même bâtiment (3), ci..........	2,000	7 »
12° Cinq cents francs sur fourrages dans le bâtiment article 3 (3), ci...................	500	2/5 de 7 » 2 80
13° Mille francs sur moutons dans la bergerie du bâtiment article 4 (3), ci...................	1,000	1 25
À reporter............Fr.	36,500	»

(1) Voir n°s 281 à 290 des Instructions générales.
(2) Voir n°s 79 et suivants, 229 à 238   Id.
(3) Voir n°s 238 à 244   Id.   Id.

NOTA.—Les Primes qui figurent au présent modèle ne sont indiquées que pour exemple, et doivent être modifiées suivant le Tarif de chaque localité.

27

	SOMMES à assurer PAR ARTICLE	PRIMES pour 1.000 FR.
Report................	36,500	»
	1,000	6 »
	10,000	1 »

14° Mille francs sur une meule de paille sise en plein air dans la cour de la ferme et distante de tous les bâtiments de dix mètres environ (1), ci.........................

15° Dix mille francs sur trois meules, l'une de blé, l'autre d'avoine, la troisième de seigle, sises dans le même enclos, placées à un mètre l'une de l'autre, et séparées de tous les bâtiments de la ferme par une distance de cinquante mètres environ (1), ci.........................

Il est expliqué : 1° que les meules article 15 ne seront assurées que pendant six mois de chaque année, du 1er juillet au 1er janvier; 2° que l'assurance suivra, jusqu'à son terme, les récoltes provenant desdites meules, dans les bâtiments de première classe seulement, à l'exception de la maison article 1er (2); 3° Que l'assurance suivra également le mobilier aratoire et les bestiaux sur les terres de la ferme et sur les chemins qui y conduisent (3).

« Il est spécialement convenu que, si par une cause quelconque, l'assurance du propriétaire (Police
» n°.....) cessait d'avoir son effet, la prime à payer par M..... (le proposant), locataire, serait portée
« pour le risque locatif des bâtiments art. 1 à 5 à..... (montant des 3/4 de la prime), au lieu de..... (mon-
« tant du 1/4 de la prime), ainsi qu'il est stipulé ci-contre. Faute par M..... (le proposant), de payer cette
« augmentation de prime, sur la simple réquisition verbale de la Compagnie, sommation lui en serait
« faite, à ses frais, par ministère d'huissier. »

TRACÉ LINÉAIRE.

LÉGENDE.

N° 1. Maison d'habitation.
N° 2. Grange, écurie, étable à bœufs.
N° 3. Remise et grenier à fourrages.
N° 4. Grange, bergerie, toit à porcs.
N° 5. Charretterie et poulailler.

(1) Indiquer s'ils sont contigus à des bâtiments couverts en bois ou en chaume, en papier vernis ou goudronné, et s'il y existe un théâtre, une fabrique ou une usine quelconque; en cas de négative, tirer des barres à la suite des mots : *si ce n'est à..*

(2) Spécifier la nature de la profession dangereuse ou des marchandises hasardeuses qui existeraient; et, s'il n'y en a point, tirer des barres à la suite des mots : *si ce n'est.*

(3) Si les objets proposés, ou tous autres en faisant partie, sont garantis par un autre assureur à quelque titre que ce soit, le dénommer et dire pour quelle somme, pour quel temps et pour compte de qui; dans le cas contraire, tirer des barres à la suite des mots : *si ce n'est.*

(4) Indiquer le nom de l'agence.
(5) Indiquer le quantième du mois.
(6) Indiquer l'année.

Timbre à 0,05 c. 0|00........

TOTAL ÉGAL.........Fr. | 47,500 | »

Le proposant déclare que les lieux à assurer ou renfermant les objets à assurer ne sont contigus à aucun des risques désignés ci-contre (1), si ce n'est à

qu'il n'est exercé dans lesdits lieux aucune profession dangereuse (2), si ce n'est

et qu'il n'y existe pas de marchandises hasardeuses (2), si ce n'est

Il déclare, en outre, que les objets proposés ne sont assurés par aucune autre Compagnie ni Caisse d'assurance (3), si ce n'est

La présente proposition n'a d'autre effet que de servir de base à l'assurance, laquelle ne sera valable qu'après la signature, l'échange de la police et le paiement de la prime.

Fait à (4) ___________ *le* (5) ___________ 18 (6).

LE PROPOSANT,

(1) Voir n° 244 des Instructions générales.

(2) Voir le Tarif et son annexe.

(3) Voir n° 243 des Instructions générales.

MODÈLE N° 9.

POLICE

Sur Marchandises ordinaires avec tolérance de Marchandises hasardeuses et doublement hasardeuses.

CONDITIONS PARTICULIÈRES [1].

La Compagnie assure contre l'Incendie aux conditions générales qui précèdent, et à celles particulières ci-après, à Mr B. . . . . (Alexandre) *négociant,* ____________________

demeurant à R. . . . . chef-lieu de canton, arrondissement d ____________________

département d ____________________ agissant *pour son compte et pour compte de qui il appar-*

tiendra ____________________ la somme de *cent cinquante mille francs*

____________________ qui s'applique, comme suit, aux objets détaillés

ci-après, savoir :

	CAPITAL de L'ASSURANCE pour CHAQUE RISQUE	TAUX de la PRIME F. °/₀₀.	MONTANT de la PRIME ANNUELLE	NUMÉRO de la CATÉGORIE.
1° *Cent mille francs* sur vins et eaux-de-vie existant ou pouvant exister dans les magasins que l'assuré occupe au rez-de-chaussée d'un bâtiment construit en pierres, couvert en tuiles, dont les étages sont à usage de simple habitation. — Ledit bâtiment est situé à R. . . . . chef-lieu de canton, rue. . . . . N°. . . . . arrondissement d . . . . département d . . . . (2), ci.	100,000	» 80	80	»
2° *Cinquante mille francs* sur vins, eaux-de-vie et esprits, existant ou pouvant exister dans un bâtiment à usage de simple magasin, situé dans la même rue que le précédent, dont il est éloigné d'environ quinze mètres, et construit en pierres, couvert en ardoises (2), ci.	50,000	» 80	40	»
Il est expressément convenu, sous peine par l'Assuré de n'avoir droit à aucune indemnité en cas de sinistre : 1° Que les eaux-de-vie jusqu'à 24 degrés n'excèdent pas 10 p. 100 de la somme assurée par l'article 1er; 2° que les eaux-de-vie et les esprits n'excèdent pas 7 1/2 p. 100 de la somme garantie par l'article 2, soit 5 p. 100 pour les eaux-de-vie jusqu'à 24 degrés et 2 1/2 p. 100 pour les esprits (3).				
À *reporter*.	150,000		120	»

---

[1] Voir N°s 120 à 154 des Instructions Générales.
[2] Voir N°s 245 à 250 des Instructions Générales.
[3] Voir le Tarif et l'Annexe au Tarif.

NOTA.—Les primes qui figurent au présent Modèle ne sont indiquées que pour exemple, et doivent être modifiées suivant le tarif de chaque localité.

CAPITAL de L'ASSURANCE pour CHAQUE RISQUE.	TAUX de la PRIME p. %₀₀.	MONTANT de la PRIME ANNUELLE		NUMÉRO de la CATÉGORIE.
Report. 150,000	»	120	»	
Droit de timbre et de répertoire à 0,03 c. p. 1000 sur 150,000 fr.. ci. . . .	» 03	4	50	
TOTAL. 150,000	»	124	50	

L'Assuré déclare que les bâtiments renfermant les objets assurés sont ___________
construits en *pierres* ___________
couverts en *tuiles et ardoises* ___________ ___________
L'Assuré déclare, en outre, que les bâtiments assurés, ou renfermant des objets assurés, ne sont contigus à aucun des risques mentionnés dans l'article 7, si ce n'est à ___________ ___________

qu'il n'est exercé dans lesdits bâtiments aucune profession augmentant le risque, si ce n'est celle de ___________

et qu'il n'y existe pas de marchandises hasardeuses, autres que celles déclarées d'autre part. ___________

L'Assurance est faite pour *dix années consécutives*, à partir de *demain*, ___________
___________ à midi, sans aucune remise d'année gratuite, moyennant la prime annuelle qui s'élève, y compris les droits de timbre et de répertoire, à *cent vingt-quatre francs cinquante centimes* ___________

La Compagnie reconnaît avoir reçu comptant :

1° La somme de *cent vingt francs* ___________
___________ pour prime de *la première année*, ci. . . . . 120 | »

2° Pour droit de timbre et de répertoire à 0,03 c. par 1,000 fr. des capitaux assurés, la somme de *quatre francs cinquante centimes*, ci. 4 | 50

3° Pour le coût de la Police, la somme de *deux francs*, ci. . . . . 2 | »

4° — Plaque, — ___________ franc , ___________ centimes, ci. . . . . . . • | »

TOTAL. . . . . 126 | 50

Les conditions imprimées et manuscrites de la présente Police sont ainsi convenues et arrêtées entre les parties, pour être exécutées de bonne foi.

La présente Police annulle et remplace celle N° ___________

Fait double à (1) ___________ le (2) ___________ mil huit cent (3) ___________
et en troisième expédition, pour être déposée dans les archives de l'Agence.

L. ASSURÉ ___________ (4) mot __ rayé __ nul ___________ POUR LA COMPAGNIE,
B. . . . . . L'Agent fondé de pouvoirs,
N. . . . . .

MODÈLE N° 10.

POLICE

Sur Mobilier et Marchandises de la profession de Menuisier, Outils d'ouvriers, Risque locatif et Recours des voisins.

CONDITIONS PARTICULIÈRES [1].

La Compagnie assure contre l'Incendie aux conditions générales qui précèdent, et à celles particulières ci-après, à Mʳ A __________ (Jean-Baptiste), *menuisier*, __________

demeurant à M __________ chef-lieu de canton, arrondissement d __________

département d __________ agissant *pour son compte comme propriétaire, locataire*

et voisin __________ la somme de *quarante-trois mille francs*

__________ qui s'applique, comme suit, aux objets détaillés ci-après, savoir :

	CAPITAL de L'ASSURANCE pour CHAQUE RISQUE	TAUX de la PRIME P. °/₀₀	MONTANT de la PRIME ANNUELLE		NUMÉRO de la CATÉGORIE.
1° *Cinq mille francs* sur mobilier de la profession de l'Assuré, y compris les outils des ouvriers (2), ci..................	5,000	1 25	6	25	
2° *Dix mille francs* sur marchandises de la même profession, consistant notamment en planches, bois bruts et travaillés (3), ci..................	10,000	1 25	12	50	
3° *Trois mille francs* sur mobilier personnel (2), ci..................	3,000	1 25	3	75	
Les objets désignés ci-dessus existent ou peuvent exister au rez-de-chaussée et au premier étage d'un bâtiment construit en briques et moellons, couvert en ardoises, dont les autres parties sont à usage de simple habitation. — Ledit bâtiment est situé à M............. chef-lieu de canton de l'arrondissement de................. département de................. et est contigu, sans communication, à une fabrique de vermicelle.					
4° *Quinze mille francs* sur risque locatif des lieux désignés ci-dessus dans le bâtiment précité, lequel n'est pas garanti par la Compagnie (4), ci......	15,000	3/4 des 2/5ᵉˢ de 3 fr. (soit 90 c.)	13	50	
5° *Dix mille francs* sur recours des voisins, dont les bâtiments sont construits et couverts en dur, mais chez lesquels il existe une fabrique de vermicelle (5), ci..................	10,000	1/4 de 3 fr. » 75	7	50	
À reporter.......	43,000		43	50	

(1) Voir nᵒˢ 120 à 154 des Instructions générales.
(2) Voir nᵒˢ 229 à 237   do   dᵒ.
(3) Voir nᵒˢ 245 à 250   dᵒ   dᵒ.

(4) Voir nᵒˢ 281 à 290 des Instructions générales.
(5) Voir nᵒˢ 291 à 297   do   dᵒ.

Nota. — Les Primes qui figurent au présent Modèle ne sont indiquées que pour exemple et doivent être modifiées, quant aux trois premiers articles, suivant le Tarif de chaque localité.

CAPITAL de L'ASSURANCE pour CHAQUE RISQUE	TAUX de la PRIME P. °/oo	MONTANT de la PRIME ANNUELLE		NUMÉRO de la CATÉGORIE.
Report................ 43,000	»	13	50	
Droit de timbre et de répertoire à 0,03 fr. p. °/oo sur 43,000 fr.........	» 03	1	30	
Total......... 43,000	»	44	80	

L'Assuré déclare que le bâtiment désigné dans la présente Police est ....
construit en *briques et moellons et* ....
couvert en *ardoises* ....

L'Assuré déclare en outre que le bâtiment assuré, ou renfermant les objets assurés, n'est
contigu à aucun des risques mentionnés dans l'art. 7, si ce n'est à *une fabrique de vermicelle* ....

qu'il n'est exercé dans ledit bâtiment aucune profession augmentant le risque, si ce n'est celle de *menuisier*

et qu'il n'y existe *pas de* marchandises hasardeuses. ....

L'assurance est faite pour *douze années consécutives* à partir *de demain* ....
.... à midi, sans aucune remise d'année gratuite, moyennant la prime annuelle qui s'élève, y
compris les droits de timbre et de répertoire, à *quarante-quatre francs quatre-vingts centimes*. ....

La Compagnie reconnaît avoir reçu comptant :

1° La somme de *quarante-trois francs cinquante centimes* .... pour prime de *la première année*, ci.	43	50
2° Pour droit de timbre et de répertoire, à 0,03 c. par 1,000 fr. des capitaux assurés, la somme de *un franc trente centimes*, ci.	1	30
3° Pour le coût de la Police, la somme de *deux francs*, ci.	2	»
4° id. *d'une* Plaque id. de *un franc cinquante* centimes, ci	1	50
Total.	48	30

Les conditions imprimées et manuscrites de la présente Police sont ainsi convenues et arrêtées entre les parties,
pour être exécutées de bonne foi.

La présente Police annule et remplace celle N° ....

Fait double à (1) .... , le (2) .... mil huit cent (3) ....
et en troisième expédition, pour être déposée dans les archives de l'Agence.

L'Assuré. .... (4) mot rayé nul

A. . . . .

Pour la Compagnie,
L'Agent fondé de pouvoirs ,
C. . . . .

(1) Indiquer le nom du siége de l'Agence.
(2) D° le quantième du mois.
(3) D° l'année.
(4) D° le nombre de mots rayés nuls (ils doivent être paraphés par l'Agent et par l'Assuré).

MODÈLE N° 11.

POLICE

Sur Filature de Coton.

CONDITIONS PARTICULIÈRES [1].

La Compagnie assure contre l'Incendie aux conditions générales qui précèdent, et à celles particulières ci-après, à M. S. ______________ (Charles-Édouard), *propriétaire, filateur de coton* ______________ demeurant à V. ______________ commune de ______________ canton de ______________ arrondissement de ______________ département de ______________ agissant pour son compte *comme propriétaire*, la somme de *soixante et onze mille cent francs* formant le cinquième indivis de celle de *trois cent cinquante-cinq mille cinq cents francs*, qui s'applique, comme suit, aux objets détaillés ci-après, *lesquels composent l'établissement à usage de filature de coton, avec chauffage à la vapeur et éclairage au gaz, qu'il possède et exploite audit V* ______________

	CAPITAL de L'ASSURANCE pour CHAQUE RISQUE.	TAUX de la PRIME p. %.	MONTANT de la PRIME ANNUELLE		NUMÉRO de la CATÉGORIE
1° *Vingt-cinq mille francs* sur un bâtiment marqué A au tracé, à usage d'habitation et de bureaux, composé d'un rez-de-chaussée, deux étages et mansardes, et construit en pierres, couvert en tuiles (2), ci...............	25,000	» 60	15	»	
2° *Cinq mille francs* sur le bâtiment marqué B au tracé, à usage de remise et d'écurie, composé d'un rez-de-chaussée, avec greniers au-dessus, construit en briques, couvert en tuiles, contigu sans communication au bâtiment A, qui précède, et à celui C, ci-après (2), ci...............	5,000	2/5 de 3 50 1 40	7	»	
3° *Quinze mille francs* sur le bâtiment marqué C au tracé, à usage de magasin, composé d'un rez-de-chaussée et deux étages, construit en briques, couvert en tuiles, contigu au bâtiment D ci-après, avec communication interceptée par une porte doublée en tôle (2), ci...............	15,000	1/2 de 7 3 50	52	50	
4° *Quarante mille francs* sur le bâtiment D du tracé, composé d'un rez-de-chaussée, deux étages et mansardes, construit en briques et moellons, couvert en ardoises, à usage de filature de coton, avec tous les apprêts, chauffée à la vapeur, éclairée au gaz (2), ci....................	40,000	7 »	280	»	
5° *Trois mille francs* sur le bâtiment marqué E au tracé, renfermant la machine à vapeur et les générateurs, construit en briques, couvert en tuiles, contigu au bâtiment D, sans autres communications que celles nécessaires à la transmission du mouvement (2), ci...............	3,000	2/5 de 7 2 80	8	40	
6° *Vingt mille francs* sur le bâtiment marqué F au tracé, composé d'un rez-de-chaussée, d'un premier étage et d'un grenier perdu, construit en pierres, couvert en ardoises, à usage de filature de coton, avec tous les apprêts, sauf ceux du battage, qui se font exclusivement dans la filature D. — Le chauffage est à la vapeur, et l'éclairage est au gaz (2), ci.........	20,000	6 50	130	»	
7° *Dix mille francs* sur un bâtiment marqué G au tracé, à usage de magasin et d'habitation du contre-maître, composé d'un rez-de-chaussée, d'un étage et mansardes, construit en pierres et briques, couvert en ardoises, séparé de la filature F par une distance de quatre mètres, mais y communiquant à l'étage par un pont en bois, fermé sur les côtés. (Ledit pont est marqué G*bis* au tracé, et est compris dans la somme de 10,000 fr. (2), ci.....	10,000	1/2 de 6 50 3 25	32	50	
8° *Mille cinq cents francs* sur le bâtiment H du tracé, à simple rez-de-chaussée, servant d'atelier de réparations, construit en briques, couvert en ardoises, contigu au bâtiment G, sans communication (2), ci............	1,500	2/5 de 3 25 1 30	1	95	
À reporter....................	119,500		527	35	

	CAPITAL du L'ASSURANCE pour CHAQUE RISQUE.	TAUX de la PRIME p. %oo.		MONTANT de la PRIME ANNUELLE	NUMÉRO de la CATÉGORIE
Report............	119,500	·	»	527	33
9° *Mille francs* sur le gazomètre marqué I au tracé, et complétement isolé dans la cour (1), ci.................................	1,000	2	»	2	»
10° *Douze mille francs* sur le mobilier personnel existant ou pouvant exister dans la maison d'habitation A (2), ci.....................	12,000	1	»	12	»
11° *Huit mille francs* sur voitures, chevaux, harnais, dans le bâtiment B (2), ci..	8,000	1	40	11	20
12° *Dix mille francs* sur cotons filés, dans le magasin C (3), ci...........	10,000	3	50	35	»
13° *Cent mille francs* sur tout le mobilier industriel existant ou pouvant exister dans les divers étages de la filature D, et se composant notamment des objets ci-après : Premièrement. Un batteur et un perroquet, avec leurs accessoires ; Deuxièmement. Trente cardes doubles montées de leurs garnitures ; Troisièmement. Trois bancs d'étirage de douze têtes, quatre frotteurs doubles en gros ; cinq frotteurs enfin de 50 fils ; trois cylindres à émery ; Quatrièmement. Vingt métiers Mull-Jenny bâtis en fonte, de 350 broches ; douze métiers Mull-Jenny, bâtis en bois, de 240 broches ; Cinquièmement. Appareils complets de chauffage à la vapeur et d'éclairage au gaz ; Sixièmement. Transmissions de mouvement, poulies, courroies et autres accessoires ; Septièmement. Accessoires divers tels que : boîtes, panniers, pots en fer, burettes, balances, machines à polir et à tourner, caisses en bois et en ferblanc, outils et pièces de rechange (2), ci....................	100,000	7	»	700	»
14° *Quinze mille francs* sur cotons en manutention et filés dans le même bâtiment (3), ci..	15,000	7	»	105	»
15° *Vingt mille francs* sur une machine à vapeur de la force de 25 chevaux, et ses accessoires, dans le bâtiment E du tracé (2), ci.........	20,000	2	80	56	»
16° *Cinquante mille francs* sur tout le mobilier industriel existant ou pouvant exister au rez-de-chaussée et au premier étage de la filature de coton marqué F au tracé (2), ci...	50,000	6	50	325	»
17° *Huit mille francs* sur cotons bruts et filés existant ou pouvant exister dans le même bâtiment (3), ci...	8,000	6	50	52	»
18° *Six mille francs* sur cotons bruts existant ou pouvant exister dans les magasins du bâtiment G du tracé (3), ci...............................	6,000	3	25	19	30
19° *Trois mille francs* sur machines et ustensiles divers dans le bâtiment H (2), ci...	3,000	1	30	3	90
20° *Trois mille francs* sur les ustensiles à faire le gaz de houille, les cloches et épurateurs dans le bâtiment I du tracé (2), ci..............	3,000	2	»	6	»
SOMME ÉGALE AU MONTANT DE L'ASSURANCE TOTALE....	355,500	»	»	1,854	95

Cette somme est assurée dans les proportions ci-après, par les Compagnies suivantes :

1/5e par la Compagnie Nationale, ci..........	71,100 fr.	
1/5e par la Compagnie le Phénix, ci..........	71,100	
1/5e par la Compagnie l'Union, ci..........	71,100	
1/5e par la Compagnie l'Urbaine, ci..........	71,100	
1/5e par la Compagnie d'Assurances Générales.	71,100 fr., ci......	

	CAPITAL	TAUX		MONTANT	NUMÉRO
(1/5e par la Compagnie d'Assurances Générales, ci)	71,100	»	»	371	»

SOMME ÉGALE , ci........ 355,500 fr.

« Dans le cas où l'éclairage au gaz serait suspendu pour une cause quelconque, l'Assuré aura la faculté d'éclairer l'établissement par des quinquets à l'huile, mais il sera tenu de déclarer à la Compagnie le changement d'éclairage, dans les trois jours au plus tard, sous peine de n'avoir droit à aucune indemnité, en cas d'incendie. Si l'éclairage à l'huile se prolonge au delà de quinze jours, l'Assuré s'engage à payer pour l'année entière le supplément de prime indiqué au Tarif de la Compagnie (4). »

	CAPITAL	TAUX		MONTANT	NUMÉRO
Droit de timbre et de répertoire à 0,03 c. %oo sur 71,100 fr., ci.....	·	»	»	2	15
TOTAL..............................	71,100	»	»	373	15

(1) Voir Nos 217 à 228, 251 à 260 des Instructions Générales.
(2) Voir Nos 229 à 237, 251 à 260   Id.   Id.
(3) Voir nos 245 à 250, 251 à 260   Id.   Id.

(4) Cette clause ne doit être insérée que lorsque la demande en est faite par l'Assuré

L ___ Assuré___ déclare ___ que les bâtiments désignés dans la présente police sont ______________

construits en *pierres, briques et moellons et* ____

couverts en *tuiles et ardoises*____

L ___ Assuré ___ déclare ___ en outre que les bâtiments assurés, ou renfermant les objets assurés, ne sont

contigus à aucun des risques mentionnés dans l'article 7, si ce n'est à ______________________

____

qu'il n'est exercé dans lesdits bâtiments aucune profession augmentant le risque, si ce n'est celle de *filateur*

de coton ____

et qu'il n'y existe pas de marchandises hasardeuses. ___________________________________

L'Assurance est faite pour *dix années consécutives* à partir de *demain* ____________________

_______________________ à midi, sans aucune remise d'année gratuite, moyennant la prime annuelle

qui s'élève, y compris les droits de timbre et de répertoire, à la somme de *trois cent soixante-treize francs*

quinze centimes ____

La Compagnie reconnaît avoir reçu comptant :

1° La somme de *trois cent soixante et onze francs*______________________________________
_________________________pour prime de la première année, ci. . . . · . . . . | 371 | »

2° Pour droit de timbre et de répertoire, à 0,03 c. par 1,000 fr. des capitaux assurés, la somme
de *deux francs quinze centimes*, ci. . . . . | 2 | 15

3° Pour le coût de la Police, la somme de *deux francs*, ci. . . . . | 2 | »

4° Pour le coût de la Plaque, la somme de______ *franc* __ , __________ *centimes*, ci. | » | »

TOTAL. . . . . | 375 | 15

Les conditions imprimées et manuscrites de la présente Police sont ainsi convenues et arrêtées entre les parties,
pour être exécutées de bonne foi.

La présente Police annule et remplace celle N°______________________________________

. Fait double à (1) ______________ le (2) _______________ mil huit cent (3) ______________
et en troisième expédition, pour être déposée dans les archives de l'Agence.

L ___ ASSURÉ ___, (4) mot ___ rayé ___ nul ___ POUR LA COMPAGNIE,

S. . . . . . . *L'Agent fondé de pouvoirs,*

J. . . . . .

---

(1) Indiquer le nom du siége de l'Agence.
(2) Indiquer le quantième du mois.
(3) Indiquer l'année.

(4) Indiquer le nombre de mots rayés nuls. (Ils doivent être paraphés
par l'Agent et par l'Assuré.)

NOTA. — Nous n'avons pas fait la division du mobilier industriel, article 16, par espèces, pour faire voir que cette division n'est pas indispensable ;
toutefois, il est préférable de la faire telle qu'elle existe à l'article 13.

28

MODÈLE N° 12.

RENSEIGNEMENTS SPÉCIAUX SUR FILATURE DE COTON.

(N°ˢ 97 et 255 des Instructions générales.)

(Le présent Modèle se rattache à la Police, Modèle n° 11.)

1° Les bâtiments ont-ils été construits origiuairement pour leur usage actuel ?

Oui.

A quelle époque ?

En 1850.

Quels sont les matériaux employés dans la construction ?

Pierres, briques et moellons.

Quelle est la nature de la couverture ?

Tuiles et ardoises.

Leurs divisions, agencements et supports intérieurs sont-ils en fer, en bois, en maçonnerie ?

Les divisions sont en cloisons de briques; les supports intérieurs sont en bois.

Sont-ils isolés de tous côtés, ou cernés par d'autres constructions ?

Ils sont isolés.

2° Les ateliers sont-ils plafonnés ou voûtés, carrelés ou planchéiés ?

Ils sont plafonnés à tous les étages, carrelés au rez-de-chaussée, palnchéiés aux étages.

Sont-ils hauts d'étage ?

D'une hauteur convenable.

3° Quel est le genre de chauffage des ateliers : poêles, calorifères ou vapeur ?

Vapeur.

Les foyers sont-ils dans l'intérieur ou en dehors ?

A l'extérieur.

Les tuyaux sont-ils en fonte, en tôle ou en maçonnerie ? Comment sont-ils séparés des boiseries, des planchers et des charpentes ?

En fonte. Ils sont séparés des boiseries et des planchers et charpentes par un entourage en briques.

Quel est le combustible dont on fait usage ?

Charbon de terre.

4° Quel est le genre d'éclairage, huile ou gaz ?

Le gaz.

Les lumières sont-elles fixes, mobiles, à nu, sous simple verre ou en lanternes ?

La lumière est enfermée dans des lanternes.

5° Passe-t-on la nuit au travail ? A quelles époques ?

On passe quelquefois la nuit au travail, mais exceptionnellement.

6° Le moteur consiste-t-il en un manège, une machine hydraulique ou une machine à vapeur ? De quelle force ?

Machine à vapeur de vingt-cinq chevaux.

7° Le mobilier industriel a-t-il été construit *neuf* pour l'établissement, ou acheté d'occasion ? Est-il soigneusement tenu ?

Il a été construit neuf pour l'établissement.
Il est tenu avec beaucoup de soin.

Le fer domine-t-il dans la construction ?

Le fer domine dans la construction.

8° L'établissement possède-t-il des pompes à incendie ou d'autres moyens de secours ? Y a-t-il un service de gardiennage de nuit organisé ?

Il y a une pompe à incendie dans l'établissement, et un service de gardiennage de nuit.

Quels secours peut-on espérer du voisinage ?

L'établissement n'est éloigné que d'environ deux kilomètres de M......, chef-lieu d'arrondissement, qui possède un corps de pompiers.

9° Combien y a-t-il de *batteurs mécaniques* ? Et sont-ils ou non garnis de ventilateurs ? Sont-ils séparés de la filature par un mur ou par une cloison, ou bien communiquent-ils avec elle ?

Un batteur et un perroquet garnis de ventilateurs.
Ils sont placés au rez-de-chaussée de la filature D du tracé.

En cas de séparation totale, quelle est la distance qui existe entre les batteurs et la filature ?

10° Combien l'établissement a-t-il d'étages, et par combien d'escaliers sont-ils desservis ?

La filature D a deux étages et mansardes et deux escaliers intérieurs.
La filature F n'a qu'un étage avec grenier au dessus, et un seul escalier intérieur.

Les escaliers sont-ils larges ou étroits, en bois ou en pierre ?

Ils sont suffisamment larges, mais ils sont en bois.

11° La Compagnie assure-t-elle déjà une somme quelconque sur cet établissement dans ses contiguïtés, ou dans les voisinages, à une distance de moins de dix mètres ?

Néant.

En cas d'affirmative, indiquer exactement les numéros des polices existantes.

NOTA. — Les réponses aux questions n°ˢ 1 à 11 ne sont faites que pour exemple. MM. les Agents devront les varier selon les circonstances.

Tracé de l'Établissement à assurer.

ENCLOS DE L'ÉTABLISSEMENT.

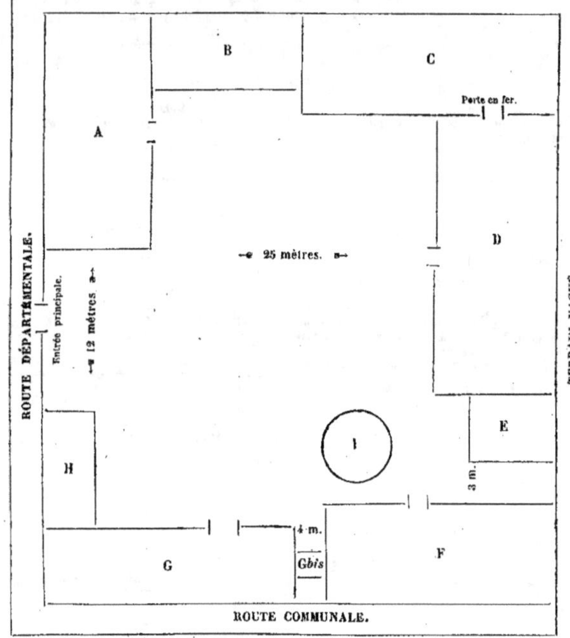

LÉGENDE.

A   Maison d'habitation et bureaux.

B   Remise et écurie.

C   Magasins.

D   Filature de coton avec batteur.

E   Machine à vapeur.

F   Filature de coton sans batteur.

G   Logement du contre-maître et magasin.

G *bis*   Pont de communication fermé sur les côtés.

H   Atelier de réparations.

I   Gazomètre.

AGENCE

d ________________

MODÈLE N° 13.

Feuille **A.**

RENSEIGNEMENTS CONFIDENTIELS

A annexer aux Propositions d'Assurances sur Fabriques et Usines.

(N°s 97 et 255 des Instructions générales.)

(Le présent Modèle se rattache à la Police, Modèle n° 11.)

Nom du Proposant : M. S . . . . . (Charles-Édouard), *propriétaire, filateur de coton.*

Nature de l'Usine : *Filature de coton.*

Lieu de la situation : V. . . .

1° Depuis quelle époque l'établissement existe-t-il ?	*Depuis 1850.*
A-t-il déjà éprouvé quelque sinistre, petit ou grand ? Dans ce cas, quelle en a été la cause, et qu'en est-il résulté ?	*Il n'a éprouvé aucun sinistre.*
2° Était-il précédemment assuré par une autre Compagnie ? Dans ce cas, quel est le motif du changement ?	*La part qui nous est donnée était garantie par la Compagnie la France, dont la police vient à échéance. C'est par mes relations avec l'assuré que j'ai obtenu la préférence.*
3° Le proposant est-il lui-même à la tête des travaux, ou bien sont-ils confiés aux soins de contre-maîtres ou de directeurs ? Les uns ou les autres sont-ils soigneux et surveillants ?	*Il dirige lui-même les travaux avec l'aide d'un contre-maître actif et intelligent.*
4° L'Établissement marche-t-il bien ? Ses produits se vendent-ils facilement et avec avantage ?	*L'établissement marche d'une manière satisfaisante, et les produits en sont recherchés.*
5° Quelle est la réputation du proposant ? Son crédit est-il bon ? Son entreprise paraît-elle proportionnée à sa fortune ou à ses capitaux ?	*Réputation excellente. Crédit bien établi. Fortune au-dessus de son entreprise.*
6° Le proposant est-il aimé de ses ouvriers ? Ne passe-t-il pas pour avoir des ennemis ?	*Il est aimé de ses ouvriers. On ne lui connaît pas d'ennemis.*
7° En résumé, si vous étiez assureur pour votre propre compte, regarderiez-vous cette assurance comme bonne ?	*Oui, comme très-bonne.*
Nous conseillez-vous de la prendre, de la refuser, ou de la réduire ?	*Je conseille à la Compagnie de prendre la totalité de la somme qui lui est offerte.*
8° La Compagnie assure-t-elle déjà une somme quelconque sur cet établissement, dans ses contiguïtés, ou dans les voisinages, à une distance de moins de dix mètres ?	*Non.*
En cas d'affirmative, indiquer exactement les numéros des polices existantes.	*Néant.*

Nota. Les réponses aux questions 1 à 8 ne sont faites que pour exemple. MM. les Agents devront, bien entendu, les varier suivant les circonstances, après s'être éclairés à bonne source.

A   le   18

L'Agent principal,

J.....

MODÈLE N° 14.

POLICE
Sur Fabrique de sucre sans Raffinerie.

CONDITIONS PARTICULIÈRES [1].

La Compagnie assure contre l'Incendie aux conditions générales qui précèdent, et à celles particulières ci-après,
à M. D _____________ (Adolphe-Casimir), *propriétaire et fabricant de sucre* _____________
demeurant à J ______ commune et canton de _____________ arrondissement de _____________
département de _____________ agissant pour son compte comme *propriétaire* _____________
la somme de *trois cent cinq mille deux cents francs* _____________
qui s'applique, comme suit, aux objets détaillés ci-après,

SAVOIR :

1° Cinquante mille francs sur les bâtiments, marqués A B C F G H I
au tracé, construits en briques et moellons, couverts en pannes et ardoises,
à usage de fabrique de sucre sans raffinerie, avec cuite et chauffage entièrement à la vapeur, situés à J....., commune de....., arrondissement de.....,
département de..... (2), ci.... .....

2° Huit mille francs sur le bâtiment, marqué D au tracé, construit et
couvert comme les précédents, et servant de magasin aux sucres. Ledit bâtiment est contigu à celui C, ci-dessus, avec communication interceptée par
une porte en fer (2), ci.....

3° Huit mille francs sur le bâtiment, marqué E au tracé, construit et
couvert comme les précédents, à usage de magasin au noir et aux betteraves. Ledit bâtiment est contigu à celui D, qui précède, avec communication
interceptée par une porte en fer (2), ci.....

4° Deux mille cinq cents francs, sur le bâtiment, marqué J au tracé,
construit en briques, couvert en pannes, et servant de remise, isolé des
bâtiments de la fabrique (2), ci.....

5° Quinze cents francs sur le bâtiment du gazomètre, marqué K au tracé,
situé à 6 mètres des bâtiments D et E (2), ci.....

6° Trois mille francs sur le bâtiment, marqué L au tracé, construit en
briques et pans de bois, couvert en pannes. Ledit bâtiment, situé à 5 mètres
de celui E, sert d'écurie et de grenier à fourrages pour la nourriture des
chevaux de l'établissement (2), ci.....

7° Deux mille francs sur le bâtiment, marqué M au tracé, construit en
briques et couvert en pannes, renfermant un atelier de serrurerie et de
menuiserie, contigu au bâtiment E sans communication, et au bâtiment D
par un angle seulement (2), ci.....

8° Dix mille francs sur le bâtiment, marqué N au tracé, construit en
briques et moellons, couvert en ardoises, contigu au bâtiment M, sans
communication. Ledit bâtiment est à usage de simple habitation de maître (2),
ci.....

9° Quinze cents francs sur le bâtiment, marqué O au tracé, contigu à
celui N sans communication, construit en briques, couvert en pannes, et
servant de bureaux (2), ci.....

10° Quinze cents sur le bâtiment, marqué P au tracé, à usage d'habitation
du concierge, construit et couvert comme le précédent (2), ci.....

11° Cinq mille francs sur le bâtiment, marqué Q au tracé, à usage de logement pour les ouvriers de la fabrique, construit et couvert comme le
précédent. Ledit bâtiment est relié à celui B au moyen d'un pont en fer et
bois fermé sur les côtés et ayant à chaque extrémité une porte de communication doublée en tôle (2), ci.....

12° Deux cents francs sur ledit pont, lequel est marqué au tracé sous la
lettre R (2), ci.....

SAVOIR	CAPITAL de L'ASSURANCE pour CHAQUE RISQUE	TAUX de la PRIME p. º/₀₀.	MONTANT de la PRIME annuelle.		N° de la CATÉGORIE
1°	50,000	3	150	»	
2°	8,000	1/2 de 3	12	»	
		1 50			
3°	8,000	1/2 de 1 50	6	»	
		» 75			
4°	2,500	» 40	1	»	
5°	1,500	2 »	3	»	
6°	3,000	» 50	1	50	
7°	2,000	2/3 de la 1/2 de 3, soit	1	20	
		» 60			
8°	10,000	» 40	4	»	
9°	1,500	» 40	»	60	
10°	1,500	» 40	»	60	
11°	5,000	1/2 de 1 50	3	75	
		» 75			
12°	200	1/2 de 3	»	35	
		1 50			
A reporter............Fr.	95,200	»	184	00	

	CAPITAL de L'ASSURANCE pour CHAQUE RISQUE	TAUX de la PRIME p. %.	MONTANT de la PRIME annuelle.		No de la CATÉGORIE
Report................	93,200	»	184	»	
13° Cent mille francs sur l'ensemble du mobilier industriel existant ou pouvant exister dans les bâtiments A B C F G H I du tracé (1), ci.........	100,000	3 »	300	»	
14° Quinze mille francs sur sucres en fabrication, sirops et mélasses dans les mêmes bâtiments (2), ci....................	15,000	3 »	45	»	
15° Cinquante mille francs sur sucres fabriqués existant ou pouvant exister dans le bâtiment D du tracé (2), ci....................	50,000	{1/2 de 3 / 1 50	75	»	
16° Vingt-cinq mille francs sur noir animal existant ou pouvant exister dans le bâtiment E du tracé (2)....	25,000	» 80	20	»	
17° Trois mille francs sur les appareils de fabrication du gaz dans le bâtiment K du tracé (1), ci....................	3,000	2 »	6	»	
18° Cinq mille francs sur chevaux dans le bâtiment L du tracé (1), ci....	5,000	1 »	5	»	
19° Quatre mille francs sur mobilier industriel de la fabrique de sucre, en réparation dans le bâtiment M du tracé (1), ci	4,000	1 25	5	»	
20° Dix mille francs sur mobilier personnel existant ou pouvant exister dans la maison d'habitation marquée N au tracé. Dans cette somme l'argenterie de table et les bijoux d'or et d'argent sont compris pour 3,000 fr. (1), ci...............	10,000	» 80	8	»	
« L'assuré déclare, et ce sous peine de n'avoir droit, en cas d'incendie, à « aucune indemnité, qu'il ne raffine pas de sucre en pain. »					
Droit de timbre et de répertoire à 0,03 cent. p. 0/00 sur 305,200 fr.			9	20	
TOTAL................*Fr.*	305,200	»	657	20	

L'Assuré déclare que les bâtiments *désignés dans la présente police sont* ______________________ construits } *comme il a été expliqué à chaque article.*
et couverts }

L'Assuré déclare en outre que les bâtiments assurés, ou renfermant les objets assurés, ne sont contigus à aucun des risques mentionnés dans l'art. 7, si ce n'est à ______________________

qu'il n'est exercé dans lesdits bâtiments aucune profession augmentant le risque, si ce n'est celle *déclarée*

et qu'il n'y existe *pas de* marchandises hasardeuses.

L'assurance est faite pour *dix* années *consécutives* à partir de *demain* à midi, sans aucune remise d'année gratuite, moyennant la prime annuelle qui s'élève, y compris les droits de timbre et de répertoire, à *six cent cinquante-sept francs vingt centimes.*

La Compagnie reconnaît avoir reçu comptant :

1° La somme de *six cent quarante-huit francs* ______________________ pour prime de *la première année* ______________________	648	»
2° Pour droit de timbre et de répertoire, à 0,03 c. par 1,000 fr. des capitaux assurés, la somme de *neuf francs vingt centimes*....................	9	20
3° Pour le coût de la Police, la somme de deux francs, ci....................	2	»
4° ______ id. ______ Plaque ______ id. ______ franc , ______ centimes.....	»	»
TOTAL................	659	20

Les conditions imprimées et manuscrites de la présente Police sont ainsi convenues et arrêtées entre les parties, pour être exécutées de bonne foi.

La présente Police annule et remplace celle n° ______________________

Fait double à (3) ______________________ , le (4) ______________________ mil huit cent (5) ______________________
et en troisième expédition, pour être déposée dans les archives de l'Agence.

  L Assuré ,   (6) deux mots rayés nuls.   Pour la Compagnie,
   D....   D..... A.....   L'Agent chargé de pouvoirs,
                           A.....

---

(1) Voir n°s 229 à 237, 251 à 259 des Instructions générales.
(2) Voir n°s 245 à 250, 251 à 259 id. id.
(3) Indiquer le nom du siége de l'Agence.
(4) Indiquer le quantième du mois.

(5) Indiquer l'année.
(6) id. les mots rayés nuls. (Ils doivent être paraphés par l'agent et par l'assuré.)

NOTA. Quoique nous n'ayons pas fait la division du mobilier industriel, art. 13, par espèces, nous engageons MM. les Agents à la faire autant que possible dans les Polices, ainsi que nous en donnons un exemple à l'art. 13 du modèle n° 11.

MODÈLE N° 15.

RENSEIGNEMENTS SPÉCIAUX

Sur Fabrique de sucre sans Raffinerie.

(Nᵒˢ 97, 98 et 255 des Instructions générales.)

(Ce Modèle se rattache à la Police, Modèle n° 14.)

1° Les bâtiments ont-ils été construits originairement pour leur usage actuel ?	*Oui.*
À quelle époque ?	*En 1847.*
Quels sont les matériaux employés dans la construction ?	*Briques, pierres et moellons.*
Quelle est la nature de la couverture ?	*Pannes et ardoises.*
Sont-ils isolés de tous côtés ou cernés par d'autres constructions ?	*Ils sont isolés.*
2° Leurs divisions, agencements et supports intérieurs sont-ils en fer, en bois, en maçonnerie ?	*Les divisions sont en cloisons de briques et les supports intérieurs en bois et en fer.*
3° Les ateliers sont-ils plafonnés, carrelés ou planchéiés, hauts d'étage et spacieux ?	*Plafonnés partout et carrelés au rez-de-chaussée, planchéiés aux étages. Ils sont spacieux, mais bas d'étage.*
4° Le fabricant est-il planteur lui-même, comme *fermier* ou comme *propriétaire*, ou bien s'approvisionne-t-il chez des planteurs voisins ?	*Il est planteur et propriétaire.*
5° Les appareils sont-ils à feu nu ou à la vapeur ?	*À la vapeur.*
De quel combustible fait-on usage ?	*On ne se sert que de charbon de terre.*
6° Par quels moyens les étuves, purgeries et sécheries sont-elles chauffées ; par des poêles, des calorifères ou à la vapeur ?	*À la vapeur.*
Les foyers sont-ils à l'intérieur ou en dehors ?	*Ils sont à l'intérieur.*
7° Ne raffine-t-on point de sucre en pains ?	*Non.*
8° Fait-on usage de cristallisoirs avec étagères, ou bien de formes et pots en fer ?	*De cristallisoirs.*
9° Le mobilier industriel a-t-il été construit neuf pour pour l'établissement, ou acheté d'occasion ? Est-il soigneusement tenu ?	*Il a été construit neuf pour l'établissement, et il est tenu avec soin.*
Le fer domine-t-il dans la construction ?	*Oui.*
10° L'établissement possède-t-il des pompes à incendie ou d'autres moyens de secours ?	*L'Établissement ne possède pas de pompes, mais il y a des seaux à incendie et un gardiennage de nuit.*
Quels secours peut-on espérer du voisinage ?	*On peut espérer de prompts secours de la ville de R..... qui n'est qu'à un kilomètre de distance et qui a une caserne d'infanterie.*
11° Combien l'établissement a-t-il d'étages et par combien d'escaliers sont-ils desservis ?	*Voir la réponse à la légende du tracé.*
Les escaliers sont-ils larges ou étroits, en bois ou en pierres ?	*Les escaliers sont larges. Ils sont en bois.*
12° La Compagnie assure-t-elle déjà une somme quelconque sur cet établissement, dans ses contiguïtés ou dans les voisinages à une distance de moins de 10 mètres ?	*Néant.*
En cas d'affirmative, indiquer exactement les numéros des polices existantes.	

Nota. Les réponses aux questions nᵒˢ 1 à 12 ne sont faites que pour ememple MM. les Agents devront les varier selon les circonstances.

Tracé de l'Établissement à assurer.

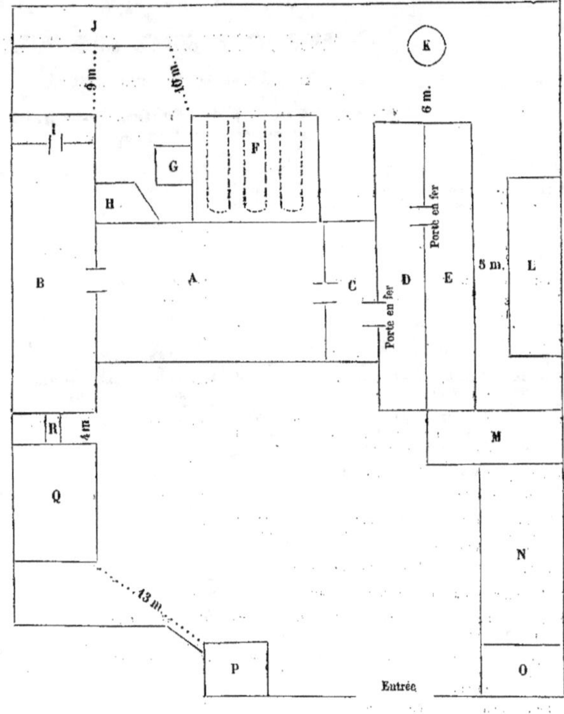

LÉGENDE.

A — Purgeries; — Rez-de-chaussée, deux étages et combles.
B — Défécation, évaporisation et filtres. — Rez-de-chaussée, un étage et greniers.
C — Citernes et presses. — Rez-de-chaussée, et un étage.
D — Magasin au sucre. — Rez-de-chaussée et un étage.
E — Magasin au noir et aux betteraves. — Rez-de-chaussée et un étage.
F — Générateurs. — Rez-de-chaussée.
G — Cheminée.
H — Machine. — Rez-de-chaussée.
I — Lavoir.   Id.
J — Remise.   Id.
K — Gazomètre.
L — Ecurie. — Rez-de-chaussée et greniers.
M — Menuiserie.   Id   id.
N — Habitation. — Rez-de-chaussée, un étage et mansardes.
O — Bureaux. — Rez-de-chaussée.
P — Concierge.   Id.
Q — Logement des ouvriers. — Rez-de-chaussée, un étage et combles.
R — Pont de communication fermé sur les côtés avec porte doublée en tôle à chaque extrémité.

AGENCE

d ______________

MODÈLE N° 16.

Feuille **A.**

RENSEIGNEMENTS CONFIDENTIELS
A annexer aux Propositions d'Assurances aux Usines et Fabriques.

(N°ˢ 97 et 255 des Instructions générales.)

(Ce Modèle se rattache à la Police, Modèle n° 14.)

NOM DU PROPOSANT : M. D..... (Adolphe-Casimir), propriétaire et fabricant de sucre.

NATURE DE L'USINE : Fabrique de Sucre sans Raffinerie.

LIEU DE SA SITUATION : J....., commune de..... canton de.... arrondissement de.....
département de.....

1° Depuis quelle époque l'établissement existe-t-il ?	*Depuis 1847.*
A-t-il déjà éprouvé quelque sinistre ? petit ou grand ? dans ce cas, quelle en a été la cause et qu'en est-il résulté ?	*Il n'a éprouvé aucun sinistre.*
2° Était-il précédemment assuré par une autre Compagnie ? dans ce cas quel est le motif du changement ?	*Il était assuré par la Compagnie* LA CLÉMENTINE, *mais mes relations avec le proposant et ses bonnes dispositions pour les Compagnies à primes fixes l'ont décidé à passer à notre Compagnie.*
3° Le proposant est-il lui-même à la tête des travaux, ou bien sont-ils confiés aux soins de contre-maîtres ou de directeurs ? les uns ou les autres sont-ils soigneux et surveillants ?	*L'Établissement est confié à un contre-maître surveillant et soigneux, et le proposant s'occupe lui-même de la direction générale de l'usine.*
4° L'Établissement marche-t-il bien ? ses produits se vendent-ils facilement et avec avantage ?	*L'Établissement marche bien et les produits s'écoulent facilement.*
5° Quelle est la réputation du proposant ? son crédit est-il bon ? son entreprise paraît-elle proportionnée à sa fortune ou à ses capitaux ?	*Bonne réputation et crédit bien établi. L'entreprise n'est pas au-dessus de la fortune du proposant.*
6° Le proposant est-il aimé de ses ouvriers ? ne passe-t-il pas pour avoir des ennemis ?	*Il est aimé de ses ouvriers. On ne lui connaît pas d'ennemis.*
7° En résumé, si vous étiez assureur pour votre propre compte, regarderiez-vous cette assurance comme bonne ?	*Oui.*
Nous conseillez-vous de la prendre, de la refuser ou de la réduire ?	*Je vous conseille de la prendre en entier.*
8° La Compagnie assure-t-elle déjà une somme quelconque sur cet établissement ou dans ses contiguïtés ?	*Néant.*
En cas d'affirmative, indiquer exactement les numéros des polices existantes.	

NOTA. Les réponses aux questions n°ˢ 1 à 8 ne sont faites que pour exemple ; MM. les Agents devront les varier selon les circonstances.

A   *le*   *18*

L'AGENT-PRINCIPAL,

A...

MODÈLE N° 17.

POLICE

Sur Salle de Spectacle.

CONDITIONS PARTICULIÈRES [1].

La Compagnie assure contre l'Incendie aux conditions générales qui précèdent, et à celles particulières ci-après, à M* R _______________ (Marie-Joseph), *maire de la ville de* L _______________
demeurant à L _______________ département d _______________
agissant *en ladite qualité* _______________
la somme de *deux cent mille francs* _______________
qui s'applique, comme suit, aux objets détaillés ci-après, dont l'assurance a été autorisée par M. le Préfet du département d _______________ le _______________ 185   (2).

	CAPITAL de L'ASSURANCE pour CHAQUE RISQUE	TAUX de la PRIME F. °/₀₀	MONTANT de la PRIME ANNUELLE		NUMÉRO de la CATÉGORIE.
1° *Quatre-vingt mille francs* sur les constructions composant la salle de spectacle de la ville de L.......... Ladite salle est construite en pierres et moellons et couverte en ardoises et en zinc. — Elle est désignée au tracé sous la lettre A (3), ci....................	80,000	6 »	480	»	
2° *Vingt mille francs* sur machines, décorations et accessoires de toute nature (4), ci....................	20,000	6 »	120	»	
3° *Huit mille francs* sur costumes (4), ci....................	8,000	6 »	48	»	
4° *Deux mille francs* sur la bibliothèque, non compris les collections de pièces et partitions (4), ci.................... Les objets art. 2 à 4 ci-dessus existent ou peuvent exister dans les bâtiments de ladite salle de spectacle.	2,000	6 »	12	»	
5° *Trente mille francs* sur un bâtiment désigné au tracé sous la lettre B, élevé sur caves d'un rez-de-chaussée, d'un étage et mansardes, construit en pierres, couvert en ardoises. Les étages sont à usage de simple habitation, et le rez-de-chaussée est occupé par un café-restaurant. Ledit bâtiment est contigu au théâtre avec communication au rez-de-chaussée par une porte en fer donnant sur le grand escalier dudit théâtre (3), ci....................	30,000	1/2 de 6 fr. 3 »	90	»	
6° *Quinze mille francs* sur un bâtiment désigné au tracé sous la lettre C, à usage de magasin de décors, avec atelier, élevé d'un étage sur rez-de-chaussée, construit en pierres, couvert en tuiles. Ledit bâtiment est séparé du théâtre par la rue de R.........., large de 12 mètres, et par le corps de garde (3), ci....................	15,000	1/2 de 6 fr. 3 »	45	»	
7° *Dix mille francs* sur décors de toute nature existant ou pouvant exister dans ledit magasin (4), ci....................	10,000	3 »	30	»	
A *reporter*....................	165,000	» »	825	»	

(1) Voir nᵒˢ 120 à 154 des Instructions générales.

(2) Si l'assurance n'était pas encore autorisée lors de la souscription du contrat, il faudrait envoyer la Police à l'approbation de M. le Préfet.

(3) Voir nᵒˢ 217 à 228 et 261 des Instructions générales et le Tarif des théâtres.

(4) Voir nᵒˢ 229 à 237 et 261 des Instructions générales, le Tarif des théâtres et l'Annexe au Tarif.

	CAPITAL de L'ASSURANCE pour CHAQUE RISQUE	TAUX de la PRIME P. °/₀₀	MONTANT de la PRIME ANNUELLE		NUMÉRO de la CATÉGORIE.
Report..............	165,000	» »	825	»	
8° *Quatre mille francs* sur un petit bâtiment désigné au tracé sous la la lettre D, à usage de corps de garde, composé d'un simple rez-de-chaussée construit en pierres, couvert en tuiles, contigu au théâtre sans communication (1), ci..............	4,000	1 »	4	»	
9° *Mille francs* sur lits, bancs, tables et pompe à incendie dans ledit bâtiment (2), ci..............	1,000	1 »	1	»	
10° *Trente mille francs* sur le recours des voisins dont les bâtiments sont construits et couverts en dur, et chez lesquels il n'existe ni fabrique ni usine (3), ci..............	30,000	» 75	22	50	

CLAUSES DE RIGUEUR : « Il est expressément convenu qu'on ne pourra
« donner, dans une année, plus de cent vingt représentations, bals ou con-
« certs, et que la responsabilité de la Compagnie cessera du moment où ce
« nombre aura été dépassé pendant l'année en cours (4).

« La Compagnie jouira d'une franchise d'avarie fixée à 1 p. °/₀ du capital
« assuré par elle sur les décorations ou objets mobiliers renfermés dans la
« salle de spectacle, art. 1er. Ainsi, en cas d'incendie, si le dommage pour
« la part à sa charge ne s'élève pas au delà de trois cents francs, elle n'aura
« rien à rembourser, et si le dommage, pour sa part, dépasse ladite somme
« de trois cents francs, elle le paiera, toujours sous la déduction du mon-
« tant de ladite franchise d'avarie (4). »

CLAUSES VOLONTAIRES, A INSÉRER SUR LA DEMANDE DES ASSURÉS :
« Moyennant les primes fixées ci-dessus et sans exiger aucun supplément,
« la Compagnie renonce à tout recours contre les directeurs exploitants (4).

« La Compagnie tolère, également sans aucune prime supplémentaire, les
« fêtes ou réceptions que la ville jugera à propos de donner dans ladite
« salle de spectacle (4).

« L'Assuré aura la faculté, en payant, avant la 121e représentation, un
« supplément de prime de 1 p. °/₀₀, de donner jusqu'à 150 représen-
« tations, bals ou concerts(4). »

CLAUSES NON OBLIGATOIRES, MAIS QUI DEVRONT ÊTRE INSÉRÉES, SAUF
AUTORISATION DE LA COMPAGNIE DE PASSER OUTRE : « L'Assuré s'oblige,
« sous peine de n'avoir droit, en cas de sinistre, à aucune indemnité : 1° à
« faire tenir toujours remplis d'eau les réservoirs qui existent dans le théâtre,
« et à conserver en bon état les pompes et appareils de secours qui s'y trou-
« vent ; 2° à faire veiller à la sûreté de la salle un gardien ou portier qui sera
« tenu de faire une ronde chaque soir et immédiatement après chaque re-
« présentation ; 3° à ne permettre aucune représentation ou répétition géné-
« rale, aucuns bals ou concerts sans la présence d'un poste de pompiers.

« L'Agent principal de la Compagnie à L........,...., ainsi que les inspec-
« teurs en fonctions passant par ladite ville, pourront, en tout temps, s'as-
« surer que toutes les précautions sont prises pour prévenir les dangers du
« feu ; en conséquence, ils auront leur entrée personnelle dans la salle et
« sur le théâtre, avant, pendant et après les représentations, toutes les fois
« qu'ils le demanderont. »

Droit de timbre et de répertoire à 0,03 c. p. °/₀₀ sur 200,000 fr., ci....			6	»	
TOTAL..............	200,000	» »	858	50	

(1) Voir nᵒˢ 217 à 228 et 261 des Instructions générales et le Tarif des théâtres.

(2) Voir nᵒˢ 229 à 237 et 261 des Instructions générales, le Tarif des théâtres et l'Annexe au Tarif.

(3) Voir nᵒˢ 291 à 297 des Instructions générales et le Tarif des théâtres.

(4) Voir l'Annexe au Tarif.

L'Assuré déclare que les bâtiments *désignés dans la présente Police sont* ______________ ______________

contruits en *pierres et moellons et* ______________ .

couverts en *tuiles, ardoises et zinc* ______________

L'Assuré déclare en outre que les bâtiments assurés, ou renfermant les objets assurés, *ne sont* contigus à aucun des risques mentionnés dans l'art. 7, si ce n'est à ______________

____

qu'il n'est exercé dans lesdits bâtiments aucune profession augmentant le risque, si ce n'est celle de ______

____

et qu'il n'y existe *pas de* marchandises hasardeuses.

L'assurance est faite pour *six années consécutives* à partir *de demain* ______________

______________ à midi, sans aucune remise d'année gratuite, moyennant la prime annuelle qui s'élève, y compris les droits de timbre et de répertoire, à *huit cent cinquante-huit francs cinquante centimes, que la Compagnie s'engage à faire recevoir annuellement au siège de l'administration du théâtre, étant bien entendu qu'elle accorde à ladite administration les délais qu'exigent la formation du budget et les formalités de la comptabilité.*

La Compagnie reconnaît avoir reçu comptant :

1° La somme de ______________

______________ pour prime de ______________

2° Pour droit de timbre et de répertoire, à 0,03 c. par 1,000 fr. des capitaux assurés, la somme de

____

1° … pour prime de …	»	»
2° … la somme de	»	»
3° Pour le coût de la Police, la somme de deux francs, ci	2	»
4° id. Plaque, id. ______ franc , ______ centimes, ci	»	»
TOTAL.	2	»

Les conditions imprimées et manuscrites de la présente Police sont ainsi convenues et arrêtées entre les parties, pour être exécutées de bonne foi.

La présente Police annule et remplace celle n° ______________

Fait double à (1) ______ , le (2) ______________ mil huit cent (3) ______________

et en troisième expédition, pour être déposée dans les archives de l'Agence .

L'ASSURÉ, ______ (4) mot rayé nul POUR LA COMPAGNIE,

Le Maire, *L'Agent fondé de pouvoirs,*

R. . . . . D. . . . . . .

---

(1) Indiquer le nom du siége de l'Agence.

(2) D° le quantième du mois.

(3) D° l'année.

(4) D° le nombre de mots rayés nuls (ils doivent être paraphés par l'Agent et par l'Assuré).

MODÈLE N° 18.
Renseignements spéciaux sur Théâtre.
(N°ˢ 97, 98 et 255 des Instructions générales.)
(Ce Modèle se rattache à la Police, Modèle n° 17.)

1° Les bâtiments ont-ils été construits originairement pour leur usage actuel?	*Oui.*
A quelle époque?	*En 1820.*
Quels sont les matériaux employés dans la construction?	*Pierres et moellons.*
Quelle est la nature de la couverture?	*Ardoises et zinc.*
2° Quelle est le genre de chauffage dans la salle et et dans les loges des acteurs?	*Poêles dans la salle et cheminées dans les loges des acteurs.*
Les foyers sont-ils soigneusement établis?	*Oui. Des plaques en tôle environnent les poêles, et les cheminées sont établies sur des dalles.*
Quel est le combustible dont on fait usage?	*Bois et charbon de terre.*
3° Quel est le genre d'éclairage?	*Le gaz.*
4° Quel est le nombre des représentations, bals ou concerts?	*Cent vingt.*
5° Le magasin des décors occupe-t-il des bâtiments entièrement séparés de la salle de spectacle ou sont-ils placés sous le même toit ou dans des bâtiments qui y communiquent?	*Il occupe un bâtiment situé à 25 mètres du théâtre.*
Ces magasins renferment-ils des ateliers de peinture?	*Oui.*
6° Y a-t-il des moyens de secours tels que pompes, sceaux et bassin d'eau au-dessus de la scène dans les combles?	*Le théâtre possède une pompe, des sceaux et un bassin d'eau dans les combles.*
L'eau est-elle abondante dans les environs?	*L'eau est abondante dans toute la ville.*
Y a-t-il un gardien ou concierge?	*Il y a un concierge.*
Y a-t-il des pompiers de service pendant les répétitions générales et les représentations?	*Il y a un poste de pompiers en permanence dans le bâtiment D.*
A-t-on soin de faire des rondes après chaque représentation?	*Oui.*
7° Les coulisses et le dessous de la scène sont-ils spacieux et faciles à déblayer?	*Oui. La circulation est aisée partout.*
8° Y a-t-il un rideau de fer entre la scène et la salle?	*Oui.*
Y a-t-il des ouvertures dans les murs qui séparent ces deux parties du théâtre? S'il en existe, comment sont-elles fermées, en fer ou en bois?	*Des ouvertures existent dans les murs qui sont à droite et à gauche du rideau; mais elles sont fermées par des portes en bois recouvertes de tôle.*
9° Quels sont les genres que l'on représente?	*Tous les genres.*
Donne-t-on des représentations à grand spectacle?	*Oui, mais rarement.*
10° Par combien d'escaliers la salle est-elle desservie?	*La salle est desservie par 4 escaliers.*
Sont-ils larges ou étroits, en bois ou en pierre?	*Ils sont suffisamment larges. Deux sont en pierres; les autres sont en bois.*
Les murs de refend s'élèvent-ils au-dessus de la toiture?	*Oui.*
Les bâtiments de la salle sont-ils isolés de tous côtés ou cernés par d'autres constructions?	*Ils sont contigus d'un seul côté à des bâtiments à usage de simple habitation.*
11° La Compagnie assure-t-elle déjà une somme quelconque sur ce théâtre, dans les contiguïtés ou dans les voisinages, à une distance de moins de 10 mètres?	*Oui, dans les contiguïtés.*
En cas d'affirmative, indiquer soigneusement les numéros des Polices en cours.	*Police n°*

Les réponses aux questions n°ˢ 1 à 11 ne sont faites que pour exemple. MM. les Agents devront les varier selon les circonstances.

Tracé des Bâtiments de la Salle de Spectacle à assurer.

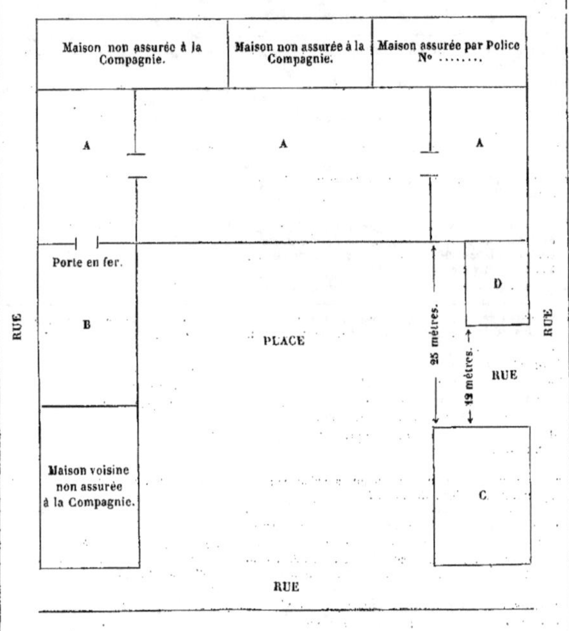

LÉGENDE.

A Salle de spectacle.

B Maison d'habitation et café communiquant avec le théâtre.

C Magasin de décors avec atelier.

D Corps de garde.

MODÈLE N° 19.

POLICE

Sur Bois taillis et Forêts.

CONDITIONS PARTICULIÈRES (1).

La Compagnie assure contre l'Incendie aux conditions générales qui précèdent, et à celles particulières ci-après, à M. G. . . . . . (Frédéric-Joachim), *propriétaire*, ________________

demeurant à B. . . . . . . chef-lieu de canton, arrondissement de ________________

département de ________________ agissant *pour son compte comme propriétaire* ________

la somme de *trois cent quatre-vingt-cinq mille francs* ________________

qui s'applique, comme suit, aux objets détaillés ci-après, savoir :

	CAPITAL de L'ASSURANCE pour CHAQUE RISQUE.	TAUX de la PRIME p. °/₀₀.	MONTANT de la PRIME ANNUELLE		NUMÉRO de la CATÉGORIE
1° *Cinquante mille francs* sur un bois taillis dit le bois de. . . . . situé sur les communes de. . . . . . . canton de. . . . . . . arrondissement de. . . . . département de. . . . . occupant une superficie de 225 hectares d'un seul tenant, essence non résineuse, et principalement chênes et charmes. Ledit bois est aménagé en 15 coupes réglées. Il confronte, du Nord, la route départementale de. . . . . . . Il tient, de l'Est et du Sud, aux bois de. . . . . et de l'Ouest à des champs, ci.	50,000	» 50	25	»	
2° *Trente-sept mille cinq cents francs* sur les baliveaux de tous âges, depuis quinze ans jusqu'à cent-vingt ans, disséminés sur toute la superficie du bois ci-dessus. Lesdits baliveaux sont d'essence chêne et charme, ci...	37,500	» 50	1 8	75	
Il est stipulé : 1° que l'ensouchement est exclu de l'assurance des bois, articles 1 et 2 ci-dessus ; 2° que le repeuplement des souches est compris dans l'assurance des mêmes bois.					
3° *Quatre-vingt-sept mille cinq cents francs* sur le risque du trouble dans l'aménagement du bois faisant l'objet des articles 1 et 2 ci-dessus. Ledit risque ayant pour objet de garantir à M. G. . . . . la perte que lui ferait éprouver le trouble apporté dans l'aménagement de son bois, par suite de coupe prématurée pour cause d'incendie, ci.	87,500	{ 1/2 de 50 » 25	21	85	
4° *Vingt-cinq mille francs* sur un bois taillis dit le bois de. . . . . situé sur la commune de. . . . . . . canton de. . . . . arrondissement de. . . . . département de. . . . . occupant une superficie de 40 hectares, 22 ares, d'un seul tenant, essence chêne et hêtre. Ledit taillis, sans aménagement, est coupé tous les vingt-cinq ans, et compte aujourd'hui vingt ans. Il est entouré de toutes parts par des champs et des chemins vicinaux	25,000	» 50	12	50	
5° *Vingt-cinq mille francs* sur les baliveaux de tous âges, depuis vingt ans jusqu'à deux cents ans, disséminés sur toute la superficie du bois ci-dessus. Lesdits baliveaux sont d'essence chêne et hêtre, ci.	25,000	» 50	12	50	
Il est bien entendu que l'ensouchement et le repeuplement des souches ne sont pas compris dans l'assurance des articles 4 et 5 ci-dessus.					
6° *Quatre-vingt mille francs* sur une forêt de haute futaie, dite la forêt de. . . . . située sur la commune de. . . . . canton et arrondissement de. . . . . département de. . . . . occupant une superficie de 110 hectares d'un seul tenant, essence non résineuse, et principalement chênes, charmes et bouleaux. Ladite forêt est âgée aujourd'hui de quarante-cinq ans. Elle confronte, de l'Est, les bois de. . . . . dont elle est séparée par la route communale, large de huit mètres ; elle tient, du midi, de l'ouest et du nord, à des champs et à des terrains vagues. Ladite forêt est figurée au tracé sous la lettre A....	80,000	» 30	24	»	
Il est stipulé : 1° que l'ensouchement est exclu de l'assurance ; 2° que le risque de repeuplement des souches est compris dans ladite assurance.					
A reporter.	305,000		114	60	

(1) Voir N°ˢ 262 à 277 des Instructions Générales, et l'Annexe au Tarif.

	CAPITAL de L'ASSURANCE pour CHAQUE RISQUE.	TAUX de la PRIME p. °/oo.	MONTANT de la PRIME ANNUELLE		NUMÉRO de la CATÉGORIE
Report................	305,000	»	114	60	

« 1° L'Assuré est tenu de faire connaître immédiatement tout change-
« ment qu'il opérerait dans l'âge de l'aménagement déclaré, auquel cas
« la Compagnie se réserve la faculté de résilier la Police.

« 2° En cas de sinistre, les experts prendront pour base de leur estima-
« tion des taillis faisant l'objet des articles 1 et 4, le prix des ventes ou des
« exploitations régulières, prix qu'ils ramèneront au cours du jour, s'il
« s'en écarte. A défaut de ventes ou d'exploitation régulières, ils estimeront
« les taillis comme s'ils avaient atteint l'âge usuel de la coupe.

« L'une ou l'autre de ces données sera divisée par le nombre d'années
« que forme l'aménagement, afin d'obtenir le prix d'un hectare par année,
« lequel prix sera appliqué à la contenance incendiée.

« 3° Relativement à l'assurance des articles 1, 2 et 6, il est stipulé que
« le repeuplement des souches mortes par l'effet du feu sera calculé à
« raison de deux plants par chacune, plantés dans les intervalles, suivant
« l'usage, et sans déracinement desdites souches.

« 4° Relativement à l'assurance de l'article 3, il est stipulé que pour
« établir la perte que l'incendie pourra causer par le trouble dans l'amé-
« nagement du taillis, les experts admettront le même prix qu'ils ont
« établi, comme il est dit ci-dessus, pour l'hectare, quand il a sa pleine
« croissance ; puis ils déduiront de ce prix :

« Premièrement, l'indemnité déjà fixée pour la perte sur les taillis ; —
« secondement, la valeur que le nouveau recru acquerra jusqu'à l'époque
« de la coupe ordinaire, moins les frais de recépage.

« La somme qui restera, ces défalcations faites, formera le dommage.

« 5° Relativement aux articles 4 et 5, il est stipulé que la Compagnie
« ne garantit pas le trouble occasionné par l'incendie dans l'aménagement.

« 6° Pour évaluer le dommage sur les baliveaux, articles 2 et 5, les
« experts constateront :

« Premièrement, l'âge moyen auquel les arbres sont exploités ;

« Deuxièmement, l'âge et la valeur totale, par chaque âge, de tous les
« arbres endommagés, comme s'ils étaient arrivés, sans être frappés par
« le feu, à l'époque d'exploitation précitée ;

« Troisièmement, enfin la valeur dépréciée, et aussi totalisée par âge,
« que ces mêmes arbres pourront présenter à cette même époque.

« Le dommage résultera de la différence de ces deux appréciations.

« 7° En cas de désaccord des parties sur la fixation du dommage, pour
« les arbres, les souches et le trouble dans l'aménagement, le règlement
« définitif n'aura lieu qu'au mois de septembre de l'année qui suivra immé-
« diatement celle du sinistre.

« 8° Suivant les méthodes d'évaluation susmentionnées pour les taillis,
« les baliveaux et le trouble dans l'aménagement, le dommage est calculé
« comme si les bois de ces trois catégories avaient atteint l'âge parfait
« d'exploitation, époque à laquelle l'Assuré peut seulement, dans l'ordre
« ordinaire, en toucher le prix. Mais l'indemnité étant payée comptant, ce
« dommage, si les bois incendiés n'ont pas leur entière croissance, sera
« préalablement dégrevé par un escompte de 4 p. 100 par an, que la Com-
« pagnie opérera pour autant d'années qu'il fallait encore à chaque objet
« endommagé pour parfaire l'âge régulier de l'exploitation. »

7° *Vingt-cinq mille francs* sur recours des voisins, en raison du dommage
qu'un incendie prenant naissance dans le bois assuré par les articles 1 et 2
pourrait occasionner au bois taillis de.............. auquel il est
contigu. Ce dernier bois est d'essence chêne et charme, et est aménagé en
dix coupes réglées. Ladite somme de 25,000 francs se répartit comme suit :
12,500 fr. sur le bois taillis et 12,500 sur les baliveaux, ci..............

| | 25,000 | » 20 | 5 | » | |

Il est expliqué que l'ensouchement est exclu de l'assurance, mais que le
repeuplement des souches y est compris.

8° *Vingt-cinq mille francs* sur recours des voisins, applicables au risque
du trouble dans l'aménagement, en raison du dommage que ferait éprouver
au voisin le trouble apporté dans l'aménagement de son bois, par suite
de coupe prématurée pour cause d'incendie qui, prenant naissance dans
le bois assuré par les articles 1 et 2, se communiquerait au bois voisin
relaté en l'article 7 ci-dessus, ci..............

| | 25,000 | 1,2 de 20
» 10 | 2 | 50 | |

9° *Trente mille francs* sur recours des voisins, en raison du dommage
qu'un incendie prenant naissance dans la forêt assurée par l'article 6, pourrait occasionner à la forêt de.............. dont elle est voisine.
Cette dernière est d'essence chêne, charme et bouleau, et est âgée de 60 ans, ci.

| | 30,000 | » 20 | 6 | » | |

Il est bien entendu que les clauses nos 2, 3, 6, 7 et 8 sus-insérées s'appliquent à l'art. 7 ci-dessus ; celle nos 4, 7 et 8 à l'art. 8, et celles nos 3 et 7 à l'art. 9.

Droit de timbre et de répertoire à 0,03 c. pour 1,000 sur 385,000 fr., ci...

| | » | » | 11 | 55 | |
| TOTAL...................... | 385,000 | | 139 | 65 | |

L'Assuré ⎯⎯ déclare ⎯⎯ que le ⎯⎯ bâtiment ⎯⎯⎯⎯⎯⎯⎯⎯⎯⎯⎯⎯⎯⎯⎯⎯⎯

construit ⎯⎯ en ⎯⎯⎯⎯⎯⎯⎯⎯⎯⎯⎯⎯⎯⎯⎯⎯⎯⎯⎯⎯⎯⎯⎯⎯⎯⎯⎯⎯⎯⎯⎯⎯

couvert ⎯⎯ en ⎯⎯⎯⎯⎯⎯⎯⎯⎯⎯⎯⎯⎯⎯⎯⎯⎯⎯⎯⎯⎯⎯⎯⎯⎯⎯⎯⎯⎯⎯⎯⎯

L ⎯⎯ Assuré ⎯⎯ déclare ⎯⎯ en outre que l ⎯⎯ bâtiment ⎯⎯ assuré ⎯⎯ ou renfermant les objets assurés, n ⎯⎯ contigu ⎯⎯ à aucun des risques mentionnés dans l'article 7, si ce n'est à ⎯⎯⎯⎯⎯⎯⎯⎯⎯⎯⎯⎯⎯

qu'il n'est exercé dans le ⎯⎯ dit ⎯⎯ bâtiment ⎯⎯ aucune profession augmentant le risque, si ce n'est celle de ⎯⎯

et qu'il ⎯⎯ y existe ⎯⎯⎯⎯⎯⎯ marchandises hasardeuses. ⎯⎯⎯⎯⎯⎯⎯⎯⎯

L'assurance est faite pour *sept années consécutives*, à partir de *demain* ⎯⎯⎯⎯⎯⎯⎯⎯⎯⎯ à midi, sans aucune remise d'année gratuite, moyennant la prime annuelle qui s'élève, y compris les droits de timbre et de répertoire à la somme de *cent trente-neuf francs soixante-cinq centimes,* ⎯⎯⎯⎯⎯⎯⎯⎯⎯⎯⎯⎯⎯⎯⎯⎯⎯⎯⎯⎯⎯⎯⎯⎯⎯⎯⎯⎯

La Compagnie reconnaît avoir reçu comptant :

1° La somme de *cent vingt-huit francs dix centimes* ⎯⎯⎯⎯⎯⎯⎯⎯⎯⎯ pour prime de *la première année*, ci.	128	10
2° Pour droit de timbre et de répertoire, à 0,03 c. p. 1,000 fr. des capitaux assurés, la somme de *onze francs cinquante-cinq centimes*, ci.	11	55
3° Pour le coût de la Police, la somme de *deux francs*, ci.	2	»
4° Pour le coût de la Plaque, la somme de ⎯⎯⎯ francs ⎯⎯⎯ centimes, ci. . .		
TOTAL.	141	65

Les conditions imprimées et manuscrites de la présente Police sont ainsi convenues et arrêtées entre les parties, pour être exécutées de bonne foi.

La présente Police annule et remplace celle n° ⎯⎯⎯⎯⎯⎯⎯⎯⎯⎯⎯⎯⎯⎯

Fait double à (1) ⎯⎯⎯⎯⎯⎯ le (2) ⎯⎯⎯⎯⎯⎯ mil huit cent (3) ⎯⎯⎯⎯

et en troisième expédition, pour être déposée dans les archives de l'Agence.

L'ASSURÉ, ⎯⎯⎯⎯⎯ (4) mot ⎯⎯ rayé ⎯⎯ nul ⎯⎯

G. . . . . .

POUR LA COMPAGNIE,

L'Agent fondé de Pouvoirs,

P. . . . .

---

(1) Indiquer le nom du siége de l'Agence.
(2) Indiquer le quantième du mois.
(3) Indiquer l'année.

(4) Indiquer le nombre de mots rayés nuls. — Ils doivent être paraphés par l'Agent et par l'Assuré.

MODÈLE N° 20.

Renseignements spéciaux sur Bois taillis et Forêts.

(N°s 97, 98 et 255 des Instructions générales.)

(Ce Modèle se rattache à la Police, Modèle n° 19.)

1° Depuis combien de temps les bois à assurer appartiennent-ils au propriétaire actuel ?	*Depuis quinze ans.*
2° Les bois à assurer ont-ils éprouvé des sinistres anciens ou récents, faibles ou importants ?	*Aucun sinistre depuis quinze ans.*
3° Quelles sont les dispositions des populations voisines à l'égard du propriétaire ?	*Le propriétaire est aimé des populations voisines.*
4° Le propriétaire se montre-t-il sévère au sujet des approvisionnements que pratiquent d'ordinaire les familles peu aisées ?	*Non ; il est bon et charitable.*
5° Le propriétaire ne passe-t-il point pour avoir des ennemis ? Ne s'est-il point exposé à des actes de haine ou de vengeance ?	*On ne lui connait pas d'ennemis.*
6° Les bois à assurer sont-ils assujétis à des droits d'approvisionnement ?	*Non.*
7° Y pratique-t-on l'écobuage ?	*Non.*
8° Y existe-t-il des charbonnières ? Sont-elles disposées sur une place spacieuse et éloignées des broussailles et bruyères ? Sont-elles exploitées clandestinement ou bien avec l'autorisation du propriétaire ?	*Oui, dans la forêt article 6 de la police, mais elles sont placées au centre d'une clairière de quarante mètres de diamètre.* *Elles sont exploitées avec l'autorisation du propriétaire.*
9° Y fait-on pacager les bestiaux ? A quel âge des bois les mène-t-on ? Les bergers allument-ils du feu dans les bois ?	*Oui.* *Après cinq ans.* *Non ; défense leur en est faite.*
10° Y existe-t-il des loges de sabotiers ? Comment sont-elles construites et disposées ?	*Néant.*
11° Les bois à assurer sont-ils contigus à d'autres bois, en sont-ils rapprochés ou sont-ils entourés de champs ?	*Ils sont entourés de bois et de champs, comme il a été dit dans la Police.*
12° En cas de rapprochement, quelle est la distance qui existe entre les taillis ou les futaies à assurer et ceux non assurés ou assurés par notre Compagnie ?	*Les distances sont indiquées dans la Police.*
13° A quelle distance sont placées les habitations les plus rapprochées, et quelles sont leurs constructions et couvertures ?	*Il n'y a pas d'habitations voisines.*
14° La Compagnie assure-t-elle déjà une somme quelconque sur ces bois ou sur ceux qui les environnent et sur des maisons rapprochées ? En cas d'affirmative, indiquer exactement les numéros des polices existantes.	*Néant.*

NOTA. — Les réponses aux questions n°s 1 à 14 ne sont faites que pour exemple. Messieurs les Agents devront les varier selon les circonstances.

Tracé des Bois et Forêts à assurer.

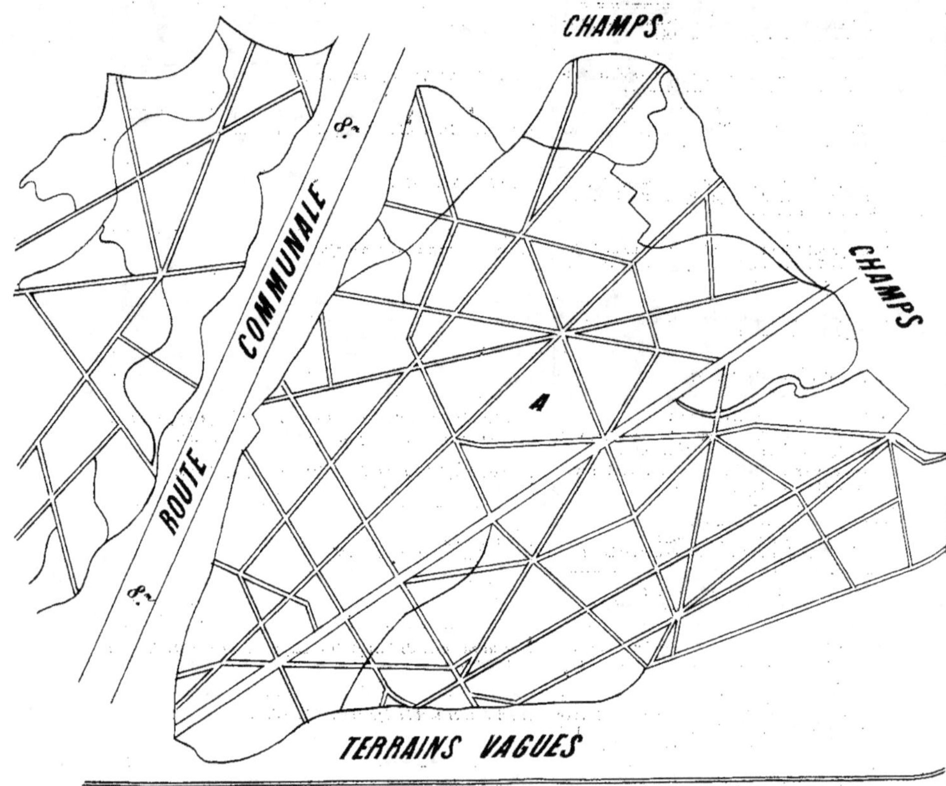

LÉGENDE.

A Forêt relatée à l'article 6 de la Police (Modèle N° 19.)

MODÈLE N° 24.

(N° 143 des Instructions générales.)

TABLE D'ESCOMPTE

Destinée à établir les Sommes à recevoir comptant pour les Primes payées, par anticipation, sous déduction de l'escompte de 5 p. 100 accordé par la Compagnie.

PRIME ANNUELLE.	SOMMES A RECEVOIR COMPTANT POUR LE MONTANT DES PRIMES TOTALES D'UNE ASSURANCE DE										
	2 ANS	3 ANS	4 ANS	5 ANS	6 ANS (1)	7 ANS	8 ANS	9 ANS	10 ANS	11 ANS	12 ANS (2)
0 50	» 95	1 45	1 85	2 25	2 50	3 05	3 40	3 75	4 05	4 35	5 »
1 »	1 95	2 85	3 70	4 55	5 »	6 05	6 80	7 45	8 10	8 70	10 »
2 »	3 90	5 70	7 40	9 10	10 »	12 10	13 60	14 90	16 20	17 40	20 »
3 »	5 85	8 55	11 10	13 65	15 »	18 15	20 40	22 35	24 30	26 10	30 »
4 »	7 80	11 40	14 80	18 20	20 »	24 20	27 20	29 80	32 40	34 80	40 »
5 »	9 75	14 25	18 50	22 75	25 »	30 25	34 »	37 25	40 50	43 50	50 »
6 »	11 70	17 10	22 20	27 30	30 »	36 30	40 80	44 70	48 60	52 20	60 »
7 »	13 65	19 95	25 90	31 85	35 »	42 35	47 60	52 15	56 70	60 90	70 »
8 »	15 60	22 80	29 60	36 40	40 »	48 40	54 40	59 60	64 80	69 60	80 »
9 »	17 55	25 65	33 30	40 95	45 »	54 45	61 20	67 05	72 90	78 30	90 »
10 »	19 50	28 50	37 »	45 50	50 »	60 50	68 »	74 50	81 »	87 »	100 »

(1) (2) Les Primes de ces deux colonnes ont été calculées conformément aux Instructions qui, en cas d'escompte, accordent la remise à l'Assuré d'une année sur six. (Voir INSTRUCTIONS GÉNÉRALES n° 143.)

INSTRUCTIONS SUR L'APPLICATION DE LA TABLE D'ESCOMPTE.

Les calculs de cette table sont établis de 50 centimes à 10 francs, et pour les Polices d'une durée de douze années, terme fixé par la Compagnie pour la plus longue échéance à donner à ses contrats.

Au moyen du système décimal elle est d'une application facile pour déterminer les sommes à payer, par les assurés, sous bénéfice de l'escompte qui leur est accordé.

Premier exemple : Un Assuré veut escompter, pour toute la durée de l'assurance, une Police dont la prime annuelle est de 15 francs et la durée de sept ans.

Le chiffre 15 n'étant pas dans la table, vous le décomposez comme suit :

FR.	C.		FR.	C.
10	»	Vous cherchez, dans la colonne intitulée *Prime annuelle*, le chiffre... et vous suivez jusqu'à la colonne intitulée *7 ans*, où vous trouvez pour produit de 10 fr. escomptés jusqu'à cette période......................	60	50
5	»	Vous cherchez ensuite, dans la colonne intitulée *Prime annuelle*, le chiffre et vous suivez jusqu'à la colonne intitulée *7 ans*, où vous trouvez......	30	25
15	»	L'addition vous donne, d'un côté la Prime annuelle.................. et de l'autre, la somme à payer par l'Assuré, escompte déduit..........	90	75

Deuxième exemple : Un Assuré veut escompter, pour toute la durée de l'assurance, une Police dont la prime annuelle est de 327 fr. 10 c. et la durée de 10 ans.

320	»	Vous cherchez, dans la première colonne, le chiffre 10, et vous suivez jusqu'à la colonne intitulée *10 ans*, où vous trouvez 81 fr. ; en multipliant ce chiffre par 32, vous aurez la prime de........................... escomptée pour 10 ans, soit................................	2,592	»
5	»	Vous cherchez, dans la première colonne, le chiffre.................. et vous suivez jusqu'à la colonne intitulée *10 ans*, où vous trouvez......	40	50
2	»	Vous cherchez, dans la première colonne, le chiffre.................. et vous suivez jusqu'à la colonne intitulée *10 ans*, où vous trouvez......	16	20
0	10	Enfin, vous cherchez, dans la première colonne, le chiffre 50 c., et vous suivez jusqu'à la colonne intitulée *10 ans*, où vous trouvez 4 fr. 05 c.; en divisant cette somme par 5 vous avez la Prime de...................... escomptée pour 10 ans, soit................................	»	80
327	10	L'addition vous donne d'un côté la Prime annuelle de.............. et de l'autre la somme à payer par l'Assuré, escompte déduit..........	2,649	50

MODÈLE N° 22.

AVENANT D'ORDRE

COMPAGNIE D'ASSURANCES GÉNÉRALES

CONTRE L'INCENDIE

Autorisée par Ordonnanances des 14 Février 1819 et 6 Avril 1848

Établie à Paris, rue de Richelieu, 87.

Avenant Nᵒ (1)

à la Police n° ___________ *datée d* _________________

le _________________ *mil huit cent* _____________

M. T..... (Adolphe), Épicier, souscripteur de la Police susindiquée, déclare, ce jour, à la Compagnie, avoir vendu à M. C..... (Jean-Baptiste), qui lui succède dans son commerce, les Marchandises assurées par l'article 1ᵉʳ de ladite Police.

La Compagnie donne acte de cette déclaration, décharge M. T..... des obligations relatives au contrat par lui souscrit, et consent à continuer au profit de M. C..... l'assurance tant des marchandises susrelatées que des risques locatifs et recours des voisins faisant l'objet des articles 2 et 3 de la même Police.

M. C..... intervenant accepte les clauses et conditions tant générales que particulières de la Police précitée, dont il déclare avoir reçu un exemplaire, et s'oblige, notamment, à acquiter le.......... de chacune des années 18.. à 18.. le montant de la prime annuelle s'élevant à F........ y compris les droits de timbre et de répertoire.

T. S. V. I.

Le présent Avenant restera annexé à la Police ci-dessus relatée. et, à dater de ce jour, aura la même force que s'il en faisait partie.

Fait double à _______________ **le** _______________ **mil huit cent** _______________

et en troisième expédition, pour être déposée dans les archives de l'Agence.

Pour la Compagnie,

L'ASSURÉ, LE CÉDANT, L'AGENT FONDÉ DE POUVOIRS,

C. . . . . T. . . . . M. . . . .

NOTA. Pour la définition de l'Avenant, sa rédaction et son inscription au registre et au bordereau des souscriptions, voir les nos 155 à 183, 363 à 369 des Instructions générales.

AGENCE

d __________________

MODÈLE N° 22ᵐᵉ.

AVENANT D'ORDRE

COMPAGNIE D'ASSURANCES GÉNÉRALES
CONTRE L'INCENDIE
Autorisée par Ordonnances des 14 Février 1819 et 6 Avril 1848

Établie à Paris, rue de Richelieu, 87.

Avenant N° (1)

à la Police n° __________ datée d __________

le ______________________ mil huit cent __________

MUTATION DE PROPRIÉTÉ PAR DÉCÈS,
TRANSPERT DE L'ASSURANCE.

M. B..... (Édouard), Propriétaire demeurant à ....., commune de .....,
canton de ....., département de ....., ayant déclaré que M. D....., son
oncle, souscripteur de la Police susindiquée est décédé et qu'il est devenu, en
sa qualité d'héritier, propriétaire des objets assurés par ladite Police, la
Compagnie lui donne acte de cette déclaration et consent à continuer l'assurance au profit dudit sieur B....., lequel accepte toutes les clauses et
conditions, tant générales que particulières, de ladite Police, et s'engage,
notamment, à payer le montant de la prime annuelle le .... de ....
chacune des années 18.. à 18..

T. S. V. P.

Le présent Avenant restera annexé à la Police ci-dessus relatée, et, à dater de ce jour, aura la même force que s'il en faisait partie.

Fait double à _____________ *le* _____________ *mil huit cent* _____________

et en troisième expédition, pour être déposée dans les archives de l'Agence.

Pour la Compagnie,

L'ASSURÉ.

L'AGENT FONDÉ DE POUVOIRS,

ℬ. . . . .

𝒶. . . . .

MODÈLE N° 23

AVENANT D'ORDRE

COMPAGNIE D'ASSURANCES GÉNÉRALES
CONTRE L'INCENDIE

Autorisée par Ordonnances des 14 Février 1819 et 6 Avril 1848

Établie à Paris, rue de Richelieu, n° 87.

AGENCE

d ________________

(1) Donner aux Avenants un numéro d'ordre particulier, qui formera une série indépendante de celle des Polices et les inscrire
sur le cadre qui leur est destiné dans la
deuxième partie du Registre des souscriptions.

Cet imprimé ne doit être employé que
pour les déclarations d'ordre qui ne modifient *en aucune manière* ni les capitaux, ni
les primes de la police primitive.

Avenant n° (1) ________

à la Police N° ________ *datée d* ________________
le ________________ *mil huit cent* ________

Mutation de lieu.

Pour se conformer aux dispositions de l'article 7 des Conditions générales
de la Police, M. J....... (Charles) déclare qu'il a transporté les objets assurés
par l'article 1er de ladite Police dans un bâtiment sis même ville, rue........
n°..... au 1er étage; que ce bâtiment est construit en pierres, couvert en
tuiles; qu'il n'y est exercé aucune profession augmentant les risques, qu'il
ne renferme pas de marchandises hasardeuses, et qu'il n'est contigu à aucun
des risques mentionnés à l'article 7 des Conditions générales de la même
Police.

La Compagnie lui donne acte de cette déclaration, et consent à continuer,
dans la localité susdite, l'Assurance des objets mobiliers sus-relatés, ainsi que
celle des risque locatif et recours des voisins faisant l'objet des articles 2 et 3,
et ce, aux mêmes primes, clauses et conditions.

NOTA. Une expédition de cet Avenant devra être adressée à la Compagnie avec le bordereau mensuel pour être jointe à la Police
déposée dans ses archives.

M• N° 10. I.

Le présent Avenant restera annexé à la Police ci-dessus relatée, et, à dater de ce jour, aura la même force que s'il en faisait partie.

Fait double à _____________________ *le* _____________________ *mil huit cent*_____________

et en troisième expédition, pour être déposée dans les archives de l'Agence.

Pour la Compagnie,

L'ASSURÉ,   L'AGENT FONDÉ DE POUVOIRS.

J.   R.

NOTA. — Pour la définition de l'Avenant, sa rédaction et son inscription au Registre et au Bordereau des souscriptions, voir les n⁰ˢ 155 à 183, 363 à 369 des Instructions générales.

AGENCE

d __________________________

(1) Donner aux avenants un numéro d'ordre particulier, qui formera une série indépendante de celle des Polices.

Les Avenants, soit d'augmentation, soit de réduction, donnent lieu, pour la régularité des écritures, à une double inscription.

Ceux d'augmentation :
1° Dans la deuxième partie du registre des souscriptions (Inscription journalière des Avenants), et dans l'ordre de leurs numéros de série.
2° Dans la première partie du registre des souscriptions (Inscription journalière des Assurances souscrites), et dans l'ordre de leurs dates.

Ceux de réduction :
1° Dans la deuxième partie du registre des souscriptions (Inscription journalière des Avenants), et dans l'ordre de leurs numéros de série.
2° Dans la deuxième partie du registre de comptabilité (Inscription journalière des résiliements), et dans l'ordre de leurs dates.

Pour les Avenants qui contiennent à la fois augmentations et réductions, ne jamais passer écritures par compensations, mais bien suivre les règles qui précèdent, en passant, à part, les écritures auxquelles donneront lieu, chacune de son côté, les augmentations et les réductions.

Le présent Avenant ne devra être employé que pour constater une augmentation ou une réduction.

1° Durée de l'Avenant : *9 ans.*

2° Augmentation de capital. F. » »
   Id. de prime annuelle. F. 6 75
   Id.   Id.   comptant. F. 6 75

3° Réduction de capital..... F. » »
   Id. de prime annuelle. F. » »
   Ristourne............... F. » »

NOTA Une expédition de cet Avenant devra être adressée à la Compagnie avec le bordereau mensuel pour être jointe à la Police déposée dans ses archives.

Me N° 11, 1.

AVENANT D'AUGMENTATION OU DE RÉDUCTION

Fausse application du Tarif, Augmentation de Prime

COMPAGNIE D'ASSURANCES GÉNÉRALES
CONTRE L'INCENDIE

Autorisée par Ordonnances des 14 Février 1819 et 6 Avril 1848

Établie à Paris, rue de Richelieu, n° 87.

Avenant n° [1] __________

à la Police N° __________ datée d __________________

le __________________________ mil huit cent __________

Les objets désignés aux articles un et deux de la Police sus-relatée, ayant été assurés à une prime inférieure à celle du Tarif, en raison de la profession de boulanger exercée dans la maison article 1er et occupant plus du quart de l'immeuble, il a été convenu entre la Compagnie et M. G........ que les primes desdits articles seraient rectifiées comme suit :

1° Le taux de 0,30 c. 0/00 appliqué au bâtiment article 1er, est élevé à 0,60 c. 0/00, soit une augmentation de 0,30 c. 0/00 sur fr. 10,000, ci.. | 3 | »

2° Le taux de 0,75 c. 0/00 appliqué aux objets mobiliers assurés par l'article 2 est élevé à 1.50 0/00, soit une augmentation de 0,75 c. 0/00 sur fr. 5,000, ci.................................. | 3 | 75

Total de l'augmentation de prime..... | 6 | 75

Les autres articles de la Police ne subissent aucune modification.

En conséquence la prime annuelle, qui était de Fr. 15,35 (Droit de timbre et de répertoire compris), est élevée à vingt-deux francs dix centimes que l'assuré s'engage à payer le.................. de chacune des années 18... à 18.........

La Compagnie reconnaît avoir reçu comptant la somme de six francs soixante-quinze centimes pour prime supplémentaire de l'année courante.

T. S. V. P.

A ajouter à la prime annuelle le droit de Timbre et de Répertoire à 0,03 c. 0/00 sur Fr. ________
provenant de l'augmentation, ci. . . . . »   »

A déduire   id.   id.   le droit de Timbre et de Répertoire à 0,03 c. 0/00 sur Fr. ________
provenant de la réduction, ci . . . . »   »

Le présent Avenant est fait pour la durée de ________________________________ à partir
de ________________________ à midi et restera annexé à la Police ci-dessus relatée pour servir,
conjointement avec elle, à régler les droits respectifs des parties.

Fait double à ________________ *le* ________________ *mil huit cent* ________
et en troisième expédition, pour être déposée dans les archives de l'Agence.

Pour la Compagnie,

L'ASSURÉ,   L'AGENT FONDÉ DE POUVOIRS,

G. . . . .   P. . . . .

Nota. — Pour la définition de l'Avenant, sa rédaction et son inscription au Registre et au Bordereau des souscriptions, voir les nᵒˢ 155 à 183, 363 à 369 des Instructions générales.

AGENCE

d ________________________

1° Donner aux Avenants un numéro d'ordre particulier, qui formera une série indépendante de celle des Polices.
Les Avenants, soit d'augmentation soit de réduction, donnent lieu, pour la régularité des écritures, à une double inscription.

Ceux d'augmentation :
1° Dans la deuxième partie du Registre des Souscriptions (inscription journalière des Avenants) et dans l'ordre de leurs numéros de série.
2° Dans la première partie du Registre des Souscriptions (inscription journalière des assurances souscrites) et dans l'ordre de leurs dates.

Ceux de réduction :
1° Dans la deuxième partie du Registre des Souscriptions (inscription journalière des Avenants) et dans l'ordre de leurs numéros de série.
2° Dans la deuxième partie du Registre de Comptabilité (inscription journalière des résiliements) et dans l'ordre de leurs dates.
Pour les Avenants qui contiendront à la fois augmentations et réductions, ne jamais passer écritures par compensations, mais bien suivre les règles qui précèdent en passant, à part, les écritures auxquelles donneront lieu, chacune de son côté, les augmentations et les réductions.

Le présent Avenant ne devra être employé que pour constater une augmentation ou une réduction.

MODÈLE N° 25.

AVENANT D'AUGMENTATION OU DE RÉDUCTION.

Aggravation de Risque par introduction de marchandises hasardeuses.

COMPAGNIE D'ASSURANCES GÉNÉRALES

CONTRE L'INCENDIE,

Autorisée par Ordonnances des 14 Février 1819 et 6 Avril 1848,

Établie à Paris, rue de Richelieu, 87.

(1)
Avenant n° ________

à la Police N° ____________ *datée d* ________________

le ________________________ *mil huit cent* __________

1° Durée de l'Avenant : *4 ans 9 mois.*

2° Augmentation de capital. F. » »

D° de prime annuelle. F. 8 85

D° d° comptant. F. 6 65

3° Réduction de capital..... F. » »

D° de prime annuelle. F. » »

Ristourne............ .... F. » »

M. L..... (AUGUSTE-ANDRÉ), souscripteur de la Police sus-indiquée, déclare à la Compagnie que les caves et le rez-de-chaussée de la maison assurée par l'art. 5 de ladite Police servent actuellement de magasins d'huiles.

La Compagnie donne acte à M. L..... de cette déclaration et consent à continuer l'assurance moyennant les suppléments de prime ci-après :

1° Le taux de 40 c. p. 0/00, appliqué à la susdite maison, est porté à 0,75 c. p. 0/00, soit une augmentation de 0,35 c. p. 0/00 sur 15,000 fr., ci..	5	25
2° Le taux de 0,80 c. p. 0/00, appliqué au mobilier personnel renfermé dans ladite maison et assuré par l'art. 6, est porté à 1 fr. 25 p. 0/00, soit une augmentation de 0,45 c. p. 0/00 sur 8,000 fr., ci...	3	60
TOTAL de l'augmentation de prime....F.	8	85

Les autres articles de la Police ne subissent aucune modification.

En conséquence, la prime annuelle, qui était de 28 fr. 50 c. (droit de Timbre et de Répertoire compris), est élevée à trente-sept francs trente-cinq centimes que l'assuré s'oblige à payer le....... de chacune des années 18..... à .18.......

La Compagnie reconnaît avoir reçu comptant la somme de six francs soixante-cinq centimes pour prime supplémentaire de neuf mois restant à courir de la présente année.

Mᶜ N° 11, 1.

T. S. V. P.

A ajouter à la Prime annuelle le droit de timbre et de répertoire à 0,03 c. 0/00 sur la somme de F. » », provenant de l'augmentation, ci ....

A déduire de la prime annuelle le droit de timbre et de répertoire à 0,03 c. 0/00 sur la somme de F. » », provenant de la réduction, ci ....

Le présent Avenant est fait pour la durée de ________________________________ à partir de ________________________________ à midi, et restera annexé à la Police ci-dessus relatée, pour servir, conjointement avec elle, à régler les droits respectifs des parties.

Fait double à ________________ le ________________ mil huit cent ________________ et en troisième expédition, pour être déposée dans les archives de l'Agence.

Pour la Compagnie,

L'Assuré, L'Agent fondé de pouvoirs,

L......... D.........

Nota. Pour la définition de l'Avenant, sa rédaction et son inscription au Registre et au Bordereau des Souscriptions, voir les Nᵒˢ 155 à 183, 363 à 369 des Instructions générales.

1° Durée de l'Avenant : *6 ans 3 mois.*

2° Augmentation de capital . F. 15,000
  D° de prime annuelle. F. 45 45
  D° d° comptant. F. 11 70

3° Réduction de capital... F. » »
  D° de prime annuelle. F. 75 »
  Ristourne...................... F. 18 75

MODÈLE N° 26.

AVENANT D'AUGMENTATION OU DE RÉDUCTION.

Amélioration de Risque. — Augmentation de Capital. Réduction de Prime.

COMPAGNIE D'ASSURANCES GÉNÉRALES

CONTRE L'INCENDIE,

Autorisée par Ordonnances des 14 Février 1819 et 6 Avril 1848,

Établie à Paris, rue de Richelieu, 87.

Avenant n° [1] ________

à la Police N° ________________ *datée d* ________________
le ________________________ *mil huit cent* ________________

M. S..... (CHARLES), souscripteur de la Police sus-indiquée, déclare à la Compagnie qu'il vient de substituer le chauffage à la vapeur au chauffage par poêles dans la filature de laine sèche assurée par ladite Police.

La Compagnie donne acte de cette déclaration et consent à réduire à 3 p. 0/00, la prime de 4 p. 0/00 qui avait été appliquée aux bâtiments, mobilier industriel et marchandises composant ladite filature et faisant l'objet des articles 1 à 3 de la Police précitée, soit une réduction de 1 p. 0/00 sur la somme de 75,000 fr., ci... **75** »

sur laquelle somme de soixante-quinze francs, la Compagnie rembourse à M. S..... qui le reconnaît, la somme de dix-huit francs soixante-quinze centimes pour trois mois restant à courir de la présente année.

Sur la demande de M. S..... la Compagnie lui assure en plus, à partir de demain à midi, jusqu'au...... 18......... date de l'expiration de la susdite Police, la somme de quinze mille francs, comme suit :

	CAPITAUX	TAUX	PRIMES	
1° Cinq mille francs sur mobilier industriel de la filature en supplément à l'art. 2 de la Police, ci.........	5,000	3 »	15	»
2° Dix mille francs sur marchandises consistant en laines brutes et filées, en supplément à l'art. 3 de la même Police, ci...	10,000	3 »	30	»
Droit de Timbre et de Répertoire à 0,03 c. p. 0/00 sur 15,000 fr., ci...................................	»	»	»	45
TOTAL des augmentations...	15,000	»	45	45

T. S. V. P.

De ce qui précède il résulte que le capital primitif, qui était de 75,000 fr., est porté à quatre-vingt-dix mille francs, et que la prime annuelle, qui était de.. 302 fr. 25 c.

réduite d'une part de........................ 75 fr. » c.

et augmentée d'autre part de.................. 45   45 } soit une réduction de.......... 29   55

reste fixée à la somme de deux cent soixante-douze francs soixante-dix centimes, ci........... 272 fr. 70 c.

que l'assuré s'oblige à payer le............. de chacune des années 18..... à 18.....

La Compagnie reconnaît avoir reçu comptant la somme de onze francs vingt-cinq centimes pour prime supplémentaire des trois mois restant à courir de la présente année, plus quarante-cinq centimes pour droit de Timbre et de Répertoire, soit au total *onze francs soixante-dix centimes.*

A ajouter à la prime annuelle le droit de Timbre et de Répertoire à 0,03 c. p. 0/00 sur 15,000 fr. provenant de l'augmentation, ci... »   45

A déduire de la prime annuelle le droit de Timbre et de Répertoire à 0,03 c. p. 0/00 sur......... provenant de la réduction, ci... »   »

Le présent Avenant est fait pour la durée de ____ à partir de ____ à midi, et restera annexé à la Police ci-dessus relatée pour servir conjointement avec elle à régler les droits respectifs des parties.

Fait double à _________________ le______________ mil huit cent__________ et en troisième expédition, pour être déposée dans les archives de l'Agence.

Pour la Compagnie,

<table>
<tr><td>L'ASSURÉ,</td><td>L'AGENT FONDÉ DE POUVOIRS,</td></tr>
<tr><td>S.....</td><td>D.....</td></tr>
</table>

NOTA. Pour la définition de l'Avenant, sa rédaction et son inscription au registre et au bordereau des souscriptions, voir les nᵒˢ 155 à 183, 363 à 369 des Instructions générales.

Les avenants, soit d'augmentation, soit de réduction, donnent lieu, pour la régularité des écritures, à une double inscription.

Ceux d'augmentation :

1° Dans la deuxième partie du Registre des Souscriptions (inscription journalière des avenants), et dans l'ordre de leurs numéros de série ;

2° Dans la première partie du Registre des Souscriptions (inscription journalière des assurances souscrites), et dans l'ordre de leurs dates.

Ceux de réduction :

1° Dans la 2e partie du Registre des Souscriptions (inscription journalière des avenants), et dans l'ordre de leurs numéros de série ;

2° Dans la 2e partie du Registre de Comptabilité (inscription journalière des résiliements), et dans l'ordre de leurs dates.

Pour les avenants qui contiennent à la fois augmentation et réduction, ne jamais passer écritures par compensation, mais bien suivre les règles qui précèdent, en passant, à part, les écritures auxquelles donneront lieu, chacune de son côté, les augmentations et les réductions.

Le présent avenant ne devra être employé que pour constater une augmentation ou une réduction.

1° Durée de l'Avenant : *5 ans 4 mois.*

2° Augmentation de capital. *F.* 25,000
Dº de prime annuelle. *F.* 50 75
Dº dº comptant. *F.* 17 40

3° Réduction de capital.... *F.* 5,000
Dº de Prime annuelle. *F.* 8 15
Ristourne.............. *F.* » »

Mº Nº 11. I.

MODÈLE Nº 27.

AVENANT D'AUGMENTATION OU DE RÉDUCTION.

1° Augmentation de Capital et de Prime. — 2° Réduction de Capital et de Prime.

COMPAGNIE D'ASSURANCES GÉNÉRALES

CONTRE L'INCENDIE,

Autorisée par Ordonnances des 14 Février 1819 et 6 Avril 1848,

Établie à Paris, rue de Richelieu. Nº 87.

Avenant Nº (1)

à la Police Nº ________ *datée de* ________

le ________________ *mil huit cent* ________

Suivant Police ci-dessus indiquée et Avenant Nº......... y annexé, la Compagnie assure à M. A.................. la somme de *F.* 100,000 sur les constructions, le mobilier, les marchandises et les dépendances d'un moulinage de soie, moyennant une prime annuelle de *F.* 175 50 (Droit de timbre et de répertoire compris).

Sur la demande de mondit sieur A.............., la Compagnie consent aux modifications suivantes :

Premièrement. — Elle assure en plus une somme de *vingt-cinq mille francs,* comme suit :

1° *Douze mille francs* sur mobilier industriel du moulinage, en supplément à l'article 3 de la Police précitée, ci.

2° *Treize mille francs* sur marchandises consistant en cocons et soies, en supplément à l'article 5 de la même police, ci.................

Droit de timbre et de répertoire à 0,03 p. 1,000 sur 25,000 fr., ci. ....

CAPITAUX	TAUX	PRIMES	
12,000	2	24	»
13,000	2	26	»
»		»	75
TOTAL DES AUGMENTATION...... 25,000		50	75

Deuxièmement. — Elle retranche du capital primitif la somme de *cinq mille francs,* portant sur les objets ci-après :

1° *Deux mille francs* sur le bâtiment à usage d'écurie, désigné à l'article 2 de la Police précitée, lequel a été démoli, ci.

2° *Trois mille francs* sur le mobilier personnel assuré pour 8,000 fr. par l'article 6 de la même Police, lequel sera réduit à 5,000 fr., ci.

Droit de timbre et de répertoire à 0, 03 p. 1,000 sur 5,000 fr., ci ......

CAPITAUX	TAUX	PRIMES	
2,000	1	2	»
3,000	2	6	»
»		»	15
TOTAL DES RÉDUCTIONS.......... 5,000	8	15	

T. S. V. P.

Les augmentations et réductions ci-contre sont faites à partir de demain à midi, et pour tout le temps restant à courir de la Police.

Les articles 1, 4 et 7 de ladite Police et l'Avenant N° . . . ne subissent aucun changement.

De ce qui précède il résulte :

1° Que le capital assuré, qui était de . . . . F. | 100,000

Augmenté, d'une part, de . . . . F. 25,000)
Réduit, d'autre part, de . . . . F. 5,000)

Soit une augmentation de 20,000

se trouve porté à cent vingt mille francs, ci . . . . | 120,000

2° Que la prime annuelle, qui était de . . . . Fr. | 175 | 50

Augmentée, d'une part, de . . . . F. 50, 75)
Réduite, d'autre part, de . . . . F. 8, 15)

Soit une augmentation de . . . . | 42 | 60

est élevée à deux cent dix-huit francs dix centimes, ci . . . . | 218 | 10

Laquelle somme de deux cent dix-huit francs dix centimes l'Assuré s'oblige à payer le . . . . de chacune des années 18. . . . à 18. . . .

La Compagnie reconnaît avoir reçu comptant :

1° La somme de seize francs soixante-cinq centimes, pour prime de quatre mois restant à courir de la présente année, ci . . . . F. 16 65

2° Soixante-quinze centimes, pour droit de timbre et de répertoire, ci . . . . » 75

Soit ensemble dix-sept francs quarante centimes, ci . . . . F. 17 40

La prime de F. 8 15 provenant des réductions faisant l'objet de l'article 2, d'autre part, est acquise à la Compagnie (1).

A ajouter à la prime annuelle le droit de timbre et de répertoire à 0,03 c. p. 1,000 sur F. 25,000 provenant de l'augmentation, ci . . . . | » | 75

A déduire de la prime annuelle le droit de timbre et de répertoire à 0,03 c. p. 1,000 sur F. 5,000 provenant de la réduction, ci . . . . | » | 15

Le présent Avenant est fait pour la durée de ________________________________ à partir de ________________________________ à midi, et restera annexé à la Police ci-dessus relatée, pour servir conjointement avec elle à régler les droits respectifs des parties.

Fait double à ________________ le ________________ mil huit cent ________ et en troisième expédition, pour être déposée dans les archives de l'Agence.

Pour la Compagnie,

L'ASSURÉ,
A . . . .

L'AGENT FONDÉ DE POUVOIRS,

F . . . .

____

(1) NOTA. — Quoique, en principe, ladite prime nous soit acquise, Messieurs les Agents pourront cependant, en pareille circonstance, s'ils jugent convenable et utile aux intérêts de la Compagnie d'accorder une ristourne, nous en référer ; et nous verrons s'il y a lieu de faire droit à leur demande.

AGENCE

d ___________

1° Durée de l'Avenant : *2 ans 6 mois.*

2° Augmentation de capital. F. » »
   D° de prime annuelle. F. 3 50
   D° d° comptant. F. 1 75

3° Réduction de capital .... F. » »
   D° de prime annuelle. F. » »
   Ristourne .... F. » »

MODÈLE N° 28.

AVENANT D'AUGMENTATION OU DE RÉDUCTION.

Assurance du risque d'Explosion du Gaz.

COMPAGNIE D'ASSURANCES GÉNÉRALES

CONTRE L'INCENDIE,

Autorisée par Ordonnances des 14 Février 1819 et 6 Avril 1848,

Établie à Paris, rue de Richelieu, N° 87.

Avenant N° [1] _________

à la Police N° _________ *datée d* _________

le _________ *mil huit cent* _________

Entre la Compagnie et M. F............. (FRANÇOIS), souscripteur de la Police sus-indiquée, il a été convenu que la Compagnie répondra, à partir de demain, à midi, des dommages que l'explosion du gaz servant à l'éclairage pourrait occasionner aux objets assurés par les articles 1 à 3 de ladite Police, jusqu'à concurrence des sommes garanties sur lesdits objets contre les risques d'incendie, et sans aucune dérogation aux conditions générales. Ce supplément de garantie est convenu, pour toute la durée de la Police, moyennant les augmentations de prime ci-après :

1° 0,05 c. p. 1,000 sur la somme de F. 10,000, assurée par l'article 1er de la Police précitée, sur bâtiments, ci...	»	50
2° 0,15 c. p. 1,000 sur la somme de F. 20,000, assurée par les articles 2 et 3 de la même Police, sur mobilier et marchandises, ci................	3	»
TOTAL DE L'AUGMENTATION DE PRIME............	3	50

En Conséquence, la Prime annuelle, qui était de F. 20. 60 (Droit de timbre et de répertoire compris), est portée à *vingt-quatre francs dix centimes,* que l'Assuré s'oblige à payer, le _________ de chacune des années 18 _____ à 18 _____

La Compagnie reconnaît avoir reçu comptant la somme de 1 fr. 75 c., pour prime supplémentaire des six mois restant à courir de la présente année.

T. S. V. P

A ajouter à la prime annuelle le droit de Timbre et de Répertoire à 0,03 p. 0/00 sur Fr. » »
provenant de l'augmentation, ci..

A déduire de la prime annuelle le droit de Timbre et de Répertoire à 0,03 p. 0/00 sur Fr. » »
provenant de la réduction, ci..

Le présent Avenant est fait pour la durée de_______________________________ à partir
de_______________________________ à midi, et restera annexé à la Police ci-dessus
relatée pour servir conjointement avec elle à régler les droits respectifs des parties.

Fait double à_______________ le_________________ mil huit cent ___________
et en troisième expédition, pour être déposée dans les archives de l'Agence.

Pour la Compagnie,

L'ASSURÉ,
F.....

L'AGENT FONDÉ DE POUVOIRS,
R.....

NOTA. Pour la définition
de l'Avenant, sa rédaction
et son inscription au re-
gistre et au bordereau des
souscriptions , voir les
n°° 155 à 183, 363 à 369 des
Instructions générales.

AGENCE

DE LYON

Police n° 51,143

SINISTRE

Du 3 Octobre 1855

MODÈLE N° 29.

(N° 139 des Instructions générales).

COMPAGNIE D'ASSURANCES GÉNÉRALES

CONTRE L'INCENDIE,

Autorisée par Ordonnances des 14 Février 1819 et 6 Avril 1848,

Établie à Paris, rue Richelieu, 87.

Déclaration d'Incendie pour Sinistre au-dessous de 300 francs

(1) Maire ou commissaire de Police.

Devant nous (1)............... *Maire* de la commune de *Savigny*, canton de *l'Arbresle*, arrondissement de *Lyon (Rhône)*,

A comparu :

(2) Prénoms, nom, profession et demeure.

M. (2) *Jean-Claude Buisson, maréchal-forgeron, demeurant au lieu de Taylan, commune de Savigny*, lequel, pour se conformer à l'obligation imposée par les conditions générales de la Police d'assurance souscrite à *Lyon*, le *26 janvier 1849*, sous le n° *51,143*, nous a déclaré :

Que le *3 octobre 1855*, vers *cinq* heures du *soir*, un commencement d'incendie a eu lieu (3) *au bâtiment désigné sous l'art. 1er à usage d'atelier, occupé par l'assuré ;*

(3) Si le feu a pris dans un bâtiment, mettre : « dans le bâtiment désigné sous l'art.... de la Police et occupé par l'assuré ou le sieur.......... locataire; » si le feu a atteint des objets mobiliers, mettre « à son domicile. »

(4) Indiquer la durée du feu.

Que cet incendie a duré environ (4) *une demi-heure*;

(5) Indiquer la cause du feu.

Qu'il a été occasionné par (5) *le transport du charbon vif;*

(6) Indiquer par qui les secours ont été fournis.

Que les secours qui l'ont arrêté ont été fournis par (6) *l'assuré et les voisins*;

Et que le dommage peut s'élever approximativement à la somme totale de *quatre-vingt-cinq francs.*

(7) Si l'assuré sait signer, mettre : « qui a signé avec nous; » si l'assuré ne sait pas signer, mettre : « et avons signé seul, le sieur.... nous ayant déclaré ne savoir écrire ni signer. »

De laquelle déclaration nous avons donné acte au sieur (7) *Buisson, qui a signé avec nous.*

Fait à *Savigny*, le *5 octobre 1855*.

Cachet de la Mairie ou du Commissariat de Police.

M° N° 13 I.

BUISSON.

Le Maire,

AGENCE

DE LYON.

MODÈLE N° 30.

(N° 440 des Instructions générales.)

(Ce modèle se rattache à celui n° 29.)

Police n° 51,143

SINISTRE

Du 3 Octobre 1855.

COMPAGNIE D'ASSURANCES GÉNÉRALES

CONTRE L'INCENDIE

Autorisée par Ordonnances des 14 Février 1819 et 6 Avril 1848,

Établie à Paris, rue de Richelieu, 87.

Cet imprimé ne doit être employé que pour
les Sinistres de 300 fr. et au-dessous.

RÈGLEMENT DE SINISTRE DE GRÉ A GRÉ.

Quelle est la cause du Sinistre?

Rép.: Le transport du charbon vif.

A quelle date la dernière Prime échue a-t-elle été *payée?*

Rép.: Le 29 janvier 1855.

L'Assuré avait-il, au moment de l'incendie, les qualités qu'il a prises dans la Police?

Rép.: Oui, de propriétaire.

Le feu a-t-il commencé chez l'Assuré, ou chez un voisin?

Rép.: Chez l'Assuré.

Par qui les lieux où l'incendie s'est manifesté étaient-ils occupés?

Rép.: Par l'Assuré.

Le recours de la Compagnie a-t-il été exercé par l'Agent, ou peut-il être exercé utilement?

Rép.: Il n'y a pas lieu d'exercer un recours?

(1) Il est indispensable d'indiquer, dans cette colonne, le Numéro de l'article atteint.

M° N° 33. I.

La Compagnie d'Assurances Générales, représentée par M. M........., à *Lyon*, et M. *Jean-Claude Buisson, propriétaire*, assuré à ladite Compagnie par Police n° *51,143*, ont, d'un commun accord, estimé comme suit les dommages occasionnés aux objets ci-après désignés, par l'incendie du *3 octobre 1855*.

ARTICLE de la POLICE (1)	DÉSIGNATION DES OBJETS ENDOMMAGÉS.	NATURE DES DOMMAGES.	ESTIMATION.	
1er	*Bâtiment*	*Dégâts à la maçonnerie et à la toiture.*	80	»
		Total....	80	»

Arrêté le présent État estimatif montant à la somme de *quatre-vingts francs*, à titre de règlement amiable définitif.

Fait double à *Lyon*, le *22 octobre 1855*.

L'ASSURÉ,

Approuvé l'écriture,

BUISSON.

POUR LA COMPAGNIE,

....

AGENCE

DE LYON

Police n° 51,143

INCENDIE

Du 3 Octobre 1855

Quittance de 80 francs

(1) Je ou nous.
(2) Reconnais ou reconnaissons.
(3) J'avais ou nous avions.
(4) Je tiens ou nous tenons.
(5) Je ou nous.
(6) Mes ou nos.

Mots rayés nuls.

MODÈLE N° 31.

(N°ˢ 446 et 499 des Instructions générales).

(Ce Modèle se rattache à ceux n°ˢ 29 et 30.)

COMPAGNIE D'ASSURANCES GÉNÉRALES

CONTRE L'INCENDIE,

Autorisée par Ordonnances des 14 Février 1819 et 6 Avril 1848,

Établie à Paris, rue Richelieu, 87,

QUITTANCE DE SINISTRE

(1) *Je* soussigné *Jean-Claude Buisson*, *propriétaire - maréchal*, demeurant à *Savigny*, canton de *l'Arbresle*, arrondissement de *Lyon* (*Rhône*), reconnais (2) avoir reçu aujourd'hui de la Compagnie d'Assurances Générales contre l'Incendie, établie à Paris, rue de Richelieu, n° 87, par les mains de MM......., *directeurs particuliers* de ladite Compagnie, la somme de QUATRE-VINGTS FRANCS, faisant le montant des dommages à la charge de la Compagnie occasionnés par l'Incendie survenu le *3 octobre 1855*, aux objets que (3) *j'avais* fait assurer par ladite Compagnie, suivant Police passée, le *26 janvier 1849*, sous le n° *51,143*, laquelle est (*) *maintenue en totalité.*

Au moyen de ce paiement (4) *je tiens* quitte et décharge la Compagnie d'Assurances Générales de toutes choses relatives audit Incendie et aux dommages qui en sont résultés, et (5) *je* la subroge mais sans garantie, dans tous (6) *mes* droits, actions et recours contre tous auteurs reconnus ou présumés dudit Incendie et autres garants généralement quelconques, même contre tous assureurs.

Fait à *Lyon*, le *22 octobre 1855.*

Approuvé l'écriture,

BUISSON.

(*) On aura soin d'indiquer ici si la Police doit être maintenue ou résiliée en tout ou en partie.

Mˣ N° 34 I.

SINISTRE.

MODÈLE N° 32.

(N^{os} **440 et 448 des Instructions générales.**)

FEUILLE DE QUESTIONS AUX AGENTS SUR SINISTRE

Agence de Bordeaux (Département de la Gironde).

Police N° 5868, en date du 11 Février 1844, souscrite pour dix ans.

1° Quelle est la date du sinistre?	*Le 6 décembre 1855, à trois heures du matin.*
2° A-t-il pris naissance dans un local assuré par nous ?	*Oui.*
3° Quel article de la Police assurait le risque premier atteint ?	*L'article 3 assurant un chai.*
4° Le feu a-t-il commencé chez l'assuré, ou chez un voisin ?	*Chez l'Assuré.*
5° Le lieu où le sinistre a commencé était-il occupé par un locataire ?	*Non ; il était occupé par l'Assuré lui-même.*
6° Le recours de la Compagnie peut-il être exercé utilement ?	*Il n'y a pas lieu à recours.*
7° Quelle est la cause *première* connue ou présumée du sinistre?	*L'Assuré attribue le sinistre à un accident ; il dit qu'en allant avec une lumière, la veille au soir, tirer du vin dans le chai, une étincelle a mis le feu au foin qui s'y trouvait renfermé. Quand l'incendie s'est manifesté au dehors, le feu était déjà très-ardent ; il a promptement gagné les charpentes et la toiture.*
8° Quelles circonstances l'ont accompagné ?	
9° A quelle somme estime-t-on le dommage ?	*L'Assuré estime le dommage à environ trois mille francs.*
10° Quels ont été les secours portés et les mesures prises pour arrêter l'incendie ?	*Dès qu'on s'est aperçu de l'incendie, les habitants du bourg se sont empressés de porter des secours. Les pompiers de la commune et ceux des deux villes voisines de .... sont successivement arrivés sur les lieux.*
11° Quel en a été le succès ?	*Grâce à ces secours bien dirigés, on a pu préserver les maisons voisines, dont l'une était assurée par l'article 1er de la Police atteinte, et une autre, que l'Autorité allait faire abattre, par la Police N° 5758.*
12° LA PRIME ÉCHUE au jour du sinistre a-t-elle été PAYÉE avant l'incendie, et QUEL JOUR ? *(Indiquer la date du paiement en toutes lettres.)*	*Oui, le dix-huit février mil huit cent cinquante-cinq.*
13° Attribue-t-on le sinistre à la malveillance ?	*Quelques personnes attribuent ce sinistre à la malveillance.*
14° Quels sont les faits connus ou les bruits répandus à ce sujet ? *(S'il y a soupçon, il faudrait appeler l'attention de M. le Procureur Impérial, et provoquer une enquête d'office.)*	*Cette opinion est basée sur certaines inimitiés dont l'Assuré était l'objet.*
15° En cas de soupçons, sur qui paraissent-ils se porter ?	*Les soupçons se portent sur un ancien domestique de l'Assuré.*

M. N° 27. 1.

34

16° L'autorité a-t-elle pris des mesures pour les éclaircir ?	*Le Maire, les Gendarmes et le Juge de Paix du canton se livrent à de minutieuses recherches. Le Procureur Impérial, que j'ai vu, surveille cette enquête, et lui donnera les soins nécessaires pour qu'elle arrive à bonne fin.*
17° Qu'a-t-elle obtenu de ces investigations ?	*Jusqu'ici les investigations de la justice n'ont produit aucun résultat.*

18° L'assuré avait-il, au moment de l'incendie, les qualités qu'il a prises dans la Police d'assurance, comme celles de
    Propriétaire,
    Locataire,
    Usufruitier,
    Nu-propriétaire,
    Créancier hypothécaire, etc. ?
	Oui ; l'Assuré avait bien, au moment de l'incendie, la qualité de Propriétaire des objets garantis.

19° Les objets mobiliers garantis existaient-ils en réalité au jour de l'incendie ? 20° Se trouvaient-ils dans les locaux mêmes désignés par la Police ?	*Les objets mobiliers garantis par les articles 4, 5 et 6 de la Police, tels que vins, barriques, bois à brûler, fagots, pailles et foins, existaient bien en réalité au jour de l'incendie, et se trouvaient dans les locaux mêmes désignés par la Police.*
21° Les constructions et toitures des bâtiments étaient-elles conformes aux désignations de la police ?	*Les constructions et les toitures étaient entièrement conformes aux désignations de la Police.*
22° Existait-il ou a-t-on introduit des professions ou des marchandises qui aient aggravé les risques spécifiés dans la Police, sans déclaration et mention sur le contrat ?	*Il n'avait été introduit, dans les bâtiments assurés, ni profession, ni marchandises augmentant les risques.*
23° Existait-il des assurances faites, antérieurement ou postérieurement à la Police, par d'autres assureurs, sans déclaration et mention sur notre contrat ?	*Il n'existait aucune autre assurance que la nôtre.*
24° Existe-t-il des motifs qui doivent faire ajourner le paiement des dommages ? S'il y a des oppositions, en donner la note.	*Il n'y a aucun motif d'ajourner le paiement des dommages.* *Il n'y a pas d'oppositions.*
25° Quelle est votre opinion sur le maintien ou le résiliement de la Police ? Veuillez la motiver.	*Je suis d'avis de résilier la Police atteinte, à cause des inimitiés auxquelles l'Assuré paraît être en butte.*
26° Quel est actuellement le montant de votre encaisse ?	*Mon encaisse s'élève actuellement à deux mille francs.*
27° Quelles observations particulières avez-vous à ajouter, soit sur l'événement et ses causes, soit sur les règlements amiables ou par expertise qui ont été opérés ?	*Les déclarations de l'Assuré sur l'imprudence commise par le domestique, qui est allé tirer du vin dans le chai, ont été confirmées par celles de deux ouvriers de l'Assuré, qui ont vu ce domestique aller dans le chai, vers les huit heures du soir, avec une lumière.* *L'Assuré jouit d'une bonne réputation ; il fait preuve de bonne foi en allant lui-même au-devant des justifications que je lui demande, et en fournissant tous les moyens de nous éclairer sur la vérité.* *Il m'a remis un état de pertes estimatif bien en règle, ainsi que l'expédition de sa déclaration devant le Juge de Paix.* *L'expertise n'aura lieu qu'après que j'aurai reçu les ordres demandés à la Compagnie par le précédent courrier.*

Fait à Bordeaux, le 5 décembre 1855.

L'Agent Principal de la Compagnie,

N . . . .

MODÈLE N° 33.

POUVOIR

A faire donner devant notaire par l'assuré illettré pour les Sinistres au-dessus de 150 francs.

(N° 440 et 457 des Instructions générales.)

Par devant M° _______________________________

    A comparu :

M. _______________________________

Lequel a, par ces présentes, constitué pour son mandataire spécial :

M. _______________________________

Auquel il donne pouvoir de :

Le représenter aux opérations d'expertise qui doivent avoir lieu entre lui et la Compagnie d'Assurances Générales par suite du sinistre qui a atteint le_______________ 18   , les biens et valeurs du comparant.

A cet effet, choisir et nommer tous experts et tiers experts, faire procéder à toutes contestations et estimations contradictoires ; faire tous règlements amiables ou transactionnels, accepter les résultats de toutes expertises, le tout sans réserves.

Résilier purement et simplement, si cela est nécessaire, toutes polices par actes amiables.

Toucher et recevoir toutes sommes, en donner bonnes et valables quittances et décharges, consentir toutes mentions et subrogations avec ou sans garantie, fournir tous titres et pièces, signer tous actes et procès-verbaux, élire domicile, et faire généralement ce que les circonstances exigeront.

Dont acte. — Fait et passé à _______________________

le _______________________________

(Signature)

AGENCE
DE LYON

Police n° 57,716.

SINISTRE
du 23 octobre 1855.

MODÈLE N° 34.

NOMINATION D'EXPERTS
Pour l'estimation des dommages d'incendie.

(N° 462 des Instructions générales.)

Entre la Compagnie d'Assurances Générales contre l'Incendie, établie à Paris, rue de Richelieu, n° 87, représentée par MM. ...., Directeurs particuliers, demeurant à Lyon, fondés des pouvoirs de la Compagnie, *d'une part*;

Et M. Cholet (Étienne), propriétaire-boulanger, demeurant à Cernay, canton de Thizy, arrondissement de Villefranche (Rhône), agissant pour son compte comme propriétaire, *d'autre part*;

A été dit ce qui suit :

Par Police n° 57,716, passée à Lyon le 8 mai 1854, pour dix ans, la Compagnie d'Assurances Générales a assuré contre l'incendie à M. Cholet une somme de *douze mille francs* sur maison d'habitation, boulangerie, mobilier personnel, marchandises, etc., aux conditions générales et particulières de ladite Police.

Le vingt-trois octobre courant, à quatre heures, du soir, selon déclaration faite à l'autorité le lendemain, un incendie aurait endommagé les valeurs assurées.

En conséquence, d'après *l'état détaillé et certifié par lui des objets incendiés, avariés et sauvés*, état qu'il affirme sincère et complet, l'assuré demande à la Compagnie une indemnité de *huit mille francs*.

La Compagnie fait, en tant que de besoin, toutes réserves même de moyens préjudiciels contre lesdites déclaration et demande.

Cependant, les parties voulant, dès aujourd'hui, faire constater l'état des lieux et estimer provisoirement à la charge de qui il appartiendra le montant des dommages matériels causés par le feu aux objets assurés, sont convenues de faire procéder contradictoirement et par experts auxdites constatations et estimations sans nuire ni préjudicier à leurs droits respectifs, qui leur demeurent réservés.

Et à cet effet, elles nomment pour experts, savoir :

La Compagnie, M. Fournel, expert-arbitre, pour le bâtiment, et M. Laurent, négociant, pour le mobilier et les marchandises, tous deux demeurant à Lyon;

L'assuré susdit, M. Durand, géomètre, pour le bâtiment, et M. Legrand, revendeur, pour le mobilier et les marchandises, tous deux demeurant à Villefranche;

Lesquels experts auront la mission de reconnaître et de constater sans délai la propriété, la situation, la construction et la toiture des bâtiments où l'incendie a eu lieu ; l'usage auquel ils servaient, la nature des objets qu'ils contenaient, et de répondre catégoriquement aux trois questions suivantes :

1° Quelle était, au moment de l'incendie, la valeur *vénale* des objets assurés ?

2° Quelle valeur ces mêmes objets conservaient-ils après l'incendie ?

3° Quelle est, d'après la solution des questions qui précèdent, le montant des pertes et dommages ?

En cas de dissentiment, les experts auront la faculté de s'adjoindre un tiers expert pour les départager, et, faute par eux de s'entendre sur le choix de ce tiers, il sera, à la requête de la partie la plus diligente, désigné par M. le Président du tribunal de commerce et, à défaut, par le Président du tribunal de première instance de l'arrondissement où la Police a été souscrite.

MM. les experts et tiers experts sont autorisés à faire toutes les perquisitions, investigations et réquisitions qu'ils jugeront convenables pour éclairer leur religion ; ils sont dispensés de toute formalité judiciaire ainsi que du serment.

Fait double à Lyon, le trente octobre mil huit cent cinquante-cinq.

L'ASSURÉ,   POUR LA COMPAGNIE,

CHOLET, ...

Nous, experts désignés dans l'acte qui précède, déclarons accepter la mission qu'il nous confère et promettons de la remplir en *âme et conscience.*

A Cernay, le trente octobre mil huit cent cinquante-cinq.

DURAND.   LEGRAND.   FOURNEL.   LAURENT.

MODÈLE N° 35.

AGENCE

DE LYON

SINISTRE

Du 23 Octobre 1855.

Police n° 57,716.

Article 1er de la Police.

ÉTAT DÉTAILLÉ POUR IMMEUBLE

(N°s 468 et 479 des Instructions générales.)

(Ce modèle fait suite à celui n° 34.)

Expertise de l'immeuble assuré à M. *Cholet (Etienne)* par la Compagnie d'Assurances Générales, suivant l'art. *1er* de la Police n° *57,716,* en date du *8 mai 1854,* incendié le *25 octobre 1855,* pour ledit état être annexé au procès-verbal dressé par les soussignés, le *31 octobre 1855.*

L'immeuble était la propriété de M. *Cholet (Etienne), propriétaire-boulanger.*

Il était occupé par M. *Cholet.*

Il était situé dans la commune de *Cernay,* canton de *Thizy,* arrondissement de *Villefranche,* département du *Rhône.*

Il était construit en *pierre, mortier de terre et chaux,* couvert en *tuiles creuses.*

Il servait à l'usage d'*habitation et de boulangerie.*

Il renfermait *un mobilier personnel, des ustensiles et des marchandises de la profession.*

Il se composait d'*un corps de logis élevé sur terre-plein,* desservi par *un escalier en pierre, extérieur,* et *un autre en bois.*

Son étendue était en façade de *15* mètres, et en profondeur de *11* mètres *50* centimètres, donnant une surface totale de *172* mètres *50* centimètres ; sa hauteur était de *5* mètres *60* centimètres depuis le sol jusqu'à l'égout.

Les constructions avaient environ *cinquante* années d'existence.

Elles présentaient dans leur ensemble, savoir :

	VALEUR de CONSTRUCTION		VALEUR RÉELLE des objets ET MATÉRIAUX sauvés.	
DÉTAIL la MAÇONNERIE.				
450 mètres 40 centimètres murs en maçonnerie, pierres à 2 fr. 50 c.	1,126	»	340	80
26 — 10 — autres murs de moindre épaisseur à 1 fr. 75 c.	45	70	32	,
62 — 75 — carrelage à 2 fr.	125	50	,	»
Un escalier en pierre et sa maçonnerie.	60	»	28	,
Un four, sa maçonnerie et cheminée.	120	»	20	,
Une chaudière et sa maçonnerie.	18	»	6	»
Une fenêtre petite et sa taille en pierre.	18	,	2	,
Un potager-fourneau dans une embrasure de fenêtre.	10	»	»	»
Une cheminée en pierre et sa gaîne.	40	»	8	»
DÉTAIL de la CHARPENTE.				
238 mètres » centimètres planchers en chêne à 6 fr.	1,428	,	45	»
33 — 45 — autres planchers plus faibles à 5 fr. 50 c.	183	95	116	30
Un placard et ses rayons dans le mur.	16	»	10	»
Un autre petit placard dans le mur.	6	,	,	»
9 cadres, bois, portes et ferrures à 25 fr.	225	»	32	»
4 cadres, bois et fenêtres à 17 fr.	68	,	16	»
2 cadres, bois, d'ouverture au grenier, à 5 fr.	10	»	4	»
3 autres cadres semblables grillés en fil de fer, à 8 fr.	24	,	»	»
6 cadres, bois et petites fenêtres à la boutique, à 4 fr.	24	»	13	»
1 cadre, bois et petite fenêtre.	12	»	»	»
16 marches d'escalier en bois, échelle de meunier, à 2 fr.	32	,	22	40
TOITURE. FERRURES et OBJETS DIVERS.				
177 mètres 90 centimètres de toiture, charpente, chêne et tuiles à 5 fr. 50 c.	978	45	20	»
Une porte et ferrures.	13	,	9	10
26 arrières-couvertes en bois à 1 fr. 50 c.	39		12	60
TOTAL des estimations	4,622	60	737	20

En égard à l'ancienneté des constructions, nous estimons qu'il convient de déduire *30 pour cent* du montant estimatif de la construction pour obtenir la valeur *vénale* de l'immeuble au moment de l'incendie, soit. . . . . 1,386 | 80

Reste pour valeur vénale au moment de l'incendie.	3,235	80
La valeur des objets et matériaux sauvés est de, à déduire.	737	20
Le dommage réel est de.	2,498	60

Certifié par nous, experts soussignés, l'exactitude des détails et évaluations ci-dessus.

Fait à *Cernay,* le *trente-un octobre* mil huit cent *cinquante-cinq.*

DURAND.   FOURNEL.

MODÈLE N° 36.

ÉTAT DÉTAILLÉ POUR OBJETS MOBILIERS.

(Nos 469 et 479 des Instructions générales.)

(Ce Modèle fait suite à ceux Nos 34 et 35.)

Expertise du *mobilier personnel* assuré à *M. CHOLET (Étienne)* par la Compagnie d'Assurances Générales, suivant l'article *deuxième* de la Police N° 57,716 en date du *8 mai 1854*, incendié le *23 octobre 1855* dans le bâtiment ci-après désigné, pour ledit état être annexé au procès-verbal dressé par les soussignés le *31 octobre 1855*.

L'immeuble qui contenait les objets expertisés était la propriété de *M. Cholet*.
Il était occupé par *M. Cholet*.
Il était situé dans la commune de *Cernay*, canton de *Thizy*, arrondissement de *Villefranche*, département du *Rhône*.
Il était construit en *pierre, mortier et chaux*, couvert en *tuiles creuses*.
Il servait à usage d'*habitation et de boulangerie*.
Il renfermait *le mobilier personnel* dont suit l'estimation détaillée :

DÉSIGNATION DES OBJETS.	NOMBRE DES PIÈCES.	VALEUR VÉNALE AVANT L'INCENDIE.		VALEUR APRÈS L'INCENDIE.	OBSERVATIONS.
		DE CHAQUE PIÈCE.	TOTAL.		
Buffet en noyer	1	35 »	35 »	20 »	Ce meuble a été fracturé.
Armoires en noyer	2	25 »	50 »	20 »	En partie brûlées.
Coffre en bois blanc	1	10 »	10 »	10 »	
Chaises	12	1 »	12 »	6 »	2 intactes ; 6 avariées.
Tables de chêne	2	10 »	20 »	10 »	Avariées.
Bois de lit	3	10 »	30 »	10 »	
Couchette en bois peint	1	5 »	5 »	» »	
Matelas de laine	6	20 »	120 »	60 »	Dégradés.
Sommiers en crin, traversin	»	» »	30 »	20 »	D°
Garniture de couchette	»	» »	20 »	» »	
Paillasses	»	» »	10 »	5 »	
Paires de draps en toile	12	12 »	144 »	40 »	3 sauvées ; le reste avarié.
Couvertures coton et laine	6	6 »	36 »	» »	Entièrement brûlées.
Rideaux de lit, croisées, etc	»	» »	28 »	20 »	
Nappes, serviettes, torchons	»	» »	30 »	25 »	
Serviettes à liteaux	12	1 »	12 »	12 »	
Habillements d'homme	»	» »	100 »	75 »	
D° de femme	»	» »	60 »	40 »	
Chemises d'homme	20	4 »	80 »	12 »	
D° de femme	15	2 »	30 »	5 »	
Linge de corps	»	» »	50 »	20 »	
Tabliers de toile	10	1 »	10 »	10 »	
A reporter	»	» »	922 »	420 »	

M. N° 34, 1.

DÉSIGNATION DES OBJETS.	NOMBRE DES PIÈCES.	VALEUR VÉNALE AVANT L'INCENDIE		VALEUR APRÈS L'INCENDIE.		OBSERVATIONS.
		DE CHAQUE PIÈCE.	TOTAL.			
Report d'autre part.........	»	»	»	922	»	420	»	
Pendule à sujet bronze........	»	»	»	40	»	30	»	
Pelles, pincettes et tisonnier....	»	»	»	20	»	20	»	
Poêle à tuyaux..............	»	»	»	10	»	8	»	
Batterie de cuisine...........	»	»	»	35	»	35	»	
Table de cuisine, fontaine......	»	»	»	18	»	12	»	
Plats, assiettes, vaisselle.......	»	»	»	40	»	35	»	
Provisions de ménage....... ...	»	»	»	20	»	15	»	
12 Lithographies, Portraits.....	»	»	»	5	»	5	»	
Total des estimations..........................				1,110	»	580	»	
La valeur après l'incendie est de................				580	»			
Le dommmage est de.........................				530	»			

Certifié par nous, experts soussignés, l'exactitude des détails et évaluations ci-dessus et d'autre part.

Fait à Cernay,   *le 31 Octobre 1855.*

LEGRAND.   LAURENT.

MODÈLE N° 36 *bis*.

AGENCE

DE LYON.

SINISTRE

DU 23 OCTOBRE 1855.

Police N° 57,716.

Article 3ᵉ de la Police.

ÉTAT DÉTAILLÉ POUR OBJETS MOBILIERS.

(Nᵒˢ 471 et 479 des Instructions générales.)

(Ce modèle fait suite à ceux Nᵒˢ 34, 35 et 36.)

Expertise du *mobilier de la profession de boulanger* assuré à *M. CHOLET (Etienne)* par la Compagnie d'Assurances Générales suivant l'article *troisième* de la police N° 57,716 en date du *8 mai 1854*, incendié le *23 octobre 1855* dans le bâtiment ci-après désigné, pour ledit état être annexé au procès-verbal dressé par les soussignés le *31 octobre 1855*.

L'immeuble qui contenait les objets expertisés était la propriété de *M. Cholet*. Il était occupé par *M. Cholet*. Il était situé dans la commune de *Cernay*, canton de *Thizy*, arrondissement de *Villefranche*, département du *Rhône*. Il était construit en *pierre, mortier et chaux*, couvert en *tuiles creuses*. Il servait à usage *d'habitation et de boulangerie*. Il renfermait *le mobilier de la profession* dont suit l'estimation détaillée :

DÉSIGNATION DES OBJETS.	NOMBRE DES PIÈCES.	VALEUR VÉNALE AVANT L'INCENDIE. DE CHAQUE PIÈCE.		TOTAL.		VALEUR APRÈS L'INCENDIE.		OBSERVATIONS.
Romaines	2	10	»	20	»	4	»	
Corbeilles à pain	24	»	75	18	»	»	»	
Double décalitre	1	5	»	5	»	»	»	
Cribles	2	7	50	15	»	»	»	
Pelles	4	5	»	20	»	»	»	
Moufles	2	5	»	10	»	4	»	
Pétrins	2	9	»	18	»	18	»	
Sacs	70	1	50	105	»	20	»	
Van	1	10	»	10	»	»	»	
A reporter	»	»	»	221	»	46	»	

M. Nᵒ 32, I.

DÉSIGNATION DES OBJETS.	NOMBRE DES PIÈCES.	VALEUR VÉNALE AVANT L'INCENDIE		VALEUR APRÈS L'INCENDIE.	OBSERVATIONS.
		DE CHAQUE PIÈCE.	TOTAL.		
Report d'autre part........	»	»	»	221 »	46 ›	

Total des estimations............................. 221 »   46 »
La valeur après l'incendie est de................. 46 »
Le dommage est de............................. 175 »

Certifié par nous, experts soussignés, l'exactitude des détails et évaluations ci-dessus et d'autre part.

Fait à *Cernay*,   le 31 *Octobre* 1855.

LEGRAND.   LAURENT.

MODÈLE N° 37.

ÉTAT DÉTAILLÉ POUR OBJETS MOBILIERS.

(Nᵒˢ 472 et 479 des Instructions générales.)

(Ce modèle fait suite à ceux Nᵒˢ 34, 35, 36 et 36 *bis*.)

AGENCE

DE LYON.

SINISTRE

DU 23 OCTOBRE 1855.

Police N° 57,716.

Article 4ᵉ de la Police.

Expertise *des marchandises de la profession de boulanger* assurées à *M. CHO-LET (Etienne)* par la Compagnie d'Assurances Générales, suivant l'article *qua-trième* de la Police N° 57,716, en date du *8 mai 1854*, incendiées le *23 octobre 1855* dans le bâtiment ci-après désigné, pour ledit état être annexé au procès-verbal dressé par les soussignés le *31 octobre 1855*.

L'immeuble qui contenait les objets expertisés était la propriété de *M. Cholet*.
Il était occupé par *M. Cholet*.
Il était situé dans la commune *de Cernay*, canton *de Thizy*, arrondissement *de Villefranche*, département *du Rhône*.
Il était construit en *pierre, mortier et chaux*, couvert en *tuiles creuses*.
Il servait à usage d'*habitation et de boulangerie*.
Il renfermait *les marchandises de la profession* dont suit l'estimation détaillée :

DÉSIGNATION DES OBJETS.	NOMBRE DES PIÈCES.	VALEUR VÉNALE. AVANT L'INCENDIE.		VALEUR APRÈS L'INCENDIE.		OBSERVATIONS.
		DE CHAQUE PIÈCE.	TOTAL.			
	doubles décalitres.					
Froment	390	6 50	2,535	»	» »	
Seigle	50	5 »	250	»	» »	
Orge	25	4 »	100	»	» »	
Avoine	8	1 50	12	»	» »	
Farine	120	5 50	660	»	450 »	
Pains	18	3 »	54	»	» »	
A reporter	»	» »	3,611	»	450 »	

DÉSIGNATION DES OBJETS.	NOMBRE DES PIÈCES.	VALEUR VÉNALE AVANT L'INCENDIE		VALEUR APRÈS L'INCENDIE.	OBSERVATIONS.
		DE CHAQUE PIÈCE.	TOTAL.		
Report d'autre part.......	»	» »	3,611 »	450 »	

Total des estimations...........................		3,611 »	450 ,	
La valeur après l'incendie est de................		450 »		
Le dommage est de...........................		3,161 »		

Certifié par nous, experts soussignés, l'exactitude des détails et évaluations ci-dessus et d'autre part.

Fait à Cernay,   *le 31 Octobre 1855.*

LEGRAND.   **LAURENT.**

MODÈLE N° 38.

(N° 480 des Instructions générales.)
(Ce modèle fait suite à ceux n°s 34, 35, 36, 36 *bis* et 37.)

PROCÈS-VERBAL D'EXPERTISE

L'an mil huit cent *cinquante-cinq* et le *trente-et-un octobre*,

Nous soussignés, (1) *Fournel, expert-arbitre, et Laurent, négociant,* demeurant à Lyon, département du *Rhône ;*

Et (2) *Durand, géomètre, et Legrand, revendeur,* demeurant à *Villefranche,* département du *Rhône,* experts choisis, les premiers par la Compagnie d'Assurances Générales contre l'Incendie, les seconds par M. *Cholet (Étienne),* suivant compromis d'autre part, en date du *trente octobre courant,* à l'effet de procéder à l'estimation contradictoire des *dégâts causés* par l'incendie du *vingt-trois du même mois,* aux objets que la Compagnie avait assurés à M. *Cholet.*

Enfin ____ demeurant à ___ ______________

_______________________________ département ____________________________

tiers expert nommé par________ __________ ________________ à l'effet de concourir avec eux à l'estimation demandée :

Nous sommes transportés sur les lieux; et là en présence des parties intéressées, avons procédé aux opérations qui nous ont été confiées, sous toutes réserves de leur part.

Premièrement, nous avons consulté les autorités locales, les voisins, les gens attachés à l'Assuré, toutes les personnes qui pouvaient nous fournir d'utiles renseignements. Nous avons ensuite exigé, ainsi que le prescrit la Police d'assurance, toutes les justifications au pouvoir de l'Assuré; nous nous sommes livrés à l'examen attentif des objets incendiés, de leur disposition avant l'incendie, et de l'emplacement qu'ils occupaient.

Après avoir ainsi éclairé notre religion par tous les renseignements qu'il nous a été possible de recueillir, après avoir constaté sur des états séparés, que nous annexons au présent procès-verbal, la propriété, la situation, la construction, la toiture des bâtiments assurés ou renfermant les objets assurés, l'usage auquel ils servaient, la nature des objets qu'ils contenaient, enfin le détail de nos estimations, *nous répondons comme suit* aux questions posées par le compromis :

IMMEUBLES.

Sur la 1re question : L'immeuble assuré par l'art. 1er de la Police avait, au moment de l'incendie, une valeur vénale de *trois mille deux cent trente-cinq francs, quatre-vingt centimes,* ci......................... **3,235 | 80**
(3)

Sur la 2e question : L'immeuble assuré par l'art. 1er de la Police conservait, après l'incendie, une valeur de *sept cent trente-sept francs vingt centimes,* ci.................................... **737 | 20**

Sur la 3e question : Le dommage sur l'immeuble assuré par l'art. 1er de la Police est de *deux mille quatre cent quatre-vingt-dix-huit francs soixante centimes,* ci.................................... **2,498 | 60**

OBJETS MOBILIERS.

Sur la 1re question : Les objets assurés par l'art. 2e de la Police (1) (*mobilier personnel*) avaient, au moment de l'incendie, une valeur vénale de *onze cent dix francs*, ci (2) — 1,140 — »

Les objets assurés par l'art. 3e de la Police (*mobilier de profession*) avaient, au moment de l'incendie, une valeur vénale de *deux cent vingt-un francs*, ci. — 221 — » — 4,942 — »

Les objets assurés par l'art. 4e de la Police (*marchandises*) avaient, au moment de l'incendie, une valeur vénale de *trois mille six cent onze francs*, ci.................. — 3,611 — »

Sur la 2e question : Les objets assurés par l'art. 2e de la Police (*mobilier personnel*) conservaient, après l'incendie, une valeur de *cinq cent quatre-vingts francs*, ci........ — 580 — »

Les objets assurés par l'art. 3e de la Police (*mobilier de profession*) conservaient, après l'incendie, une valeur de *quarante-six francs*, ci............ — 46 — » — 1,076 — »

Les objets assurés par l'art. 4e de la Police (*marchandises*) conservaient, après l'incendie, une valeur de *quatre cent cinquante francs*, ci........ — 450 — »

Sur la 3e question : Le dommage sur les objets assurés par l'art. 2e de la Police (*mobilier personnel*) est de *cinq cent trente francs*, ci............................. — 530 — »

Le dommage sur les objets assurés pour l'art. 3e de la Police (*mobilier de profession*) est de *cent soixante-quinze francs*, ci...................... — 175 — » — 3,866 — »

Le dommage sur les objets assurés par l'art. 4e de la Police (*marchandises*) est de *trois mille cent soixante-un francs*, ci......................... — 3,161 — »

En foi de quoi nous avons dressé le présent procès-verbal, pour servir et valoir ce que de droit.

Fait à *Cernay*, les jour, mois et an que dessus.

DURAND, LEGRAND.   FOURNEL, LAURENT.

Approuvé le présent procès-verbal d'expertise réglant la perte sur bâtiment à *deux mille quatre cent quatre-vingt-dix-huit francs soixante centimes*, et celle sur mobiliers et marchandises à *trois mille huit cent soixante-six francs*.

A *Cernay*, le *31 octobre 1855*.

CHOLET.

Agence

DE LYON

Police N° 57716

SINISTRE

du 23 Octobre 1855.

QUITTANCE

de francs 60.

M. FOURNEL

EXPERT

pour le bâtiment.

MODÈLE N° 39.

(N° 482 des Instructions générales.)

(Ce Modèle se rattache à ceux 34 à 38.)

COMPAGNIE D'ASSURANCES GÉNÉRALES

CONTRE L'INCENDIE

Autorisée par ordonnances des 14 février 1819 et 6 avril 1848,

Établie à Paris, rue de Richelieu, n° 87.

Quittance d'Expert

Reçu de la *Compagnie d'Assurances Générales contre l'Incendie*, par les mains de MM. ———————————————— *Agents principaux* de ladite Compagnie, la somme de *soixante francs* ———————————————— pour honoraires d'expertise des objets incendiés le 23 *Octobre* 1855, assurés par la Police n° 57716.

Fait à Lyon, le 1ᵉʳ Novembre 1855.

FOURNEL.

M. n° 36. 1.

Agence
DE LYON

Police N° 57746

SINISTRE
du 25 Octobre 1855.

QUITTANCE
de francs 80.

M. LAURENT
EXPERT
pour le mobilier et les marchandises.

MODÈLE N° 39 BIS.

(N° 482 des Instructions générales.)

(Ce Modèle se rattache à ceux n°s 34 à 39.)

COMPAGNIE D'ASSURANCES GÉNÉRALES

CONTRE L'INCENDIE

Autorisée par ordonnances des 14 février 1819 et 6 avril 1848,

Établie à Paris, rue de Richelieu, n° 87.

Quittance d'Expert

Reçu de la *Compagnie d'Assurances Générales contre l'Incendie*, par les mains de MM. _________________ *Agents principaux* de ladite Compagnie, la somme de *quatre-vingts francs* _________________ pour honoraires d'expertise des objets incendiés le 23 *Octobre* 1855, assurés par la Police n° 57746.

Fait à Lyon, le 1ᵉʳ Novembre 1855.

LAURENT.

M. n° 30. I.

Agence
DE LYON

SINISTRE

Police N° 57716

ASSURÉ

M. CHOLET.

MODÈLE N° 40.

(N° 483 des Instructions générales.)

(Ce Modèle se rattache à ceux n° 34 à 39 bis.)

COMPAGNIE D'ASSURANCES GÉNÉRALES
CONTRE L'INCENDIE

ÉTAT DE FRAIS PERSONNELS

JE, soussigné, déclare avoir fait les dépenses personnelles suivantes, à l'occasion de mon déplacement pour le règlement du sinistre Police n° 57716.

Détail des Dépenses :

DÉBOURSÉS DIVERS.

Frais de voyage à Cernay	20	»
id. nourriture et séjour	30	»
Allocation à fr. 10 par jour, soit pour 3 jours........ F.	30	»
TOTAL........	80	»

Je déclare que la distance qui sépare *Cernay* lieu du sinistre, de *Lyon* siége de l'Agence, est de *quatre-vingts* kilomètres, soit, pour les deux parcours d'aller et de retour, *cent-soixante* kilomètres.

Je déclare, en outre, que mon déplacement, à l'occasion dudit sinistre, a duré *trois* jours.

CERTIFIÉ VÉRITABLE,

Fait à Lyon, le 1er Novembre 1855.

l'Agent principal,

MODÈLE N° 44.

(N° 492 des Instructions générales.)
(Ce Modèle se rattache à celui n° 32.)

COMPAGNIE D'ASSURANCES GÉNÉRALES
CONTRE L'INCENDIE
Autorisée par ordonnances des 14 février 1819 et 6 avril 1848,

Établie à Paris, rue de Richelieu, n° 87.

RÉSILIEMENT AMIABLE
APRÈS SINISTRE.

(1)
Avenant n° _______

(1) Donner aux actes de résiliements le numéro d'ordre de la série
des avenants, et les inscrire sur les
bordereaux.

(2) Indiquer les motifs du résiliement.

(3) Indiquer exactement le montant de la ristourne lorsqu'elle aura
lieu. Dans le cas contraire, rayer
les mots en *italique* et les porter
comme nuls ci-dessous.

Entre la COMPAGNIE D'ASSURANCES GÉNÉRALES CONTRE L'INCENDIE, établie à Paris, rue de Richelieu, n° 87, représentée à *Bordeaux*, département de *la Gironde*, par M. . . . ., *Agent principal* de ladite Compagnie;

Et M. *Guérin (Armand), propriétaire;*

A été exposé et convenu ce qui suit :

Par Police, en date, à *Bordeaux*, du *11 février 1854*, n° *5868*, la Compagnie a consenti à M. *Guérin (Armand), propriétaire*, une assurance pour *dix* années portant sur *bâtiments, objets mobiliers, vins, barriques et fûts, bois et fourrages.*

Par suite (2) *du sinistre qui a atteint, le 6 décembre 1855, le bâtiment et les objets assurés, conformément aux dispositions de l'art. 22 des conditions générales de la Police,* la Police susmentionnée cessera son effet, à partir de ce jour. En conséquence, elle est et demeure résiliée purement et simplement. Ce résiliement est ainsi fait, à l'amiable, afin d'éviter des frais.

En exécution de ces présentes conventions, il est fait a   assuré   ristourne de (3)
____________________________________ *, pour le temps qui reste à courir de ce jour*

_____ *Mots rayés nuls.*   au ____________________________________ *, date de l'échéance de l'année courante.*

Fait double à *Bordeaux*, le *13 décembre 1855.*

Pour la Compagnie,

L'ASSURÉ,

GUÉRIN.   . . . .

MODÈLE N° 41 BIS.

NOTIFICATION DE RÉSILIEMENT APRÈS SINISTRE.

(N° 492 des Instructions générales.)

(Ce modèle se rattache à ceux n°ˢ 32 et 41.)

L'an........................ à la requête de la Compagnie d'Assurances Générales contre l'incendie, dont le siége est à Paris, rue de Richelieu, n° 87, poursuites et diligences de M. de Gourcuff, son directeur, demeurant au siége de ladite Compagnie, et représentée par M. .... son agent principal à.............. y demeurant, rue............ et pour qui domicile est élu en ma demeure, j'ai................., huissier, soussigné déclaré à M......... (*l'assuré*), demeurant à.................... où étant et parlant à.....................

Que par Police n°........ en date à........ du.......... enregistrée à......... le.......... ladite Compagnie a assuré audit sieur........... une somme de............., sur............ moyennant une prime annuelle de...........;

Que ladite Police porte, art. 22, § 2, des Conditions générales, que « la Compagnie, après le « sinistre, et quelle que soit l'importance du dommage, peut résilier la Police, en tout ou en partie, « par une simple notification; »

Que le.......... un incendie a atteint et endommagé les objets garantis, suivant déclaration faite devant M. .... (*le juge de paix ou le maire*), le..... et produite par M. .... (*l'assuré*);

Que la Compagnie, voulant profiter du droit que lui confère l'article précité de ladite Police, entend que celle-ci soit et demeure résiliée.

En conséquence, j'ai formellement déclaré à M. .... que ladite assurance doit être considérée, à dater de ce jour, comme nulle et sans effet pour le temps à venir, et, afin qu'il ne l'ignore, et sous toutes réserves de fait et de droit, je lui ai, au domicile et parlant que dessus, laissé copie du présent.

Agence
DE BORDEAUX

———

Police N° 5868

———

SINISTRE

du 6 Décembre 1855.

———

QUITTANCE

de francs 50.

———

Autorisation de la Compagnie
En date du 19 Décembre 1855.

MODÈLE N° 42.

———

(N°s 495 et 500 des Instructions générales.)

(Ce Modèle se rattache à ceux n°s 32, 41 et 41 *bis*.)

COMPAGNIE D'ASSURANCES GÉNÉRALES
CONTRE L'INCENDIE

Autorisée par ordonnances des 14 février 1819 et 6 avril 1848,

Établie à Paris, rue de Richelieu, n° 87.

QUITTANCE DE GRATIFICATION

———

Reçu de la *Compagnie d'Assurances Générales contre l'Incendie,* par les mains de M. ———————————————— *Agent principal* de ladite Compagnie, la somme de *cinquante francs* à titre de gratification allouée à (*) la *Compagnie de Pompiers de Portets,* pour les secours apportés dans l'incendie du 6 *décembre* 1855, aux objets assurés par la Police n° 5868.

Fait à Bordeaux, le 23 décembre 1855.

(*) Si la gratification est destinée au signataire, on mettra : AU SOUSSIGNÉ.

DUBOIS,

CAPITAINE DE LA COMPAGNIE DE POMPIERS DE PORTETS.

M. n° 35. I.

MODÈLE N° 43.

TABLEAU DE L'ESCOMPTE

D'une Somme fixe de 1 franc à 4 pour 100, à intérêts composés, pour quatre-vingts ans.

(N° 510 des Instructions générales).

ANNÉES.	VALEUR ESCOMPTÉE à 4 p. 0/0.	ANNÉES.	VALEUR ESCOMPTÉE à 4 p. 0/0.	ANNÉES.	VALEUR ESCOMPTÉE à 4 p. 0/0.	ANNÉES.	VALEUR ESCOMPTÉE à 4 p. 0/0.
1	0,9615	21	0,4388	41	0,2003	61	0,0914
2	0,9246	22	0,4220	42	0,1926	62	0,0879
3	0,8890	23	0,4057	43	0,1852	63	0,0845
4	0,8548	24	0,3901	44	0,1781	64	0,0813
5	0,8219	25	0,3751	45	0,1712	65	0,0781
6	0,7903	26	0,3607	46	0,1646	66	0,0751
7	0,7599	27	0,3468	47	0,1583	67	0,0722
8	0,7307	28	0,3335	48	0,1522	68	0,0695
9	0,7026	29	0,3207	49	0,1463	69	0,0668
10	0,6756	30	0,3083	50	0,1407	70	0,0642
11	0,6496	31	0,2965	51	0,1353	71	0,0618
12	0,6246	32	0,2851	52	0,1301	72	0,0594
13	0,6006	33	0,2741	53	0,1251	73	0,0571
14	0,5774	34	0,2636	54	0,1203	74	0,0549
15	0,5553	35	0,2534	55	0,1157	75	0,0528
16	0,5339	36	0,2437	56	0,1112	76	0,0508
17	0,5134	37	0,2343	57	0,1069	77	0,0488
18	0,4936	38	0,2253	58	0,1028	78	0,0469
19	0,4746	39	0,2166	59	0,0989	79	0,0451
20	0,4564	40	0,2083	60	0,0951	80	0,0434

MODÈLE N° 44.

TABLEAU DE LA VALEUR DES RECRUS DE TAILLIS.

(N° 514 des Instructions générales).

La multiplicité des aménagements, à tout âge, depuis six ans jusqu'à trente ans, et les destinations diverses des bois rendent très variable la valeur des recrus. Cependant nous regardons les trois cas suivants comme les plus fréquents en France.

ANNÉES de CROISSANCE.	VALEUR DU RECRU D'UN TAILLIS DE		
	400 FR. L'HECTARE à quinze ans POUR FORGES.	400 FR. L'HECTARE à dix ans POUR FAGOTS.	1,200 FR. L'HECTARE à dix ans POUR CERCEAUX.
1re	1/400mes	5/400mes	7/1200mes
2me	3/ »	15/ »	21/ »
3me	6/ »	30/ »	42/ »
4me	18/ »	50/ »	70/ »
5me	22/ »	75/ »	105/ »
6me	28/ »	115/ »	200/ »
7me	50/ »	165/ »	500/ »
8me	76/ »	225/ »	800/ »
9me	106/ »	305/ »	1000/ »
10me	140/ »	400/ »	1200/ »
11me	180/ »		
12me	225/ »		
13me	275/ »		
14me	335/ »		
15me	400/ »		

OBSERVATIONS :

1° L'appréciation de la valeur des recrus n'est pas faite ici uniquement en raison de la durée des aménagements, ni de la marche de la végétation, mais plutôt pour la valeur *matérielle* possible au moment où on est forcé de les recéper.

2° Si l'âge de l'aménagement et la destination des bois ne changent pas, peu importe que le prix des taillis soit plus ou moins élevé, les termes de la fraction posée pour chaque année sont toujours bons ; ils continuent à établir la proportion vraie du recru par rapport au produit de la dernière année ; c'est-à-dire que, si les taillis, mentionnés au tableau, valaient chacun 200 fr. de plus, soit : 600 fr. pour forges, 600 fr. pour fagots et 1,400 fr. pour cerceaux,

Les calculs s'établiraient comme suit :

Taillis de quinze ans — 1/400mes de 600 fr. ci . . . . 1 fr. 50 c.
Id. de dix ans — 5/400mes de 600 fr. ci . . . . 7 fr. 50 c.
Id. de dix ans — 7/1200mes de 1400 fr. ci . . . . 8 fr. 17 c.

Et s'ils valaient chacun 200 fr. de moins, soit : 200 fr. pour forges, 200 fr. pour fagots et 1,000 fr. pour cerceaux,

Ce serait :

Taillis de quinze ans — 1/400mes de 200 fr. ci . . . . » fr. 50 c.
Id. de dix ans — 5/400mes de 200 fr. ci . . . . 2 fr. 50 c.
Id. de dix ans — 7/1200mes de 1000 fr. ci . . . . 5 fr. 83 c.

MODÈLE N° 45.

AVERTISSEMENT POUR PRIMES VENANT A ÉCHÉANCE.

(N° 529 des Instructions générales).

Le _________________________ 18_______

M

Vous avez passé une Police d'Assurance avec la Compagnie dont je suis le représentant, et vous avez pris l'engagement de payer, chaque année, la Prime *à mon domicile*.

Je viens vous rappeler que votre Prime va échoir et vous inviter à m'en faire remettre le montant à l'échéance.

Je ne doute pas que vous ne vous empressiez de déférer à cette invitation.

J'ai l'honneur de vous saluer,

L'Agent fondé de pouvoirs de la Compagnie,

MODÈLE N° 46.

AVERTISSEMENT POUR PRIMES ÉCHUES.

(N° 530 des Instructions générales).

Le____ 18

M

La Prime d'Assurance résultant de la Police que vous avez passée avec la Compagnie, sous le n°_______de l'Agence de___________________était payable *à mon domicile* le _______________________

Vous n'êtes point encore venu l'acquitter.

Dans votre intérêt, Monsieur, je dois vous rappeler que, aux termes de l'article 4 des conditions générales de votre Police, à défaut du paiement de la Prime dans le délai de quinzaine de grâce à partir du jour de son échéance, sans qu'il soit besoin d'aucune demande ou mise en demeure, l'Assuré n'a droit, en cas d'incendie, à aucune indemnité.

Vous comprendrez d'après cela, Monsieur, que, jusqu'au moment où votre Prime sera acquittée, vous vous trouverez déchu du bénéfice de votre assurance, et que, si vous étiez victime d'un incendie, la Compagnie ne vous devrait aucune indemnité, puisqu'elle n'aurait pas reçu le prix de sa garantie, conformément aux stipulations de la Police.

Je compte, dès lors, que vous vous empresserez de mettre un terme à cette situation fâcheuse pour vous, en venant promptement verser entre mes mains la Prime que vous devez.

A défaut de paiement dans un très bref délai, je serais contraint d'employer contre vous les voies de rigueur. Avant d'y procéder, je veux vous rappeler qu'*un commencement de poursuites* entraîne nécessairement des frais, et vous prévenir que, aux termes de votre Police, ces frais sont à votre charge :

1° Enregistrement de la Police, 1 p. 100 sur la totalité des Primes tant échues qu'à échoir, et *double* décime. . . . . *Mémoire.*

2° Citation ou assignation . . . . *Mémoire.*

J'aime à croire, Monsieur, que vous ne me mettrez pas dans la fâcheuse nécessité d'employer contre vous les voies de droit.

J'ai l'honneur de vous saluer.

L'Agent fondé de pouvoirs de la Compagnie,

MODÈLE N° 47.

MISE EN DEMEURE PAR SUITE DE NON-PAIEMENT DE PRIME.

(N° 531 des Instructions générales).

Le _________________________ 18 _______

M

Vous avez passé avec la Compagnie une Police d'Assurance contre l'incendie, sous le n° _________
de l'Agence de _________________ ; et pris l'engagement de payer, *à mon domicile*, une prime
de _________________ le _________________ de chaque année.

La Prime de cette année étant échue, je viens vous rappeler que, aux termes de votre Police, le
non-paiement de la Prime à son échéance, ou dans la quinzaine suivante, vous fait encourir la déchéance, et que, en cas d'incendie, vous n'avez droit à aucune indemnité.

Ma lettre a donc pour objet :

1° De vous mettre en demeure de venir me payer ladite Prime ;

2° De vous prévenir que si un sinistre survenait avant le paiement, l'intention de la Compagnie
est de vous opposer la déchéance stipulée par le contrat.

Afin de pouvoir justifier, au besoin, que cette lettre vous sera parvenue, je la fais charger à la
poste, et j'annexerai à votre Police le récépissé qui m'en aura été délivré.

Agréez, M

MODÈLE N° 48.

NOTIFICATION DE RÉSILIEMENT.

(N° 533 des Instructions générales).

Le _______________________   18 _________

M

Vous avez passé avec la Compagnie une Police d'Assurance contre l'incendie, sous le n° _______ de l'Agence de _________________________ , et pris l'engagement de payer, *à mon domicile,* une Prime de _____________________ le ___________________ de chaque année.

La Prime de cette année étant échue, je viens vous rappeler : 1° que, aux termes de votre Police, le non-paiement de la Prime, à son échéance ou dans la quinzaine suivante, vous fait encourir la déchéance ; 2° que, en cas d'incendie, vous n'avez droit à aucune indemnité ; 3° enfin, que la Compagnie peut, aux termes du contrat, résilier la Police.

Ma lettre a donc pour objet de vous notifier que, usant de la faculté qui lui est réservée par l'article 4 des conditions générales de la Police, la Compagnie entend et veut que ladite Police n° _______ de l'Agence de _________________ soit résiliée à partir de ce jour, et que, en cas d'incendie, il ne vous soit dû ni payé aucune indemnité.

Afin de pouvoir justifier, au besoin, que cette lettre vous sera parvenue, je la fais charger à la poste, et j'annexerai à votre Police le récépissé qui m'en aura été délivré.

Agéez, M

MODÈLE N° 49.

CITATION DEVANT LA JUSTICE DE PAIX
en paiement de primes

(N° 555 des Instructions générales.)

L'an................, à la requête de la Compagnie d'Assurances Générales contre l'incendie, dont le siége est à Paris, rue de Richelieu n° 87, pour suites et diligences de M. de Gourcuff, son Directeur, demeurant au siége de ladite Compagnie, et représentée par M................, son agent principal à................, y demeurant, rue........ .... et pour qui domicile est élu en ma demeure, j'ai................ soussigné, cité le sieur _____ ______ (*l'assuré*) en son domicile où étant et parlant à.............

A comparaître le............ (*un jour franc*) [1], heure de............. à l'audience et par- devant M. le juge de paix du canton de................, local ordinaire des séances de la justice de paix, à............. pour :

Attendu que, suivant Police faite double à................, le................, enregistrée à.......... (*copier la mention de l'enregistrement*)..........., M   *l'assuré*) a fait garantir par la Compagnie requérante une somme totale de............. sur............., moyennant une prime de..............., payable chaque année le................ :

Attendu que la prime échue le............. n'a point été payée à l'échéance ;

S'entendre le sieur _____________ ___ (*l'assuré*) condamner à payer à la Compagnie requérante la somme de............., montant de ladite prime, ensemble les intérêts de cette somme tels que de droit ;

S'entendre en outre condamner aux dépens, dans lesquels entreront les frais d'enregistrement de la Police.

A ce qu'il n'en ignore ; et, par ces mêmes présentes, j'ai, pour la requérante, déclaré et rappelé, en tant que de besoin et surabondamment, au susnommé, que, par suite du non-paiement de la prime, son assurance se trouve suspendue et que, en cas de sinistre avant sa complète libération, il n'aura droit à aucune indemnité, conformément à l'art. 4 des conditions générales de sa Police.

A ce que pareillement il n'en ignore, etc.

---

(1) Si la demeure du défendeur est éloignée de plus de trois myriamètres du lieu de la comparution, le délai est augmenté d'un jour par trois myriamètres. (Art. 5 et 1033 du Code de procédure civile.)

MODÈLE N° 50.

CITATION EN CONCILIATION
en paiement de primes.

(N° 562 des Instructions générales.)

(Ce modèle fait suite à celui n° 49.)

L'an....................., à la requête..................... (*comme au modèle n° 49*), j'ai..................................... soussigné, cité le sieur _______________ (*l'assuré*) à comparaître le................ (*trois jours francs*), heure de.......... par-devant M. le juge de paix du canton de................, tenant le bureau de conciliation à............. au lieu ordinaire de ses audiences, à l'effet de se concilier, si faire se peut, sur la demande que la Compagnie requérante est dans l'intention de former contre le sieur __________ (*l'assuré*) pour :

Attendu................ (*le reste comme au modèle n° 49*).

MODÈLE N° 51.

ASSIGNATION DEVANT LE TRIBUNAL CIVIL
en paiement de primes.

(N° 567 des Instructions générales.)

(Ce modèle fait suite à ceux n°s 49 et 50.)

L'an........................ .... (*comme au modèle n° 49*), pour laquelle Compagnie requérante domicile est élu à..............., en l'étude de M^e..............., avoué près le tribunal de première instance de ladite ville, lequel est constitué et occupera pour elle sur l'assignation ci-après et ses suites, j'ai, ..., soussigné, signifié et, en tête de celle des présentes, laissé copie à M................. (*l'assuré*) en son domicile, parlant à................., ...

D'un procès-verbal de non-conciliation dressé par M. le juge de paix du canton de........... le..................., enregistré................. [1] ; OU BIEN :

D'un certificat de non-comparution en conciliation de M............... (*l'assuré*), délivré par M. le juge de paix du canton de................., le................. [2].

Et j'ai donné assignation audit sieur __________ (*l'assuré*), à comparaître à huitaine franche, délai de la loi, à l'audience, et par-devant MM. les président et juges composant le tribunal civil de première instance de................., séant à..................., local ordinaire des audiences, heure de..........., pour :

Attendu................. (*le reste comme au modèle n° 49*) ;

S'entendre le sieur __________ (*l'assuré*) condamner à payer à la Compagnie requérante la somme de........... montant de ladite prime ;

S'entendre, en outre, condamner aux intérêts suivant la loi et aux dépens, dans lesquels entreront les frais d'enregistrement de la Police.

A ce qu'il n'en ignore etc.

---

(1) Si l'assuré a comparu et s'il n'y a pas eu de conciliation.

(2) Si l'assuré n'a pas comparu, le juge de paix le constate par une mention en marge de la citation ; c'est cette mention que, dans ce cas, il faut signifier.

MODÈLE N° 52.

SOMMATION AU PRÉSUMÉ GARANT
d'assister à l'expertise.

(N° 596 des Instructions générales.)

EXTRAIT :

De la Police souscrite sous le n°........, le................., par M._______ (*l'assuré*), dûment enregistrée à..............., le............., à la Compagnie d'Assurances Générales contre l'incendie, il a été extrait ce qui suit :

« ART. 21 DES CONDITIONS GÉNÉRALES. § 1er. La Compagnie se réserve, en cas d'incendie......., « ses droits et tous ceux de l'assuré contre tous garants généralement quelconques, à quelque titre « que ce soit, et notamment contre les locataires, voisins, propriétaires (pour ces derniers en cas « d'incendie causé par un vice de construction ou un défaut d'entretien), auteurs de l'incendie, as- « sociations d'assurances mutuelles, assurances à primes ou autrement. A cet effet, l'assuré, en ce « qui le concerne, la subroge sans garantie, par le seul fait de la présente Police, et sans qu'il soit « besoin d'aucune autre cession, transport, titre ou mandat, à tous ses droits recours ou actions. »

L'an........ (*comme au modèle n° 49*), signifié et en tête de celle des présentes, donné copie à M_________ (*le locataire*) en son domicile, parlant à.................

De l'extrait d'une Police d'assurance contre l'incendie passée à.............., le.........., entre la Compagnie requérante et le sieur _________ (*l'assuré*), contenant, entre autres stipulations, cession par ce dernier, au profit de la requérante, de tous ses droits et actions, au cas d'incendie, contre tous garants quelconques et notamment contre tous locataires, voisins ou auteurs du sinistre.

Et attendu qu'un incendie, survenu le..........., a occasionné des dommages à l'immeuble assuré par ladite Police et occupé par ledit sieur.......... à titre de locataire;

Qu'aux termes de l'article 1733 du Code Napoléon, ledit sieur.......... est responsable de ces dommages, à moins qu'il ne prouve qu'il est dans l'un des cas d'exception prévus par le même article;

Qu'il a, dès lors, intérêt à être présent à leur estimation, et qu'il importe d'ailleurs à la Compagnie de l'appeler à l'expertise qui en doit être faite;

Je lui ai fait sommation de comparaître et se trouver le............., heure de............. à............. (*sur les lieux incendiés*); pour assister, si bon lui semble, soit seul, soit accompagné d'un expert de son choix, aux opérations d'expertise des dommages causés par ledit incendie, auxquelles il sera procédé, tant par MM............................., experts nommés par la Compagnie requérante et par M............., son assuré, que par celui qui pourra avoir été choisi par le susnommé, et faire sur le procès-verbal des experts tels dires, réserves et réquisitions qu'il jugera convenable.

Déclarant audit sieur............ que, faute par lui de satisfaire à la présente sommation, il sera procédé, tant en son absence qu'en sa présence, à l'expertise dont s'agit par les seuls experts de la requérante et du sieur ....

A ce que pareillement il n'en ignore et je lui ai, etc.

NOTA. Les motifs de la sommation doivent changer selon que le recours doit être exercé contre un locataire, un voisin, un propriétaire, etc. La garantie du premier est basée sur les articles 1733 et suivants, celle du deuxième sur les articles 1382 et suivants, et celle du troisième sur l'article 1721 du Code Napoléon ; MM. les Agents principaux auront donc à faire ces changements selon les circonstances.

MODÈLE N° 53.

SIGNIFICATION
à fin de nomination d'experts.

(N° 606 des Instructions générales.)

(Ce modèle se rattache à celui n° 52.)

L'an. . . . . (*comme au modèle n° 49*), soussigné, signifié et déclaré à M. . . . . ,
propriétaire, demeurant à. . . . . , assuré à ladite Compagnie par Police n° : . . . . . . ,
en date à. . . . . du. . . . . , enregistrée à. . . . . ,
le. . . . . , en son domicile où étant et parlant à. . . . .

Qu'il ne peut ignorer que, par la Police susmentionnée, il a été stipulé que les dommages
d'incendie seront réglés de gré à gré ou évalués par expertise contradictoire, faite par deux experts
choisis par les parties ; que, jusqu'ici, la Compagnie requérante n'a pu, malgré ses démarches
amiables, obtenir que ledit sieur . . . . nommât un expert pour faire procéder à
l'estimation des dommages causés aux objets assurés par l'incendie du. . . . .

Pourquoi et attendu qu'il importe à la Compagnie requérante que cette estimation ait lieu sans
nul retard, j'ai, soussigné, fait sommation audit sieur _______________ (*l'assuré*) de, à l'instant,
me déclarer le nom de l'expert dont il fait choix pour procéder à ladite opération, déclarant audit
sieur . . . . que la Compagnie requérante, sous toutes réserves de lui opposer toutes
fins de non-recevoir ou déchéances, choisit et nomme pour son expert M._______________
(*noms, profession et demeure*);

A quoi il m'a été répondu par. . . . . (*Consigner la réponse*) [1].

Contre laquelle réponse, j'ai fait toutes protestations et réserves, déclarant au susnommé que la
Compagnie requérante, conformément aux conditions de la Police d'assurance susénoncée, va se
pourvoir devant le Président du tribunal de commerce de l'arrondissement de. . . . .
[*celui du lieu où doit se faire l'expertise*), à l'effet de faire désigner d'office par ce magistrat un
expert pour ledit sieur . . . ., lequel expert procédera, conjointement avec celui de la
requérante et dans les conditions de la Police, aux opérations dont il s'agit.

En conséquence, et en tant que de besoin, j'ai, huissier susdit et soussigné, fait sommation, par
ces présentes, au sieur . . . . de se trouver, si bon lui semble, le . . . . ,
heure. . . . ., à l'hôtel de M. le Président dudit tribunal, sis à. . . . . ,
rue. . . . ., pour être présent et assister à la nomination dudit expert; lui déclarant
qu'il y sera procédé tant en son absence qu'en sa présence.

A ce que le susnommé n'en ignore, etc.

---

(1) Si l'assuré obtempère à la sommation et nomme sur-le-champ son expert, l'huissier en prend acte et fait signer l'assuré ;
sur quoi il clot immédiatement son exploit. — Si d'assuré refuse de nommer un expert, l'huissier termine son acte comme il est dit
dans la suite de la formule.

MODÈLE N° 54.

REQUÊTE
à fin de nomination d'un expert pour l'assuré.

(N° 606 des Instructions générales.)

(Ce modèle se rattache à ceux n°⁵ 52 et 53.)

A Monsieur le Président du Tribunal de commerce de l'arrondissement de.................

La Compagnie d'Assurances Générales contre l'incendie, dont le siége est à Paris, rue de Richelieu, n° 87, représentée à...................., par M...................., son agent et mandataire soussigné,

Expose :

Que par Police en date à................., du...................., portant le n°...., enregistrée à...................., le...................., fol..... par le Receveur qui a perçu les droits, passée entre l'exposante et le sieur...................., demeurant à...................., il a été convenu qu'il serait, en cas d'incendie, procédé à l'estimation du dommage causé aux objets assurés par deux experts choisis par les parties, et que, à défaut par l'une d'elles de nommer son expert, il serait désigné d'office par le Président du tribunal de commerce ;

Que le sieur...................., invité d'abord amiablement, puis sommé extrajudiciairement par la Compagnie exposante d'avoir à choisir son expert, s'y est refusé, ainsi qu'il résulte d'un exploit de................ huissier à................, en date du................, enregistré, contenant en outre sommation audit sieur.................... de se trouver par-devant vous, monsieur le Président, à ces jour, lieu et heure, pour assister, si bon lui semble, à la nomination dudit expert.

Pour quoi, la Compagnie exposante demande qu'il vous plaise, monsieur le Président, désigner telle personne qu'il vous conviendra comme expert du sieur...................., aux fins ci-dessus.

Fait à...................., le....................

(*Signature*).

NOTA. L'ordonnance de nomination est mise au bas de cette requête ; elle énonce si l'assuré était ou non présent ; le tout est ensuite signifié à l'assuré, conformément au modèle n° 55 qui suit.

MODÈLE N° 55.

SIGNIFICATION DE L'ORDONNANCE
qui désigne l'expert de l'assuré [1].

(N° 606 des Instructions générales.)

(Ce modèle se rattache à ceux n°ˢ 52, 53 et 54.)

L'an.......... (*comme au modèle n° 49*), soussigné, signifié et laissé copie à M______________
(*nom, prénoms, profession et demeure de l'assuré*), en son domicile, parlant à....................

1° D'une requête présentée par la Compagnie requérante à M. le président du Tribunal de commerce de................, le...................., à l'effet de faire désigner un expert pour le susnommé, à défaut par lui d'en nommer un, pour procéder avec celui nommé par la requérante à l'estimation du dommage causé par l'incendie survenu le.................. aux objets assurés par ladite requérante au sieur.................... :

2° De l'ordonnance rendue sur ladite requête, le même jour, par M. le Président, laquelle désigne pour expert du susnommé M.______________ (*noms, profession et demeure de l'expert*) ; ladite ordonnance dûment enregistrée.

A ce que le sieur.................. n'en ignore ; et, par ces mêmes présentes, je lui ai fait sommation de se trouver le.................., heure de....... et jours suivants, s'il y a lieu, à...................., au-devant des bâtiments incendiés, pour être présent et assister aux opérations desdits experts, produire tous titres, pièces et documents, faire tous dires et observations pouvant éclairer la religion desdits experts.

Lui déclarant qu'il sera procédé auxdites opérations tant en son absence qu'en sa présence.

Réitérant les réserves précédemment faites par la requérante de tous les droits, moyens et actions, même préjudiciels, qu'elle peut avoir à opposer au susnommé ;

A ce que pareillement il n'en ignore.

Et je lui ai, étant et parlant comme dessus, laissé copie, tant desdites requête et ordonnance que du présent, dont le coût est de..............

---

[1] Il est bien entendu que, avant de signifier cet acte, il sera nécessaire de voir les deux experts pour qu'ils indiquent les jour, lieu et heure auxquels ils devront commencer leurs opérations.

MODÈLE N° 56.

REQUÊTE

à fin de nomination de tiers expert.

(N° 609 des Instructions générales.)

(Ce modèle se rattache à ceux nᵒˢ 52, 53, 54 et 55.)

A Monsieur le Président du Tribunal de commerce de l'arrondissement de..................

La Compagnie d'Assurances Générales contre l'incendie, dont le siége est à Paris, rue de Richelieu, n° 87, représentée à................., par M................... son agent principal et mandataire soussigné,

A l'honneur d'exposer :

Que, par Police en date à................., du................., portant le n°......, dûment enregistrée à................., il a été convenu entre la Compagnie exposante et M.________ (*l'assuré*), qu'il serait, en cas d'incendie, procédé à l'estimation des dommages causés aux objets assurés par deux experts nommés, ainsi qu'il est dit en ladite police; que si ces experts ne pouvaient s'entendre, ni sur le résultat de leurs opérations, ni sur le choix d'un tiers-expert pour les départager, ce tiers expert serait nommé par vous, monsieur le Président;

Pourquoi et attendu que MM................., experts choisis par les parties, n'ont pu tomber d'accord sur les points indiqués ci-dessus, la Compagnie exposante vous demande, monsieur le Président, de nommer pour tiers expert telle personne qu'il vous conviendra, pour, avec lesdits experts, mettre à fin les opérations de l'expertise dont s'agit.

(Dater et signer).

Nota. L'ordonnance de nomination est mise au bas de cette requête, comme il a été dit sous le modèle n° 54.

MODÈLE N° 57.

OFFRES RÉELLES.

(N° 660 des Instructions générales.)

L'an......................... (*comme au modèle n° 49*), soussigné, offert réellement et à deniers découverts à M........., propriétaire, demeurant à ...., assuré à ladite Compagnie par Police n° ....., en date du........., enregistrée à ...., le ...., en son domicile où étant et parlant à ....

La somme de........., composée de......... (*indiquer le nombre et la valeur des monnaies offertes*), formant le montant de l'indemnité due par la Compagnie requérante à M. ...., par suite de l'incendie du........., qui a atteint les objets garantis par ladite Police.

Les présentes offres sont faites à la charge par ledit sieur .... de les recevoir et d'en donner bonne et valable quittance, et encore à la charge de remettre main-levée pure, simple, entière et définitive d'une (*ou des*) oppositions formées sur lui, ès-mains de la Compagnie requérante, à la requête de........., par exploit de........., huissier, en date du.........

(Énoncer ici toutes les oppositions).

Nota. — Si l'Assuré accepte, ce qu'il ne peut faire que s'il est porteur des main-levées des oppositions, on ne devra pas régulariser le procès-verbal d'offres réelles, dont l'enregistrement, dans ce cas, donnerait lieu à des droits considérables, surtout si l'indemnité était importante ; on se contentera de retirer une quittance de l'Assuré, conforme au modèle ordinaire et de se faire remettre toutes les main-levées.

Si l'Assuré refuse, l'exploit énonce les motifs du refus et se termine comme suit :

Contre laquelle réponse j'ai, pour la Compagnie requérante, fait toutes réserves et protestations, et, à pareilles requête, demeure et élection de domicile que dessus, j'ai fait sommation audit sieur ...., de comparaître et se trouver le ...., heure de ...., défaut de suite, à ...., chez M. le Receveur (*général* ou *particulier*) des finances, préposé à la Caisse des dépôts et consignations, pour être présent, si bon lui semble, au dépôt qu'effectuera la Compagnie requérante de la somme ci-dessus offerte à la charge des oppositions susénoncées; lui déclarant qu'il sera procédé à ce dépôt tant en son absence que présence, et qu'il sera dressé du tout procès-verbal conformément à la loi.

A ce qu'il n'ignore, etc.

Nota. — Au jour indiqué, l'Agent fait procéder par l'huissier au dépôt de la somme offerte, et, si l'Assuré n'a pas comparu à ce dépôt, il lui fait signifier copie du procès-verbal qui en a été dressé, avec sommation de retirer la chose déposée. (Art. 1259 du Code Napoléon.)

MODÈLE Nº 58.

REQUÊTE POUR ÊTRE AUTORISÉ A SAISIR-ARRÊTER.

(Nº 667 des Instructions générales.)

A Monsieur le Président du Tribunal civil de première instance, séant à. . . . .

La Compagnie d'Assurances Générales contre l'incendie, dont le siége est à Paris, rue de Richelieu, nº 87, ayant pour avoué Me . . . . ;

A l'honneur de vous exposer :

Que suivant Police nº . . . . . , en date à . . . . du . . . . , enregistrée à . . . . , le . . . . , elle a assuré contre l'incendie à M. . . . . (*désigner* le *ou* les *immeubles*) ;

Que cette Police porte, art. 24 des Conditions générales : « La Compagnie se réserve, en cas « d'incendie, ... ses droits et tous ceux de l'Assuré contre tous garants généralement quel- « conques, à quelque titre que ce soit, et notamment contre les locataires. . . . . A cet effet, « l'assuré, en ce qui le concerne, la subroge sans garantie, par le seul fait de la présente Police, « et sans qu'il soit besoin d'aucune autre cession, transport, titre ou mandat, à tous ses droits, « recours ou actions. »

Pourquoi et attendu que les immeubles couverts par cette Police ont été atteints par un incendie le. . . . . . . ;

Qu'aux termes de l'art. 1733 du Code Napoléon, le sieur . . . . , qui occupait ces bâtiments à titre de locataire (1), est responsable des dommages causés par l'incendie ;

Que la Compagnie exposante vient d'apprendre qu'il est dû, audit sieur . . . . (*le garant*), une somme importante par . . . . (*son assureur ou toute autre personne*), mais qu'elle n'a pas de titre pour saisir-arrêter ;

---

(1) Cette requête doit varier dans ses termes selon que le recours sera à exercer contre un voisin, un père de famille, un propriétaire, un commettant, etc. Nous ne fournissons que la formule applicable au locataire; **MM.** les Avoués feront les changements nécessaires pour les autres cas.

Qu'il lui importe, cependant, que la cession de droits éventuels, consentie à son profit par M. ...., son assuré, produise son effet;

Attendu que le règlement du dommage n'ayant pas eu lieu, la Compagnie n'a pu payer son assuré, et ne sait même pas encore combien elle aura à lui payer; mais que de la déclaration d'incendie faite devant M. .... (*le juge de paix ou le maire*), le ...., il résulte que la perte est évaluée par l'Assuré à ....;

A ces causes, l'exposante conclut qu'il vous plaise, Monsieur le Président, l'autoriser à former entre les mains de ...., débiteur du sieur ...., opposition sur ce dernier pour sûreté de sa créance, laquelle il convient d'évaluer provisoirement à .... (*montant de la déclaration d'incendie*).

Et vous ferez justice.

(*Signature de l'Avoué*).

TABLES

DES MATIÈRES ET CONCORDANCES

I. TABLE DES MATIÈRES PAR ORDRE DES CHAPITRES

TITRE TROISIÈME

DES RISQUES; — DE L'ASSURANCE DE CHACUN D'EUX; — DES RÈGLES PARTICULIÈRES QUI S'Y RATTACHENT ET DES PERSONNES QUI PEUVENT FAIRE ASSURER.

TITRE QUATRIÈME

COMPTABILITÉ.

TITRE CINQUIÈME

SINISTRES.

TITRE SIXIÈME

CONTENTIEUX.

TITRE SEPTIÈME

OBJETS D'ORDRE ET PÉNALITÉS.

II. TABLE DES MATIÈRES PAR ORDRE ALPHABÉTIQUE

AVEC

Indication des numéros correspondants dans les présentes Instructions générales.

III. TABLE DES MODÈLES

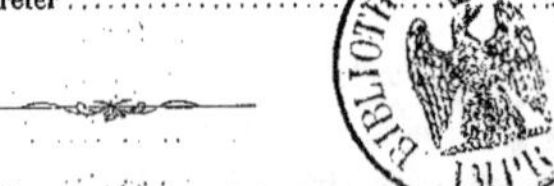

IV. CONCORDANCE

Entre les Articles des Conditions générales de la Police et les Numéros des présentes Instructions.

————o————

ARTICLE 1er. De la Police. N^{os} des Instructions, 68, 268, 616, 639.

— 2.   — — 29, 66, 68, 233, 243, 470.
— 3.   — — 90, 134, 465.
— 4.   — — 83, 147, 523, 526, 534, 541, 581.
— 5.   — — 581.
— 6.   — — 159, 169, 182, 384, 402, 545, 581, 644, 645.
— 7.   — — 160, 169, 384, 402, 581.
— 8.   — — 104, 152, 169, 384, 581.
— 9.   — — 169, 581, 644, 645.
— 10.   — — 169, 170, 384, 387.
— 11.   — — 84, 581.
— 12.   — — 470, 496.
— 13.   — — 449, 451, 452, 581.
— 14.   — —
— 15.   — — 384, 451, 469, 581, 586, 591.
— 16.   — — 456, 458, 478, 603, 606, 608, 609, 611, 613.
— 17.   — — 472, 473.
— 18.   — — 90, 95, 485, 486, 487, 631.
— 19.   — — 477.
— 20.   — — 285, 625.
— 21.   — — 297, 664, 669.
— 22.   — — 384, 387, 492, 493, 494.
— 23.   — — 501.

TABLE GÉNÉRALE

Des matières contenues dans ce volume.

ERRATA

Page 29, ligne 32 : Doit les 3/4 de la deuxième classe, *lisez :* Doit les 3/4 de la Prime de la deuxième classe.

— 42, ligne 6 : Il doivent, *lisez :* Ils doivent.

— 59, ligne 27 : Et enfin un tracé, *lisez :* Et enfin d'un tracé.

— 64, ligne 22 : Au contraire se sont, *lisez :* Au contraire, se sont.

— 104, ligne 14 : Conformément au modèle M, *lisez :* Conformément au modèle N.

— 123, ligne 23 : Dont ils viennent, *lisez :* Et dont ils viennent.

— 152, ligne 14 : Coupale envers la Société, *lisez :* Coupable envers la Société.

— 170, ligne 9 : L'art. 1379 du Code Napoléon, *lisez :* L'art. 1372 du Code Napoléon.

— 185, ligne 32 : Par des exprès par les soins, *lisez :* Par des exprès, par les soins.

— 202, 204 et 210, note 1, ligne 3 : Papier vernis, *lisez :* Papier verni.

— 204, note 3, ligne 7 : Si ce n'est à, *lisez :* Si ce n'est.

— 207, ligne 7 : Marchandises de la mêm profession, *lisez :* Marchandises de la même profession.

— 207, note 5, ligne 1re : En toutes lettes, *lisez :* En toutes lettres.

— 227, titre, ligne 4 : Propositions d'Assurances aux usines et fabriques, *lisez :* Propositions d'Assurances sur fabriques et usines.

— 247, ligne 17 : Le...... de..... chacune des années, *lisez :* Le..... de chacune des années.

— 251, note 1, ligne 15 : Dans l'ordre de eurs dates, *lisez :* Dans l'ordre de leurs dates.

— 252, ligne 3 : A déduire   id.   id.   le droit de timbre, *lisez :* A déduire de la Prime annuelle le droit de timbre.

— 255, ligne 15 : La Compagne donne acte, *lisez :* La Compagnie lui donne acte.

— 257, ligne 28 : Total des augmentation, *lisez :* Total des augmentations.

— 263, ligne 20 : Je la subroge mais sans garantie, *lisez :* Je la subroge, mais sans garantie.

— 271, ligne 24 : Murs en maçonnerie, pierres à 2 fr. 50 c., *lisez :* Murs en maçonnerie, pierres, à 2 fr. 50 c.

— 271, ligne 44 : 177 mètres 90 centimètres de toiture, charpente, chêne et tuiles, à 5 fr. 50 c., *lisez :* 177 mètres 90 centimètres de charpente et toiture, chêne et tuiles, à 5 fr. 50 c.

— 285, titre, ligne 2 : Notification de résiliément, *lisez :* Signification de Résiliement.